O GUIA DOS CURIOSOS

LÍNGUA PORTUGUESA

CAPÍTULO ESPECIAL DO NOVO ACORDO ORTOGRÁFICO
EDIÇÃO ATUALIZADA

ESTA PRIMEIRA PÁGINA DOS LIVROS SE CHAMA "FRONTISPÍCIO". O TERMO DERIVA DO LATIM FRONTISPICIUM, QUE INDICA A FOLHA INICIAL ONDE GERALMENTE VAI IMPRESSO O NOME DO LIVRO.

Marcelo Duarte

LÍNGUA PORTUGUESA

A PALAVRA VEM DO LATIM CURIOSUS E, CURIOSAMENTE, TEM O MESMO RADICAL DE "CURAR". QUEM SABE ESSA É A GRANDE MISSÃO DO CURIOSO: CURAR A SEDE DE RESPOSTAS DE TODO MUNDO.

3ª impressão

© Marcelo Duarte

Diretor editorial
Marcelo Duarte

Diretora comercial
Patty Pachas

Diretora de projetos especiais
Tatiana Fulas

Coordenadora editorial
Vanessa Sayuri Sawada

Assistentes editoriais
Juliana Silva
Mayara dos Santos Freitas

Assistentes de arte
Carolina Ferreira
Mario Kanegae

Ilustrações
Adriana Alves
Arthur Carvalho
Daniel Kondo

Preparação de texto
Ciça Caropreso

Revisão de texto
Ana Maria Barbosa
Carmen Tereza S. da Costa
Ciça Caropreso
Ana Paula dos Santos
Telma Balza G. Dias

Revisão ortográfica de Latim
Alexandre Hasegawa

Revisão ortográfica de Tupi
Eduardo Navarro

Colaboração
Ana Paula Corradini
Bia Mendes
Grácia Anacleto
Márcio Antônio Campos
Marina Vidigal

Impressão
Corprint

Dados Internacionais de Catalogação na Publicação (CIP)
(Câmara Brasileira do Livro, SP, Brasil)

Duarte, Marcelo
O guia dos curiosos: língua portuguesa / Marcelo Duarte. – São Paulo: Panda Books, 2003. 2ª edição. 440 pp.

Bibliografia.

ISBN: 978-85-87537-34-8

1. Fala 2. Linguagem e línguas – História I. Título.

Índices para catálogo sistemático: 1. Línguas: História: Linguística

03-3594	CDD-417.7
	417.7

2015
Todos os direitos reservados à Panda Books.
Um selo da Editora Original Ltda.
Rua Henrique Schaumann, 286, cj. 41
05413-010 – São Paulo – SP
Tel./Fax: (11) 3088-8444
edoriginal@pandabooks.com.br
www.pandabooks.com.br
twitter.com/pandabooks
Visite também nossa página no Facebook.

Nenhuma parte desta publicação poderá ser reproduzida por qualquer meio ou forma sem a prévia autorização da Editora Original Ltda. A violação dos direitos autorais é crime estabelecido na Lei nº 9.610/98 e punido pelo artigo 184 do Código Penal.

PREFEITURA DO MUNICÍPIO DE SÃO PAULO
DEPARTAMENTO DE EDUCAÇÃO, ASSISTÊNCIA E RECREIO

CERTIFICADO DE FREQUÊNCIA

Lucy de A. N. Ferreira, dirigente do Parque Infantil «Pedroso de Morais» confere ao educando Marcelo Duarte Certificado de Frequência a esta Unidade - Educativo - Assistencial no período de 19/1/1968 a 1º/3/1971.

São Paulo, 1º de março de 1971.

marcelo Duarte   Lilia Novaes de Fiore   Lucy de A. N. Ferreira
EDUCANDO   EDUCADORA   DIRIGENTE

↓

PARA A PROFESSORA LILIA NOVAES DE FIORE,
QUE ME ENSINOU A ESCREVER
AS PRIMEIRAS PALAVRAS.

SUMÁRIO

1. ..... O homem começa a falar 11
2. ..... A origem do alfabeto 37
3. ..... História da língua portuguesa 51
4. ..... Fechado para reforma 81
5. ..... Das palavras ao texto 95
6. ..... Colocando em ordem 127
7. ..... Português muito estranho 145
8. ..... Expressões populares 175
9. ..... Por trás dos nomes 243
10. ..... História dos nomes próprios 273
11. ..... Gente que virou palavra 299
12. ..... Batizando a natureza 339
13. ..... A linguagem do futebol 361
14. ..... Sexo e insultos 373
15. ..... Toda forma de comunicação 387
16. ..... Extra! Extra! Extra! 415

Referências bibliográficas 433

**Enquanto eu tiver perguntas
e não tiver respostas,
continuarei a escrever.**

A HORA DA ESTRELA, **CLARICE LISPECTOR**
(1920-1977), escritora

> VOCÊ SABIA QUE A FRASE QUE APARECE NO INÍCIO DOS LIVROS É CHAMADA DE EPÍGRAFE? A PALAVRA VEIO DO GREGO EPIGRAPHES E MANTEVE O MESMO SIGNIFICADO, DE INSCRIÇÃO.

1

No princípio era o verbo.

JOÃO, 1,1

))))

O homem começa a falar

Quando o homem começou a falar

Ninguém sabe dizer quando o homem aprendeu a falar. Acredita-se que ele tenha começado a falar – ou a tentar falar – cerca de 60 mil anos a.c. Essa possibilidade foi levantada após a descoberta de um osso hioide – situado na base da língua – em uma caverna do monte Carmelo, em Israel.
Se ninguém sabe ao certo quando o homem começou a falar, claro que ninguém sabe também quais foram as primeiras palavras. É provável que o ser humano tenha começado a imitar os sons da natureza. De acordo com a *The Cambridge Encyclopaedia of Language*, a origem da linguagem já foi alvo de muito estudo e discussão entre especialistas. Em busca de um entendimento, o linguista dinamarquês Otto Jespersen (1860-1943) agrupou as hipóteses levantadas em cinco principais teorias:

1. Para a teoria do "bow-wow", a fala nasceu de imitações que os homens faziam de sons de aves e animais.
2. A teoria do "pooh-pooh" defende que os sons nasceram como respostas naturais e instintivas a dores, sustos, raiva, prazer ou outras emoções.
3. Para os que acreditam na teoria do "ding-ding", as palavras surgiram de reações a estímulos externos, como o termo "mamãe", que em muitas línguas se pronuncia juntando os lábios, da mesma forma que os bebês fazem ao se aproximar dos seios para mamar.
4. Há ainda quem defenda a teoria do "yo-he-ho": o esforço físico de pessoas trabalhando juntas teria gerado ruídos em determinados ritmos, que posteriormente se desenvolveram, originando cantos (e depois a linguagem).
5. Por fim, a teoria do "la-la", defendida por Jespersen, diz que a linguagem humana nasceu de impulsos românticos.

* * * * * * * O QUE É A FALA? * * * * * * *

A fala é o resultado da vibração das cordas vocais. Conforme elas vibram, ocorrem fragmentações na corrente de ar proveniente dos pulmões, que formam ondas sonoras.

COMO A FALA OCORRE NO ORGANISMO

Para que uma pessoa fale, a primeira coisa que ela precisa fazer é capturar ar, ou seja, inspirar. No momento em que se interrompe a inspiração, fecha-se a glote (fenda que se abre com o distanciamento das duas cordas vocais no instante da inspiração, para permitir a passagem de ar). A esta altura, os pulmões estão cheios de ar, e o diafragma, músculo que separa o tórax do abdômen, passa a comprimi-los. Com o aumento da pressão nos pulmões, os músculos do tórax e do diafragma relaxam e o ar é expulso dos pulmões. O aparelho fonador se articula conforme o som que se pretende emitir, e as cordas vocais – até então unidas – separam-se em intervalos de milésimos de segundos, abrindo uma passagem por onde corre parte do ar, até então contido nos pulmões. A passagem do ar provoca vibrações nas cordas vocais e na laringe, gerando ondas sonoras. Como se propagam no ar, as ondas sonoras produzidas no corpo de uma pessoa "fluem" pelo ambiente até chegar aos ouvidos de quem está por perto. Em contato com a membrana do tímpano, provocam uma vibração na mesma frequência produzida no organismo do locutor. O sinal recebido é então transmitido ao cérebro, que o interpreta.

▶ **Como se dá o controle de intensidade do som no organismo?**
Por si sós, cordas vocais e laringe jamais poderiam possibilitar a comunicação que acontece entre os homens, já que o som nelas produzido é quase tão fraco quanto um cochicho. O organismo, no entanto, possui compartimentos onde o som vibra, ecoa e é amplificado. São as caixas de ressonância, formadas por pulmões, laringe, faringe, boca, nariz e algumas outras cavidades presentes na face. O interessante é que o ser humano envia as ondas sonoras instintivamente para as partes que lhe convêm dentro do organismo, de acordo com o tipo e a intensidade de som que deseja produzir – fala normal, sussurro, grito, cochicho etc.

▶ **O que são cordas vocais?**
As cordas vocais são dois músculos localizados na laringe, responsáveis por desencadear a produção de som no organismo. Revestidas por mucosas, abrem-se em uma fenda triangular para permitir a passagem de ar no momento da fala. Sua denominação foi proposta pelo anatomista francês Antoine Ferrein, em 1741. Com base em estudos realizados em cadáveres, ele constatou a presença, na laringe, de duas estruturas semelhantes às cordas de um violino, que vibravam à passagem do ar vindo dos pulmões. O termo hoje está em desuso entre os profissionais da fala que costumam dizer "pregas vocais", uma vez que essas estruturas ficam dispostas como conchas ou lábios.

▶ **Por que a voz muda com a idade?**
Os hormônios sexuais que aparecem na adolescência fortalecem a musculatura do corpo todo, inclusive das cordas vocais, que se tornam mais longas e espessas. Consequentemente, elas passam a vibrar com menor intensidade do que antes, gerando sons mais graves (quanto menor for o número de vibrações por unidade de tempo, mais grave será o som produzido). É dessa forma que o amadurecimento engrossa a voz das pessoas, especialmente dos homens (que têm maior fortalecimento muscular). Veja a frequência média de vibração das cordas vocais em algumas fases da vida:

* *

FASE DE AMADURECIMENTO	FREQUÊNCIA MÉDIA DE VIBRAÇÃO DAS CORDAS VOCAIS
Infância	250 vezes por segundo
Adolescência	Fase de transição, devido ao enrijecimento das cordas vocais.
Idade adulta mulheres	De 200 a 220 vezes por segundo
Idade adulta homens	110 vezes por segundo
Velhice	A voz pode se tornar um pouco mais aguda por causa da diminuição das taxas hormonais e do envelhecimento da mucosa que reveste as cordas vocais.

* *

VOCÊ SABIA QUE...

... na Europa do século XVII, alguns meninos eram castrados para que não sofressem alterações hormonais na vida adulta e, consequentemente, permanecessem com voz de criança? Chamados de *castrati*, eles estudavam em escolas especializadas, de modo a adquirir um incrível controle de respiração, voz, timbre, expressividade etc. Muitas óperas eram escritas exclusivamente para ser cantadas pelos *castrati*, que eram extremamente bem remunerados por suas apresentações.

▶ **Como uma mesma pessoa é capaz de produzir sons graves e agudos?**
A laringe tem seu tamanho ajustado sob o comando do cérebro, conforme a intenção de som que se quer produzir. Então, a corda vocal alonga-se com maior ou menor intensidade, gerando diferentes vibrações. Quanto mais estirada estiver, mais vai vibrar e mais agudo será o som produzido por ela.

O volume normal de voz de uma pessoa tem 60 decibéis. Já o volume de um bebê chorando é de 90 decibéis. Buááááá!!!

▶ **Por que os bebês gritam quando nascem?**
O grito dos bebês no momento do nascimento é vital, pois é por meio dele que os pequeninos eliminam o líquido presente no trato respiratório. Entre todos os seres vivos, o ser humano é o único que tem esse comportamento. O choro dos bebês pode apresentar diferentes intensidades, e isso é determinado por desejos, estados de espírito, queixas e até pela

personalidade da criança. O choro baixinho, comparável ao resmungar, pode ter menos de 30 decibéis. Já o choro alto está na faixa dos 70 decibéis. Um choro muito estridente pode superar os 90 decibéis — mais do que se verifica numa avenida de tráfego intenso.

▶ **Por que falamos com criança como criança?**
Por que nem o mais destemido dos marmanjos resiste a afinar a voz e a falar como uma criancinha ao ver um bebê? Na verdade, isso não acontece apenas entre pais e tios babões brasileiros. Estudos mostram que o mesmo ocorre em diferentes culturas e idiomas, como no italiano, francês, alemão, japonês e inglês. Aliás, essa mania não é nem privilégio dos humanos: os saguis também usam um chamado todo especial para seus filhotes. Além de chamar a atenção do bebê ou acalmá-lo, de acordo com a situação, esse tipo de fala também serve para deixar a mensagem mais clara para a criança. Ela não sabe o que as palavras significam, mas a entonação e a maneira com que são pronunciadas a ajudam a compreender se a mamãe e o papai estão aprovando uma gracinha, proibindo alguma arte ou simplesmente brincando. Se os pais se divertem, os bebês também adoram. Eles reconhecem e preferem esse tipo de conversa a partir do quarto mês de vida.

A FALA E A RESPIRAÇÃO
Durante a fala, o organismo faz um controle rigoroso da entrada e saída do ar, já que esse é o combustível que fará vibrar as cordas vocais, levando à formação das ondas sonoras. À medida que o discurso se torna mais efusivo — alto, emotivo e vibrante para o locutor —, aumenta a quantidade de ar exalado. Observe o controle de inspiração e expiração em duas situações bem distintas:

ATIVIDADE	INSPIRAÇÃO X EXPIRAÇÃO	DETALHES
Pessoa tranquila e em silêncio	Período de inspiração quase igual ao de expiração.	Cerca de 12 ciclos respiratórios completos (inspiração + expiração) por minuto, o que significa inspirações e expirações com 2,5 segundos de duração.
Pessoa fazendo apresentação oral	Inspirações muito breves e expirações lentas, acontecendo junto com a fala.	Inspirações durando apenas 1/4 de segundo e expirações que normalmente têm de 5 a 10 segundos (podendo chegar a até 20 segundos, dependendo do controle vocal e emocional do orador).

▶ **O que é dislexia?**
É um distúrbio de aprendizagem ligado à decodificação de palavras e símbolos. Os disléxicos têm dificuldade para ler, escrever, entender uma história, copiar uma lição, fazer um ditado. O primeiro caso foi diagnosticado em 1896, na Inglaterra. O distúrbio é hereditário e se manifesta principalmente em homens. Calcula-se que entre 10% e 15% da população mundial sofra de dislexia. Um grande número de personalidades apresentou esse problema, entre eles Leonardo da Vinci, Michelangelo, Albert Einstein, Van Gogh, Walt Disney, Whoopi Goldberg e Tom Cruise.

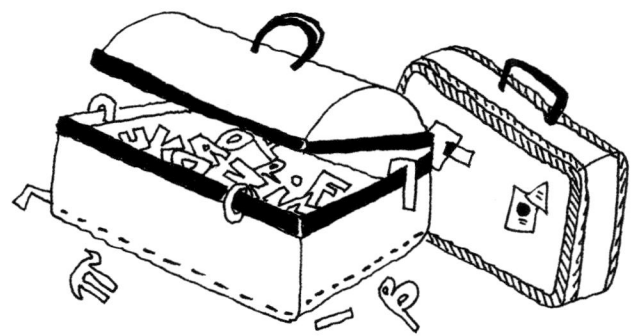

Como nasce uma língua

Os homens viviam bem isolados uns dos outros. Cada grupo tinha inventado uma língua diferente, apenas entendida por ele. Eram tempos, porém, em que os homens se locomoviam muito, à procura de alimentos ou para escapar do frio. Na época das grandes navegações, os homens passaram a viajar pelo mundo.

A cada lugar que os homens chegavam, sua língua ia sendo modificada ou se misturava à língua daquela região, dando origem a outro idioma.

Ao voltar, os homens traziam na bagagem novas palavras. Desse modo, os idiomas foram adquirindo palavras de origens diferentes.

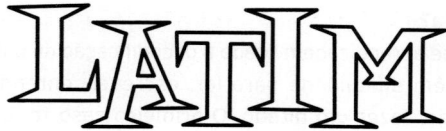

VIDA E MORTE DO LATIM

As guerras e as conquistas também foram fundamentais para o surgimento de novas línguas. Os romanos, que davam muito valor à educação, mantinham escolas e professores particulares. Sabiam da importância da linguagem para a dominação de outros povos. Por isso diziam: *"Ubicumque lingua romana, ibi Roma"* (Onde quer que esteja a língua romana, aí estará Roma).

Pertencente à família das línguas indo-europeias, o latim surgiu no centro da Itália, na antiga região do Lácio, como uma língua de camponeses, mercadores e soldados. Embora não se conheça ao certo o período de seu surgimento, os primeiros registros escritos datam do século III a.C. Entre os idiomas que mais influenciaram o latim destacam-se o grego e o etrusco.

À medida que os romanos habitantes da península itálica livraram-se do poderio de etruscos e gregos, que anteriormente haviam dominado a região, foram conquistando territórios e se fortalecendo. Com eles, disseminou-se o idioma latino, que viria a ser peça fundamental na formação da cultura e identidade ocidentais. Por muito tempo o latim constituiu a única língua culta do continente europeu.

Antes de sua extinção, o latim deu origem a diversas línguas românicas, como português, espanhol, francês, catalão, galego, romeno e italiano.

Também influenciou outras línguas, como o inglês e o alemão, e ainda serviu de base para a nomenclatura científica utilizada hoje em diversos países do globo.

O latim comum era composto de 4 mil palavras. O alfabeto latino desenvolveu-se a partir do etrusco, com 23 letras.

Uma língua desaparece quando é substituída por outra mais forte, mais útil para a população. O uso popular do latim, por exemplo, terminou no Império Bizantino (476 a 1453 d.C.), quando perdeu lugar para o grego. O latim só se mantém em uso na Igreja Católica Romana e no vocabulário científico e literário.

EXPRESSÕES EM LATIM EMPREGADAS ATÉ HOJE NO BRASIL

AD HOC ▶ Para isso
Usada em situações em que uma pessoa está substituindo alguém em determinada função.
AD REFERENDVM ▶ Para ser referendada
Decisão que ainda depende da aprovação de uma autoridade superior.
AGNVS DEI ▶ Cordeiro de Deus
As religiões antigas sacrificavam animais. No cristianismo, o sacrifíc o foi substituído pela consagração da hóstia e do vinho, que simbolizam a carne e o sangue da vítima.

ALEA JACTA EST ▶ A sorte está lançada
Segundo Suetônio, a frase foi dita pelo imperador Júlio César no ano 49 a.c., quando ele decidiu atravessar, à frente de seu exército, o rio Rubicon, que dividia a Gália cisalpina e o território romano.
CORPVS CHRISTI ▶ Corpo de Cristo
Na festa de Corpus Christi, os católicos celebram a presença de Jesus Cristo na eucaristia. Com data móvel, a festa ocorre dez dias após Pentecostes, outra festa cristã que celebra, 50 dias depois da Páscoa, a descida do Espírito Santo sobre os apóstolos reunidos no cenáculo. Após a missa de Corpus Christi, há um ritual em que os católicos celebram a eucaristia. E também procissões comemorativas. A festa teve origem em 1208, em Liège (na atual Bélgica), quando a monja Joana de Mont Cornillon declarou ter tido a visão de uma festa em honra à eucaristia. Passou, então, a organizar a celebração, que se propagou pela cidade inteira. Em 1264, o papa Urbano IV estendeu a comemcração para toda a Igreja Católica.
CVRRICVLVM VITAE ▶ Carreira da vida
DATA VENIA ▶ Com licença
DVRA LEX, SED LEX ▶ A lei é dura, mas é a lei
A frase, de cunho jurídico, começou a ser esboçada no Digesto, coleção de sentenças de antigos juízes organizada por juristas latinos. Elas foram

reunidas por Domício Ulpiano, um jurisconsulto do século III d.C. Dizia: *"Durum hoc est sed ita lex scripta est"* (Isto é duro, mas assim foi escrita a lei), em que se admite que sempre devemos aplicar e sofrer a lei.

FIAT LVX ▶ Faça-se a luz
A expressão está no versículo 3 do Livro do Gênese: "E disse Deus: Haja luz; e houve luz".

HABEAS CORPVS ▶ Possuir o corpo
Ação judicial com o objetivo de proteger o direito de liberdade de alguém. Segundo o *Dicionário Houaiss*, trata-se de uma forma reduzida de uma fórmula processual inglesa da Idade Média.

HONORIS CAVSA ▶ Em atenção à honra
O título de doutor *honoris causa* é concedido por universidades a uma pessoa, como homenagem, sem que ela tenha passado por provas ou exames.

IN DVBIO ▶ Na dúvida
Expressão que tem muita força no Poder Judiciário. Diz-se que *in dubio pro reu*, ou seja, na dúvida o réu deve ser absolvido.

IN VINO VERITAS ▶ No vinho, a verdade
A frase está esboçada em escritores latinos do século I a.C., por exemplo em Plínio, o Velho (*História natural*, XXVIII, 141) e Horácio (*Sátiras*, I, 4,89). Este, por exemplo, ao descrever uma ceia em que os convivas se dispõem, quatro a quatro, em três leitos, acusa um que, depois de beber, se porta mal, "quando o veraz Líbero [= Baco] abre os recônditos do coração" (*Condita cum uerax aperit praecordia Liber*). Outros amplificam o caso, dizendo que a verdade está no vinho, na criança, no velho. Aliás, a amplificação talvez se deva a uma glosa do poeta lírico grego Alceu (século VII a.C.). Pois, tendo este dito: "O vinho, ó amado menino, e a verdade" (*oînos, ô phíle paî, kaì aláthea*), outro, depois, teria torcido a frase para: "O vinho, o menino, a verdade", conforme Platão, *Simpósio*, 217.

IN HOC SIGNO VINCES ▶ Neste sinal vencerás
Na noite que antecedeu uma incursão militar, o imperador Constantino (274--337 d.C.) viu em sonhos uma cruz em que se liam as palavras: "Neste sinal vencerás". No dia seguinte, adotou a cruz como insígnia de seu exército. Ela foi gravada nos escudos dos soldados. Como a incursão fosse bem-sucedida, converteu-se ao cristianismo, cujo símbolo é a cruz. Depois disso, o cristianismo seria a religião oficial do Império Romano.

INRI ▶ Colocada na cruz em que Cristo foi crucificado, a sigla significa *Iesus Nazarenus Rex Iudeorum*, ou "Jesus Nazareno, Rei dos Judeus".

LIBERTAS QVAE SERA TAMEN ▶ Liberdade ainda que tardia
Os inconfidentes foram buscar esse lema da bandeira de Minas Gerais no v. 27 da "Bucólica 1" de Virgílio (século I a.C.). Nota-se, contudo, que o lema não é absolutamente positivo. Tendo Melibeu perguntado a Títiro o que o teria levado a ver Roma, Títiro explica que, antes escravo, "a liberdade [foi que o levou], a qual, embora tardia, reparou nele, [embora] inerte" (*Libertas, quae sera tamen respexit inertem*).

MENS SANA IN CORPORE SANO ▶ Mente sã em corpo são
É o segundo hemistíquio de um verso do fim da "Sátira 10" do poeta latino Juvenal (século I-II d.C.). Na Sátira, ele pretende mostrar como aquele que tomamos por bom é, não raro, mau. Assim, expõe um a um, a fim de refutá--los, os votos que rogamos aos deuses.

NON DVCOR, DVCO ▶ Não sou conduzido, conduzo
Frase que aparece no brasão da bandeira da cidade de São Paulo. Em 1916, o então prefeito Washington Luís Pereira promoveu um concurso para a criação do brasão. O ganhador foi o jovem poeta Guilherme de Almeida, recém--formado em Direito, que levou um prêmio de 2 contos de réis. Como tinha pouca habilidade em desenhar, Guilherme contou com a ajuda de Wasth Rodrigues. O brasão foi oficializado em 8 de março de 1917. No projeto, Guilherme escreveu a frase ao contrário: "*Duco, non ducor*" (Conduzo, não sou conduzido). Seu pai, no entanto, sugeriu a inversão, e a inscrição em latim ficou "*Non ducor, duco*" (Não sou conduzido, conduzo).

PER CAPITA ▶ Por cabeça
PERSONA NON GRATA ▶ Pessoa que não é bem-vinda
POST SCRIPTVM (P.S.) ▶ Escrito depois
Geralmente usado no final da correspondência, para acrescentar algo que foi lembrado depois.

SIC ▶ Assim, dessa forma
Utilizado com frequência em reportagens, *sic* quer dizer que, por mais estranho que possa parecer o texto ou a declaração de alguém, foi dito daquela forma.

SINE DIE ▶ Sem dia
Algo adiado para outra ocasião, mas ainda sem data marcada.

SINE QVA NON ▶ Sem o quê, não
Para se fazer algo, exige-se determinada condição e não se abre mão dela.

STATV QVO ▶ No estado em que
A expressão original era *statu quo ante*, que significa "No estado em que se encontrava antes". Com o tempo, foi simplificada e até virou substantivo.

SVI GENERIS ▶ De seu gênero
De um gênero característico, que não tem igual.

SVB IVDICE ▶ Em juízo
Questão que ainda está sendo discutida na Justiça.

VT SVPRA ▶ Como acima
Expressão bastante usada por advogados e juízes. Significa "Como está escrito acima".

VADE RETRO ▶ Afaste-se
No Evangelho de Mateus (capítulo IV, versículo 10), Jesus disse estas palavras a Satanás.

VENI, VIDI, VICI ▶ Vim, vi e venci
Depois de uma vitória, os comandantes militares mandavam inscrever todos os atos da vitória no estandarte que era exibido durante as pompas. Após a vitória do Ponto, César fez desfilar um estandarte em que se liam apenas essas palavras. Com isso, explica o poeta Suetônio, em "Divino Júlio", quis dizer que a vitória tinha sido conseguida rapidamente.

VOX POPULI, VOX DEI ▶ A voz do povo é a voz de Deus
Expressão de origem bastante antiga. A primeira vez que o termo *vox populi* apareceu associado a *vox Dei* foi na Vulgata (tradução latina da Bíblia feita no século IV), em um discurso de Isaías. Quanto à forma *Vox populi, vox Dei*, ela tem seus primeiros registros em uma obra medieval de um autor chamado Alcuíno. Outros ditos expressando conceitos semelhantes já haviam sido registrados em alguns textos clássicos de Hesídio, Ésquilo e Sêneca.

NÃO É O QUE VOCÊ ESTÁ PENSANDO...
Palavras em latim que podem causar certa confusão nos dias de hoje.

CARALIS
Este era o nome da capital da Sardenha, posteriormente denominada Cagliari. Seus habitantes eram os caralitani. Assim como Bóstar, Caralis era também nome de homem.

FODERE
Em latim, esta palavra corresponde a cavar, escavar ou retirar cavando. Em termos figurativos, acabou significando picar, dilacerar ou mesmo torturar e atormentar. Aquele que escavava fazia-o em uma *fodina* (mina), com uma ferramenta denominada *fodica*. O ato de dar um puxão em alguém, no intuito de adverti-lo, era descrito como *fodicare latus*.

PVTARE
De início, este verbo latino significava podar. Mais tarde, adquiriu o sentido de "contar", "estimar", dando origem inclusive ao termo português "computar". Já a palavra puta era utilizada como "por exemplo", "por suposição".

As línguas mais faladas no mundo

Mandarim	885 milhões	Português	220 milhões
Hindi	461 milhões	Árabe	177 milhões
Inglês	450 milhões	Japonês	125 milhões
Espanhol	352 milhões	Alemão	118 milhões
Russo	285 milhões	Francês	114 milhões

Palavras (quase) mortas
No decorrer do tempo, uma língua passa a não usar mais certas palavras. Algumas se tornam antiquadas, pois servem para designar objetos já não usados. Hoje em dia, por exemplo, pouco se emprega a palavra fonógrafo – e, com toda a modernidade dos CDs e DVDs, é bem possível que ninguém mais venha a se lembrar de "vitrola", "toca-discos" ou, no futuro, de "videocassete". Outros termos simplesmente saem de moda, como "reclame", substituído por "propaganda" ou "anúncio".

▶ **Quantas línguas existem?**
Já existiram 10 mil línguas diferentes no mundo, número que com o passar dos anos foi diminuindo gradativamente. Hoje, existem 6.700 línguas vivas e apenas 250 delas contam com mais de 1 milhão de falantes. Possivelmente existam outras línguas faladas por habitantes de lugares inóspitos, ainda não descobertos. A divisão de línguas por continentes é a seguinte:

Estima-se que metade dessas línguas irá desaparecer até o ano de 2050, o que significa que uma língua irá se extinguir a cada cinco dias.

UM PAÍS, MUITAS LÍNGUAS
Estas são as nações com o maior número de línguas faladas em seu território. Graças às inúmeras tribos indígenas existentes no país, o Brasil faz parte desta lista:

	Línguas	População
Papua-Nova Guiné	817	4,8 milhões
Indonésia	712	212 milhões
Nigéria	470	111 milhões
Índia	407	1 bilhão
México	289	99 milhões
Camarões	279	15 milhões
Austrália	234	19 milhões
Rep. Dem. Congo	221	51 milhões
China	205	1,3 bilhão
Brasil	195	170 milhões

Fonte: Summer Institute of Linguistics.

Alguns países têm mais de uma língua oficial. No Canadá, são duas: o inglês e o francês. A Bélgica está dividida entre duas línguas: o francês e o flamengo (dialeto do holandês). Na Suíça, quatro: alemão, francês, italiano e o romanche.

▶ **Qual é a diferença entre língua e dialeto?**
Língua é aquela utilizada pelo governo em suas comunicações oficiais. Dialeto é uma variação regional da língua, com diferentes pronúncias, vocabulário ou significados suficientes para dificultar sua compreensão. Muitos dialetos podem vir a se transformar em línguas. Vale lembrar que o português, o francês, o espanhol e o italiano já foram dialetos do latim usados pelo Império Romano.

Com a língua solta

Curiosidades sobre línguas ao redor do mundo:

Existem línguas que se dividem por causa da escrita e da fala. O hindi e o urdu são faladas na Índia e no Paquistão. O hindi se escreve com o alfabeto sânscrito, enquanto o urdu usa letras árabes. Paquistaneses e indianos conseguem conversar, mas um não entende o que o outro escreve. Chineses e japoneses entendem a escrita um do outro, porém não se entendem na fala.
A Somália é o único país africano em que toda a população fala apenas uma língua, o somali.
Uma das línguas consideradas mais difíceis é o basco, falado nos Países Bascos, na Espanha. Ela não tem relação com nenhuma outra língua do mundo e sua estrutura gramatical é bastante complicada.

As seis línguas oficiais da ONU são: inglês, francês, espanhol, russo, chinês e árabe. As quatro línguas oficiais da Fifa são: inglês, francês, alemão e espanhol. O Comitê Olímpico Internacional tem apenas duas línguas oficiais: inglês e francês. Por causa de inúmeras reivindicações, está em pauta a adoção do espanhol como terceira língua oficial.

O francês é a língua da diplomacia. Entre os séculos XVIII e XIX, o francês substituiu o latim nessa missão devido à sua clareza e precisão, já que não emprega metáforas ou termos com conotações dúbias – características essenciais para que representantes de vários países possam se comunicar sem que nenhum seja (ou sinta-se) mais ou menos beneficiado.

Metade dos livros publicados no mundo é escrita em inglês. Cerca de 70% dos telegramas e cartas que circulam no mundo também são redigidos em inglês.

Na língua inglesa há 1 milhão de palavras, mas um falante com conhecimento médio emprega 2.800 no dia a dia. Qualquer pessoa que utilize mais de 700 palavras já se torna quase fluente na língua. Uma edição dominical do tradicional jornal *The New York Times* traz em média 25 mil palavras.

O governo indiano já tentou transformar o hindi em língua oficial do país, mas não conseguiu. A confusão de dialetos na Índia é tão grande que a moeda local, a rupia, traz textos em dez dialetos diferentes. Quando precisam falar entre si, os indianos recorrem ao único idioma que todos aprenderam na escola: o inglês.

A LINGUAGEM DOS GUETOS

Você já ouviu falar do ebonics, ou ebanês em português? A palavra vem da junção do termo em inglês *ebony*, que quer dizer ébano, com *phonic*, um método que ensina a reconhecer o som representado pelas letras. Surgiu para nomear a variação linguística que os afro-americanos costumam usar para uma ideia mais concreta: é muito usada nos blues e nos filmes que possuem como cenários guetos nova-iorquinos. Segundo a professora Regina Áurea Leão de Castro, mestre em Letras pela Universidade de São Paulo na área de língua e literatura inglesa e norte-americana, o ebonics vem se desenvolvendo desde que os primeiros navios negreiros aportaram nas terras norte-americanas. Esse crescimento, ainda segundo a professora, é um fenômeno natural, pois se a sociedade colocou o negro de lado, é esperado que acabem concentrando-se em guetos e desenvolvendo uma comunicação própria.

Os Estados Unidos são o quinto país com maior número de falantes da língua espanhola. Perdem, na ordem, para Espanha, México, Argentina e Colômbia. Mas nos EUA já tem mais gente falando espanhol do que no Chile e no Peru.
Algumas palavras escritas de forma idêntica têm significados totalmente diferentes nas diversas línguas. Sale, em inglês, significa "liquidação" e já está sendo estampada em muitas vitrines de lojas brasileiras. A mesma palavra, em francês, quer dizer "sujo".

Existem apenas 50 mil aborígenes australianos no mundo, e o curioso é que eles falam mais de 200 dialetos diferentes. Isso significa que cada dialeto é falado, em média, por 250 pessoas.
Ao agradecerem alguma coisa, os japoneses usam a palavra "arigatô" ("obrigado" em japonês). Ela significa "isso dói", e mostra que eles reconhecem o esforço da pessoa naquela gentileza.
A palavra selamat (paz) aparece em todas as saudações feitas na Indonésia. Até o tradicional "saúde", proposto durante um brinde, é selamat minum – algo como "paz na bebida".
Na China, a alfabetização exige o domínio de, no mínimo, 2 mil ideogramas.
A tribo dos berberes, no norte da África, não tem nenhuma forma de língua escrita.
Na época da Independência, os americanos pensaram em cortar todos os laços com os colonizadores ingleses. Foi cogitada a troca do inglês pelo alemão como língua oficial, ideia rapidamente descartada.

● William Shakespeare utilizou 24 mil palavras diferentes em toda sua obra.

\# Nas ilhas Salomão, localizadas no oceano Pacífico, existem nove palavras diferentes para os vários estágios de amadurecimento de um coco. Já os habitantes de Trestevere, nas redondezas de Roma, falavam no passado um dialeto que tinha 200 palavras diferentes para se referir à genitália masculina.

A ilha de Nova Guiné, também no Pacífico, conta com 700 línguas e dialetos diferentes. Até tribos localizadas a uma distância de 10 quilômetros uma da outra não se entendem.

\# O alfabeto coreano é considerado um dos mais eficientes do mundo. Até o início do século XV, os coreanos escreviam apenas em caracteres chineses, quando o rei Sejong percebeu que a maioria do povo não conseguiria aprender tal escrita, uma vez que sua estrutura era bem diferente da estrutura da língua coreana. Com a finalidade de solucionar o problema, ele reuniu uma equipe de estudiosos para criar um alfabeto próprio para seu povo, concluído em 1443. O novo sistema de escrita foi batizado de *Hunmin chong-um*, que significa "sons apropriados para instruir o povo". Originalmente, o alfabeto era composto de 28 letras, mas quatro delas acabaram não sendo utilizadas. Hoje, tem 24 letras (14 consoantes e 10 vogais). Em outubro de 1997, o *Hunmin chong-um* ganhou da Unesco (Organização das Nações Unidas para a Educação, Ciência e Cultura) o título de Patrimônio Cultural da Humanidade.

Histórias de línguas mortas

São línguas não mais utilizadas na comunicação seja em uma nação, vilarejo ou aldeia. Na história da humanidade, essa "morte" costuma ocorrer como consequência de conquistas territoriais e supremacias culturais. Calcula-se, por exemplo, que com a ocupação europeia no Brasil tenham se extinguido mais de mil idiomas indígenas. Hoje, acima de tudo por causa da globalização, muitas línguas morrem a cada ano – especialmente as pouco difundidas, logo superadas por outras de maior alcance. Com o seu desaparecimento, vão embora também léxicos capazes de retratar culturas, costumes, valores e histórias dos povos. No entanto, nem todas as línguas mortas desaparecem por completo. Algumas deixam vestígios, exercendo de certa forma extrema importância na comunicação, já que antes de partir acabam por influenciar ou até servir de base para outros tantos idiomas. Além do latim, desapareceram:

❀ Indo-europeu

Não se conhece a idade deste idioma, quais povos se comunicaram por meio dele, a formação de seu léxico ou coisa que o valha. Porém, mesmo sem ter deixado muitas pistas ou um único registro escrito, rastros do idioma indo--europeu evidenciam sua existência.

Esse tronco linguístico pode ser percebido a partir de pontos comuns entre diversas línguas europeias e asiáticas. Acredita-se que tenha sido o idioma original de oito subfamílias linguísticas – o indo-iraniano (do qual nasceu o sânscrito), o balto-eslávico, o germânico, o céltico, o itálico (que originou o latim), o armênio, o albanês e o grego –, uma vez que suas semelhanças lexicais e gramaticais denotam uma raiz comum.

❀ Etrusco

Língua falada pelos etruscos, povos que habitaram a Etrúria, antiga província italiana situada na atual região da Toscana. Antes dos romanos, os etruscos constituíram os povos de civilização mais avançada da península italiana. De seu grande império, porém, pouca coisa restou, exceto algumas tumbas e cerca de 13 mil inscrições de linguagem bastante obscura para o homem moderno, que pouca coisa decifrou delas (aproximadamente 300 palavras apenas). Ainda assim, os estudiosos estão seguros de que o latim sofreu influências do etrusco.

❃ Grego clássico

Falado em Atenas entre 500 e 300 a.c., o grego clássico é uma língua indo-europeia que recebeu influência de diversos idiomas e dialetos anteriormente utilizados no atual território grego: os dialetos jônico, eólio e arcádio (falados por invasores aqueus), o ático (forma do jônico) e o dórico (empregado pelos dórios que no início do século XII a.c. ocuparam parte de tal território). Empregado por alguns dos mais importantes pensadores da história, como Platão e Demóstenes, o grego clássico originou posteriormente o grego comum, falado no período helenístico, do qual evoluiu o grego moderno.

❃ Sânscrito

Originado na Índia, o sânscrito ganhou importância especialmente por ter sido o idioma utilizado nas Sagradas Escrituras dos hindus. Seu nome, *samskrta*, significa purificado, apurado, esmerado. Era considerado, portanto, uma língua polida e sagrada, e por isso é bastante conhecido hoje entre estudiosos e adeptos do ioga e de outras filosofias orientais. Entre as obras escritas nesse idioma, destacam-se o *Mahabharata*, o *Bhagavad Gita*, diversos Sutras (entre eles o *Kama Sutra*), as *Upanishades* e os *Vedas*.

❃ Tupi

Até o século XVIII, o tupi, em sua forma evoluída conhecida como "língua geral", era a língua mais falada no Brasil. Os portugueses, porém, para assegurar seu domínio sobre a colônia, dificultavam a disseminação da língua nativa destas terras.

O maior passo para a condenação da língua geral aconteceu em 1758, quando o Marquês de Pombal vetou seu ensino em todo o território.

A violenta repressão fez com que a língua rapidamente desaparecesse, exceto na Amazônia. Bastante disseminada por portugueses, a língua geral é falada ainda hoje em algumas tribos e populações ribeirinhas do alto rio Negro, na Amazônia. Independentemente de toda a coibição sofrida pelo tupi, muitos de seus termos sobreviveram e se incorporaram ao nosso português.

Várias das diferenciações lexicais entre Brasil e Portugal devem-se a esse idioma antigo de nossas terras.

✶ ✶ ✶ ✶ ✶ **NHEENGATU É LÍNGUA OFICIAL** ✶ ✶ ✶ ✶ ✶

Em março de 2003, a língua nheengatu foi oficializada no município de São Gabriel da Cachoeira, em Manaus. Além dessa, os 45 mil habitantes também se comunicam em português, tucano e baniua. É o primeiro município do país a ter quatro idiomas oficiais. Até o final do século XVI, a língua brasílica era a mais falada nas cidades da costa brasileira, mais até do que o português. Na história do Brasil, foi apresentada como tupi. Falada por índios de diferentes tribos da costa brasileira, simplificou-se e misturou-se com o português, até chegar ao que conhecemos hoje como tupi moderno ou nheengatu. Hoje, é usado apenas por ribeirinhos, índios e caboclos da Amazônia.

✶ ✶

Idiomas em perigo

Aragonês ▶ 30 MIL FALANTES
Idioma de origem latina parecido com o espanhol.
Asturiano ▶ 450 MIL FALANTES
Uma das muitas variações regionais do espanhol.
Baixo-saxão ▶ 1,8 MILHÃO DE FALANTES
De origem germânica, parente do alemão, do holandês e do inglês.
Basco ▶ 636 MIL FALANTES
Não pertence a nenhuma das famílias linguísticas conhecidas.

Bretão ▸ 300 MIL FALANTES
Usado pelos celtas, é anterior à colonização romana.
Catalão ▸ 7,1 MILHÕES DE FALANTES
Idioma oficial na Catalunha espanhola, usado até na administração.
Córnico ▸ MIL FALANTES
Sem parentesco com o inglês, a língua usada na Cornualha, região do extremo sul da Grã-Bretanha, desapareceu em 1777. Hoje está sendo revivida graças à retomada do estudo da cultura celta nos Estados Unidos e na Inglaterra.
Corso ▸ 150 MIL FALANTES
Semelhante ao italiano, é originário da ilha de Córsega, que luta por sua independência da França.
Escocês ▸ 1,5 MILHÃO DE FALANTES
Compreende variantes de origem germânica usadas na Escócia.
Frísio ▸ 460 MIL FALANTES
Idioma de uma das províncias que deram origem à Holanda.
Friulano ▸ 550 MIL FALANTES
Dialeto italiano de maior reconhecimento oficial.
Gaélico ▸ 67 MIL FALANTES
Usado pelos escoceses desde antes da chegada dos povos germânicos.
Galego ▸ 2,2 MILHÕES DE FALANTES
Oficial na Galícia espanhola, tem grande parentesco com o português.
Galês ▸ 500 MIL FALANTES
Anterior ao inglês, sobrevive principalmente no País de Gales.
Irlandês ▸ 1,4 MILHÃO DE FALANTES
É adotado por 43% dos habitantes da República da Irlanda.
Luxemburguês ▸ 60 MIL FALANTES
Idioma que em Luxemburgo se tornou minoritário em relação ao francês.
Occitano ▸ 4 MIL FALANTES
Grupo que compreende formas ancestrais do francês.
Sami ▸ 2.600 FALANTES
Conjunto de línguas próximas do finlandês.
Sardo ▸ 1 MILHÃO DE FALANTES
Embora a Sardenha tenha autonomia, o idioma não é oficial.
Sorbiano ▸ 60 MIL FALANTES
Falado pela minoria eslava que há séculos vive na Alemanha.
Torneladiano ▸ 30 MIL FALANTES
Variação do finlandês típica de uma região da Suécia.

Fonte: Revista *Época*, 8/5/2000.

Para conhecer um pouquinho destas línguas, veja como se diz **EU NÃO ENTENDO** em algumas delas:

Asturiano ▸	Nun pescancio
Basco ▸	Ez dut ulertzen
Bretão ▸	Ne gomprenan ket
Córnico ▸	Ny wonn konvedhes
Corso ▸	Ùn capiscu micca
Frísio ▸	Ik begryp it net
Gaélico ▸	Ní thuigim
Galês ▸	Dydw i ddim yn deall
Luxemburguês ▸	Ech kapéieren nët
Sami ▸	Mun in ibmerean
Occitano ▸	Compreni pas

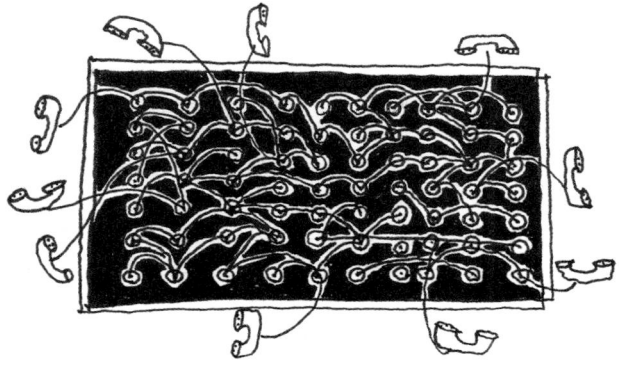

As línguas universais

Para facilitar a comunicação entre os povos, mais de dez línguas universais já foram criadas. Filósofos como Voltaire, Montesquieu e Descartes estão entre aqueles que tentaram criar línguas universais. Uma das primeiras experiências foi o volapuque, desenvolvido pelo padre alemão Martin Schleyer.

A mais famosa de todas foi o esperanto. Criado em 1887, o esperanto nasceu pelo oculista e linguista polonês Ludwig Lazarus Zamenhof (1859--1917), como uma língua auxiliar universal, a ser adotada pelos povos em relações internacionais. Em 1905, Zamenhof lançou os princípios básicos da língua no livro *Fundamento do esperanto*, com os 15 mil vocábulos principais.

O idioma foi desenvolvido a partir de raízes de palavras escritas de maneira semelhante e com o mesmo significado em várias línguas. É composto de 60% de radicais de origem latina, 30% de origem anglo-germânica e 10% de origem diversa.

Uma pessoa que estuda ou fala o esperanto é chamada de esperantista.

Os conhecedores de esperanto se identificavam com um broche em forma de uma estrela verde. Calcula-se que ainda hoje existam 100 mil falantes de esperanto.

ALGUMAS REGRAS DO ESPERANTO

1. Os verbos são regulares, ou seja, não variam em pessoa ou em número.
2. As palavras devem ser lidas como estão escritas. Não há letras mudas.
3. Toda palavra é paroxítona, ou seja, a sílaba tônica é sempre a penúltima.
4. O artigo definido é *la*, tanto para o gênero (feminino e masculino) quanto para o número (singular e plural).
5. O plural é sempre formado pelo acréscimo da letra j no fim da palavra. A letra tem som de um i breve.
6. As palavras interrogativas começam sempre pela letra k.

✱ ✱ ✱ ✱ ✱ ✱ **FILME AMALDIÇOADO** ✱ ✱ ✱ ✱ ✱ ✱

Uma emissora de televisão a cabo americana exibiu em 2002 um filme considerado amaldiçoado: *Incubus* foi o primeiro e último filme rodado em esperanto. A produção do diretor Leslie Stevens é passada na misteriosa ilha de Nomen Tuumm, habitada por mulheres demoníacas (succubi), que seduzem homens para matá-los. Depois de sua estreia na França, em 1965, o filme ficou esquecido por trinta anos; nesse período, o elenco e a equipe de filmagem foram vítimas de uma série de assassinatos, um suicídio e um sequestro. No elenco está o ator William Shatner, antes de ficar famoso como o capitão Kirk de *Jornada nas estrelas*.

✱ ✱

▶ **Ainda é possível existir uma língua universal?**
Provavelmente, não. Uma língua universal teria o mesmo destino das outras tentativas. Cada povo escolheria as palavras mais adequadas a seu meio e a sua cultura, originando novamente outras línguas. Além disso, uma língua criada artificialmente tem mais dificuldade de se popularizar entre os povos. A língua que tenta ocupar o papel de universal hoje em dia é o inglês.

INTERLÍNGUA

Entre as tentativas de se conceber um idioma universal está a interlíngua, criada em 1951 pela International Auxiliary Language Association (Iala), uma organização norte-americana sem fins lucrativos. Uma palavra é adotada na interlíngua desde que seja comum a pelo menos três das línguas nacionais escolhidas como fonte: português, espanhol, italiano, francês e inglês. Como elas têm a mesma raiz, ou seja, o latim e o grego, o idioma é até fácil de entender. Você consegue ler a frase a seguir? *Mesmo le parlantes de anglese comprende un texto technic in Interlingua sin studio previe.* (Mesmo os falantes de inglês compreendem um texto técnico em interlíngua sem estudo prévio). Para os interessados em aprender o idioma, existe em Brasília a União Brasileira pró-Interlíngua (UBI), que promove aulas.

Torre de Babel

Segundo a Bíblia, depois do Dilúvio os descendentes de Noé se instalaram na planície de Senear e começaram a erguer uma grande torre para alcançar o céu. Como castigo por essa ousadia, Deus desceu dos céus, semeou a confusão e dispersou-a por toda a Terra, fazendo com que todos passassem a falar línguas diferentes.

A palavra Babel vem do aramaico *Babilu*, que significa "Portão de Deus". Era o nome que os gregos deram à Babilônia, onde se dizia que a Torre de Babel teria sido construída. Em hebraico, *bilbel* significa "confusão".
No folclore maia, há também uma versão sobre a Torre de Babel. Nos documentos Popol Vuh, livro sagrado dos Maias, existe uma referência à Grande Pirâmide de Cholula, cujos construtores foram dispersados depois de uma confusão por causa da língua.

▶ **Que língua se falava no mundo antes da construção da Torre de Babel?**
Ninguém sabe qual era a língua de Adão e Eva, a que teria sido utilizada para a comunicação entre os homens antes da construção da Torre de Babel. O fato é que na própria Bíblia há controvérsias a respeito dessa homogeneidade linguística. De um lado, o 11º capítulo do Gênese justifica a criação de várias línguas como punição ao homem por sua pretensão de querer erguer uma torre que atingisse os céus. Em contrapartida, pouco antes dessa passagem, o décimo capítulo desse mesmo livro bíblico narra a dispersão dos filhos de Noé, salvos na Arca, por diversas ilhas, cada qual com seu idioma: "Destes (filhos de Noé) saíram os povos dispersos nas ilhas das nações, em seus vários países, cada um segundo uma língua e segundo suas famílias e suas nações". Assim, não se sabe ao certo sequer se houve uma única língua. Na obra *A busca da língua perfeita*, o semiólogo Umberto Eco fala de vários estudiosos que já tentaram, sem sucesso, reconstruir a língua original.

▶ **Quem escreveu a Bíblia?**
A Bíblia é composta de 73 livros: 46 pertencem ao Antigo Testamento e os 27 restantes compõem o Novo Testamento. Além de Mateus, Marcos, João e Lucas, os evangelistas que redigiram a maior parte do Novo Testamento, calcula-se que pelo menos mais 33 autores contaram as demais histórias, em um decurso de cerca de 1.600 anos. Entre eles estavam profetas, reis, escribas e poetas.

2

O bicho alfabeto
tem vinte e três patas
ou quase
por onde ele passa
nascem palavras
e frases

PAULO LEMINSKI
(1944-1989), poeta

A origem do alfabeto

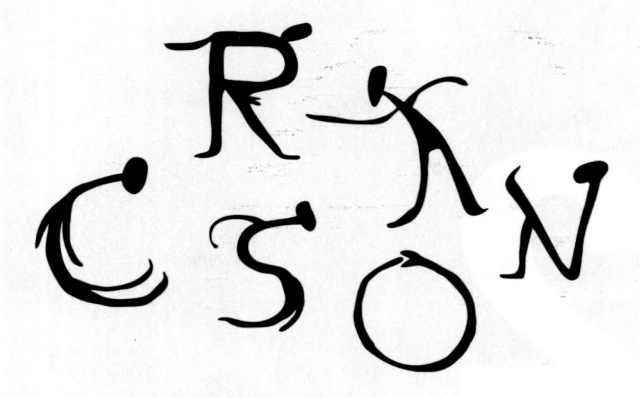

A história do alfabeto

ANTES DA HISTÓRIA
Com o surgimento do homem na Terra, estimado entre 2 e 5 milhões de anos antes de Cristo, teve início a Pré-História. Nesse longo período, que se estenderia por milhões de anos, civilizações estabeleceram suas próprias linguagens e formas de comunicação.

Antes da criação dos alfabetos, as ideias eram registradas por sistemas de símbolos, pelas pictografias.

As pinturas pré-históricas das cavernas podem ser consideradas as formas mais primitivas de pictografias. Aos poucos, as figuras evoluíram e se transformaram em símbolos de ideias. Surgiram, então, os ideogramas. Até hoje os ideogramas chineses são usados em países do continente asiático.

NASCE A ESCRITA, NASCE A HISTÓRIA
A origem da escrita marcou o fim da Pré-História e o início da Antiguidade. A partir de então, relatos, ensinamentos, crenças, lendas e todo tipo de conhecimento científico puderam ser documentados. O nascimento da escrita se deu no Egito e na Mesopotâmia (atual Iraque) por volta de 3400 a.C. e surgiu da necessidade de controlar as relações comerciais e sociais que vinham se desenvolvendo junto com a formação das cidades.

Não é possível afirmar com segurança se essa data está correta, mas é a mais aceita. Tábuas de argila dos sumérios foram encontradas em 1913, na região de Uruk. Em 1998, o arqueólogo alemão Günter Dreyer descobriu 180 etiquetas de barro com inscrições feitas por egípcios em 3400 a.C. Elas teriam sido encontradas na tumba do rei Escorpião, em Abidos, na margem do rio Nilo.

OS PRIMEIROS ESCRITOS

As teorias sobre o início da escrita não são definitivas, já que pesquisas arqueológicas vez ou outra divulgam novidades relacionadas ao assunto. O que já foi encontrado, por enquanto, são registros datando de aproximadamente 3100 a.C., tanto no Egito (hieroglifos feitos por faraós) quanto na Mesopotâmia (escritos cuneiformes deixados pelos suméricos).

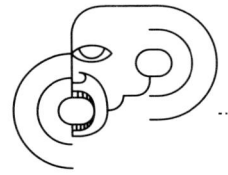

O QUE SÃO HIEROGLIFOS?

São a base do sistema de escrita do antigo Egito. Trata-se de imagens que correspondem a determinados objetos e que, desenhadas com certo encadeamento, formam frases. A hieroglífica foi a mais importante do Egito Antigo, onde também se desenvolveram outras duas formas – a hierática e a demótica. Hieroglifo deriva do grego *hieroglúphos*, que significa "desenhos sagrados esculpidos", já que a escrita foi amplamente utilizada em documentos religiosos inscritos em pedras e objetos de cerâmica.

Pedra de Rosetta

Em 1799, as tropas do imperador francês Napoleão Bonaparte, que nesse ano haviam ocupado o Egito, encontraram, ao demolir um muro na cidade de Rashid, chamada de Rosetta pelos europeus, uma pedra com três formas de escrita diferentes: duas versões em egípcio (uma em hieroglifo e outra na escrita demótica simplificada) e uma em grego.
Na Pedra de Rosetta, como ficou conhecida, estava inscrito um decreto real datado de 196 a.C., época da dinastia de Ptolomeu, estabelecida pela

conquista grega do Egito por Alexandre, o Grande. Por isso as proclamações apareciam tanto em grego quanto em egípcio. O linguista e historiador francês Jean-François Champollion (1790-1832) precisou de 23 anos para traduzir os hieroglifos. A Pedra de Rosetta está localizada no Museu Britânico de Londres.

E O QUE É ESCRITA CUNEIFORME?

A escrita cuneiforme foi desenvolvida pelos sumérios na Mesopotâmia. No início, era essencialmente pictográfica, de modo que objetos e ideias eram representados por desenhos semelhantes a seu aspecto e significado. Com um instrumento de madeira ou junco, as inscrições eram aplicadas em peças úmidas de argila, que, depois de secas em fornos, garantiam o registro das informações. O aspecto de cunha conferido pela maneira de se fazer tal grafia é que deu nome a esse tipo de escrita (cuneiforme significa "em forma de cunha"). Com o decorrer dos anos, a escrita cuneiforme passou a contar com sinais silábicos e fonéticos, que tomaram o espaço dos desenhos iniciais.

Os ancestrais do papel

Até a invenção do papel, os povos precisavam se virar com os materiais que tinham à mão para registrar suas ideias. Além da pedra e da argila, também entravam na dança tijolos, cacos de cerâmica, mármore, vidro, bronze e outros metais. Nem os animais escapavam: os chineses antigos escreviam em cascos de tartaruga e os árabes, do tempo de Maomé, em ossos de camelo. Com o tempo, vieram os materiais mais flexíveis, como as tabuletas de cera, em Roma, lâminas de bambu, na China, cascas de árvores – os russos preferiam as de bétula –, peles de animais, seda e folhas de palmeira, ainda usadas na confecção de livros no Nepal, Tibete e Tailândia.

O papiro foi fabricado exclusivamente no Egito até o século XVII e era feito com o caule dos juncos cultivados no vale do Nilo. As lâminas da planta eram coladas com a própria água do rio. Já o pergaminho, criado pelos habitantes de Pérgamo, na Ásia Menor, foi mais utilizado no século IV. Tratava-se de um pedaço de pele de cordeiro, bode ou veado jovem, e uma folha grande consumia o couro de um animal inteiro, razão pela qual era caríssimo. Por outro lado, podia ser reciclado: em épocas de escassez, os mais antigos eram raspados para ser usados novamente.

⌘ ⌘ ⌘ ⌘ ⌘ ⌘ ⌘ ⌘ ⌘ ⌘ **TINTAS NATURAIS** ⌘ ⌘ ⌘ ⌘ ⌘ ⌘ ⌘ ⌘ ⌘ ⌘ ⌘

Quando o nanquim ainda não existia, a tinta também era feita com elementos encontrados na natureza. Os chineses a fabricavam a partir de fuligem, substâncias aromáticas e cola. Em Roma, usavam-se sais metálicos. Na Idade Média, a mistureba era feita com noz de galha (uma planta parente do carvalho), dissolvida em vinho, e goma.

⌘ ⌘

Como surgiu o alfabeto

Alfabeto é o conjunto de símbolos ou letras que representam sons. Para registrar suas transações comerciais, os fenícios inventaram um alfabeto simplificado. Tinha apenas 22 sinais, que indicavam sons (alfabeto fonético) no lugar de palavras, sílabas ou ideias, como outros povos faziam. Todos os sinais representavam consoantes. Esse alfabeto de 22 letras se desenvolveu na costa ocidental do mar Mediterrâneo apenas em 1050 a.C., ou seja, cerca de 2 mil anos após o advento da escrita.

Antes de terem seu alfabeto, os fenícios haviam trilhado o mesmo caminho de outros povos, escrevendo em hieróglifos semelhantes aos egípcios e, posteriormente, em escrita cuneiforme. O mais curioso sobre o alfabeto fenício é ele ser formado apenas por consoantes. Sendo assim, cabia aos leitores deduzir as vogais que compunham as palavras ("plvrs").

Inspiração no dia a dia

As letras do alfabeto fenício foram criadas a partir dos objetos que eram familiares a esse povo, como animais e instrumentos de trabalho. Veja a origem de algumas delas:

A Vem de *aleph* (boi) e nasceu de cabeça para baixo, pois representava a cabeça do bicho.
D *daleth* (porta)
H *cheth* (cerca)
K *kaph* (mão). Desenho da letra lembra as linhas da palma da mão.
L *lameth* (chicote). Veio do hieroglifo egípcio que simbolizava um leão, mas foi simplificado para a figura de um chicote.
M *mem* (água)
N *nun* (peixe)
P *peh* (boca)
R *rosh* (cabeça)
T *tet* (fardo)

Dos fenícios para os gregos

Pouco depois de sua criação, o alfabeto fenício chegou às mãos dos gregos, que o utilizaram para compor seu próprio alfabeto. Algumas letras foram acrescidas, outras modificadas, mas ainda assim os dois conservaram vários aspectos semelhantes.

▶▶ Uma das modificações importantes foi atribuir a quatro sinais – que não tinham sons correspondentes em grego – a representação de vogais. É por causa dessa inclusão que as vogais de nosso alfabeto são dispostas em posições aparentemente arbitrárias.

▶▶ Outra novidade introduzida pelos gregos foi o sentido da escrita da esquerda para a direita. Antes, os fenícios escreviam da direita para a esquerda.

O nome "alfabeto" vem das duas primeiras letras do alfabeto grego: alfa e beta.

▶▶ No início, as palavras eram escritas todas em letras maiúsculas, dispostas umas ao lado das outras, sem separação alguma.

▶▶ Apenas com o correr dos anos – e com a intensificação da documentação escrita – surgiram sinais de pontuação, letras minúsculas, espaçamento entre palavras e outros aspectos até hoje empregados.

Nasce o alfabeto latino

O sistema alfabético fenício deu origem a diversos outros alfabetos, como o romano, que predomina hoje no mundo. Os romanos aperfeiçoaram o alfabeto grego e criaram os símbolos das vogais, dando, assim, origem ao alfabeto latino. A inscrição latina mais antiga de que se tem conhecimento data do século VI a.c. e está registrada em uma fivela. Os dizeres — nome do "fabricante" e a quem se endereçava — foram feitos apenas com letras maiúsculas, já que as minúsculas ainda não existiam.

▶▶ Em alguns séculos, a língua latina se tornaria a mais importante entre as utilizadas na Europa, do ano 800 a 1700 ela seria o instrumento de registro de todos os importantes tratados de ciência e filosofia do continente.

▶▶ O alfabeto romano também passou por várias modificações até adquirir a forma atual usada nas línguas latinas. Ele é composto de 26 letras, cada uma representando determinado som. Com exceção das vogais, é necessário combinar as letras para se obter a reprodução dos sons da língua falada. Em determinadas línguas que utilizam o alfabeto romano, como o inglês e o francês, uma mesma letra pode representar sons diferentes, conforme a posição que ocupa na palavra.

▶▶ Em algumas línguas, as letras do alfabeto romano não são suficientes para expressar todas as variações sonoras do idioma falado. Dessa forma, utilizam-se acentos gráficos para indicar as diferenças de pronúncia.

▶▶ O servo-croata também dispensa algumas letras, como q, w, x e y. A língua havaiana emprega apenas 12 letras, e o gaélico, falado em regiões da Irlanda e da Escócia, usa 18 letras do alfabeto romano.

ALFABETO GREGO

O alfabeto grego, com 24 letras, é utilizado apenas na Grécia, embora suas letras sejam usadas internacionalmente em trabalhos científicos. As letras gregas são: alfa, beta, gama, delta, epsílon, zeta, eta, teta, iota, capa, lambda, um, nu, csi, ômicron, pi, ro, sigma, tau, ipsilon, fi, qui, psi e omega.

▶ **Você está falando grego?**
É bem provável que os brasileiros tenham herdado essa expressão dos ingleses. Afinal, o grego não é tão distinto do português (já que influenciou muito o latim em sua formação). Vale citar que, entre os gregos, quando alguma coisa é incompreensível, eles dizem que a pessoa está "falando chinês".

Veja como outros povos dizem quando não entendem algumas coisas:

> o **espanhol**: você está falando **chinês**.
> o **alemão**: você está falando **espanhol**.
> o **russo**: você está falando **chinês**.
> o **italiano**: você está falando **turco**.
> o **francês**: você está falando **hebraico**.

As maiores palavras do mundo

Japonês (12 letras)
Chi-n-chi-ku-ri-n: uma pessoa muito pequena – gíria.

Espanhol (22 letras)
Superextraordinarisimo: extraordinário.

Francês (25 letras)
Anticonstitutionnellement: anticonstitucionalmente.

Italiano (26 letras)
Precipitevolissimevolmente: o mais rápido possível.

Islandês (30 letras)
Haecstaréttarmalaflutningsmôur: advogado da suprema corte.

Russo (33 letras russas correspondem a 38 do nosso alfabeto)
Ryentgyenoelyektrokardiografichxeskogo: radioelectrocardiográfico.

Húngaro (44 letras)
Megszentségtelenithetetlenségeskedésertekért: por suas ações reverentes.

Português (46 letras)
Pneumoultramicroscopicossilicovulcanoconiótico: A campeã, que até então era anticonstitucionalissimamente, com 29 letras, perdeu seu posto. Pneumoultramicroscopicossilicovulcanoconiótico descreve o estado das pessoas que sofrem de uma doença rara, provocada pela aspiração de cinzas vulcânicas.

Turco (49 letras)
Kindercarnavalsoptochtvoorbereidingswerkzaamheden: as atividades preparatórias para o desfile de carnaval das crianças.

Alemão (80 letras)
Donaudampfschiffahrtselectrizitaetenhauptbetriebswerkbauunterbeamtengesellschaft: o clube para os oficiais subordinados à matriz administrativa dos serviços elétricos dos navios a vapor do Danúbio – nome de um clube de Viena de antes da guerra.

Sueco (130 letras)
Nordöstersjökustartilleriflygspaningssimulatoranläggningsmaterielunderhallsuppföljningssystemdiskussionsinläggsförberedelsearbeten: trabalho preparatório sobre a contribuição ao debate a respeito da manuten-

ção do sistema de suporte do material do simulador de pesquisa na área do nordeste da Artilharia Costeira do Báltico.

> **Grego (182 letras)**
> **Lopadotemachoselachogaleokranioleipsanodrimhypotrimmatosilphioparaomeli tokatakechymenokichlepikossyphophattoperisteralektryonoptekephalliokigk lopeleiolagoiosiraiobaphetraganopterygon**: um tipo de comida.

⌘ ⌘ ⌘ ⌘ ⌘ ⌘ ⌘ ⌘ ⌘ ⌘   AH, TEM MAIS TRÊS: ⌘ ⌘ ⌘ ⌘ ⌘ ⌘ ⌘ ⌘ ⌘ ⌘

Supercalifragilisticexpialidocious. É a gigantesca palavra de 34 letras criada pelos estúdios Disney numa das canções do filme Mary Poppins (1964).

Eyjafjallajokull. É o nome do vulcão da Islândia que atravancou o sistema aéreo da Europa em 2010.

Llanfairpwllgwyngyllgogerychwyrndrobwllllantysiliogogogoch. É o nome de uma cidade do País de Gales, no Reino Unido. A palavra, de 58 letras, valeu o título de cidade com o maior nome do mundo. Está no *Guinness Book*.

⌘ ⌘

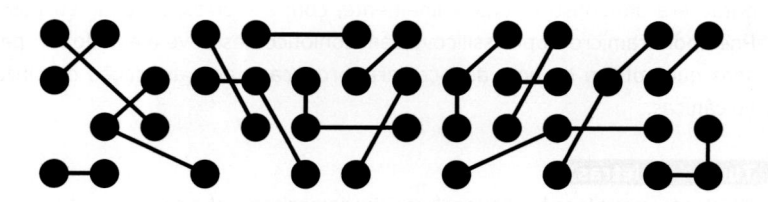

Acentos e símbolos gramaticais

O surgimento e a história do sistema de pontuação têm acompanhado o desenvolvimento da escrita. No começo, os textos eram redigidos em letra maiúscula e de forma contínua, sem espaço entre os vocábulos. Zénodoto de Éfeso (320--240 a.C.), responsável pela Biblioteca de Alexandria, foi o primeiro a separar os textos de autores diferentes ao copiar um manuscrito.

Uma ordem lógica do texto escrito surgiu entre os séculos IV e IX d.C., quando os livros passaram a ser feitos com letras minúsculas. Isso redundou na aproximação das letras, o que possibilitou o reconhecimento do desenho das palavras como uma unidade. Nessa época, os escribas também passaram a adicionar notas auxiliares às cópias, explicando como deveria ser recitado um verso ou pronunciado um termo. Esse código, utilizado como um instrumento de organização, era chamado de ponto. Eis a origem da palavra pontuação. O sinal gráfico conhecido como ponto apareceu no ano 3000 a.c. A princípio, era empregado como artifício para abreviar as extensas palavras em latim. Também servia para indicar a presença de um nome próprio. Os outros sinais que conhecemos hoje surgiram entre os séculos XIV e XVII. O nascimento da imprensa foi o principal responsável pela evolução e popularização da pontuação. Com ela, as marcações deixaram de ser dirigidas a quem escreve e se voltaram para quem lê, destinando-se a facilitar a compreensão do texto. A impressão tipográfica também exigiu a padronização e a simplificação dos sinais.

¿?

Há pouca diferença no uso da pontuação ao redor do mundo. Ela é ajustada à língua pelas regras gramaticais. Um exemplo é a interrogação, que em espanhol aparece no início (de ponta cabeça) e no final da frase, diferentemente do que ocorre no português.

Ç CÊ-CEDILHA

O cê-cedilha foi criado na Espanha. Alguns textos escritos em espanhol arcaico apresentavam o encontro consonantal cz. Com o tempo, o z desse encontro transformou-se em uma perninha colocada sob o c, para designar o mesmo som. O próprio nome "cedilha" remete a essa origem: é um zê diminuído. O zê no espanhol antigo era chamado de "zeda", ou "ceda" (mais o sufixo diminutivo *illa* – ilha em português). O português adotou a letra no século XV e a utiliza apenas antes das vogais a, o, u, no meio de palavras, para representar o som do s. O romeno e o turco moderno também adotam o sinal.

@ ARROBA

O símbolo @ existe desde o Império Romano. Representava a palavra latina *ad*, que indica lugar. O próprio sinal tenta mostrar um "a" dentro de um "d". No Brasil, o símbolo acabou representando uma medida de peso a arroba, que equivale a 15 quilos. O termo era usado na Espanha e derivava do árabe *ar-rubá*, que quer dizer peso. Em 1972, o engenheiro americano Ray

Tomlinson resolveu utilizar o símbolo meio em desuso para indicar o local em que o usuário do e-mail está. E a arroba voltou a se popularizar.

& E COMERCIAL

Alguns sinais foram criados para facilitar a escrita e dar mais velocidade a ela. O símbolo "&", nascido em 63 a.c., é um deles. Seu criador foi o romano Marcus Tulius Tiro, encarregado de transcrever os discursos feitos no Senado de Roma. O "&" era colocado no lugar do *et* (em português, apenas "e"). Hoje é usado em nomes de empresas.

etc.

É a abreviação da expressão latina *et cetera*, que significava "e as sobras". *Cetera* é o plural neutro do latim *ceterus* (o que sobrou, o resto).

● PONTO

O sinal gráfico conhecido como ponto apareceu no ano 3000 a.C. Seu nome vem do latim *punctum*, que designava o furinho que uma agulha faz sobre a superfície. Os egípcios utilizavam o ponto em textos poéticos e para ensinar as crianças a escrita hierática (letra de forma que simplificava os hieróglifos). Na Idade Média, ele era empregado como artifício para abreviar as extensas palavras em latim. Também servia para indicar a presença de um nome próprio no texto. Muito tempo depois, assumiu a função atual de determinar o final de uma sentença.

" ASPAS

As aspas foram usadas pela primeira vez em manuscristos da Alta Idade Média, por volta do século XVII. Naquele tempo, elas eram representadas pelo sinal de lambda na horizontal (<>). Acredita-se que o inventor do sinal foi um sujeito chamado Guillaume. Por isso, em francês, o sinal gráfico é chamado de *guillements*.

, VÍRGULA

A vírgula apareceu por volta do século XV. Em grego, ela é chamada de *komma*, que quer dizer "recorte", "dar um fôlego". Quando era colocada no texto, substituía uma palavra que havia sido cortada.

🙂 DOIS PONTOS

O nome deste sinal gráfico vem da palavra grega *kolon*, que quer dizer extremidade das asas de um passarinho. Quando surgiu, no século XVI, era utilizado para separar sentenças, função detida hoje pelo ponto.

ACENTUAÇÃO

Agudo: vem do latim *acus*, que quer dizer agulha.

Circunflexo: na Grécia, tinha o formato de meia-lua. Por isso, seu nome deriva do latim *circumflexus*, cujo significado é círculo dobrado.

Crase: a palavra grega *krasis*, que quer dizer "mistura", deu origem a este termo.

Til: originalmente, o sinal diacrítico era chamado de *titulus*, que quer dizer inscrição colocada acima de uma figura. Os espanhóis o adotaram no século XVI para sinalizar a nasalização de um vocábulo, como em *mañana*, e o rebatizaram de *tilde*.

▶ **Quando começamos a colocar o pingo no i?**
A adição do ponto sobre a letra i data do século XVI. Quando os caracteres góticos foram adaptados, os dois is (ii) eram frequentemente confundidos com a letra u. Para evitar esse problema, criou-se o costume de acrescentar a ele o acento gráfico til, o apóstrofo e outros sinais, até se desenvolver o i com ponto. Esses acentos se transformaram em ponto simples a partir do começo do século XVI. Para alguns copistas da época, no entanto, essa prática não era muito aceita. Daí a expressão "colocar pingo no i", com o sentido de decidir alguma coisa.

▶ **O que surgiu primeiro: as letras maiúsculas ou as minúsculas?**
Foram as maiúsculas. No início, só havia este tipo de letra. As minúsculas surgiram entre os séculos 4 e 9 d.C. Elas foram adotadas pelos escribas na atividade de reproduzir livros por causa de seu traçado mais simples e rápido, que reduzia o tempo de trabalho e economizava espaço no papel.

E os números?

Veja a origem e algumas curiosidades dos números:

1 O um, do latim *unus*, segundo o filósofo Tomás de Aquino, "é o princípio dos números". Para os indo-árabicos, que inventaram nosso atual sistema de numeração, ele representava o homem em sua unicidade.

2 Origina-se do latim *duo*. Os gregos chamavam o número dois de beta, a segunda letra de seu alfabeto.

3 O três (latim *tres*) era designado em sânscrito por *tri*, cujo significado é "exceder".

4 O quatro, do latim *quatuor*, tomou esse nome da figura quadrada.

5 O cinco vem do latim *quinque*. Em várias línguas, cinco quer dizer "mão" ou "mão estendida".

6 A palavra seis vem do vocábulo latino *sex*. Ele também deu origem ao seu nome em francês (*six*), em espanhol (*seis*) e italiano (*sei*).

7 O sete é considerado em diversas religiões um número sagrado. Origina-se do latim *septum*.

8 A palavra latina *octo* deu origem a oito, que era usado pelos discípulos do filósofo Pitágoras como o símbolo da justiça.

9 Nove deriva da palavra latina *nouem*, que quer dizer novo. Ele foi batizado assim porque antecede uma nova ordem dos números: as dezenas.

10 O dez, do latim *decem*, é assim chamado porque reúne os números que o antecedem. *Desmós*, dez em grego, significa "tudo que serve para juntar, unir".

3

Pátria é o idioma
pelo qual escrevo.

FERNANDO PESSOA
(1888-1935), poeta

História da língua portuguesa

A Língua Portuguesa

▶ Está no artigo 13 da Constituição: o português é a língua oficial do Brasil.

De onde veio a língua portuguesa?
As línguas românicas ou neolatinas, como a língua portuguesa, tiveram sua origem no latim falado, uma língua dinâmica e em processo de evolução, levada para a Península Ibérica por volta do século II a.C., como consequência das conquistas políticas do Império Romano.
O latim, originado na região do Lácio, no centro da Itália Antiga, expandiu-se rapidamente, devido ao domínio bélico e político de Roma. Com as conquistas, o latim se sobrepôs a várias línguas, fazendo-as desaparecer ou se transformar com as conquistas romanas. A prova de que o grupo indo-europeu realmente existiu é o sentido semelhante entre palavras de grupos linguísticos diferentes, como o germânico (inglês), o itálico (latim e português) e indo-iraniano (sânscrito).

Nascida da evolução do latim vulgar, a língua portuguesa firmou-se em Portugal com a dinastia de Avis (1385), tornando-se a língua oficial do reino.

Chegou ao Brasil ainda no século XVI, apresentando traços arcaicos da linguagem popular da metrópole.

DO LATIM AO PORTUGUÊS

O português é uma língua latina, de origem românica, desenvolvida a partir do século III a.c. na província da Lusitânia, que hoje corresponde a uma parte dos atuais territórios de Portugal e Espanha. Para compreender como se deu sua formação, acompanhe o breve panorama histórico que revela povos e idiomas presentes nesse nascimento.

✍ 218 a.c. ☙

Os romanos invadem a Península Ibérica e todos os povos ali sediados (exceto os bascos) passam a conviver com o latim vulgar, a modalidade falada do latim. Com isso, é dado início ao processo de formação de três línguas: o espanhol, o português e o galego. Com o estabelecimento do Império Romano, ocorre uma intensa homogeneização política, cultural e linguística em toda a península.

✍ 409 ☙

Invasores germânicos – vândalos, suevos, alanos e visigodos – instalam--se na Península Ibérica, onde permanecem até 711 d.c. Apesar dos três séculos de dominação, a língua e a cultura latinas não se alteram substancialmente, exceto pelo enriquecimento do vocabulário, que passa a incluir alguns termos de origem germânica, como roubar, espiar, guerrear, agasalhar e brotar.

✍ Século V ☙

Surge a palavra "Portucale", designando dois burgos: Portu (atual Porto) e Cale (atual Vila Nova de Gaia).

✍ 711 ☙

Os árabes invadem a Península Ibérica e ali se instalam. Durante seu domínio, florescem as ciências, a agricultura, o comércio e a indústria. Embora o árabe seja adotado como língua oficial, o povo continua a falar o romance, modalidade de latim vulgar. Mais uma vez, o vocabulário latino recebe contribuições, especialmente com palavras ligadas a áreas técnicas (alfinete, alicerce, alicate, azulejo, almofada, alfaiate), agricultura (arroz, azeitona, açucena, alface), culinária (açúcar, azeite), vida militar (alferes, refém) e urbana (aldeia).

✍ Século IX ☙

Alguns termos portugueses são registrados em textos escritos por tabeliães em latim bárbaro; o português, no entanto, ainda é basicamente uma língua falada.

Século XI

Em uma empreitada rumo à reconquista da Península Ibérica, cristãos avançam sobre os inimigos árabes e os empurram para o sul da península (onde surgem os dialetos originados do árabe em contato com o latim). As guerras de reconquista levam à criação do Estado português.

SÉCULO XII

Nasce o reino independente de Portugal. Na segunda metade do século XII, o português já estava formado, com vocabulário e forma que permitiam seu uso. Porém é oficializado apenas em 1279, pelo rei Diniz, monarca e poeta.

Século XIII

Começam a surgir textos escritos em português literário, língua que misturava o galego-português com usos e particularidades de Coimbra e Lisboa. Até então, vale frisar, não havia distinção entre o português e o galego.

Peregrinações de religiosos franceses a Santiago de Compostela, no Noroeste da Península Ibérica, culminam na formação de centros de cultura desse povo, cujas línguas – provençal e francês – emprestam influências ao português em diversos termos, tais como trovar, trovador, alegre, além do sufixo "age", que se transformou em "agem" em português (linhagem, mensagem, selvagem etc.).

Século XIV

Nasce a prosa literária em português, com *Livro de linhagens* e *Crônica geral de Espanha*.

Século XV

Com a expansão ultramarina e a formação do império português, a língua portuguesa se espalha por diversas regiões da África, Ásia e América e recebe influências diversas. Os termos "alcova" e "monção" originaram-se do árabe falado no Norte da África; "pagode" veio do idioma dravídico, falado na Índia; "jangada" veio do malaio; "junco", do chinês; "chá", do chinês. Durante a fase em que Portugal é governado pelo trono espanhol, entre 1580 e 1640, o português recebe ainda a influência de palavras castelhanas, como bobo, gana e granizo.

⊰ Século XVI e XVII ⊱

A língua geral passou a existir a partir do século XVII. Alguns pesquisadores afirmam que essa língua foi criada pelos jesuítas para homogeneizar os falares tupis, mas tal versão não é comprovada.

Com o desembarque expressivo de portugueses no Brasil durante o ciclo da mineração, há um retrocesso da língua geral. Também o processo de urbanização e, mais tarde, a transferência da Família Real para terras brasileiras ajudam a difundir a língua portuguesa.

Anteriormente a isso, em Portugal, as primeiras gramáticas portuguesas custaram a surgir. A pioneira é a de Fernão de Oliveira, de 1536, seguida da gramática escrita por João de Barros, em 1540.

A publicação de *Os lusíadas*, de Luís Vaz de Camões, marca o nascimento do português clássico em 1572. Nessa obra, o idioma já se assemelha à forma atual.

⊰ Século XVIII ⊱

Os filhos dos nobres iam completar os estudos na França. Em decorrência disso, a língua portuguesa incorpora uma série de termos franceses, caso, entre outros, de ateliê, bibelô, boné, chique, chofer, deboche, matinê, garagem, toalete.

⊰ Séculos XIX e XX ⊱

O português absorve termos internacionais de origem greco-latina relacionados a avanços tecnológicos: automóvel, televisão, telefone, aeroplano, rádio, entre outros. Além disso, incorporam-se ao português inúmeras palavras de origem inglesa, como bar, bife, clube, futebol, lanche, sanduíche, estresse e muitas outras relacionadas à área de informática.

> **Qual foi o primeiro texto escrito em língua portuguesa?**
> Não se sabe ao certo. As principais suspeitas recaem sobre dois documentos grafados em 1175. Um deles é um pacto realizado entre irmãos, que se comprometiam a não reivindicar as terras uns dos outros, caso um deles fosse agredido por terceiros. O outro texto, chamado "Notícia de fiadores", foi encontrado pela pesquisadora Ana Maria Martins, que era curadora de um núcleo dedicado às origens da língua portuguesa. Entre os textos literários, o pioneirismo é de "Canção da ribeirinha", redigido por Paio Soares de Taveirós, provavelmente em 1189. Escrita em português arcaico, a canção marca o início do trovadorismo em Portugal. Segundo alguns historiadores, a cantiga foi inspirada em dona Maria Pais Ribeiro, a Ribeirinha, amante do segundo rei de Portugal, dom Sancho.

✹✹✹✹✹✹✹✹✹ CANÇÃO DA RIBEIRINHA ✹✹✹✹✹✹✹✹✹

No mundo non me sei parelha,	No mundo ninguém se assemelha a mim
mentre me for' como me vai,	enquanto a minha vida continuar como vai
ca ja moiro por vós – e ai	porque morro por vós, e ai
mia senhor branca e vermelha,	minha senhora de pele alva e faces rosadas,
queredes que vos retraia	quereis que vos descreva
quando vos eu vi em saia!	quando vos eu vi sem manto
Mao dia me levantei,	Maldito dia! me levantei
que vos enton non vi fea!	que não vos vi feia
E, mia senhor, des aquel di', ai!	E, minha senhora, desde aquele dia, ai
me foi a mi muin mal,	tudo me foi muito mal
e vós, filha de don Paai	e vós, filha de don Pai
Moniz, e ben vos semelha	Moniz, e bem vos parece
d'aver eu por vós guarvaia,	de ter eu por vós guarvaia
pois eu, mia senhor, d'alfaia	pois eu, minha senhora, como mimo
nunca de vós ouve nem ei	de vós nunca recebi
valía d'ua correa.	algo, mesmo que sem valor.

✹✹✹✹✹✹✹✹✹✹✹✹✹✹✹✹✹✹✹✹✹

parelha	semelhante
retraia	retrate
saia	roupa íntima
guarvaia	roupa luxuosa
d'ũa	de uma
correa	coisa sem valor

Taveirós, Paio Soares de. "Canção da ribeirinha". Apud Torres, Alexandre Pinheiro.

QUE LÍNGUA É ESTA?

Um brasileiro não consegue entender quase nada da carta escrita por Pero Vaz de Caminha sobre o Brasil do descobrimento. É que a língua portuguesa sofreu grandes mudanças com o tempo. O mesmo não aconteceu com o grego, que guarda ainda expressões da época de Sócrates.

▶ **Quantas línguas ainda existem no Brasil?**
Incluindo o português, o idioma oficial do país, existem 192 línguas vivas em território brasileiro. O levantamento foi feito pelo *Summer Institute of Linguistics*, uma ONG com sede nos Estados Unidos.

Do Descobrimento, em 1500, até os dias de hoje, 75% das línguas indígenas conhecidas no Brasil desapareceram por causa ou do processo de aculturação ou da dizimação das tribos que as utilizavam (acabar com a língua indígena era uma questão de poder para os portugueses).

Das 192 línguas que restaram:
- 42 são consideradas praticamente extintas, como o aricapu (região do rio Guaporé, em Rondônia), o oro win (fronteira Brasil/Bolívia) e o juma (interior da Amazônia);
- 91 correm alto risco de extinção, por serem línguas faladas por comunidades indígenas formadas por, no máximo, cem indivíduos, número insuficiente para garantir sua preservação. Casos de anambé e creie (interior do Pará), aruá, caripuná, mondé (Rondônia) e carahawiana e torá (norte do Amazonas).

Entre as línguas brasileiras que não correm risco de extinção imediata estão:

Creole ▶ 25 mil pessoas, Amapá
Caingangue ▶ 18 mil pessoas, sete estados (incluindo São Paulo e Paraná)
Caiwá ▶ 15 mil pessoas, Mato Grosso do Sul
Terena ▶ 15 mil pessoas, interior do Mato Grosso do Sul
Ticuna ▶ 12 mil pessoas, norte da Amazônia
Guarani ▶ 5 mil pessoas, centro-oeste paranaense

Onde mora a língua portuguesa?

A língua portuguesa vive em quatro continentes. Além de falada no Brasil (América do Sul) e em Portugal (Europa), está presente em Angola, Moçambique, Cabo Verde, Guiné-Bissau, São Tomé e Príncipe (na África) e em Goa e Timor Leste (na Ásia). Ao todo, são cerca de 220 milhões de pessoas falando português no mundo, 90% delas no Brasil.

O PORTUGUÊS DOS PORTUGUESES

Às vezes, nem parece que falamos a mesma língua. É só observar como algumas palavras são bem diferentes aqui e em Portugal:

Brasil	Portugal
Abridor de garrafas	Tira cápsulas
Aeromoça	Hospedeira do ar
Água gelada	Água fresca
Água sem gás	Água lisa
Apontador de lápis	Apara-lápis
Aposentado	Reformado
Bala	Rebuçado
Beija-flor	Chupa-flor
Bolinha de gude	Berlinde
Café	Bica
Café da manhã	Pequeno almoço
Calcinha	Cueca
Camisinha	Durex
Caqui	Dióspiro
Cardápio	Ementa

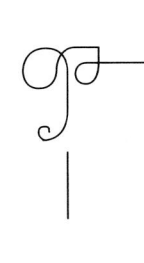

Chiclete	Pastilha elástica
Cola	Pegamasso
Encanador	Canalizador
Esmalte	Verniz para unhas
Faxineira	Mulher-a-dias
Fazenda	Quinta
Fila	Bicha
Fósforos	Chamiços
Frentista	Gasolineiro
Garçom	Empregado de mesa
Gari	Almeida
Garoto	Miúdo
Grampeador	Agrafador
Grátis	À borla
Guarda-chuva	Chapéu-de-chuva
História em quadrinhos	Banda desenhada
Horário político	Direito de antena
Impressão digital	Dedada
Jogo da velha	Jogo do galo
Lagartixa	Osga
Liquidação	Rebaixa
Maiô	Fato de banho
Maluco	Taralhoco
Mamadeira	Biberão
Ônibus	Auto carro
Pá	Sapa
Pé de pato	Barbatana
Pernilongo	Melga
Peruca	Capachinho
Pimenta	Piripíri
Salva-vidas	Banheiro
Sanduíche	Sandes
Secretária eletrônica	Atendedor automático
Sorvete	Gelado
Tapete	Alcatifa
Telefone celular	Telemóvel
Terno	Fato
Trem	Comboio
Vaso sanitário	Sanita
Xampu	Champô
Xícara	Chávena

As diferenças entre o português de Portugal e o do Brasil também aparecem na tradução dada aos filmes de cinema e de televisão. Conheça alguns exemplos:

A bela e a fera	A bela e o monstro
Alice no país das maravilhas	Alice no país das fadas
Arquivo X	Ficheiros secretos
Caçadores da arca perdida	Salteadores da arca perdida
Duro de matar	Assalto ao arranha-céus
Duro de matar 2	Assalto ao aeroporto
... E o vento levou	... E tudo o vento levou
Jornada nas estrelas	O caminho das estrelas
O gordo e o magro	Bucha e estica
O planeta dos macacos	O homem que veio do futuro
O professor aloprado	O professor chanfrado
Os três patetas	Os três estarolas
Querida, encolhi as crianças	Querida, encolhi os miúdos
Um tira da pesada	O caça-polícias

Ásia

Na Ásia, o único lugar onde o português sobrevive em sua forma oficial é em Goa, na Índia, onde vem sendo gradualmente substituído pelo inglês.

Em Macau são faladas variedades de crioulo, ou seja, idiomas que derivam de grande simplificação da língua que os origina (mantêm grande parte do vocabulário português, mas têm gramática distinta).

África

Na África, o português é a língua oficial de cinco países: São Tomé e Príncipe, Cabo Verde, Guiné-Bissau, Moçambique e Angola. As línguas nacionais ou crioulas que existem nesses países são usadas na vida cotidiana e resultam de uma grande reestruturação do português, provocada pelo contato com as línguas locais.

✣ Em **São Tomé e Príncipe**, embora a língua oficial seja o português, a maioria da população fala mais os dialetos locais forro e moncó, bem como línguas de Angola.

✣ Em **Cabo Verde**, o português é a língua oficial, mas fala-se um dialeto crioulo que mescla o português arcaico a línguas africanas. Há duas variedades, a de Barlavento e a de Sotavento.

✣ Em **Guiné-Bissau**, 44% da população fala o dialeto crioulo, semelhante ao de Cabo Verde, e apenas 11,1% utilizam o português. O restante da população adota inúmeros dialetos africanos (levantamento realizado em 1983).

✣ Em **Moçambique**, o português é a língua oficial falada por 25% da população, mas apenas 1,2% o considera como língua materna (a maioria da população fala línguas do grupo banto).

✣ Em **Angola**, 60% dos moradores declaram ser o português sua língua materna (levantamento feito em 1983). A língua oficial convive, entre outras, com o umbundo, o quimbundo e o chocue.

> **VOCÊ SABIA QUE...**
>
> ... em 1996 foi criada a Comunidade dos Países de Língua Portuguesa? A Comunidade foi criada com o objetivo de uniformizar e difundir o português, além de aumentar a cooperação e o intercâmbio cultural entre os países-membros, que são Angola, Cabo Verde, Guiné-Bissau, Moçambique, Portugal e Brasil.

A língua dos índios

Os primeiros índios brasileiros a entrar em contato com os brancos foram os tupinaquins (também chamados tupiniquins), encontrados pela esquadra de Pedro Álvares Cabral, em 1500. Os índios que ficavam próximos das vilas que os portugueses foram erguendo no Nordeste, no decorrer do século XVI, sejam os caetés ou os tupinambás, falavam a mesma língua que os tupinaquins. Na Vila de São Vicente, situada no que é hoje o estado de São Paulo, estavam os tupis, que falavam uma variente dialetal da língua dos tupinambás.

Quando aqui estiveram nas regiões do Rio de Janeiro e de São Luís (MA), no século XVI, muitos franceses aprenderam a língua tupinambá, ou tupi antigo, para poder estabelecer um contato mais fácil com os nativos. Estudos, ainda não comprovados, apresentam que o segundo registro de línguas indígenas brasileiras foi feito por um francês, na Baía de Guanabara, provavelmente na década de 1540. Era uma lista de 88 palavras com nomes de animais, elementos da natureza e partes do corpo. Esse documento está arquivado na Biblioteca Nacional de Paris.

✠ No século XVI, dois livros franceses foram publicados, reproduzindo descrições detalhadas dos usos e costumes dos tupinambás da Guanabara. Um era de Jean de Jery e outro de André Thevet.

✠ A mais importante obra sobre a língua tupinambá, ou tupi antigo, do século XVI é a gramática elaborada e escrita pelo padre José de Anchieta, *Arte de grammatica da língua mais usada na costa do Brasil*, que foi impressa em

Coimbra, Portugal, no ano de 1595. O padre José de Anchieta viveu por oito anos na cidade de São Paulo. Depois disso, passou o resto de sua vida em outras localidades do Brasil. Sua gramática é uma sistematização das diferentes variantes dialetais da costa e, hoje, um importante documento histórico.

✜ Outra gramática do tupinambá, a *Arte da língua brasílica*, foi escrita pelo padre Luís Figueira e impressa em 1621.

Língua brasílica é o nome com o qual os jesuítas e brasileiros passaram a denominar a língua tupinambá.

Em 1618, foi publicado o Catecismo na Língua Brasílica, um texto em tupinambá com cerca de 270 páginas. O tupinambá e o tupi são línguas conhecidas hoje também devido a numerosos documentos manuscritos não publicados na época.

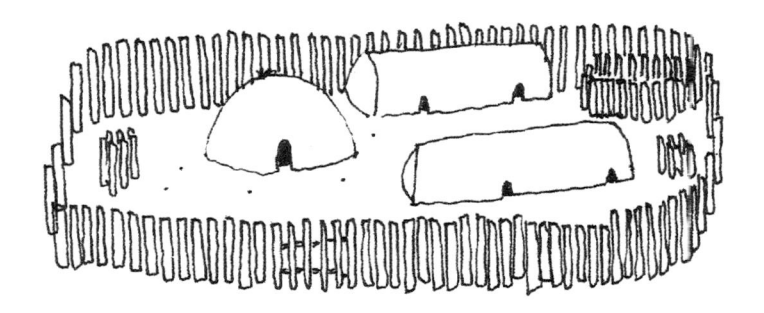

✜ O processo de evolução da língua falada no país viveu momertos diferentes em seus primórdios. Nas áreas centrais, onde estavam instaladas as vilas principais, o português era a língua usual, embora os primeiros colonos, bem ou mal, tenham aprendido a língua nativa. Esse português já incorporava em seu vocabulário palavras da língua tupinambá ou tupi antigo. A maior parte delas, nomenclaturas para as coisas próprias do país, nomes de animais, plantas e objetos.

Na capitania de São Vicente, formada em grande parte por mamelucos, filhos de portugueses com índias tupis, a língua predominante era a materna.

✷ Tal situação perdurou até meados do século XVIII. Com o passar do tempo e devido ao progressivo desaparecimento dos índios, o tupi sofreu alterações, abarcando palavras do português, até passar a se chamar língua geral. Houve também a Língua Geral Paulista (LGP), e a Língua Geral Amazônica. A maioria dos bandeirantes e mamelucos falavam a LGP e a difundiram nas localidades que conquistavam no interior do país. Acredita-se que os últimos falantes da LGP devam ter morrido no início do século XX. A queda da LGP se deu com o afluxo para aquelas regiões de portugueses e brasileiros falantes do português.

✷ No Maranhão e no Pará, a grande população de mamelucos de origem tupi motivou o surgimento da Língua Geral Amazônica (LGA), misto do português com a língua nativa. A LGA foi a língua da colonização amazônica; até meados do século XIX ela predominava, tendo se estendido até o Peru, a Colômbia e a Venezuela. Ainda hoje a LGA é falada no noroeste do Amazonas.

✷ Grande parte dos elementos da fauna e da flora brasileira, além de lugares e costumes próprios que os portugueses encontraram aqui e desconheciam, passaram a ser denominados pela nomenclatura adotada pelos índios da costa, falantes do tupi antigo ou tupinambá.

✷ Hoje existem 180 línguas indígenas no Brasil, apenas 15% das mais de mil que havia em 1500. A mais falada é o Tikuna, no alto do rio Solimões, adotada por 30 mil pessoas.

Distribuídos em 562 terras indígenas, vivem hoje no Brasil cerca de 315 mil índios.

Todas as línguas do português

O português vem do latim ou, para ser mais preciso, vem "especia mente" do latim. Isto porque, ao longo da formação e vida dessa língua, o contato com outros povos gerou uma série de influências, cuja manifestação pode ser facilmente vista no vocabulário. Foram viagens às Américas, convívio intenso com africanos, interação com antigos povos e invasores da Península Ibérica, passagens pelas Índias, China e Japão, sem conta- os inúmeros imigrantes recebidos pelos países de língua portuguesa – com destaque para o Brasil – nos últimos 200 anos. São árabes, gregos, indígenas, italianos, franceses, bascos, celtas e muitos outros os povos que, por meio de palavras, mostram um pouquinho de si na língua portuguesa.

GREGOS

A influência do vocabulário grego na língua portuguesa é marcante, já que muitos dos termos latinos que serviram de base ao português derivam dessa língua.

METRÓPOLE	*Metrópolis* significa cidade-mãe, pela junção de *métra* (matriz, ventre) com *pólis* (cidade).
BAILE	*Ballun* significa dançar, daí ter chegado ao latim como *ballare*.
BATISMO	*Baptismós* quer dizer imersão; antes de chegar ao português, passou pelo latim como *baptismus*.
CEMITÉRIO	*Koimétêrion* é cemitério, ou lugar para dormir; antes de chegar ao português, passou pelo latim *coemeterium*.
BÍBLIA	*Biblíon* é o diminutivo grego de *bíblos* (livro, papiro, papel), denotando, portanto, pequeno livro. Passou pelo latim *biblia* já designando o conjunto dos livros sagrados.

OUTROS TERMOS DE ORIGEM GREGA ▶ fotossíntese, academia, bolsa, democracia, étimo, filósofo, apóstolo, paróquia, homeopatia, microscópio, telepatia.

BASCOS

O português recebeu influência dos bascos, pois, quando os romanos chegaram à Península Ibérica, parte dessas terras era ocupada por eles. Em nosso vocabulário, temos:

BACALHAU	*Bakaillao*, nome de um peixe.
GORRO	*Gorri* quer dizer vermelho. De acordo com o *Dicionário Houaiss da Língua Portuguesa*, provavelmente veio para o português designando gorro, pelo fato de as boinas bascas serem tradicionalmente vermelhas.
ESQUERDO	*Ezker* é a forma basca que originou o vocábulo português "esquerdo"; antes disso, provavelmente, passou por alguma outra língua pré-romana.

CELTAS

Assim como bascos, havia celtas na Península Ibérica na ocasião da chegada dos romanos. Entre suas influências, destacam-se os seguintes termos:

LÉGUA	*Leak* quer dizer pedra. Os gauleses posteriormente adotaram o vocábulo em referência a um itinerário ou distância percorrida. Antes de chegar ao português, passou pelo latim como *leuca*, ou *leuga*, designando uma medida de extensão.
BRIO	*Brígos* significa força e coragem. Antes de chegar ao português, passou pelo espanhol *brio* e pelo provençal *briu* (de mesmo sentido).
CARPINTEIRO	Do original celta, passou para o latim *carpentarìus*, aquele que fazia *carpentum*, um tipo de carro de madeira.
CAMINHO	O original celta gerou o termo latino *camminus*, de mesmo significado do nosso caminho.

GERMÂNICOS

Invasores germânicos estiveram na Península Ibérica no início do século V, deixando como legado especialmente termos relacionados à guerra:

GUERRA	*Werra*, cujo significado em línguas germânicas é discórdia, revolta. Antes de vir para o português, passou para o latim como *guerra*.
ESPETO	*Spìtus*, em gótico (um idioma germânico), quer dizer espeto ou assador.
BANDO	*Bandwa*, em gótico, significa grupo. Passou para o latim como *bandum* e *bandwa*.
FAÍSCA	*Falaviska*, em germânico, juntou-se ao latim *fauisca* (cinza quente) para formar o termo latino *fauisca* (faísca).

OUTROS TERMOS DE ORIGEM GERMÂNICA ▶ agasalho, bandeira, esgrima, rico, norte.

ÁRABES

Além de a invasão árabe na Península Ibérica em 711 d.C. ter gerado influências lexicais sobre os romanos, as posteriores trocas comerciais entre árabes e portugueses também redundaram em novos vocábulos para a nossa língua. Estima-se que no português haja mais de seiscentas palavras com essa origem:

AZEITE	*Az-zayt* quer dizer óleo ou azeite.
ÁLCOOL	*Al-kuhl*, do árabe clássico, evoluiu para *al-kohól*, até chegar ao latim *alcohol*. No *Dicionário Houaiss da Língua Portuguesa* consta que o termo em latim inicialmente designava o elemento químico antimônio, depois passou a indicar "uma essência obtida por trituração, sublimação ou destilação" e, mais tarde, o "espírito do vinho".
AÇÚCAR	*As-sukkar*, termo árabe com o mesmo significado do açúcar português; provavelmente deriva do sânscrito *xarkará* (grãos de areia).
ALGODÃO	*Al-qutun* é o termo original árabe de mesmo significado.
XADREZ	*Xatrandj*, do árabe, veio do sânscrito *chaturanga*, que significava "quatro membros". O termo se tornou o nome do jogo de xadrez em alusão aos quatro grupos de guerreiros que o compõem: peões, bispos, cavalos e torres.
ALGEMA	*Al-djama* quer dizer pulseira em árabe.

OUTROS TERMOS DE ORIGEM ÁRABE ▶ açougue, arroz, almofada, alfazema, alfafa, alfinete, álgebra, alqueire, café, fulano, mesquinho, refém, xarope, zero.

CHINESES

Entre os poucos termos da língua chinesa incorporados pelo português, destacam-se os nomes de produtos comercializados por esses orientais:

LEQUE	*Liú Kiú*, na China, é o nome de uma localidade: Léquios ou ilhas Léquias; o aportuguesamento do termo passou a designar este produto típico do país.
CHÁ	*Ch'a* é o nome dado no dialeto mandarino à planta com a qual se faz o tradicional chá chinês.

ÍNDIOS

Apesar da repressão dos portugueses às línguas nativas da colônia, a influência das quase 350 línguas ameríndias na fala brasileira foi extremamente significativa.

POROROCA	*Poro'roka* em tupi significa estrondo; começou a ser utilizado no português em 1636.
CAIPIRA	A palavra vem do tupi *kópira*, que significa o que carpe, o carpidor. Provavelmente, de *kórpira* o termo teria evoluído para caipira.
PIPOCA	*Pi'poka*, em tupi, tem o mesmo significado que em português (*pira* é pele e *pok*, estourada, que significa literalmente, "pele estourada"- do milho).
MINGAU	*Minga'u*, em tupi, significa "papa", "empapado", e já se referia ao alimento que hoje chamamos de mingau.
PIRANHA	Piranha mistura *pirá* (peixe) e *ãîa* (dente). Portanto, piranha significa peixe dentado.
PETECA	Peteca é o nome de um jogo em que os competidores devem bater num pequeno saco cheio de areia ou serragem sobre o qual se prendem penas de aves. Em tupi, *petek* é um verbo, que significa "bater com a mão espalmada".
CATAPORA	*Tatá* é fogo, *pora* é sinal, marca. Catapora, portanto, quer dizer marca, sinal de fogo, por causa das manchas vermelhas que a doença deixa no corpo.
PERERECA	A perereca possui esse nome porque vive pulando. A palavra vem do verbo tupi *pererek*, que significa "ir aos saltos, pulando".
JURURU	A palavra jururu, no sentido de tristonho, originou-se do tupi *aruru*, que tem o mesmo significado.

VOCÊ SABIA QUE...

... "Pare com este nhem-nhem-nhem" vem do verbo *nhe'enga*, que significa "falar"? Tal expressão significa "Pare de falar sem parar" ou "Pare de ficar falando".

... a expressão "velha coroca", que quer dizer "velha resmungona", teve origem no tupi *KuruK* (resmungar, resmungão)?

Nomes de cidades, estados, rios e lugares também tiveram origem indígena:

Araraquara ▶ TOCA DAS ARARAS: *arara* (arara) + *kûara* (toca)
Guaratinguetá ▶ MUITAS GARÇAS: *gûyrá-tinga* (garça) + *etá* (muitos)
Ibirapuera ▶ ÁRVORE VELHA: *ybyrá* (árvore) + *pûera* (indicativo de passado)
Ipiranga ▶ RIO VERMELHO: *'y* (rio) + *pyrang* (vermelho)
Paquetá ▶ MUITAS PACAS: *paka* (pacas) + *etá* (muito)
Tamanduateí ▶ RIO DOS TAMANDUÁS VERDADEIROS:
  tamandûá (tamanduás) + *eté* (verdadeiros) + *'y* (rio)
Tatuapé ▶ CAMINHO DE TATUS: *tatu* (tatu) + *apé* (caminho)
Tatuí ▶ RIO DOS TATUS: *tatu* (tatu) + *'y* (rio)
Taubaté ▶ ALDEIA ELEVADA: *taba* (aldeia) + *ybaté* (elevada)

>> Leia mais no Capítulo 9

OUTROS TERMOS INDÍGENAS ▶ cumbuca, muamba, caboclo, capiau, capixaba, tapioca.

AFRICANOS

Nos séculos que sucederam o Descobrimento, milhões de africanos foram trazidos para o Brasil para o trabalho escravo. Com eles, naturalmente, aportou todo um vocabulário próprio, que, juntamente com alguns de seus traços culturais, seria incorporado pelo português:

BUNDA	*Mbunda*, em quimbundo, significa quadris, nádegas.
BANGUELA	*Benguela* é o nome de uma localidade em Angola na qual os homens costumavam, no passado, serrar os dentes incisivos.
MARIMBONDO	*Mari'mbondo*, em quimbundo, é formado por *ma* (prefixo indicativo de plural) mais *ribundo* (vespa).
BAGUNÇA	Vem de *bagunza*, que significa revolta, insurreição.
CAMUNDONGO	Vem do quimbundo *kamundongo*. O dicionário *Houaiss* apresenta que, em quimbundo, camundongo é o "indivíduo civilizado", e no Brasil o camundongo é tido como um animal da cidade; talvez por causa disso tenha esse nome.
MINHOCA	A origem da palavra é controversa. Pode ter vir do de *nyoka* ("nhoca"), que significa "cobra" em quimbundo.
MOLEQUE	O moleque do Brasil é originário do quimbundo *mu'leke* (menino).
MUCAMA	Nasceu de *mu'kama*, ou escrava jovem.
QUILOMBO	A palavra brasileira que denota o local de abrigo de escravos fugidos é originária da língua quimbundo, na qual significa capital, povoação. Na língua umbundo, tem o sentido de associação guerreira.
QUILOMBO	Palavra de origem da língua africana quimbundo *mbinda* (miséria) + *uaíba* (feia), resultando em mbindaíba, e daí em pindaíba.
SAMBA	Vem de *semba*, que em quimbundo significa umbigada. O *semba*, uma dança praticada em Luanda, deu origem ao samba brasileiro. Em vários momentos da dança os pares trocavam umbigadas. Trazida para o Brasil por escravos oriundos de Angola, modificou-se e mudou de nome. Em umbundo, significa "estar animado".

▶ **O que significa "A tonga da mironga do cabuletê"?**

Em 1971, Vinicius de Moraes e Toquinho compuseram a música "A tonga da mironga do cabuletê", cujo refrão diz: "Eu vou mandar você pra tonga da mironga do cabuletê". De acordo com Toquinho, a atriz baiana Gesse Gessy, então esposa de Vinicius, entrou pela casa que ele tinha alugado em Itapuã (Bahia) falando dessa expressão que, em nagô, significa "o pelo do cu da mãe". Ela havia aprendido o termo no Camafeu de Oxóssi, um restaurante de culinária regional que funciona no Mercado Modelo, um dos principais pontos turísticos de Salvador. Toquinho achou muito adequado para a época, em que o Brasil sofria com a repressão e a vontade geral era de mandar tudo para "aquele lugar". Assim, eles podiam xingar os militares sem que ninguém percebesse a ofensa.

OUTROS TERMOS AFRICANOS ▶ moleque, macumba, moqueca, jiló, maxixe, batuque, cafuné, acarajé, cafundó.

ESPANHÓIS

Mais que meras influências, os caminhos cruzados de portugueses e espanhóis, tanto na Península Ibérica quanto na América do Sul, geraram enormes semelhanças entre suas duas línguas. Ainda assim, há alguns termos herdados desses vizinhos de longa data:

BOLERO	*Bolero*, de mesmo significado.
HEDIONDO	*Hediondo* tem o sentido de malcheiroso e deriva do verbo *heder* (feder).
NEBLINA	Neblina vem do latim *nebùla*, e ambos têm o mesmo significado do português.
PANDEIRO	*Pandero* era utilizado desde o início do século XIV. Veio do latim *pandorius*, antes utilizado na forma *pandúra*, por sua vez vinda do grego *pandúrion* (instrumento musical semelhante a um alaúde).
CASTANHOLA	*Castañuela*, de mesmo significado.

OUTROS TERMOS DE ORIGEM ESPANHOLA ▶ cavalheiro, colcha, façanha, frente, lhana, pastilha, rebelde, trecho.

ITALIANOS

Por causa do florescimento da cultura italiana no cenário europeu, especialmente durante o Renascimento, há no português uma série de termos italianos relacionados às artes:

PIANO	*Pianoforte* era a forma original italiana de mesmo sentido.
CAMARIM	*Camerino*, de mesmo significado.
AQUARELA	*Acquarella*, que no italiano tem sentido igual ao do português, veio do latim *aquarìus* (relativo a água).
SERENATA	*Serenata*, de mesmo sentido do português, vem de sereno (local ao ar livre, ao relento). Este vem do latim *serenus* (calmo, tranquilo).
BANQUETE	*Banchetto* significa um pequeno banco e também refeição com várias pessoas. Passou para o francês como *banquet* e daí para o português.

OUTROS TERMOS DE ORIGEM ITALIANA ▶ adágio, ária, boletim, bandolim, cenário, dueto, galeria, maestro, soprano, violoncelo, arlequim, macarrão, palhaço.

FRANCESES

Durante os séculos XVIII e XIX, a França destacou-se como polo cultural europeu. Terminologias relacionadas especialmente à moda e às artes tiveram grande influência no português:

BRISA	*Brise*, de mesmo significado.
ABAJUR	*Abatjour*, de mesmo significado. A palavra é a junção do francês *abbatre* (abater) com *jour* (dia, luz). Trata-se, portanto, de um objeto que abate a luz, suaviza a luz.
BIJUTERIA	*Bijouterie* inicialmente designava a ocupação de quem confeccionava ou vendia bijus. Posteriormente, passou a definir as peças de bijuteria, como utilizamos hoje no português.
MATELASSÊ	*Matelassé* é um trabalho realizado com determinado tipo de ponto, de modo a formar um desenho em relevo. Deriva do verbo *matelasser*, cujo sentido é estofar.

OUTROS TERMOS DE ORIGEM FRANCESA ▶ ancestral, apartamento, ateliê, bicicleta, burocracia, chofer, envelope, fetiche, menu, restaurante, tricô.

ALEMÃES

Mesmo sem ter passado por períodos históricos de convívio intenso com portugueses ou brasileiros, os alemães deram alguma contribuição à língua portuguesa:

NÍQUEL E COBRE	*Kupfernickel* foi o nome dado ao níquel por mineiros alemães que o extraíram pela primeira vez no século XVIII. O termo, extenso, foi dividido, dando origem a *Kupfer* (cobre) e a *Nickel* (níquel).
ZINCO	*Zink* é o nome dado ao elemento descoberto pelo químico alemão Andreas Marggraf. Antes de chegar ao português, passou pelo francês *zinc*.
VALSA	*Walzer* é a forma alemã original; chegou ao português pelo francês *valse*.

INGLESES E AMERICANOS

Desde o fim do século XIX, o português vem recebendo influência da língua inglesa, em virtude das relações comerciais e políticas. Especialmente a partir da segunda metade do século XIX, cresceu a quantidade de termos norte-americanos que se agregaram a nosso vocabulário:

BASQUETE	*Basketball* é o nome do esporte em inglês, vindo da junção de *basket* (cesto) e *ball* (bola), ou seja, bola ao cesto. A forma portuguesa basquete é uma redução de basquetebol.
SHOPPING CENTER	*Shopping center* é o termo original inglês; *shopping* vem do verbo comprar (*to shop*) e *center* significa centro. *Shopping center*, portanto, seria literalmente centro de compras.
BAR	*Bar* é o termo inglês adotado desde 1807 e forma reduzida de *bar-room*, de mesmo significado.
COMPUTADOR	*Computer* é a forma inglesa reduzida de *electronic computer*, instituída em 1962. No português, o substantivo foi formado com o radical do verbo computar.

OUTROS TERMOS DE ORIGEM INGLESA ▶ sanduíche, futebol, bife, clube, iate, jóquei, júri, panfleto, piquenique, recital, repórter.

De língua em língua

Embora com participação menor, outras línguas também influenciaram o português de forma direta ou indireta:

O PARAÍSO E O DIVÃ VÊM DA PÉRSIA

✛ O persa *paridaeza* designava um recinto circular. Passou para o hebreu como *pardês*, significando pomar; em seguida chegou ao grego como *parádeisos*, designando jardim ou parques dos nobres. Daí foi para o latim *paradisus* (paraíso terrestre ou celeste), até chegar, enfim, ao português paraíso.

✛ *Díuán*, no persa, era um registro escrito. No *Dicionário Houaiss*, consta que passou em seguida para o turco como "sala de conselho do sultão, rodeada de almofadões, espécie de sofá sem braços e sem encosto que guarnecia a sala do conselho turco". Daí migrou para o francês *divan* e, enfim, chegou ao português divã com o sentido que conhecemos hoje.

A JANGADA E O BULE VÊM DA MALÁSIA

✛ *ChanggáDam*, no idioma malaio, era uma espécie de balsa. Veio para o Brasil como jangada.

✛ *Búli* vem do malaio, com o significado de frasco. No português, chega na forma bule.

O BIOMBO E O QUIMONO SE ORIGINARAM NO JAPÃO

✛ *Kimono*, em japonês, significa um tipo de roupa. Chegou ao português no século XVI como queimão; no final do século XIX chegaria à forma kimono e, posteriormente, receberia a grafia quimono.

✛ *Bióbu* ou *byóbu* é o termo original japonês que chegou a Portugal no século XVI como *beòbu*, para depois se tornar *biobos*, *byombos* e, enfim, biombo.

O PAGODE E O JAMBO VÊM DO SÂNSCRITO

✛ *Bhagavati* é o termo sânscrito que originou o nosso pagode. Antes disso, ele passou por idiomas dravídicos, onde adquiriu a forma *pagôdi*. Séculos antes de ser conhecido também como um estilo musical, o termo designou (e continua designando) templo hindu, ídolo indiano e festa barulhenta.

✛ *Jambu*, em sânscrito, é originário do idioma hindi e deu origem ao português jambo.

SÁBADO E ALELUIA SÃO HERANÇAS DOS HEBREUS

✛ *Xabbát* é o termo hebreu que significa dia de repouso. Antes de se transformar no português sábado, passou pelo latim *sabbatum*.

✛ *Hallelú-yáh*, em hebreu, quer dizer louvai a Deus. Foi para o latim como *alleluìa*, ou *halleluia*, e então chegou ao português aleluia.

O CZAR E A VODCA VÊM DA RÚSSIA

✛ *Vodka*, em russo, quer dizer aguinha. Isso mesmo: água é *voda* e *vodka* é seu diminutivo. Ainda assim, o termo foi usado na Rússia para designar a vodca, típica bebida do país.

✛ *Tsar* é a forma reduzida da denominação que os russos costumavam dar ao *tsisari* (imperador). O termo vem do grego *kaisar* e, no português, é usado como tzar ou, com mais frequência, czar.

✺✺✺

Outras línguas também deram sua contribuição para o nosso vocabulário, como o sueco (ombudsman e edredom); o finlandês (sauna); o tagalo, língua falada na Indonésia (ioiô); o taino, língua das Antilhas (batata); o egípcio (crocodilo); o catalão (estopim); o holandês (escuna) e o iraniano (tigre). Há até a contribuição do gaélico, que nos deu a palavra "slogan". Ela veio de *sluagh-gairm*, que significa "nosso grito de guerra".

✱✱✱✱✱✱✱✱✱ **DE ONDE VEM O "ÃO"?** ✱✱✱✱✱✱✱✱✱✱

O português é a única língua no mundo que possui em alguns de seus vocábulos a partícula "ão". Em A aventura das línguas, de Hans Joachim Störig, o escritor Hernâni Donato cita a possível procedência do "ão". O sufixo teria vindo da língua dos suévios, habitantes de um antigo país germânico, que de 405 a 585 ocuparam o noroeste da Península Ibérica, entre Lisboa e o Minho.

✱✱✱✱✱✱✱✱✱✱✱✱✱✱✱✱✱✱✱✱✱✱✱✱✱✱✱✱

Sotaque

Ao longo dos cinco séculos que se seguiram à descoberta do Brasil, povos nativos e imigrantes, assim como geografia, costumes, atividades culturais, políticas e sociais, foram aos poucos moldando sotaques – pronúncia característica de um país, de uma região etc. – e termos que não apenas diferenciaram o português brasileiro do de Portugal, mas ainda geraram inúmeras peculiaridades regionais da língua. Isso explica as diferenças nos falares nordestinos, mineiros, nortistas, gaúchos, paulistas e cariocas.

❖ Já na chegada dos lusitanos, inúmeras línguas indígenas – com destaque para o tupi – influenciaram os colonizadores, que precisavam encontrar uma maneira de se comunicar com os nativos para poder catequizá-los. Embora fosse próprio das tribos que habitavam a costa brasileira, o tupi exerceu influência em todo o território nacional e em especial na região Norte brasileira. Também nessa região ocorreu a influência de outros falares indígenas.

❖ Apesar de berço do tupi, a costa brasileira incorporou inúmeros aspectos africanos, por causa da intensa ocupação negreira na região. O litoral nordestino, em especial, recebeu muito do iorubá (falado por escravos nigerianos), do quimbundo e umbundo (dos angolanos) e do quicongo (de nativos do antigo Zaire). Estima-se que em cerca de 300 anos (a partir de meados do século XVI) mais de 3 milhões de africanos – falantes de mais de 300 línguas – foram trazidos para o país. Entre outras coisas, influenciaram na pronúncia, entonação, cadência e léxico do idioma. Calcula-se que a língua portuguesa tenha cerca de 2.500 palavras de origem africana.

❖ No Sudeste brasileiro, as influências foram bastante diversificadas.

O Rio de Janeiro recebeu uma imensidão de portugueses (quase um terço da população local da época) e deles adquiriu o chiado do "s", hoje típico "duish cariocaish" (dos cariocas).

Um pouco antes disso, Minas Gerais, no tempo da mineração, assistiu a mudanças de pronúncia em sua fala ao acolher forasteiros não só de Portugal, mas dos quatro cantos do Brasil. Além de essa mescla ter composto um sotaque que misturava características de tanta gente, gerou rotas comerciais que contribuíram para a unidade da língua portuguesa no Brasil.

❖ Ainda dos portugueses, alguns povos do Sul herdaram o "tu", que posteriormente se somou aos falares de muitos imigrantes europeus (especialmente alemães). Em São Paulo, as grandes mudanças ficaram por conta dos italianos, dos asiáticos e de brasileiros de todo o país que migraram para a região a partir do século XIX, desvinculando a fala da capital do "r" puxado do interior.

✳✳✳✳✳✳✳ **POR QUE AS PESSOAS GAGUEJAM?** ✳✳✳✳✳✳✳

O gago tem um distúrbio no ritmo da linguagem que pode ter sido causado por fatores psicológicos, como problemas no relacionamento familiar, ciúme, insegurança ou ansiedade, ou fatores físicos – complicações na hora do parto ou acidentes que provoquem traumatismo no cérebro.

✳✳✳✳✳✳✳✳✳✳✳✳✳✳✳✳✳✳✳✳✳✳✳✳✳✳✳✳✳✳✳

▶ **Por que os gagos conseguem cantar normalmente?**
Porque o texto e o ritmo da canção já estão memorizados por eles. Assim, o gago não sofre tanta pressão psicológica com a expectativa de que vá errar ou não ser entendido pelas pessoas a seu redor. Ele não precisa se preocupar com a elaboração do discurso, nem com a reação de quem ouve, e canta com facilidade.

4

Não há dúvida de que as línguas se aumentam e alteram com o tempo as necessidades dos usos e costumes.

EVANILDO BECHARA
(1928-), filólogo, membro da Academia Brasileira de Letras, autoridade máxima no Brasil para decidir as questões do Novo Acordo Ortográfico.

Fechado para reforma

Como nossa ortografia chegou à forma atual

Na ortografia da língua portuguesa, é possível identificar três períodos principais: o fonético vai do surgimento da língua até ao século XVI; o pseudoetimológico vai do século XVI até 1911; e o moderno ocorre de 1911 até os dias de hoje.

PERÍODO FONÉTICO
Desde o estabelecimento da língua portuguesa até o século XVI, sua escrita foi essencialmente fonética, ou seja, o português era escrito como se falava. Não havia normas e os mesmos sons podiam ser representados de formas distintas, sem a menor padronização. Não havia diferença, por exemplo, entre o uso do i e do y, tampouco entre m, n e til ou quaisquer outras combinações de letras que pudessem gerar sons equivalentes.

PERÍODO PSEUDOETIMOLÓGICO
No século XVI inicia-se um período de valorização da cultura clássica e, com ela, a escrita portuguesa passa a adquirir algumas características do latim. O propósito de algumas pessoas era estabelecer uma escrita etimológica, mas como nem todos tinham um bom conhecimento, a escrita portuguesa apresentava uma série de distorções não justificáveis. Mais que isso, a ortografia ia aos poucos se distanciando do português falado.

Entre as surpresas do novo português escrito, destacou-se o emprego de dígrafos (grupos de duas letras que representam um único som), como o ph de pharmacia, o ch de Achiles e o th de lythographia. Algumas palavras, por outro lado, receberam letras adicionais quase aleatoriamente, como foi o caso de esculptura, character, fecto (feito), fructo (fruto) e regno (reino). Soma-se a isso o uso comum de consoantes duplas, como em metter, fallar. Com o passar dos anos, a escrita absolutamente arbitrária e rebuscada começou a gerar incômodo entre estudiosos. Em consequência disso, entre os séculos XVI e XIX, houve várias tentativas de normatizar e simplificar a grafia portuguesa, até que no início do século XX Portugal realizou sua primeira reforma ortográfica.

PERÍODO SIMPLIFICADO

Quer dizer que a partir de 1911 as "escritas portuguesas" se padronizam? Exatamente. No entanto, é preciso dizer "as escritas" no plural, uma vez que Portugal e Brasil estabelecem suas reformas cada qual à sua maneira. Apesar de muitas negociações terem se desenrolado em prol da unidade entre as ortografias, os dois países não conseguiram chegar a um acordo nesse sentido.

BREVE HISTÓRICO DAS MUDANÇAS NA LÍNGUA

1911

Bastante profunda, esta primeira reforma ortográfica oficial da língua aconteceu apenas em Portugal, visando especialmente a simplificação da escrita e uma reaproximação do português falado. Entre as principais normas, destacaram-se:

1. Alguns grupos consonantais, como th, ph e rh foram extintos. Também foi banido o y, que deu lugar ao i.
2. Extinguiu-se o uso de uma série de consoantes dobradas (como em fallar). As únicas que permaneceram, "autorizadas" em determinadas situações, foram o rr e o ss.
3. A acentuação gráfica foi regularizada. Nesse aspecto, porém, pode-se dizer que a escrita não foi simplificada, já que uma enorme gama de palavras até então não acentuadas passou a receber acento. Entre as determinações

dessa época que ainda são mantidas está a acentuação de todas as palavras proparoxítonas.

Vale ressaltar que, apesar da pretendida simplificação da escrita dessa primeira reforma ortográfica, muitos dos desnecessários enfeites até então utilizados continuaram regularizados, como é o caso, por exemplo, das consoantes mudas das palavras homem, directo, sciência.

1930

Houve outra proposta de mudanças, porém o governo Getúlio Vargas não aceitou. Era época em que se pregava o nacionalismo forte, então não se aceitaram as mudanças sugeridas por Portugal. Alguns anos mais tarde, algumas alterações foram enfim incorporadas à língua.

1940

Foi publicado em Portugal um Formulário Ortográfico.

1943

Com a reforma portuguesa de 1911, as grafias no Brasil e em Portugal tornaram-se bastante distintas. Em 1931 houve a intenção de fazer um acordo que as aproximaria; porém, apesar de o projeto ter sido totalmente montado, não saiu do papel. A partir de 1943, enfim, as duas escritas tornaram-se um pouco mais semelhantes, depois de uma grande reforma pela qual passou a ortografia brasileira. Em linhas gerais, ela estabelecia:

1. Eliminação das consoantes mudas, como em acto, pacto e esculptura (esta norma foi exclusiva do Brasil; Portugal permaneceu utilizando tais consoantes).
2. Eliminação das letras k, w e y. O k deveria ser substituído por qu ou c, o w por v ou u e o y por i.
3. Exclusão do h intermediário. Palavras como desharmonia, por exemplo, seriam grafadas como desarmonia. O h intermediário só permaneceria sendo usado após o c, o l e o n (nos grupos ch, lh e nh).
4. Emprego do x em palavras que tivessem esta letra no termo latino original (como deixar, que vem de *laxare*) e para aquelas que substituíssem o ss ou sc no termo latino (como paixão, que vem de *passio*).
5. Uso do s (em vez do z) em palavras que derivassem de termos latinos com

s (como mesa, que vem de *mensa*) e ainda nos sufixos de profissões (como poetisa, baronesa etc.).

6. Uso do z (em vez do s) em palavras que viessem de radical com ti, ci e ce (como razão, que vem de *ratio*) em alguns substantivos abstratos de adjetivos qualificativos (como beleza e pobreza) e no sufixo izar (como concretizar, catequizar etc.).

7. Uso do ss, por exemplo, em palavras derivadas de termos latinos com ss (como osso, que vem de *ossum*).

Além dessas alterações pontuais, estabeleceram-se, entre outras, regras de acentuação (a fim de evitar equívocos de leitura), outras para a grafia de nomes próprios, para o uso do hífen e do ç, separação silábica, utilização de letras maiúsculas e minúsculas, uso de j ou g.

1945
Definiu-se um novo Acordo Ortográfico, mas só em Portugal se tornou lei. O Brasil continuou usando como base o Formulário de 1943.

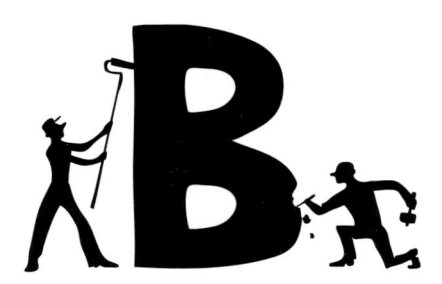

1971
Um novo acordo entre Portugal e Brasil pretendeu aproximar um pouco mais as duas grafias. Para o Brasil, a reforma foi bem mais suave que a anterior e as alterações relacionaram-se apenas à acentuação. Entre outras medidas, caíram os acentos diferenciais que tinham o propósito de distinguir sons abertos e fechados (como em almôço, êle, sôco). Os sinais foram mantidos apenas em algumas exceções, como em pêra, pêlo, pára e pólo. Também restringiu-se o uso do trema, que deveria ser usado apenas quando se pronunciasse o u de gu e qu seguido de e ou i .

1986
Tentou-se firmar um Novo Acordo da Língua Portuguesa, que definiria a unificação total das grafias. Polêmica tentativa que não foi adiante.

1990
Finalmente, em 1990 o atual Acordo Ortográfico entrou em cena, já elaborado com as regras vigentes hoje. No início, só dois países de língua portuguesa, Brasil e Cabo Verde, ratificaram o Acordo. Não foi suficiente para que as novas regras fossem incorporadas oficialmente à língua.

2004
Foi decidido que o Novo Acordo entraria em vigor se pelo menos três dos países lusófonos assinassem o documento, porém Portugal – o mais importante deles – não assinou (o que ocorreu somente em 2008). A partir daí, então, deu-se a corrida à nova grafia. Em setembro de 2008, o então presidente do Brasil Luiz Inácio Lula da Silva assinou o decreto que definia a data de início da vigência do Acordo: 1 de janeiro de 2009.

❖ ❖ **QUAL A DIFERENÇA ENTRE FORMULÁRIO E ACORDO?** ❖ ❖

Acordo: os países se juntam para definir as novas regras que darão origem às mudanças na língua.

Formulário: é o registro dessas regras.

❖ ❖

EXEMPLO DA EVOLUÇÃO NA GRAFIA DA LÍNGUA PORTUGUESA

Antes de 1931
Elles tomam um cafezinho tranquillos, pois não crêm na ruína da pharmácia.

Depois de 1943
Êles tomam um cafèzinho tranqüilos, pois não crêem na ruína da farmácia.

Depois de 1971
Eles tomam um cafezinho tranqüilos, pois não crêem na ruína da farmácia.

Depois de 2009
Eles tomam um cafezinho tranquilos, pois não creem na ruína da farmácia.

2009

Após 19 anos de discussão, finalmente a reforma entrou em vigor dia 1º de janeiro de 2009. O Brasil tem até dia 1º de janeiro de 2013 para se adequar totalmente às novas regras. Ou seja, prazo de quatro anos. Portugal tem até 1º de janeiro de 2015, ou seja, seis anos. Até lá, as duas formas de grafia podem coexistir, são válidas e consideradas corretas.

As mudanças desse Novo Acordo são poucas numericamente. A língua portuguesa tem aproximadamente 356 milhões de vocábulos ou unidades lexicais, de acordo com a Academia Brasileira de Letras – ABL. Com as novas regras, o número de palavras alteradas no Brasil será apenas 0,5 % e em Portugal e nos países luso-africanos, 1,5%. Embora pequeno, esse número já é suficiente para muita encrenca.

A dificuldade maior em aceitar a reforma em uma língua é por causa do hábito. A língua faz parte do nosso dia a dia desde que nascemos, e qualquer mudança nela muda nossos princípios mais básicos.

> **Lusófonos são os países que têm o português como língua oficial. Eles são oito:**
>
> Angola
> Brasil
> Cabo Verde
> Guiné-Bissau
> Moçambique
> Portugal
> São Tomé e Príncipe
> Timor Leste

O total de falantes da língua portuguesa é de 220 milhões.
No Brasil, são 190 milhões de falantes.
Portugal tem 10,5 milhões.
Os demais países têm 19,5 milhões.

O NOVO ACORDO ORTOGRÁFICO

LETRAS DO ALFABETO
O alfabeto da língua portuguesa passa a ter **26** letras: foram incorporadas as consoantes **K**, **W** e **Y**. Embora já usássemos muitas palavras com essas letras, agora elas são "oficiais integrantes" da língua. Essas letras são usadas geralmente em siglas, nomes próprios estrangeiros e derivados: Watt, km, taylorista, malawiano, Wagner.

ACENTUAÇÃO

Trema
Ele foi eliminado da língua. Esqueça dele. Todas as palavras da língua portuguesa não têm mais trema.

◉ *Você anda na Rodovia Anhanguera com frequência? Conhece alguém delinquente? Aposte nisto: comer feijoada com linguiça não vai fazer mais mal.*

Mas atenção: Fique tranquilo, pois o trema continua sendo registrado nas palavras de origem estrangeira, nomes próprios e os derivados. Ou seja, a Gilese continua sendo Bündchen. Assim como os seguidores müllerianos se mantêm e Shönberg continua sendo a simpática cidade alemã.

Ditongos abertos nas paroxítonas
Ditongo é o encontro de duas vogais numa mesma sílaba: ralhou, perfeito, cadeira, história.
Paroxítona é a palavra cuja sílaba tônica é a penúltima: banana, caderno, livro, menina.

◉ *Não é nada heroico enfrentar uma jiboia sem ideia de como ela ataca.*

A regra diz que não devemos mais acentuar palavras como as da frase acima. Isso significa que foi eliminado o acento agudo nos ditongos abertos *-ei* e *-oi* em palavras paroxítonas. Mais exemplos:

◉ *Epopeia, Europeia, Androide, Hemorroida, Coreia, Onomatopeia, Estoico.*

Mas lembre-se de que nas oxítonas o acento continua.

O QUE É OXÍTONA?

São palavras cuja sílaba tônica é a última: herói, céu, melhor, papel.
O herói vai continuar voando pelo céu com seus anéis mágicos.

Hiatos
Hiato é quando duas vogais estão lado a lado, porém fazendo parte de sílabas diferentes: rainha, saúde, hiato, saída.

◉ *A partir de agora eu não perdoo o enjoo de ninguém. E me magoo se perco o voo.*
◉ *Aqueles que creem, que deem sua palavra.*

Portanto, não se usa mais o acento circunflexo nos grupos -oo e -ee: povoo, voo, perdoo, enjoo, magoo, descreem, releem, veem, preveem, creem.

-I e -U tônicos
Algumas poucas palavras na língua são paroxítonas e eram acentuadas no **-i** ou **-u** tônicos, quando precedidos de ditongo. Nossa, que difícil essa regra! Nem vale a pena se esforçar muito para entender. Lembre-se de que feiura não tem mais acento. É a mais usada de todas, e é o que vale lembrar. Veja outras: baiuca, Guaiba, bocaiuva.
Porém, ainda são acentuados -i e -u das oxítonas: Tuiuiú, Piauí.

-U tônico nas flexões verbais
Havia na língua até antes do acordo flexões verbais que levavam acento no u tônico. Nem as flexões nem o acento eram muito comuns no dia a dia, então certamente essa nova regra não vai causar estranheza.
A regra diz: foi abolido o acento agudo no **-u** tônico nas formas verbais rizotônicas dos grupos gue / gui e que / qui.

Como era antes: apazigúe, averigúe, obliqúe. Hoje: apazigue, averigue, oblique.
Mas também pode ser acentuado desta forma: apazígue, averígue, oblíque.

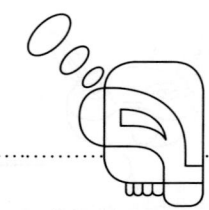

O QUE É FORMA RIZOTÔNICA?

É a forma verbal cuja sílaba tônica recai na raiz do verbo. Exemplos: canto, danço, falo

E a forma arrizotônica?
É – oposta a rizotônica – a que a sílaba tônica não está na raiz do verbo. Exemplos: cantei, dançamos, falamos

Acento diferencial
Acento diferencial é usado para distinguir palavras escritas da mesma forma, mas que possuem significados diferentes. Hoje, a língua traz poucos acentos diferenciais. São eles:

pôde – verbo poder na 3ª pessoa do singular do pretérito perfeito do indicativo para distinguir de pode, 3ª pessoa do singular do presente do indicativo).
pôr – o verbo, para diferenciar da preposição por
têm e **vêm** – verbo ter e vir no plural, para diferenciar de tem e vem, no singular (e os derivados também, como retêm, provêm, intervêm)
Hoje, não há mais os acentos:
→**para** (verbo), antes usado para diferenciar da preposição *para*
→**pela**(s) (é), substantivo e flexão de pelar, antes usado para diferenciar de *pela*(s), combinação de *per* e *la*(s)
→**pelo**(é), flexão de pelar, antes usado para diferenciar de *pelo*(s), combinação de *per* e *lo*(s)
→**pelo**(s) (ê), substantivo, antes usado para diferenciar de *pelo*(s), *per* e *lo*(s)
→**polo**(s) (ó), substantivo, que o diferenciava de *polo*(s) combinação antiga de *por* e *lo*.
→**pera**, substantivo, que o diferenciava de *pera*(é), preposição arcaica.

Muitas dessas palavras nem são usadas hoje (quem sabia que pera é quase o mesmo que pela? E que polo é a combinação de por + o?). Daí uma boa razão para ter caído o acento. Porém, em outros casos... Por exemplo, se você ler essa manchete em título de um jornal:

Festa para São Paulo

Qual sua é a interpretação? Uma festa que parou São Paulo ou uma festa em homenagem a São Paulo? Agora, sem o acento, não dá mais para saber, a não ser lendo a reportagem.

Há casos em que é facultativo o uso dos acentos diferenciais. Veja:

Dêmos (1ª pessoa do plural do presente do subjuntivo), para distinguir de **demos** (1ª pessoa do plural do pretérito perfeito do indicativo);
Fôrma (substantivo), para distinguir de **forma** (substantivo ou 3ª pessoa do singular do presente do indicativo ou 2ª pessoa do singular do imperativo afirmativo).

EMPREGO DE I NO LUGAR DO E

Não se usa mais o e nos substantivos e adjetivos derivado com os sufixos –iano e –iense.

Hoje, apesar de muita briga e não aceitação, o povo do Acre é acriano. Quem nasceu em Açores, é açoriano. E por aí vai...

HÍFEN

Em palavras compostas

O hífen existe para juntar palavras e formar um composto com novo significado. Certo? Depois do Novo Acordo, mais ou menos certo. O hífen se mantém quando estamos falando de duas palavras compostas. Mas em outros casos nem sempre usamos o hífen. O que vale a pena saber:

✳ Não se usa o hífen em nenhum tipo de locução que seja ligada por preposição ou algum outro tipo de elemento. Exemplo: dia a dia, pé de moleque, amigo da onça.

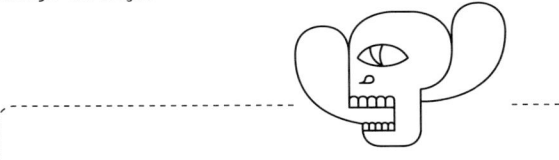

O QUE É LOCUÇÃO?

Segundo o dicionário Aurélio, locução é "o conjunto de duas ou mais palavras que funcionam como uma unidade".

✳ Mas existem as exceções, como tudo nesta língua. São elas: água-de-colônia, arco-da-velha, cor-de-rosa, mais-que-perfeito, pé-de-meia. Essas mantêm o hífen porque tal grafia é consagrada pelo uso.

✻ Por outro lado, veja que fácil: toda palavra composta ou locução que designem espécies animais ou botânicas, leva hífen: bem-te-vi, ervilha-de-cheiro, lesma-de-conchinha, costela-de-adão.

✻ Não dá para saber todas as regras e exceções em relação ao hífen em palavras compostas. O tema sempre foi problemático, por isso é preciso sempre consultar livros. O melhor lugar para não se perder nas várias grafias propostas é o Vocabulário Ortográfico da Língua Portuguesa – Volp. Ali estão registradas todas as palavras da língua.

Em prefixos
As novas regras para o uso do hífen em prefixos facilitaram o emprego do tracinho, o que é um grande avanço para aprender a usá-lo. O quadro da página 93 mostra todos os usos do hífen, mas veja abaixo algumas dicas do que mudou:
✦ Vogal do prefixo igual à vogal que inicia a palavra seguinte, usa o hífen: anti-inflamatório.
✦ Vogal do prefixo diferente da vogal que inicia a palavra seguinte, junta as palavras: autoestima
✦ Palavra terminada por **r** ou **s** e iniciada por vogal, dobra o **r** ou o **s**: antirreligioso
✦ Prefixo terminado com **r** e a palavra seguinte se iniciada com **r**, usa o hífen: super-religioso.

Outros usos do hífen
Para ligar duas ou mais palavras que se juntam e formam encadeamentos vocabulares, usa-se o hífen: Liberdade-Igualdade-Fraternidade, ponte Rio-Niterói, percurso Rio-São Paulo, relação Angola-Brasil. Antes usava-se o travessão.
Uma grande novidade para quem escreve e para as publicações, principalmente: É preciso repetir o hífen na linha seguinte se uma palavra composta for quebrada na linha anterior:
............vice-
-presidente

A responsável pela elaboração e definição das regras da língua portuguesa aqui no Brasil é a Academia Brasileira de Letras. Em Portugal é a Academia das Ciências de Lisboa.

Uso do hífen

O quadro abaixo mostra os prefixos em que o hífen deve ou não ser empregado.

Prefixos	Segundo elemento	Exemplos
aero, agro, aivi, ante, anti, arqui, auto, contra, des[2], eletro, entre, extra, foto, geo, hidro, in[1], infra, intra, macro, maxi, mega, micro, mini, moto, multi, nano, neo, pluri, poli, proto, pseudo, retro, semi, sobre, socio, supra, tele, tri, ultra, vaso, video	- iniciado por vogal igual à vogal final do prefixo - indicado por **h** - iniciado por vogal igual à vogal final do prefixo	anti-inflamatório, antissocial, arqui-inimigo, autoestima, autorretrato, autossuficiente, contra-ataque, extrasseco, infraestrutura, infravermelho, mega-amiga, micro-organismo, microssistema, mini-instrumento, minissaia, motosserra, multirracial, neonatal, proto-história, pseudociência, semiárido, semi-integral, sobre-humano.
circum, pan	- iniciado por **h, m, n**	circum-navegar, pan-americano
ciber, hiper, inter, super	iniciado por **h, r**	ciberespaço, interdisciplinar, super-homem
sob, sub	iniciado por **b, h, r**	subalugar, subreitor, sub-humano
mal[2]	iniciado por vogal igual ou por **h**	malsucedido, mal-estar, mal-humorado
	iniciado por **h**	coautor, co-habitação, reavaliar, reescrever
além, aquém, bem[2], ex, pós[3], pré[3], pró[3], recém, sem, vice	sempre	bem-educado, pré-natal, pró-reitor, recém--nascido, sem-terra, vice-campeão

1. não se usa hífen quando o segundo termo perdeu o **h** original: desumano, inábil
2. usa-se o hífen quando formar com a outra palavra um adjetivo ou substantivo
3. quando a pronúncia for fechada (pos, pre, prol), liga-se sem hífen ao outro termo: preencher, posposto (exceções: preaquecer, predeterminar, preestabelecer, preexistir)

Atenção: Quando a pronúncia exigir, dobram-se o **r** e o **s** do segundo termo.

PORTUGAL X BRASIL

Algumas mudanças no português de Portugal não fazem diferença aqui no Brasil:

✱ Sumiram as consoantes não pronunciadas no meio de algumas palavras; elas existiam por questão de etimologia:

> Adoção (em vez de adopção)
> Batizar (em vez de baptizar)
> Ótimo (em vez de óptimo)

✱ Agora é facultativo o uso de consoante em algumas palavras; depende se a letra é pronunciada ou não. Essa regra se encaixa na possibilidade de dupla grafia, para não gerar mais desconforto entre Brasil e Portugal:

> Cacto ou cato
> Sector ou setor
> Concepção ou conceção
> Recepção ou receção
> Amígdala ou amídala
> Indemnizar ou indenizar

✱ Assim como os exemplos acima, há acentuações duplas, que tiveram suas formas mantidas para agradar falantes do Brasil e das nações luso-africanas. Essas palavras podem ter acento agudo ou circunflexo. A diferença é o timbre que se utiliza na língua falada:

> Ténue ou tênue
> Ténis ou tênis
> Pénis ou pênis
> Higiénico ou higiênico
> Erróneo ou errôneo
> Antónimo ou antônimo

✱ Na mesma regra, algumas palavras advindas do francês também têm dupla possibilidade de acentuação:

> Bidé ou bidê,
> Nené ou nenê
> Bebé ou bebê

Ora, pois!

É importante reforçar que a mudança a que um Acordo Ortográfico se propõe só se dá na língua escrita. O Acordo muda e uniformiza a grafia de palavras, não a língua falada. Ele não vai unificar a língua, mas a ortografia dessa língua. É por isso que as questões semânticas das palavras não são unificadas; acordo não elimina as diferenças.

QUE É SEMÂNTICA?
É o estudo do significado das palavras de uma língua.

Você sabe o que é uma bicha em Portugal? E chapeuzinho de chuva? E puto? Fiambre? Você tem telemóvel?

As mulheres em Portugal usam cueca e peúgas. Na praia chama-se o banheiro quando alguém está se afogando. Quando estamos com sede, podemos tomar um sumo de frutas. Na página 58 você encontra mais exemplos.

Conheça do mesmo autor: *Um livro fechado para reforma*, da Panda Books.

5

Das palavras ao texto

As palavras não nascem amarradas,
Elas saltam, se beijam, se dissolvem,
No céu livre por vezes um desenho,
São puras, largas, autênticas,
indevassáveis.

CARLOS DRUMMOND DE ANDRADE
(1902-1987), poeta

Curiosidades dos principais autores da língua curiosa

Álvares de Azevedo (1831-1852)
• O poeta, contista e ensaísta Manuel Antônio Álvares de Azevedo nasceu em São Paulo, em uma família ilustre. Seus pais foram Inácio Manuel Álvares de Azevedo e Maria Luísa Mota Azevedo.

❋ ❋ ❋ ❋ ❋ ❋ ❋ ❋ ❋ ❋ ❋ ❋ ❋ ❋ ❋ ❋ ❋ ❋ ❋ ❋

Segundo alguns biógrafos, Álvares de Azevedo teria nascido em uma sala da biblioteca da Faculdade de Direito de São Paulo. Outra versão é que sua mãe teria dado à luz na casa de seu avô materno, Severo Mota.

❋ ❋ ❋ ❋ ❋ ❋ ❋ ❋ ❋ ❋ ❋ ❋ ❋ ❋ ❋ ❋ ❋ ❋ ❋ ❋

• Em 1833, a família de Álvares de Azevedo foi morar no Rio de Janeiro. Sete anos mais tarde ele ingressou no colégio Stoll. Depois de passar uma temporada com um tio em São Paulo, o garoto voltou para o Rio de Janeiro e entrou no colégio Pedro II.
• Como aluno da Faculdade de Direito de São Paulo, Álvares de Azevedo fundou a *Revista Mensal da Sociedade Ensaio Filosófico Paulistano*. Seus melhores amigos foram Aureliano Lessa e Bernardo Guimarães, que participaram da fundação de uma república de estudantes na Chácara dos Ingleses.
Sua produção literária foi intensa nessa época. Algumas fontes afirmam que ele levou uma vida boêmia no período em que cursou direito em São Paulo.
• A literatura de Lord Byron, Musset e Heine marcou a obra romântica do

jovem poeta. Autores como Shakespeare, Dante e Goethe também inspiraram Álvares de Azevedo.
• Álvares de Azevedo foi acometido por uma tuberculose entre 1851 e 1852.

Como para os românticos o ápice do romantismo era a juventude, diz a lenda que os poetas procuravam as mulheres com tuberculose para contraírem a doença e morrerem.

• Além da doença, uma queda de cavalo provocou-lhe um tumor na fossa ilíaca. Sofreu uma dolorosa cirurgia, feita sem anestesia, passou 46 dias de cama e não resistiu. Morreu aos 21 anos, na tarde do dia 25 de abril de 1852, um domingo de Páscoa.

☑ A poesia "Se eu morresse amanhã", que Álvares de Azevedo escreveu um mês antes de morrer, foi lida durante seu enterro pelo escritor Joaquim Manuel de Macedo. Álvares de Azevedo é o patrono da cadeira número 2 da Academia Brasileira de Letras, por escolha de Coelho Neto.

• Com fixação pelo tema morte, Álvares de Azevedo é um representante da segunda fase do romantismo brasileiro, intitulada Mal do século. Em sua poesia predominam o subjetivismo, a melancolia e o sarcasmo. O amor idealizado e as figuras de virgens intocáveis também são recorrentes. A morte funciona como fuga da realidade e libertação do eu lírico.

Carlos Drummond de Andrade (1902-1987)
• Filho de Carlos de Paula Andrade e Julieta Augusta Drummond de Andrade, fazendeiros decadentes, o poeta Carlos Drummond de Andrade nasceu na cidade de Itabira do Mato Dentro, em Minas Gerais.

- Criado sob rígida educação católica, o primeiro colégio em que o poeta estudou foi o Grupo Escolar Coronel José Batista.

☑ Quando garoto, Drummond trabalhou como caixeiro na loja de Randolfo Martins da Costa. Do patrão, ele ganhou um corte de casimira, com o qual mandou confeccionar um terno que passou a usar nas reuniões do Grêmio Dramático e Literário Artur de Azevedo. Aos 13 anos, Drummond foi convidado para dar palestras sobre literatura no Grêmio.

- O poeta entrou para o internato Arnaldo, da Congregação do Verbo Divino, em Belo Horizonte, mas não conseguiu terminar o estudo fundamental por motivo de saúde. Aos 14 anos, voltou para Itabira e passou a ter aulas particulares para não perder o ano letivo. Em 1918, Drummond foi matriculado no internato Anchieta, da Companhia de Jesus, na cidade de Nova Friburgo. Para incentivá-lo, seu irmão Arnaldo publicou seu poema em prosa "Onda" em um jornal de Itabira.

> Drummond foi expulso do internato aos 17 anos porque se desentendeu com seu professor de português. Nesta época, o poeta era conhecido como "General" por causa de seu jeito altivo.

- Em 1920, a família de Drummond mudou-se para Belo Horizonte. Os primeiros trabalhos do poeta começaram a ser publicados no jornal *Diário de Minas*, na seção "Sociais". A vida na capital mineira permitiu que Drummond conhecesse escritores e políticos que frequentavam a Livraria Alves e o Café Estrela.
- Quando já morava em Belo Horizonte havia dois anos, o conto "Joaquim no telhado" rendeu a Drummond um prêmio de 50 mil réis. Passou a publicar seus trabalhos também no Rio de Janeiro.

☑ Em 1923, o poeta resolveu fazer uma faculdade e se matriculou na Escola de Odontologia e Farmácia, em Belo Horizonte.

- Os primeiros contatos entre Drummond e os modernistas aconteceram em 1924. Conheceu os poetas Mário de Andrade e Oswald de Andrade e a pintora Tarsila do Amaral.
- Drummond se casou com Dolores Dutra de Morais em 1925 e voltou para Itabira, onde passou a dar aulas de Geografia e Português no Ginásio Sul-americano.

- No ano seguinte, Drummond foi convidado a trabalhar como redator no jornal *Diário de Minas*. Voltou para Belo Horizonte e lá fundou *A Revista*.
- A revista *Antropofagia*, de São Paulo, publicou seu poema "No meio do caminho", que se transformou em um escândalo literário. Drummond foi um dos ativistas da Semana de 22. Passados muitos anos, mais maduro, afirmou que embora o movimento tenha sido importante para a literatura nacional, "permitiu que todo mundo que não sabia escrever escrevesse".
- Sua única filha, Maria Julieta, nasceu em 1928. Drummond atuou na Secretaria da Educação de Minas Gerais e ocupou diversos cargos ligados à educação e à cultura tanto em Minas quanto no Rio de Janeiro. Também trabalhou nos principais jornais dos dois estados. Morando no Rio de Janeiro, participou do Ministério da Educação e Saúde do governo Getúlio Vargas.
- Sobre a perda dos amigos Manuel Bandeira, Pedro Nava e Vinícus de Moraes, Drummond afirmou: "É meio constrangedor a gente ficar depois que todos vão embora".

☑ O poeta, que sempre fez questão de levar uma vida reclusa, começou a dar entrevistas só em 1984, mostrando-se uma pessoa afável e melancólica. Já velho e magrinho, costumava caminhar todas as tardes pela praia de Copacabana, no Rio de Janeiro.

- Dias antes de morrer, Drummond disse a sua médica, Elizabete Viana de Freitas:

"Ah, Elizabete, eu sei que você não pode, mas o que eu queria mesmo era um infarto fulminante".

• Drummond morreu no dia 17 de agosto de 1987, de problemas cardíacos, 12 dias depois da morte de sua filha Maria Julieta. Ela tinha 59 anos e passou dois anos lutando contra o câncer. Pai e filha chegaram a travar uma disputa verbal para ver quem morreria antes, de forma que o primeiro não sofresse com a perda do outro. No velório de Maria Julieta, Drummond disse a um amigo: "Isto não está certo, ela deveria ficar para fechar os meus olhos".

• Nas últimas horas de vida, internado no Hospital Pró-Cardíaco, no Rio de Janeiro, Drummond recebeu dos netos um walkman para que ouvisse a peça *O milagre*, de Haydn. O mesmo haviam feito com a mãe, Maria Julieta.

• Drummond era agnóstico e pediu que nenhuma homenagem ou oração fossem feitas em seu sepultamento. Também não queria cruz ou símbolos religiosos. Seu enterro, realizado no cemitério São João Batista, no Rio de Janeiro, reuniu cerca de 800 pessoas, entre amigos, parentes, artistas, políticos e fãs. Seu corpo foi enterrado ao lado do da filha.

Cecília Meirelles (1901-1964)
• A morte marcou a vida de Cecília. Ela nasceu em 7 de novembro de 1901, três meses depois da morte do pai. Perdeu a mãe antes de completar 3 anos, sendo então criada pela avó materna. Seu primeiro marido, o artista plástico português Correia Dias, suicidou-se.

☑ Cecília Meirelles foi a primeira mulher a ter um livro premiado pela Academia Brasileira de Letras. A poetisa criou a primeira biblioteca infantil do país, em 1934, e lecionou durante a maior parte de sua vida, inclusive em outros países: foi professora de literatura e cultura brasileira na Universidade do Texas, nos Estados Unidos.

• Em 2001, a família da escritora não permitiu que a cantora Maria Bethânia apresentasse uma canção que continha trechos de poemas de Cecília. Na década de 1970, o músico Raimundo Fagner teve seus discos retirados das lojas por não ter dado crédito à poetisa na canção "Canteiros", poema escrito por Cecília e musicado pelo cantor.

Clarice Lispector (1920-1977)

- A escritora Clarice Lispector nasceu dia 10 de dezembro de 1920 em Tchetchelnik, na Ucrânia. Quando tinha 2 meses de idade, seus pais vieram para o Brasil com as três filhas e foram morar no Recife, Pernambuco. Com 9 anos Clarice ficou órfã de mãe e poucos anos depois a família mudou-se para o Rio de Janeiro. Entrou na faculdade de Direito em 1939. Quatro anos depois, casou-se com Maury Gurgel Valente e terminou o curso. Seu pai morreu em 1940 e ela passou a trabalhar como redatora na Agência Nacional.
- Em 1942, trabalhou no *Jornal da Noite*. Em 1944 publicou sua primeira obra, *Perto do coração selvagem*, iniciada dois anos antes. Nesse mesmo ano, o casal se mudou para a Europa. Seu marido era diplomata e os dois viveram fora do Brasil por 15 anos, período em que Clarice se dedicou exclusivamente a escrever. Seus filhos nasceram nessa época: Pedro em 1948 e Paulo em 1953.
- Clarice e o marido separaram-se em 1959 e ela voltou para o Rio de Janeiro, onde trabalhou como jornalista em diversos jornais.
- Em setembro de 1967, ao tentar apagar com as mãos um incêndio em seu quarto, Clarice ficou muito ferida.

O incêndio aconteceu porque Clarice dormiu com um cigarro aceso na mão; como tinha muitos livros no apartamento, o fogo logo se espalhou.

- Passou três dias no hospital entre a vida e a morte. Em consequência do acidente, perdeu um pouco da mobilidade da mão direita. A escritora morreu de câncer no dia 9 de dezembro de 1977, um dia antes de completar 57 anos. Queria ser enterrada no cemitério São João Batista, no Rio de Janeiro, mas não pôde porque era judia. Foi enterrada no cemitério Israelita do Caju. Quando morou em Nápoles, na Itália, durante a Segunda Guerra Mundial, ajudou soldados brasileiros num hospital.

☑ Em 1977, Clarice Lispector concordou em conceder uma entrevista para a TV Cultura, porém com a exigência de que fosse transmitida somente após sua morte. No programa, ela anunciou a publicação de seu novo livro, que se chamaria *A hora da estrela*. A obra foi adaptada para o cinema e o papel principal deu a Marcélia Cartaxo o prêmio de melhor atriz do Festival de Berlim em 1986.

• Em 2002, Clarice Lispector foi homenageada com uma placa na aldeia de Tchetchelnik, na Ucrânia, que tem apenas 6.100 moradores. A escritora nasceu no vilarejo quando sua família fugia da perseguição aos judeus na Rússia. Antes da solenidade, seus conterrâneos nunca tinham ouvido falar dela ou de sua obra.

Euclides da Cunha (1866-1909)
• O jornalista republicano foi expulso da Escola Militar em 1889 por ter atirado seu sabre no chão diante do então ministro da Guerra, Tomás Coelho, irritado com seus companheiros que não respondiam a uma manifestação contra o Império previamente combinada. Euclides foi transferido para o Hospital Militar, e o laudo médico acusava "esgotamento nervoso por excesso de estudo".

☑ Sua maior obra, *Os sertões*, baseada na cobertura jornalística da Guerra de Canudos e lançada em 1903, teve a primeira edição esgotada em apenas dois meses.

• Em 1909, Euclides morreu depois de trocar tiros com o amante de sua mulher, o jovem militar Dilermando Cândido de Assis. A viúva, Anna de Assis, casou-se com o amante sete dias após a morte do jornalista. Euclidinho, seu filho, tentou vingá-lo, mas foi morto pelo mesmo assassino do pai.

José de Alencar (1829-1877)
- José de Alencar foi fruto de uma união ilegal entre o padre José Martiriano de Alencar e sua prima Ana Josefina de Alencar.
- Em 1834, seu pai foi nomeado governador do Ceará. Ainda jovem, contraiu tuberculose, doença que o perseguiu por toda a vida. Em setembro de 1854, estreou como jornalista assinando a coluna "Ao Correr da Pena" no jornal *Correio Mercantil*. Em 1855, já era redator-chefe do *Diário do Rio de Janeiro*.

☑ Sua peça teatral *As asas* estreou em 1858. Três dias depois, foi vetada pela censura por ser considerada imoral: contava a história de uma prostituta que se regenerara por amor.

- José de Alencar, que na infância teve o apelido de Cazuza, casou-se em 20 de junho de 1864, aos 35 anos, com Georgiana Cochrane, filha de um médico inglês. Eles se conheceram no bairro da Tijuca, no Rio de Janeiro, onde o escritor se recuperava de uma crise de tuberculose.
- Na vida política, foi deputado federal pelo Partido Conservador, ministro da Justiça entre 1868 e 1870, e senador.
- Em 1876, Alencar leiloou seus bens e se mudou para a Europa com a mulher e os filhos para tratar da saúde. Pretendia ali permanecer por dois anos, mas sua tuberculose piorou e logo a família voltou para o Brasil.

ERICO VERISSIMO (1905-1975)

Antes de ficar famoso como escritor, trabalhou como ajudante de comércio, bancário, desenhista e balconista de farmácia. Em suas mãos, a drogaria praticamente faliu, pois Erico se recusava a vender certos remédios e passava o tempo escrevendo no papel de embrulho. Obras como *Caminhos cruzados*, *O tempo e o vento* e *Incidente em Antares* são exemplos de sua produção literária.

Luis Fernando Verissimo (1936)

• O escritor Luis Fernando Verissimo, nascido em 1936, é filho do também escritor Erico Verissimo. Em 1943, quando seu pai foi lecionar na Universidade de Berkeley, na Califórnia (EUA), a família mudou-se para lá, onde viveu por dois anos.

• Em 1954, a família mudou-se novamente para os Estados Unidos porque Erico assumiria a presidência do Departamento de Assuntos Culturais da União Pan-Americana, em Washington, por quatro anos. Nessa época, Luis Fernando começou a tocar saxofone e apaixonou-se por jazz. Em 1959 criaria o conjunto Renato e Seu Sexteto, com nove integrantes.

• De volta ao Brasil, foi trabalhar como copidesque e como redator de publicidade no jornal *Zero Hora*, de Porto Alegre. No dia seguinte ao seu primeiro dia de trabalho, o jornal saiu com um erro na manchete e todos pensavam que a culpa tinha sido de Luis Fernando, pois ele praticamente só lia em inglês e tinha fama de não saber português. Porém, não fora ele o culpado pelo erro.

※ ※ ※ ※ ※ ※ ※ ※ ※ ※ ※ ※ ※ ※ ※ ※ ※ ※ ※ ※

Quando morou no Rio de Janeiro, onde trabalhou como tradutor e redator, namorava Lúcia, uma colega de escritório. No dia em que Kennedy foi assassinado, levou-a até a vitrine de uma loja e disse: "Está vendo aquele anel ali? Te dou cinco minutos para resolver: quer ou não casar comigo?". Em segundos ela respondeu: "Quero!". Foram comemorar brindando com uma Coca-Cola num boteco próximo e estão juntos até hoje. São pais de Fernanda, Mariana e Pedro.

※ ※ ※ ※ ※ ※ ※ ※ ※ ※ ※ ※ ※ ※ ※ ※ ※ ※ ※ ※

• Seu primeiro livro foi a coletânea de crônicas *O Popular*, publicado em 1973. Em 1995, Luis Fernando Verissimo comemorou a centésima edição de *O analista de Bagé* (1981), seu personagem mais famoso.

Machado de Assis (1839-1908)

- Joaquim Maria Machado de Assis era mulato, epilético, pobre e gago. Bisneto de escravos e filho de Joaquim, um pintor de paredes mulato, e de Maria Leopoldina, uma lavadeira, Machado de Assis nasceu no Morro do Livramento. Aos 3 anos ficou órfão de mãe e aos 11 perdeu o pai. Não frequentou escola e tornou-se vendedor de balas na rua, para a tia doceira. Foi caixeiro, guarda-livros e aprendiz de tipógrafo.
- Aos 30 anos, casou-se com a irmã do poeta Faustino Xavier de Novais, Carolina, contra a vontade da família dela. Ficaram juntos até a morte da mulher, em 1904. Nos quatro anos seguintes, Machado manteve guardados os tapetes tecidos por Carolina, para que ninguém mais pisasse neles. Fez o mesmo com os fios de cabelo da mulher que haviam ficado na escova e o sabonete que ela usava.

☑ A edição de 1907 de *Poesias completas*, de Machado de Assis, continha um terrível erro. No prólogo, o escritor escreveu: "... a afeição de meu defunto amigo a tal ponto lhe cegara o juízo...". Mas o tipógrafo trocou o e por um a em "cegara". Machado foi obrigado a corrigir à mão todos os exemplares impressos.

☑ Certa vez, numa festa, uma senhora abordou o escritor Machado de Assis e comentou: "Tinham me dito que o senhor é gago e vejo que não é tanto". Ele replicou: "Pois tinham me dito que a senhora era estúpida e vejo também que não é tanto".

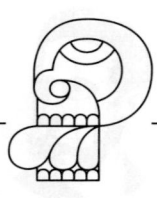

CAPITU: CULPADA OU INOCENTE?

O livro *Dom Casmurro*, de Machado de Assis, traz um dos maiores mistérios da literatura brasileira. Afinal, Capitu traiu ou não Bentinho? Capitu e Escobar foram mesmo amantes ou tudo não passou de paranoia de Bentinho, o narrador da história? Bentinho chega em casa e encontra Escobar conversando com Capitu, recuperada da dor de cabeça que a impedira de acompanhar o marido ao teatro. O filho dos dois, Ezequiel, lembra Escobar tanto no físico quanto nos gestos. Em 1999, ano do centenário do romance, foi realizado um julgamento jurídico e literário do romance, com a participação de diversos advogados e escritores. Quem presidiu o júri foi o então presidente do Supremo Tribunal Federal, Sepúlveda Pertence. Capitu acabou absolvida por falta de provas.

Manuel Bandeira (1886-1968)

• Em 1904, aos 18 anos, Bandeira teve que abandonar os estudos na Escola Politécnica de São Paulo, por causa de uma tuberculose pulmonar. Depois de se tratar no estado, morou um ano num sanatório suíço, entre 1913 e 1914, para continuar o tratamento da doença.

☑ Para imprimir os 200 exemplares de seu primeiro livro, *A cinza das horas*, de 1917, o poeta pagou 300 mil-réis do próprio bolso. Dois anos depois, foi publicado seu segundo livro, *Carnaval*, bancado pelo pai.

• Quando lançou *Carnaval*, dando os primeiros sinais da revolução modernista que viria a seguir, Bandeira recebeu muitos elogios, mas também foi alvo de uma dura crítica. Em suas memórias, ele não revela quem a publicou.

Só conta o que foi escrito a seu respeito: "O sr. Manuel Bandeira inicia seu livro com o seguinte verso: 'Quero beber! cantar asneiras...'. Pois conseguiu plenamente o que desejava".

• Bandeira entrou para a Academia Brasileira de Letras em 1940, ocupando a cadeira do poeta Luís Guimarães Filho, cujo patrono era Júlio Ribeiro, autor de *A carne*. Para escrever o discurso de posse, Bandeira leu a obra completa dos dois.

• A autobiografia *Itinerário de Pasárgada* foi publicada em 1954, depois de insistentes apelos dos amigos Fernando Sabino e Paulo Mendes Campos.

☑ Seu mais famoso poema, "Vou-me embora pra Pasárgada", foi publicado em 1930 no livro *Libertinagem*. Ele ouviu a palavra pela primeira vez, aos 16 anos, na leitura de um autor grego. Pasárgada significa "campo dos persas" ou "tesouro dos persas", e é uma região que fica no atual Irã.

Monteiro Lobato (1882-1948)
• Aos 9 anos, resolveu trocar de nome. Deixou de lado o José Renato Monteiro Lobato e passou a se chamar José Bento Monteiro Lobato. Fez isso só para usar uma bengala de seu pai que tinha as iniciais J.B.M.L. gravadas.

☑ Monteiro Lobato começou a escrever aos 14 anos, quando publicou sua primeira crônica para o jornal *O Guarani*.

• Além de escritor, Monteiro Lobato foi fazendeiro de café, desenhista, pintor, pesquisador de babaçu, adido comercial do Brasil nos Estados Unidos, industrial e editor.
• Sua primeira editora, a Monteiro Lobato & Cia., foi criada em 1919, quando não havia no país pouco mais de 30 livrarias. Nos Correios ele conseguiu uma listagem de pequenos negócios espalhados pelo Brasil. Para alguns, despachou lotes de livros junto com uma carta oferecendo o produto consignado e uma porcentagem nas vendas. Daí nasceu sua célebre frase "Um país se faz com homens e livros".

✳ ✳

O personagem Jeca Tatu apareceu pela primeira vez em 1918, nas páginas do jornal O Estado de S. Paulo. Depois fez parte do livro Urupês, publicado em 1919. Mas o personagem ganhou fama quando foi citado por Rui Barbosa numa conferência.

✳ ✳

• Depois de enviar uma carta ao presidente Getúlio Vargas, criticando a política brasileira de petróleo e as torturas praticadas pelo Estado Novo, Monteiro Lobato foi preso em 20 de março de 1941. Cumpriu três dos seis meses a que fora condenado.

• Dois dias antes de sua morte, em 5 de julho de 1948, Lobato declarou numa entrevista: "Meu cavalo está cansado e o cavaleiro tem muita curiosidade em verificar, pessoalmente, se a morte é vírgula ou ponto final".

Olavo Bilac (1865-1918)
• Em 1889, o jornalista João Carlos Pardal Mallet desafiou Olavo Bilac para um duelo, ofendido com a saída do poeta do jornal *A Rua*, sob sua direção. Marcado para 19 de setembro, o confronto foi adiado duas vezes porque a polícia os vigiava.
Finalmente, no dia 24, Pardal Mallet e Bilac se enfrentaram, sem testemunhas, com espadas. A luta durou apenas quatro segundos. Mallet foi ferido na barriga, sem gravidade. Foi o bastante para que, conforme as regras, a luta terminasse.
• Em 1892, Olavo Bilac e o escritor Raul Pompéia tiveram uma grande desavença. Um texto de uma revista dirigida por Bilac criticou Pompéia. Acusava-o de sofrer de "amolecimento cerebral" por masturbar-se muito à noite ao lembrar de beldades que via na rua. Pompéia, que tinha dificuldades com as mulheres, revidou dizendo que seus desafetos eram "marcados pelo estigma do incesto". Era uma referência a Bilac, que dizia não precisar de filhos, pois já tinha seu sobrinho. Para resolver a questão, organizaram um duelo de espada, que não se realizou.

Rachel de Queiroz (1910-2003)
- Jornalista e escritora, Rachel de Queiroz nasceu no dia 17 de novembro de 1910, em Fortaleza, capital do Ceará. Seu pai, que era juiz na cidade de Quixadá, no sertão cearense, mudou-se para Fortaleza por causa da terrível seca que atingiu o Nordeste em 1915. A família ainda moraria no Rio de Janeiro e depois em Belém do Pará.
- Em 1925, Rachel se formou normalista no colégio Imaculada Conceição de Fortaleza. Dois anos mais tarde, ingressava na carreira jornalística, como colaboradora do jornal *O Ceará*. Tudo começou quando Rachel foi eleita Rainha dos Estudantes, aos 16 anos. Debochada, ela escreveu para o jornal *O Ceará* um artigo zombando do título. Rachel assinou a carta com o pseudônimo de Rita de Queluz e atiçou a curiosidade do dono do jornal, promotor do concurso. No começo acharam que o artigo tivesse sido escrito por um homem, mas Jader de Carvalho, amigo da garota, identificou-a: "Não, isso é a Rachelzinha, filha do Daniel. Isso é coisa da Rachelzinha". O diretor do jornal mandou chamá-la e ela se tornou colaboradora da publicação.

☑ O primeiro livro de Rachel de Queiroz, *O quinze*, foi publicado quando a escritora tinha 19 anos. Aos 30, ajudou a fundar o Partido Comunista do Ceará, mas se desvinculou dele quando os

● Rachel de Queiroz foi a primeira mulher a ingressar na Academia Brasileira de Letras.

colegas pediram que ela mudasse o destino da história da obra João Miguel. A exigência era que a personagem que representava uma prostituta fosse filha do dono da terra e não do camponês.

• Em 1964, a escritora defendeu a implantação do regime militar no país por causa de seu primo, o general Humberto Castello Branco.
Rachel de Queiroz foi a primeira mulher a ingressar na Academia Brasileira de Letras. Foi eleita em 4 de agosto de 1977 e tomou posse em 4 de novembro do mesmo ano.

☑ Rachel é parente de outro famoso escritor brasileiro: José de Alencar, autor de *Iracema*. Uma de suas avós, Maria de Macedo Lima, era prima-irmã de Alencar.

• A escritora representou o Brasil na 21ª sessão da Assembleia-Geral da Organização das Nações Unidas de 1966, atuando como delegada na Comissão dos Direitos do Homem.
• Rachel, que pertenceu ao Conselho Federal de Cultura de 1967 até 1985, é cidadã carioca, título concedido em 20 de novembro de 1970 pela Assembleia Legislativa do Estado da Guanabara. A iniciativa da premiação foi da deputada Ligia Maria Lessa Bastos.
• Na infância, Rachel e suas primas costumavam tomar conta da avó, que já estava bem velhinha. Para distraí-la, as netas liam romances religiosos em francês. Uma das moças que frequentava a fazenda da família de Rachel de Queiroz namorou o escritor Gonçalves Dias, autor de *Canção do Exílio*. Como ele vivia separado da mulher, o namoro era considerado pecaminoso. Dizem que o poema "Os seus olhos" foi dedicado a essa moça, tia-bisavó da escritora, por volta de 1850.

Paulo Coelho (1947)
• Em 1965, quando tinha 18 anos, Paulo Coelho foi levado a um hospital psiquiátrico. O pai suspeitava que o filho tivesse algum problema mental, pois havia repetido de ano duas vezes seguidas e queria fazer teatro e se tornar

escritor. Paulo Coelho permaneceu internado por um mês, até que conseguiu fugir. No ano seguinte, o pai resolveu interná-lo de novo. Dessa vez, foram dois longos meses de reclusão, durante os quais recebia a visita da namorada, uma aspirante a atriz chamada Renata Sorrah. Desesperado, Paulo Coelho fugiu novamente.

☑ Seu interesse pelas coisas espirituais vem da época em que era *hippie*. Antes da famosa parceria musical com Raul Seixas, Paulo Coelho escreveu letras para gente famosa como Elis Regina e Rita Lee.

• Seu primeiro livro, *Arquivos do inferno*, de 1982, não fez nenhum sucesso. Em 1986, lançou *O manual prático do vampirismo*, em parceria com outros autores. Entretanto, no ano seguinte, ele mesmo resolveu recolher a obra e proibir sua reedição, por achar que o livro não era bom.
Paulo Coelho tem uma biografia sua publicada, *Confissões de um peregrino*, escrita pelo jornalista espanhol Juan Arias. No livro, o escritor-mago fala das experiências homossexuais que já teve, das internações no manicômio e de práticas de magia negra. No Brasil, a primeira edição da obra se esgotou em quatro dias.

☑ Em 25 de julho de 2002, Paulo Coelho foi eleito imortal da Academia Brasileira de Letras, sucedendo a Roberto Campos na cadeira número 21, que tem como patrono Joaquim Serra. Tomou posse no dia 28 de outubro do mesmo ano, tendo sido recebido pelo acadêmico Arnaldo Niskier.

※ ※ ※ ※ ※ ※ ※ **PELO MUNDO** ※ ※ ※ ※ ※ ※ ※

O alquimista já vendeu mais de 35 milhões de exemplares e esteve em primeiro lugar na lista dos mais vendidos em 74 países.

A revista Americana Publishing Trends, especializada em literatura, anunciou que Paulo Coelho o escritor mais vendido no mundo 2003.

Sua obra foi traduzida para 67 idiomas e publicada em 150 países. O site do escritor é apresentado em 15 idiomas.

Até dezembro de 2009, já haviam sido vendidos 135 milhões de livros do autor pelo mundo.

※ ※ ※ ※ ※ ※ ※ ※ ※ ※ ※ ※ ※ ※ ※ ※ ※ ※ ※ ※

Jorge Amado (1912-2001)

• Nascido em família de fazendeiros de cacau no sul da Bahia, Jorge Amado publicou seu primeiro romance, *O país do carnaval*, em 1931, mas nem imaginava que um dia suas obras seriam traduzidas para 49 idiomas, em 55 países em todo o mundo.

☑ Em 1945, o autor foi o deputado federal mais votado do estado de São Paulo, pelo Partido Comunista Brasileiro. O reconhecimento no mundo literário veio em 1961, quando passou a ocupar a cadeira de número 23 da Academia Brasileira de Letras.

• Jorge ficou mais conhecido do público em geral com a adaptação de seus livros para a TV, em novelas como *Gabriela*, *Terras do sem fim* e *Tieta*, além das minisséries *Tenda dos milagres* e *Tereza Batista*. O filme *Dona Flor e seus dois maridos*, de 1975, baseado em uma de suas obras, até hoje se mantém como o grande recordista de público do cinema nacional.

SOPA DE LETRINHAS

▪ Provavelmente o primeiro poeta nascido em terras brasileiras foi Bento Teixeira. Seu livro *Prosopopeia* foi publicado em Lisboa, no ano de 1601.

▪ A casa em que o escritor paulista João Antônio residia pegou fogo, e o incêndio queimou os originais de um livro seu. Teimoso, João Antônio escreveu tudo de novo. *Malagueta, Perus e Bacanaço*, o livro reescrito, foi publicado em 1963 e virou um clássico.

▪ Depois de passar quatro anos internado em Campos do Jordão (SP), para se recuperar de uma tuberculose, o jornalista Nelson Rodrigues escreveu sua primeira peça teatral, *A mulher sem pecado*, em 1939.

▪ Alcoólatra, Lima Barreto – autor de *O triste fim de Policarpo Quaresma* – foi internado duas vezes em um manicômio.

Pseudônimos

Alguns escritores criam nomes diferentes para assinar seus trabalhos. No início de sua carreira como jornalista, Carlos Drummond de Andrade escolheu o nome Antônio Crispim. Quando escrevia críticas de cinema, adotava os pseudônimos "Mickey" ou "Gato Félix". Outros escritores e jornalistas brasileiros que usam ou usavam pseudônimos:

- Tomás Antônio Gonzaga, sob o pseudônimo Critilo, criticava impiedosamente o então governador da capitania de Minas Gerais, Luís da Cunha Meneses.
- José de Alencar assinava uma coluna no *Diário do Rio de Janeiro* com o pseudônimo IG.
- Entre 1944 e 1947, o jornalista e dramaturgo Nelson Rodrigues escreveu novelas de folhetim com o nome de Suzana Flag.
- Patrícia Galvão, a Pagu, musa do modernismo brasileiro, usou o pseudônimo King Shelter, na revista *Detective*, entre julho e dezembro de 1944. A autora, que foi casada com Oswald de Andrade, escreveu um romance em 1933 sob o pseudônimo Mara Lobo.
- Inspirado no personagem satírico Serafim Ponte Grande, de Oswald de Andrade, Sérgio Porto criou Stanislaw Ponte Preta quando trabalhava no *Diário Carioca* no início dos anos 1950.
- Milton Fernandes, o Millôr Fernandes, já usou o pseudônimo Emanuel Vão Gogo; Alfredo Ribeiro, Tutty Vasques; e Mário Prata, Francisco Abbiatti.
- *O homem que calculava*, livro mais célebre do escritor Malba Tahan, já foi traduzido para 12 idiomas. O escritor árabe Ali Iezid Izz-Edin Ibn Salim Hank Malba Tahan teria nascido perto da cidade de Meca e morrido no deserto lutando por sua tribo. Consta que tenha escrito cerca de 120 títulos. Na verdade Malba Tahan foi o pseudônimo criado pelo professor paulista Júlio César de Mello e Souza para lançar uma série de livros.

▶ **Heterônimo é a mesma coisa que pseudônimo?**
Não. Vale lembrar o caso do poeta português Fernando Pessoa (1888--1935), que lançou quatro heterônimos. Em vez de criar apenas pseudônimos, o escritor desenvolveu heterônimos, ou seja, deu nome, personalidade e escrita diferentes a cada um de seus personagens-autores com os quais assinou alguns livros. Assim nasceram Álvaro de Campos, Alberto Caeiro, Ricardo Reis e Bernardo Soares.

Tipos de livro, gêneros e formas

ALMANAQUE ▸ Publicação que traz calendário, reportagens de conteúdo variado, como recreação, horóscopo, humor, ciência e literatura. A palavra vem do árabe *al-manakh*, que era o lugar onde os nômades se reuniam para rezar e contar as experiências de viagens ou notícias de terras distantes. O mais antigo data de 1200 a.C. e foi escrito sobre papiro no Egito. O primeiro almanaque, com informações culturais, científicas e literárias, foi publicado em 1454. Chamava-se *O Praklic* (Felicidades para o Ano Novo). Tinha apenas cinco páginas.

Os primeiros almanaques a aportar no Brasil chegaram no século XVI, trazidos na bagagem dos colonos portugueses. Para alguns historiadores, o *Almanach Histórico do Rio de Janeiro*, publicado por Duarte Nunes, foi o primeiro publicado em terras brasileiras, no século XVIII. Outros garantem que o pioneiro foi o *Laemmert*, que circulou de 1843 a 1937. Era tão importante que o governo comprava parte da tiragem e o distribuía às embaixadas estrangeiras como forma de divulgar o país no exterior. Vieram em seguida: *Almanaque das Fluminenses* (1890), *Almanaque do Pensamento* (1912), *Almanaque Brasil* (1938) e *Almanaque Renascimento* (1949).

Os laboratórios farmacêuticos descobriram nos almanaques uma forma eficiente de propaganda. O mais conhecido de todos foi o almanaque do Biotônico Fontoura, que circulou entre 1920 e a década de 1990. Monteiro Lobato criou histórias de seu personagem Jeca Tatu para a publicação, ensinando lições de higiene e saúde. No princípio, era distribuído de porta em porta. Depois passou a ser entregue como brindes em farmácias. *O Almanack do Biotônico* chegou a ter uma circulação de 2,5 milhões de exemplares.

ANTOLOGIA ▸ Coleção de textos de um mesmo autor ou de autores diferentes sobre um mesmo tema.

BIOGRAFIA ▸ Livro que traz a história da vida de uma pessoa. Se for escrita por ela mesma, a obra é chamada de autobiografia. É muito comum, hoje em dia, escritores escreverem sobre a vida de uma pessoa sem o seu consentimento. É o que se chama de "biografia não autorizada". A origem da palavra vem do grego *bios* (vida) e *grapho* (escrever).

CONTO DE FADAS ▸ É uma narrativa em prosa de pequena extensão que trabalha o imaginário infantil. Os contos de fadas se caracterizam por possuir poucos personagens e se ater a uma situação ou acontecimento específico. Fazem parte da tradição oral de um povo, apesar de alguns ganharem caráter universal.

CORDEL ▸ A literatura de cordel, muito comum no Nordeste, tem raízes na Península Ibérica. Chegou ao Brasil no século XVI, também trazida pelos colonizadores. Há uma controvérsia sobre o primeiro cordel publicado no país. O folclorista Luís da Câmara Cascudo afirma que foi o romance *Zezinho e Mariquinha* (ou *Vingança do sultão*), de Silvino Piruá de Lima (1848-1913). O dramaturgo Ariano Suassuna, por sua vez, dá esse crédito ao folheto *Romance d'A Pedra do Reino*, de 1836.

Além de contar histórias do imaginário popular, os cordéis foram o "jornal" de milhões de brasileiros na década de 1960. Muitos livrinhos eram feitos com acontecimentos do cotidiano, tirados das páginas de jornais, como histórias de crimes, amor e disputas políticas. Por que recebeu esse nome? É que os livrinhos, em papel barato, são postos à venda em feiras, pendurados em fios ou cordéis.

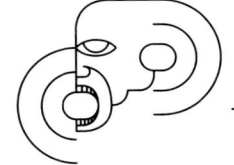

Em 24 de agosto de 1954, o cordelista Delarme Monteiro da Silva ouviu a notícia do suicídio do presidente Getúlio Vargas logo cedo. Entregou os originais de *A morte de Getúlio Vargas* ao meio-dia e recebeu os primeiros impressos à tarde. Vendeu 70 mil exemplares em 48 horas – um recorde de 24 por minuto.

O pernambucano Leandro Gomes de Barros foi um dos grandes nomes do cordel brasileiro. Publicou mais de mil títulos. Alguns de seus folhetos tiveram 10 mil reedições seguidas.

DIÁRIO ▸ Relato que descreve fatos ou acontecimentos ocorridos no dia. Hoje, a nova versão dos diários são os *blogs*, veiculados na internet.

DICIONÁRIO ▸ Livro que traz os vocábulos de uma língua, dispostos em ordem alfabética e com seu respectivo significado (ou tradução, quando for de outro idioma).

E-BOOK ▸ O embrião do livro eletrônico foi ideia do estudante de pós--graduação Alan Kay, dos Estados Unidos. Em 1968, ele desenvolveu o DynaBook, um computador pessoal interativo que tinha a função de um livro comum. No ano de 1998, três empresas americanas lançaram os primeiros *e-books* para o mercado consumidor. O Softbook, o Rocketbook e o Dedicated Reader armazenam até 100 mil páginas e podem até cheirar como um livro. O da marca Softbook tem 2,5 centímetros de espessura e pesa 1,3 quilo. Mas o texto não vem junto com o produto. Quem compra o *e-book* adquire o conteúdo dos livros em bibliotecas virtuais por meio de ligação direta com uma linha telefônica. O Rocketbook, da NuvoMedia, tem o tamanho de um exemplar de bolso e seu conteúdo intelectual é passado pela internet para um usuário de computador PC. O Dedicated Reader é feito pela EveryBook e tenta reproduzir os modos de leitura de um livro. Aberto, oferece a visualização simultânea de duas páginas.

ENCICLOPÉDIA ▸ Obra que reúne várias áreas do conhecimento humano ou apenas uma e as ordena sistematicamente. A palavra vem do grego *enkyklopaideia*, que significa "ensino em círculo".
Os trinta volumes da famosa *Enciclopédia Britânica*, edição de 1992, têm 32.004 páginas e 44 milhões de palavras. A primeira edição foi lançada em 1768.

ÉPICO ▸ Também conhecido como epopeia, que quer dizer "criação em versos longos", é um tipo de narrativa em que o autor descreve e exalta fatos históricos e personagens heroicos. Apesar de haver exceções, é feito em forma de poema. Dois exemplos de epopeias são *Ilíada* e *Odisseia*, do poeta grego Homero. O poema épico tem a seguinte estrutura: exórdio, ou proposição (apresentação do tema e do personagem principal), invocação (pedido de inspiração às musas), dedicatória, narração e epílogo.

FÁBULA ▶ Narração inventada, com animais ou objetos personificados, recolhida da tradição oral. Os mais conhecidos fabulistas foram Esopo, o dinamarquês Hans Christian Andersen (1805-75) e o francês Charles Perrault (1628-1703).

LÍRICO ▶ Gênero literário que expressa sentimentos, emoções, desejos. O adjetivo lírico deriva de lira, instrumento musical empregado pelos gregos.

DRAMÁTICO ▶ Independentemente do caráter – tragédia, comédia etc. –, o drama configura um texto destinado a interpretação.

FOLHETIM ▶ Romances ou novelas publicados regularmente dentro de jornais, em fragmentos ou capítulos. A ideia nasceu na França no início do século XIX e chegou ao Brasil com "Olaya e Júlio", na revista *Beija-Flor*, em 1830 e 1831.

HAICAI ▶ Criado no Japão, é um pequeno poema sem rima de 17 sílabas divididas em três versos: o primeiro com cinco sílabas poéticas, o segundo com sete e o terceiro com cinco. O grande mestre na composição de haicais é o escritor Matsuo Bashô. Monge zen-budista e estudioso das escritas clássicas japonesas e chinesas, ele aperfeiçoou e popularizou o gênero no século XVII. Exemplo:

> Lava, escorre, agita
> a areia. E enfim, na bateia
> fica uma pepita.
>
> Guilherme de Almeida

NOVELA ▶ O termo novela apareceu no século XVI e designa narrações em prosa de tamanho mediano, entre o romance e o conto. Estruturalmente, o gênero se caracteriza por expor uma situação de conflito de maneira mais superficial do que o romance, que se atém mais a suas causas e efeitos.

ROMANCE ▶ Qualquer narração longa feita em prosa. A diferença entre romance e novela é polêmica desde o século XVI, quando saíram de moda as narrações de três ou quatro volumes. Além de se caracterizar por seu tamanho maior, este gênero literário descreve acontecimentos com detalhes, desde o início até o fim, traçando um panorama social e histórico de onde o enredo se desenrola.

SAGA ▶ Lenda antiga que fala de feitos heroicos.

TRAVA-LÍNGUA ▶ Tipo de parlenda (versos de cinco ou seis sílabas feitos para divertir as crianças), é um pequeno texto difícil de falar. Caracteriza-se por possuir diversas palavras ordenadas pela repetição dos mesmos fonemas ou de fonemas vizinhos.

☑ A aranha arranha o jarro. O jarro a aranha arranha.
☑ Tenho um ninho de mafagafos. Com cinco mafagafinhos. Quem os desmafagafizar, bom desmafagafizador será.

Academia Brasileira de Letras

▣ Na segunda metade do século XIX, a vida literária do Rio de Janeiro foi marcada por uma série de encontros de autores, principalmente em livrarias. Em 1892, o escritor Raul Pompéia e o crítico Araripe Júnior fundaram um clube chamado Rabelais. Mas o lugar era muito barulhento e não agradava a alguns escritores, entre eles Machado de Assis. Por isso, começou-se a discutir a criação de um local para reunir os grandes nomes da literatura brasileira. Lúcio de Mendonça pensou numa Academia de Letras com o apoio do governo federal, que não aceitou a ideia. A solução foi criar uma sociedade civil.

▣ A primeira reunião realizou-se às 15 horas do dia 15 de dezembro de 1896, numa sala da casa onde funcionava a Revista Brasileira, no número 31 da travessa do Ouvidor, Rio de Janeiro. A inspiração foi a Academia Francesa de Letras, inaugurada em 1635. Machado de Assis assumiu o cargo de primeiro presidente.

🔲 Inicialmente, a Academia tinha 30 cadeiras, mas ela só se instalou oficialmente em 28 de janeiro de 1897, com a eleição de mais dez membros, preenchendo então quarenta cadeiras, como o modelo francês.

🔲 A primeira reunião plenária foi realizada em 20 de julho de 1897, com a presença de 16 membros. Essa é a data escolhida como aniversário da Academia. Seus integrantes são conhecidos como "imortais". Cada uma das quarenta cadeiras tem um escritor como patrono:

1 Adelino Fontoura
2 Álvares de Azevedo
3 Artur de Oliveira
4 Basílio da Gama
5 Bernardo Guimarães
6 Casimiro de Abreu
7 Castro Alves
8 Cláudio Manuel da Costa
9 Gonçalves de Magalhães
10 Evaristo da Veiga
11 Fagundes Varela
12 França Júnior
13 Francisco Otaviano
14 Franklin Távora
15 Gonçalves Dias
16 Gregório de Matos
17 Hipólito da Costa
18 João Francisco Lisboa
19 Joaquim Caetano
20 Joaquim Manuel de Macedo
21 Joaquim Serra
22 José Bonifácio
23 José de Alencar
24 Júlio Ribeiro
25 Junqueira Freire
26 Laurindo Rabelo
27 Maciel Monteiro
28 Manuel de Almeida
29 Martins Pena
30 Pardal Mallet
31 Pedro Luís
32 Porto Alegre
33 Raul Pompéia
34 Sousa Caldas
35 Tavares Bastos
36 Teófilo Dias
37 Tomás Antônio Gonzaga
38 Tobias Barreto
39 F. A. de Varnhagen
40 Visconde do Rio Branco

🔲 O prédio onde fica a sede da ABL, no Rio de Janeiro, é uma réplica do Petit Trianon de Versalhes, da França, construído em 1922 para abrigar o pavilhão da França na Exposição Internacional comemorativa do Centenário da Independência do Brasil. Um ano depois, em 1923, o governo francês doou o prédio à Academia Brasileira de Letras.

O fardão do imortal
Usado no dia da posse, o fardão existe desde 1910. É confeccionado em camurça de lã verde-garrafa, importada da Inglaterra, e bordado com fios de ouro franceses. Inclui também uma capa longa e um chapéu de dois bicos enfeitado com plumas brancas. Há ainda uma espada e colar de ouro com a divisa acadêmica em latim *Ad immortalitatem* (rumo à imortalidade). Foi inspirado numa antiga farda do corpo diplomático e fez sua estreia na posse de Paulo Barreto. Demora dois meses para ficar pronto e custa cerca de 12 mil reais. As mulheres vestem um vestido longo com mangas compridas e decote em V, feito de jérsei francês da mesma cor, com bordados de ouro. Os religiosos não precisam usar fardão. Apenas o colar de ouro.

Curiosidades acadêmicas

Quem ficou mais tempo: Carlos Magalhães de Azeredo, 66 anos.
Quem ficou menos tempo: Guimarães Rosa, morreu 72 horas após a posse.
Quem entrou mais jovem: Carlos Magalhães de Azeredo, 25 anos.
Quem entrou mais velho: Barão Homem de Mello, 79 anos.
Não chegaram a tomar posse: Santos Dumont, Rocha Pombo e o Barão Homem de Mello. Santos Dumont desistiu da candidatura, mas acabou sendo eleito à revelia em 1931. Matou-se no ano seguinte, sem ter tomado posse.
Quem tentou, mas não entrou: Jorge de Lima fez seis tentativas e Mário Quintana, três. Monteiro Lobato desistiu depois de duas. Oswald de Andrade também.
Renunciaram: Clóvis Bevilacqua, José Veríssimo, Rui Barbosa, Graça Aranha e Oliveira Lima. Se o imortal renuncia, sua cadeira permanece vaga até sua morte.
Presidentes da República que entraram para a Academia: Getúlio Vargas e José Sarney. Juscelino Kubitschek perdeu a eleição para o escritor goiano Bernardo Élis em 1975.

❧ José Sarney ocupa a cadeira número 38, a mesma de Santos Dumort.

❧ Depois de Rachel de Queiroz, a primeira mulher a entrar para a Academia, vieram outras seis: Dinah Silveira de Queiroz (1980), Lygia Fagundes Telles (1985), Nélida Piñon (1989), Zélia Gattai (2001), Ana Maria Machado (2003) e Cleonice Berardinelli (2009). Em 1996, a jornalista e escritora carioca Nélida Piñon foi a primeira mulher a assumir a presidência da ABL. No começo do século a poetisa Júlia Lopes de Almeida tentou uma vaga e não conseguiu. Entrou o marido dela, Filinto de Almeida, que se apresentava jocosamente como "o acadêmico consorte". Clóvis Bevilacqua tentou eleger a mulher, Amélia de Freitas Bevilacqua, e, fracassando, renunciou à cadeira 14.

❧ "Elas já trazem as cadeiras." Comentário de Carlos de Laet, defendendo a entrada de mulheres na ABL.

❧ O pernambucano Diógenes Magalhães, funcionário aposentado do Banco do Brasil, é o campeão de tentativas fracassadas. Autor de vários livros editados por conta própria, como *As horrendas faces da neurose*, Diógenes se candidatou vinte vezes.

❧ O general Emilio Fernandes de Souza Doca, historiador gaúcho, concorreu sozinho. E foi derrotado pelo voto em branco.

❧ Tom Jobim chegou a se candidatar à vaga de Austregésilo de Athayde, em 1993. Mais tarde, renunciou à candidatura em homenagem ao amigo Antônio Callado, que se elegeu.

O CARDÁPIO DO CHÁ

Todas as quintas-feiras, às 15 horas, os membros da Academia Brasileira de Letras se reúnem para um famoso chá. Para garantir um bom comparecimento, os estatutos da casa determinam que um mínimo de 25 imortais devam residir no Rio de Janeiro. Ninguém ocupa a cabeceira da mesa.

Cardápio:
Chá, café e leite; sucos de caju e de maracujá;
bolos; biscoitos; sanduíches variados;
pastéis de carne, queijo e frango;
pão de queijo; tortas salgadas e doces.

Todos os presidentes da Academia

Machado de Assis ... 1897 - 1908
Rui Barbosa ... 1908 - 1919
Domício da Gama ... 1919 - 1919
Carlos de Laet ... 1919 - 1922
Afrânio Peixoto ... 1922 - 1923
Medeiros e Albuquerque ... 1923 - 1923
Afrânio Peixoto ... 1923 - 1924
Afonso Celso ... 1925 - 1925
Coelho Neto ... 1926 - 1926
Rodrigo Otávio ... 1927 - 1927
Augusto de Lima ... 1928 - 1928
Fernando Magalhães ... 1929 - 1929
Aloisio de Castro ... 1930 - 1930
Fernando Magalhães ... 1931 - 1932
Gustavo Barroso ... 1932 - 1933
Ramiz Galvão ... 1933 - 1934
Afonso Celso ... 1935 - 1935
Laudelino Freire ... 1936 - 1936
Ataulfo de Paiva ... 1937 - 1937
Cláudio de Souza ... 1938 - 1938
Antônio Austregésilo ... 1939 - 1939
Celso Vieira ... 1940 - 1940
Levi Carneiro ... 1941 - 1941
Macedo Soares ... 1942 - 1943
Múcio Leão ... 1944 - 1944
Pedro Calmon ... 1945 - 1945
Cláudio de Sousa ... 1946 - 1946
João Neves da Fontoura ... 1947 - 1947
Adelmar Tavares ... 1948 - 1948
Miguel Osório de Almeida ... 1949 - 1949
Gustavo Barroso ... 1950 - 1950
Aloisio de Castro ... 1951 - 1951
Aníbal Freire da Fonseca ... 1952 - 1952
Barbosa Lima Sobrinho ... 1953 - 1954
Rodrigo Otávio Filho ... 1955 - 1955
Peregrino Júnior ... 1956 - 1957
Elmano Cardim ... 1958 - 1958
Austregésilo de Athayde ... 1959 - 1993
Abgar Renault ... 1993 - 1993
Josué Montello ... 1993 - 1995
Antônio Houaiss ... 1995 - 1996
Nélida Piñon ... 1996 - 1997
Arnaldo Niskier ... 1998 - 1999
Tarcísio Padilha ... 2000 - 2001
Alberto da Costa e Silva ... 2002 - 2003
Ivan Junqueira ... 2004 - 2005
Marcos Vinicios Vilaça ... 2006 - 2007
Cícero Sandroni ... 2008 - 2009
Marcos Vinicios Vilaça ... 2010

PRÊMIO LUÍS DE CAMÕES

O mais importante prêmio da língua portuguesa foi criado em 1988 pelos governos do Brasil e de Portugal. A ideia era estreitar os laços culturais de todos os países de língua portuguesa. O prêmio, de 100 mil dólares, é concedido anualmente pela Fundação Biblioteca Nacional e pelo Departamento Nacional do Livro. Os seis jurados são indicados pelo ministro da Cultura do Brasil e pelo secretário da Cultura de Portugal.

Os vencedores:

1989 | Miguel Torga (Portugal)
1990 | João Cabral de Melo Neto (Brasil)
1991 | José Craveirinha (Moçambique)
1992 | Vergilio Ferreira (Portugal)
1993 | Rachel de Queiroz (Brasil)
1994 | Jorge Amado (Brasil)
1995 | José Saramago (Portugal)
1996 | Eduardo Lourenço (Portugal)
1997 | Artur Carlos M. Pestana dos Santos, o "Pepetela" (Angola)
1998 | Antônio Cândido de Melo e Sousa (Brasil)
1999 | Sophia de Mello Breyner Andresen (Portugal)
2000 | Autran Dourado (Brasil)
2001 | Eugenio de Andrade (Portugal)
2002 | Maria Velho da Costa (Portugal)
2003 | Rubem Fonseca (Brasil)
2004 | Augustina Bessa-Luís (Portugal)
2005 | Lygia Fagundes Telles (Brasil)
2006 | José Luandino Vieira (Angola)
2007 | António Lobo Antunes (Portugal)
2008 | João Ubaldo Ribeiro (Brasil)
2009 | Arménio Vieira (Cabo Verde)

QUEM FOI CAMÕES?

A biografia de Luís Vaz de Camões é bastante imprecisa. Não se sabe ao certo o ano em que ele nasceu e nem onde e como obteve a variada cultura humanística presente em sua obra. A maioria do que se escreveu sobre sua vida é baseada em histórias.

1524: Nasce em Lisboa (Portugal) Luís Vaz de Camões, filho de Simão Vaz de Camões e Ana de Sá. Registros indicam que ele pertencia à pequena nobreza.
1547: Participa de uma expedição militar para Ceuta, onde perde o olho direito durante uma batalha contra os mouros de Mazagão.
1551: Morre dona Catarina de Ataíde. Camões teve um caso com ela aos 18 anos e dedicou-lhe muitos poemas.
1553: Em Lisboa, fere um rapaz em uma briga e vai para a prisão. Parte para a Índia, onde participa de diversas expedições militares e cruzeiros no Oriente.
1569: Regressa a Lisboa depois de permanecer vários anos em Goa (Índia), onde escreve boa parte de sua obra. Fica pobre e doente.
1572: Publica *Os lusíadas*, sua obra mais conhecida. O poema épico narra em 11 cantos e em 1.102 estrofes os grandes feitos dos portugueses na expansão marítima do Império.
1580: Morre na miséria, em um hospital de Lisboa (Portugal).

Datas comemorativas da língua portuguesa

30 de janeiro ▶ DIA NACIONAL DOS QUADRINHOS
É a data da primeira publicação de *As aventuras de Nhô Quim*, de Ângelo Agostini, o pioneiro das histórias em quadrinhos no Brasil.

12 de março ▶ DIA DO BIBLIOTECÁRIO
O Dia do Bibliotecário é uma homenagem à data do nascimento do bibliotecário, escritor e poeta Manuel Bastos Tigre. O Decreto nº 84.631, de 9/4/1980, foi assinado pelo então presidente da República João Figueiredo. Manuel Bastos Tigre nasceu no dia 12 de março de 1882. Em 1906, depois de finalizar o curso de engenharia, foi fazer um aperfeiçoamento em eletricidade nos Estados Unidos. Lá conheceu o bibliotecário Melvil Dewey, que o deixou interessado pela profissão. Aos 33 anos, Manuel foi trabalhar com biblioteconomia. Ficou em primeiro lugar no concurso para bibliotecário do Museu Nacional do Rio de Janeiro. Entre 1945 e 1947, trabalhou na Biblioteca Nacional e depois assumiu a direção da Biblioteca Central da Universidade do Brasil.

2 de abril ▶ DIA INTERNACIONAL DO LIVRO INFANTOJUVENIL
A data foi escolhida por ser o dia do nascimento do escritor dinamarquês Hans Christian Andersen, autor de histórias clássicas como *O patinho feio*, *O soldadinho de chumbo* e *João e Maria*.

18 de abril ▶ DIA NACIONAL DO LIVRO INFANTIL
A data homenageia o nascimento do escritor brasileiro Monteiro Lobato, no ano de 1882. Criador dos personagens Pedrinho, Narizinho e Emília, entre outros que fazem parte de O sítio do pica-pau amarelo, Lobato foi um marco da literatura infantil brasileira.

24 de maio ▶ DIA DAS INDÚSTRIAS GRÁFICAS
É o dia do nascimento de Gutenberg, considerado o "pai da comunicação moderna". A proposta deste dia para homenagear a classe dos gráficos foi apresentada em 1965, por Damiro de Oliveira Volpe, no 1º Congresso Brasileiro da Indústria Gráfica. A data foi reconhecida em 1988, por meio da Resolução nº 4 da Colatingraf (Confederação Latino-Americana da Indústria Gráfica), como o Dia da Indústria Gráfica na América Latina.

10 de junho ▶ DIA DA LÍNGUA PORTUGUESA
Também conhecido como Dia de Portugal. É a data da morte do poeta português Luís Vaz de Camões, autor do épico Os lusíadas. É o poeta mais estudado nas escolas portuguesas.

25 de julho ▶ DIA DO ESCRITOR
A data foi instituída em 1960 por decreto governamental. Ela teve como base o dia em que aconteceu o 1º Festival do Escritor Brasileiro no Rio de Janeiro, organizado pelo presidente da União Brasileira dos Escritores, João Peregrino Júnior, e seu vice, Jorge Amado.

29 de outubro ▶ DIA NACIONAL DO LIVRO
O Dia Nacional do Livro comemora a fundação da Biblioteca Nacional, que nasceu com a transferência da Real Biblioteca portuguesa para o Brasil. O acervo tinha 60 mil peças, entre livros, manuscritos, mapas, moedas, medalhas etc., tudo acomodado nas salas do Hospital da Ordem Terceira do Carmo, no Rio de Janeiro. Em 29 de outubro de 1810, a biblioteca foi transferida, e essa passou a ser a data oficial de sua fundação. Até o ano de 1814, os estudiosos precisavam de autorização prévia para consultá-la.

22 de novembro ▶ DIA INTERNACIONAL DO LIVRO
A Unesco instituiu o Dia Mundial do Livro em 1995, durante a realização de uma conferência na cidade de Paris. O objetivo era prestar um tributo aos autores de todo o mundo e a suas obras literárias. Por isso a escolha teve como base a data de morte de três importantes nomes da história da literatura: Miguel de Cervantes, Shakespeare e Inca Garcilaso de la Vega.

Santos padroeiros das letras

Santo dos escritores ▶ JOÃO EVANGELISTA (27/12)
Foi ele o discípulo que, ao pé da cruz, recebeu, em nome da humanidade, a Mãe de Jesus. A ele é atribuída a autoria do Quarto Evangelho e das Epístolas de João.

Santo dos bibliotecários ▶ SANTA CATARINA DE ALEXANDRIA (25/11)
Catarina era de Alexandria. Por ter estudado Ciência e Oratória, além da sua fama de sábia, tornou-se a padroeira dos bibliotecários, das profissões relacionadas à sabedoria ou ensino.

Santo da biblioteca ▶ LOURENÇO (10/8)
São Lourenço é um dos sete diáconos da Igreja. Isso significa que, na ausência do papa, era ele o responsável pela Igreja. Graças ao seu trabalho para manter o tesouro da Igreja, incluindo os documentos, São Lourenço tornou-se o santo da biblioteca.

Santo dos editores ▶ SÃO JOÃO BOSCO (31/1)
Nasceu em 1815, na Itália. Aos 16 anos, entrou no seminário de Turim. Percebeu sua vocação aos 11 anos, depois de sonhar que ajudava e educava rapazes pobres. Escreveu pequenos tratados sobre a fé direcionada às crianças, e as ensinava a imprimir esses documentos. Por isso, é considerado o santo dos editores.

Não há referências sobre a existência de um santo padroeiro do livro.

6

Dicionário. [Do lat. medieval dictionariu] S.m. 1. Conjunto de vocábulos duma língua ou de termos próprios duma ciência ou arte, dispostos, em geral, alfabeticamente, e com o respectivo significado, ou a sua versão em outra língua.
[...]

NOVO DICIONÁRIO AURÉLIO
DA LÍNGUA PORTUGUESA

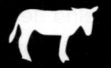

O pai dos burros

DICIONÁRIO

	Aurélio	Michaelis	Houaiss
verbetes	160.000	201.174	228.500
acepções	272.000	200.000	380.000
páginas	2.160	2.280	3.008
formato (cm)	20,8 x 27,2	20,8 x 27,2	22 x 30
peso (quilos)	3	3,2	3,8

AURÉLIO
Publicado originalmente em 1975, o *Aurélio* vendeu 15 milhões de exemplares de suas três edições. Foi batizado de *Aurélio* para homenagear seu organizador, o linguista Aurélio Buarque de Holanda Ferreira.

MICHAELIS
Lançado em abril de 1998, o *Michaelis* tem 201.174 verbetes, cerca de 41 mil a mais que o *Aurélio*. Ganhou seu nome das irmãs Henriette e Carolina Michaelis de Vasconcelos, esta uma lexicógrafa de origem alemã que viveu em Portugal no final do século XIX.

HOUAISS
O *Dicionário Houaiss* (pronuncia-se uáis) começou a ser elaborado em 1985 pelo filósofo e diplomata Antônio Houaiss. Contou com o trabalho de mais de 140 especialistas brasileiros e portugueses, e registra palavras usadas em São Tomé e Príncipe, Guiné-Bissau, Cabo Verde, Angola, Moçambique, Índia, Macau e Timor Leste.

Em sua primeira fase, o projeto foi bancado pelo Instituto Antônio Houaiss, com verba privada e estatal. Quando o dinheiro acabou, em 1992, o projeto foi interrompido. A editora Objetiva, que ficou com a parte final de pesquisa e edição, investiu 5 milhões de reais na obra.

O dicionário só pôde ser finalizado porque estabeleceu-se para ele o limite de 228.500 verbetes e o ano 2000 como prazo final. Todos os profissionais envolvidos no projeto orientavam-se por um manual de redação de cem páginas elaborado por Houaiss. E uma equipe de 35 pessoas trabalhava em tempo integral nas revisões dos originais. Ao todo, o *Dicionário Houaiss* foi submetido a seis leituras.

Uma gráfica italiana foi escolhida para cuidar da impressão e da encadernação, porque no Brasil não havia empresa que fizesse o trabalho em um único volume. Segundo pesquisas da editora, o público prefere o dicionário em um só tomo.

● ● ●

▶ **Os dicionários são conhecidos também como "Pai dos burros". Por que se chama de burro uma pessoa que não consegue aprender?**
É muito provável que essa má fama do burro venha de seu hábito de empacar. Se alguma coisa o assusta, ele simplesmente para, demonstrando teimosia e um temperamento cismado, arredio. Apesar dessa característica, especialistas em treinamento de animais para cinema e publicidade garantem que o burro tem capacidade de aprender: é possível treiná-los para balançar a cabeça em sinal de negação, andar em determinada direção, empacar e manter-se parados.

De onde vem a expressão "pai dos burros"?
A expressão foi inspirada na profissão do pai de Aurélio Buarque de Holanda Ferreira, autor do famoso Dicionário Aurélio. Ele fabricava carroças muito confortáveis não apenas para os usuários mas também para os burros que as puxavam. Os passageiros não tinham palavras para elogiar o serviço de seu pai e, assim, Aurélio fez um pequeno sumário de termos com essa finalidade, o que seria seu primeiro dicionário.

▶ **Se eu tiver dúvida sobre a grafia de uma palavra num dicionário, como posso fazer?**
A saída é pedir socorro ao *Vocabulário Ortográfico da Língua Portuguesa*, elaborado pela Academia Brasileira de Letras. É uma obra de referência para a criação de dicionários, porque traz a grafia atualizada das principais palavras de nossa língua e sua classe gramatical, mas sem o significado delas. É nele que pesquisadores, autores e revisores tiram suas dúvidas sobre ortografia. A última edição do *Vocabulário* foi lançada em 1999

▶ **Por que se escreve "muito" mas se fala "muinto"?**
A palavra "muito" vem do latim *multo*. Com o tempo, o grupo "lt" evoluiu para "it". A pronúncia, inicialmente, era mui-to, sem nasalação, mas, já na época de Camões, a pronúncia do "ui" nasalizou-se por causa do som do "m", que inicia a palavra. Na época, surgiu uma grafia em que sobre o ditongo "ui" colocava-se um til. Apenas na Reforma Ortográfica Brasileira de 1943 é que esse sinal de nasalação foi abolido e a grafia da palavra passou a ser "muito". De qualquer forma, a pronúncia "muinto" não deixou de ser utilizada.

Jogo do dicionário

Ler os verbetes de um dicionário pode ser uma aventura muito divertida. Você vai descobrir palavras engraçadas, estranhas e totalmente desconhecidas. Para ter uma ideia do que estamos falando, preparamos este desafio para você:

1 O que é **nictinastia**?
a) Coleção de moedas de níquel
b) O movimento que as plantas fazem durante a noite
c) Cheiro desagradável

2 Se dizemos que uma pessoa é **cabrinete**, significa que...
a) Ela é criadora de cabritos
b) Ela usa cavanhaque
c) Ela está prestando Serviço Militar

3 A palavra **cuxita** significa...
a) Rocha com aparência de argila
b) Dança típica do folclore goiano
c) Povo que habita a região Nordeste da África

4 **Quaxinduba** nada mais é que...
a) O nome de uma árvore
b) Um osso do pé
c) Pessoa com queixo muito grande

5 Alguém com **oxiopia**...
a) Enxerga muito bem
b) Não escuta direito
c) Tem a pele toda ressecada

6 **Cassineta** é:
a) Tecido fino de lã
b) Nome de uma constelação
c) Bebida feita com batata-doce

7 O que é **mindubi**?
a) Fruto adocicado da região Norte brasileira
b) O mesmo que amendoim
c) Nome de uma tribo indígena

8 Nossa! **Chanfalho** é...
a) Alguém que passa por um constrangimento
b) Chefe com pouca autoridade
c) Espada velha

9 **Istmo** é o nome que se dá a...
a) Alça que liga o estômago ao intestino grosso
b) Faixa de terra entre dois mares
c) Uma espécie de animal invertebrado

10 **Bisalhos** são...
a) Enfeites femininos de pouco valor
b) Sobremesa feita com ovos moles e ameixa
c) Seres que atacam as ninfas dos bosques

11 Cebuano nada mais é que...
a) Papel especial usado para a escrita em braile
b) Uma das línguas faladas nas Filipinas
c) Pessoa com educação esmerada

12 A palavra **arrulho** quer dizer...
a) O som feito pelos pombos
b) Mancha escura na pele
c) Convocação de uma nova testemunha num processo criminal

13 O que é **minarete**?
a) Pessoa de baixa estatura
b) Torre de uma mesquita
c) Primeiro violinista de uma orquestra

14 Uma pessoa **pervígil** é alguém que...
a) Só toma decisões previsíveis
b) Vive perseguindo alguém
c) Não dorme

15 **Sitófago** é o nome que se dá a quem se alimenta de...
a) Carne de porco
b) Sopa
c) Trigo

16 **Marulho** não passa de...
a) Ondas muito calmas
b) Um marinheiro responsável por limpar o convés
c) Um caramujo que vive na areia dos oceanos

17 Em Portugal, eles chamam de **capachinho** o que nós batizamos no Brasil de...
a) Peruca
b) Bigode
c) Café sem cafeína

18 Acredite: **olifante** é...
a) Rede para pescar peixe-voador
b) Corneta feita com a presa do elefante
c) Formação mineral no teto das cavernas

19 O que é **fungagá**?
a) Uma orquestra desafinada
b) Pessoa que está levemente resfriada
c) Doce nordestino feito à base de fubá e coco

20 **Zamacueca** é...
a) Uma roupa íntima usada pelo povo asteca
b) Uma dança chilena
c) Um instrumento de sopro criado pelos antigos romanos

21 **Efélide** é o mesmo que...
a) Alvoroço ou agitação
b) Mancha na pele causada pelo sol
c) Gago

22 **Cochicholo** significa...
a) Recinto muito apertado
b) Pessoa que gosta de montanhas e de alpinismo
c) Aluno que paga a sua própria educação

23 **Acutipum** é...
a) Espécie de túnica sem mangas
b) Alguém que tem cheiro de bode
c) Macaco pequeno, felpudo e preto

Resp: 1.B; 2.B; 3.C; 4.A; 5.A; 6.A; 7.B; 8.C; 9.B; 10.A; 11.B; 12.A; 13.B; 14.C; 15.C; 16.A; 17.A; 18.B; 19.A; 20.B; 21.B; 22.A; 23.C

BIBLIOTECA

A HISTÓRIA DAS BIBLIOTECAS
O termo biblioteca vem da junção do grego *biblíon*, livro, com *téké'*, caixa, depósito. Portanto, literalmente significa "caixa ou depósito de livros". A forma grega, antes de vir para o português, passou pelo latim *bibliotheca*.

SURGIMENTO E EVOLUÇÃO DAS BIBLIOTECAS
A partir de 3500 a.c. começaram a surgir, juntamente com a escrita, os primeiros documentos produzidos pelo homem. Dos registros contábeis, os dizeres foram aos poucos evoluindo para documentações, relatos de histórias e escritos sagrados. A tradição escrita começou a se apresentar na humanidade de maneira bastante tímida, e durante muitos séculos a leitura foi privilégio de poucos.

As primeiras coleções de livros concentraram-se nos mosteiros, nas mãos dos sacerdotes, uns dos poucos homens com acesso à ciência e à sabedoria (consideradas então elementos sagrados). A primeira biblioteca de que se tem notícia foi a Biblioteca de Nínive, no império assírio.

Em seguida, entre os séculos IV e V a.c., foi a vez de os gregos erguerem suas bibliotecas. Vivendo um intenso desenvolvimento cultural e científico, a Grécia abrigou célebres estudiosos e filósofos, cujos acervos particulares terminariam por dar origem a bibliotecas importantes. Por volta de 300 a.C., Ptolomeu II, rei do Egito, ergueu a Biblioteca de Alexandria, que por muitos anos reuniria o maior acervo científico e cultural da Antiguidade. Pouco depois, foi a vez de surgir, na Ásia Menor, a Biblioteca de Pérgamo, na qual se desenvolveu o uso do pergaminho em lugar do papiro.

Durante a Idade Média, as bibliotecas se concentravam especialmente nos mosteiros, para que a Igreja Católica controlasse a produção cultural.

Um pouco antes do final desse período histórico, por volta do século XIII, surgiram as primeiras universidades e, com elas, suas bibliotecas próprias. Entre os séculos XIV e XV foram criadas inúmeras bibliotecas universitárias e particulares, estas patrocinadas algumas vezes por estudiosos, outras por nobres ou colecionadores. A popularização das bibliotecas aconteceria por volta do século XVIII, quando a escolarização e a leitura já eram mais acessíveis à grande população. No que se refere à "massificação da educação", a imprensa e o papel foram fundamentais.

❝

AS MAIS IMPORTANTES BIBLIOTECAS DA HISTÓRIA

❌ Biblioteca de Nínive – a mais antiga
No século VII a.C. foi fundada em Nínive, capital da Assíria. Pertencente ao rei Assurbanipal (668-626 a.C.), ela guardava exclusivamente documentos gravados em placas de argila, já que na época o papel ainda não havia sido desenvolvido.

As cerca de 22 mil tábuas existentes na Biblioteca de Nínive traziam informações, redigidas em escrita cuneiforme, sobre diversos temas: história, filosofia, medicina, astronomia, contratos comerciais, literatura. Algumas dessas tábuas podem ser vistas ainda hoje no Museu Britânico, em Londres; há também exemplares mantidos em outros acervos arqueológicos.

❌ Biblioteca de Alexandria – o maior acervo da Antiguidade
Fundada no século III a.C. pelo rei Ptolomeu I e localizada em Alexandria, no Egito, esta foi a maior biblioteca da Antiguidade. Continha tratados sobre matemática, astronomia, mecânica e medicina, trabalhos da literatura grega, egípcia, assíria e babilônica. Entre os destaques do acervo, estava a "Septuaginta", mais antiga tradução em grego do texto hebreu do Antigo Testamento, realizada em Alexandria por 72 tradutores.

Embora não se saiba a quantidade de obras reunidas na Biblioteca de Alexandria, há quem diga que suas estantes já chegaram a acomodar 700 mil volumes. O fato é que, entre os séculos II e I a.C., a cidade foi o centro cultural da Antiguidade. A preocupação em alimentar o acervo era uma constante. Prova disso é que, em certas épocas, todo e qualquer navio que aportasse na cidade deveria ceder seus livros temporariamente para a confecção de uma cópia para a biblioteca.

O destino da Biblioteca de Alexandria

Há uma série de versões controversas nos relatos de incêndios e investidas contra Alexandria. Afinal, povo nenhum quer para si o mérito de ter destruído a biblioteca da Antiguidade que pretendia "reunir os livros de todos os povos da Terra". De qualquer forma, sabe-se que seu acervo sofreu várias reduções drásticas e que uma série de incêndios se encarregou de sua destruição total.

O primeiro incêndio da Biblioteca de Alexandria aconteceu em 48 a.c., quando tropas do imperador romano Júlio César, em ataque a uma esquadra no porto de Alexandria, acenderam o fogo que queimou mais da metade do acervo da biblioteca.

Anos depois, houve uma ofensiva feita pela imperatriz Zenóbia e, por volta de 300 d.C., foi o imperador Diocleciano quem agiu contra o acervo. Desejoso de acabar com todas as obras de alquimia presentes em suas prateleiras (elas guardariam os segredos da fabricação do ouro e da prata, o que, a seu ver, tornaria os egípcios muito poderosos), ele ateou fogo na biblioteca.

Ainda assim, as paredes e parte do acervo de Alexandria escaparam. Sua destruição total só aconteceu em 646 d.C., quando os árabes invadiram o Egito. Dessa vez, o argumento dos invasores era afirmar que o único livro necessário ao homem era o Alcorão, o livro sagrado dos muçulmanos.

Nova biblioteca de Alexandria

Em outubro de 2002 o governo egípcio reinaugurou a nova Biblioteca de Alexandria. Situada em um edifício de 13 andares que vinha sendo erguido desde 1995, ela está exatamente no local da biblioteca original. Entre os ousados números que exibe, estão os 38 mil metros quadrados da sala de leitura principal e os 7 milhões de títulos que a edificação é capaz de abrigar.

❒ Biblioteca de Pérgamo – o berço do pergaminho

Foi criada por Eumêmio II, no século II a.c., na cidade de Pérgamo, na Ásia Menor. À medida que seu acervo enriquecia, ela ia se igualando à grandiosa Biblioteca de Alexandria e causando grande incômodo aos egípcios. Para tentar conter tal desenvolvimento, Ptolomeu II, rei do Egito, proibiu a exportação de papiro – matéria-prima dos livros de então – para Pérgamo. A ofersiva obrigou os dirigentes de Pérgamo a buscar uma alternativa. Desenvolveu-se então o pergaminho, material feito da pele de carneiro e em cuja superfície era possível escrever. Era um material ainda melhor que o papiro, pois além de mais resistente possibilitava que se escrevesse em seus dois lados.

A biblioteca que adormeceu por 2 mil anos

Em 1947, dois beduínos nômades depararam, às margens do mar Morto, com uma caverna contendo jarros, vasos antigos e três manuscritos em rolos de pergaminho. Da descoberta vieram investigações arqueológicas e, após alguns meses, a revelação: em cavernas da região, foram encontrados cerca de 900 manuscritos datados de 225 a.C. a 65 d.C.

No tesouro arqueológico escondia-se, entre outras obras, o mais antigo exemplar do Velho Testamento e o mais antigo documento judaico de que se tinha notícia.

Nas recuperações e traduções dos achados, esperava-se encontrar surpresas a respeito do cristianismo, mesmo porque a biblioteca trazia obras justamente do período em que Jesus passou por ali. Porém não havia uma referência sequer à passagem de Jesus.
A grande biblioteca pertencera aos essênios, que eram os membros de uma seita judaica radical. Nos pergaminhos, portanto, há muito sobre seus costumes, crenças e dogmas, embora a maioria do que há lá sejam escritos sagrados. Tudo reunido e disponibilizado depois de 2 mil anos de silêncio, nos chamados "Manuscritos do mar morto".

99

Bibliotecas atuais

Biblioteca Apostólica do Vaticano
Fundada no ano de 1450 pelo papa Nicolau V, é a mais antiga biblioteca da Europa e possui cerca de 1 milhão de volumes.

Biblioteca do Congresso dos Estados Unidos
Inaugurada em 1802, a Biblioteca do Congresso em Washington é a maior do mundo. Reúne 18 milhões de livros, além de 100 milhões de itens diversos, como gravuras, periódicos e documentos. Possui ao todo 858 quilômetros de prateleiras e registros feitos em quatrocentos idiomas.

Biblioteca Nacional da Rússia
Considerada a segunda maior biblioteca do mundo, fica em Moscou e foi erguida originalmente na cidade de São Petersburgo no ano de 1826.
Depois da Biblioteca do Congresso dos Estados Unidos e da Biblioteca Nacional da Rússia, as maiores bibliotecas do mundo encontram-se na França e na Inglaterra, nessa ordem. A Biblioteca Nacional da França foi fundada em 1666, no reinado de Luís XIV, tendo como base a coleção real; a Biblioteca do Museu Britânico, por sua vez, foi estabelecida em Londres no ano de 1753, reunindo várias coleções.

VOCÊ SABIA QUE...

... a primeira biblioteca pública brasileira abriu suas portas em 4 de agosto de 1811, no Colégio dos Jesuítas de Salvador, na Bahia? Seu criador foi um rico senhor de engenho chamado Pedro Gomes Ferrão de Castelo Branco. Tinha 3 mil volumes. Atualmente, ela é a Biblioteca Central da Bahia.

SISTEMA DE CATALOGAÇÃO – O ENDEREÇO DOS LIVROS

Existem vários sistemas de catalogação de livros, porém o mais utilizado nos dias de hoje – e adotado por bibliotecas de mais de 130 países – foi criado pelo norte-americano Melvil Dewey. Dewey estava com 19 anos quando ingressou no Amherst College, nas proximidades de Nova York. Como a família não tinha dinheiro para financiar seus estudos, ele trabalhava na biblioteca da faculdade para ajudar no pagamento. Os livros de lá, como os de tantas outras bibliotecas da época, eram numerados de acordo com sua posição na estante. Nada prático, o método exigia a reclassificação de todo o acervo assim que chegassem novas coleções. Além disso, como não havia uma unidade entre as bibliotecas, em cada estabelecimento os visitantes eram obrigados a enfrentar um sistema de procura absolutamente novo. Então Dewey pensou num sistema que pudesse classificar os livros por temas. Após colocá-lo em prática com sucesso na Biblioteca de Amherst, o estudante norte-americano publicou e divulgou em outras instituições seu método de catalogação.

▸ **Como funciona o sistema de classificação de Dewey?**
Chamado de CCD, ou Classificação Decimal de Dewey, o sistema consiste na inserção de todo e qualquer livro existente dentro de dez grandes temas (ou classes), respectivamente numerados. Em seguida, também conforme o assunto, os livros se enquadram em subclasses e, se preciso, em "subsubclasses". Dessa forma, com um número de três dígitos, todos os livros são classificados em temas, podendo ser facilmente identificados em qualquer parte do mundo. As dez maiores classes de conhecimento são:

- 000 | Generalidades
- 100 | Filosofia, parapsicologia e ocultismo, psicologia
- 200 | Religião
- 300 | Ciências sociais
- 400 | Linguagem
- 500 | Ciências naturais e matemática
- 600 | Tecnologia (Ciências aplicadas)
- 700 | Artes
- 800 | Literatura e retórica
- 900 | Geografia, história e disciplinas auxiliares

Da mesma forma, as subclasses e as subsubclasses em que se dividem são todas definidas em uma grande lista de convenções, administrada hoje pela Biblioteca do Congresso dos Estados Unidos. Em qualquer biblioteca do mundo que siga esse sistema de classificação, as bíblias, por exemplo, terão em sua etiqueta de identificação o número 220 (o primeiro 2 indica Religião e o segundo corresponde à Bíblia); livros sobre instrumentos de percussão, por sua vez, serão 785 (o 7 na casa da centena indica Artes, o 8 na dezena corresponde a Música e o 5 especifica "instrumentos de sopro ou outros instrumentos"); já informações sobre bibliotecas, tidas como Generalidades, receberão o número 020.

Abaixo desse número de três algarismos, estão as informações sobre o autor. Uma letra maiúscula indica a inicial de seu sobrenome e um número o identifica. Logo depois vem uma letra minúscula, que coincide com a primeira letra do título da obra. Se houver uma terceira linha contendo a letra "v" e um número ao lado, significa que aquele é apenas um dos volumes da obra.

Prateleira de curiosidades

- A Bíblia é disparado o livro mais vendido no mundo. Para o segundo lugar há divergências, alguns dizem que é o Alcorão, outros que é o livro de Mao, considerado a antiga bíblia dos comunistas.
- O primeiro livro de receitas do mundo foi publicado na Itália em 1475. A autora se chamava Platina e era uma bibliotecária do Vaticano.
- A mais longa frase já escrita num livro está em *Absalom, Absalom!*, do americano William Faulkner. A frase tem 1.300 palavras.
- A maior enciclopédia já escrita foi publicada na China em 1728. Seu nome era *Cang-xi* e tinha originalmente 2.300 volumes, dos quais 370 ainda existem.

É assim que nascem as palavras

Etimologia é o estudo da origem e evolução das palavras. Deriva da palavra grega *etumus*, que significa "o sentido real e verdadeiro". O sufixo *logia* vem de estudo ou ciência. Este livro está cheio de exemplos etimológicos. Confira mais alguns:

● O que fizemos agora há pouco foi explicar a origem da palavra "etimologia". Mas qual é a origem da palavra "explicação"? *Plicare*, em latim, era dobrar um papel ou um documento para que não fosse lido por ninguém. Quando a folha era aberta, desdobrada, para ser vista, o termo que se usava para isso era *explicare*, que deu origem à palavra explicação.

● Originariamente, professor (do latim *professor*) era alguém que trabalhava em igrejas, professando a fé. Tinha que ser casto. Com o tempo, ganhou o significado de mestre.

● Secretária vem do latim *secretarium*, que significa "guardião de segredos". Ou seja, espera-se que todas as secretárias sejam um túmulo, também do latim *tumulus*, elevação de terra amontoada.

● Saúde vem do latim *salur* e significa salvação, conservação da vida. A origem de hospital é também o latim *hospitale* (casa para hóspedes). Daí surgiram as palavras hospitalar e hospitaleiro.

● Voto vem do latim *uotum*, que significa promessa. Política vem do grego *polis*, cujo sentido é cidade e se refere à vida pública.

● Nepotismo é o nome que se dá a quem emprega um parente. A palavra vem do italiano *nipote*, que significa sobrinho. O papa Alexandre VI (1431-1503) tinha um filho chamado Cesare Borgia. Cesare foi nomeado arcebispo com apenas 16 anos. Como os papas não podiam assumir seus filhos, Cesare foi apresentado como sobrinho de Alexandre VI.

● A palavra restaurante vem do francês *restaurant*, que deriva do latim *restaurare* (restaurar). Mas o que uma coisa tem a ver com a outra? O professor Deonísio da Silva, no seu *De onde vêm as palavras*, explica que um francês chamado Boulanger abriu uma casa para servir refeições. Na fachada, escreveu uma inscrição parodiando uma passagem do Evangelho de São Mateus: *"Venite ad me omnes qui stomacho laboratis et ego restaurabo uos"*

(Vinde a mim todos os que sofreis do estômago, que eu vos restaurarei). Na verdade, Jesus falava em cansaço, e não em estômago. Na segunda metade do século XVIII, muitos desses refeitórios foram abertos em Paris e receberam o nome de restaurantes.

🗨 O adjetivo latino *riualis* em princípio denotava aquele que se utilizava do mesmo rio (*riuus*) que outras pessoas para irrigar seu campo. Com o tempo o sentido da palavra se ampliou, até adquirir o atual significado de "rival, inimigo".

🗨 *Liber* originalmente designava o tecido vegetal encontrado entre a madeira e a casca da árvore. Em determinado período da história, escrevia-se em tal camada lenhosa e depois colavam-se várias de suas partes, enrolando-as em si mesmas. O termo *liber*, mais tarde, daria origem à palavra livro.

Neologismos

É comum a criação de novas palavras. Em geral elas nascem pela necessidade de sintetizar um significado ou de designar algo que ainda não existe. Ao longo da história, observa-se a criação constante de palavras, acompanhando evoluções científicas, tecnológicas, culturais, econômicas, sociais. É comum diferentes povos "importarem" os novos termos estrangeiros, adaptando-os ou não à sua grafia e pronúncia. A seguir, uma relação de palavras que um dia já se apresentaram como neologismos e que hoje são bastante comuns no nosso vocabulário.

Telefone
Deriva do inglês *telephone*, que surgiu no ano de 1849. Formado pelos radicais gregos *tele* (longe, ao longe, a distância) e *fone* (som, linguagem), este "dispositivo que transmite som a distância" traz no nome sua função.

Cinema
Importado do termo francês *cinéma* (criado em 1899), trata-se da forma reduzida do também francês *cinématografe* (1893). Em grego, *kinema*, atos significa "movimento", e *grafos* é "escrito, grafado". Trata-se, portanto, do que está escrito em movimento.

Televisão
O termo vem do francês *télévision*, surgido em 1900 para designar um "sistema de transmissão de imagens a distância", que permite que se ve a de longe. O elemento grego *tele* significa longe e *vision* vem do latim *vid*. que denota o ato de ver, olhar.

Fax
Forma reduzida de "fac-símile", termo absorvido do inglês e por sua vez criado em 1948. "Fac-símile" vem das formas latinas *facere* (fazer) e *similis* (semelhante). Trata-se de um aparelho que, literalmente, faz o semelhante.

Avião
Derivado do francês *avion*, criado em 1875, este termo vem do radical latino *auis*, que significa ave, pássaro.

Aeronave
Embora também tenha nascido na França, o termo aeronave (*aéronef*) tem origem bem distinta de avião. Dessa vez, trata-se da junção do elemento grego *aer* (ar, atmosfera terrestre) com o latino *nav* (navio, embarcação). Portanto, uma embarcação aérea.

Automóvel
Deriva do francês *automobile*, originário da junção do elemento grego *auto* (que significa "ele mesmo", "de si", "por conta própria") com o latino *mobilis* ("que pode mover-se"). É aquele que se move por conta própria.

CD
Desta vez, a língua portuguesa adotou a sigla do termo inglês *compact disc* (disco compacto ou compactado), criado em 1983.

Computador
Computador deriva do termo inglês *electronic computer*, surgido em 1962. Vale notar que o verbo computar (originário do latim *computare*) já existia em português com o significado de calcular.

Digitar
O neologismo foi criado na nova era da informática e veio do latim *digitus* (dedo). Nessa época, surgiu também a palavra *hacker*, usada para designar os invasores de computadores alheios. Foi criada a partir de *hack*, que significa "brecha" em inglês.

Presidenciável
Termo criado em 1980 para sintetizar a expressão "candidato à presidência".

7

A bom entendedor,
meia palavra basta.

DITADO POPULAR

Português muito estranho

ACRÔNIMO

É a formação do nome de uma empresa ou instituição com a primeira letra (ou mais) de cada uma das palavras que compõem a denominação completa da entidade. Então, é o mesmo que abreviatura? Não. O acrônimo é dito como uma única palavra, enquanto a abreviatura é pronunciada letra por letra.

Bradesco	Banco Brasileiro de Descontos
CEP	Código de Endereçamento Postal
CUT	Central Única dos Trabalhadores
Dersa	Desenvolvimento Rodoviário S/A
Funai	Fundação Nacional do Índio
Ibama	Instituto Brasileiro do Meio Ambiente e dos Recursos Naturais Renováveis
LER	Lesão por Esforço Repetitivo
Sudene	Superintendência do Desenvolvimento do Nordeste
Petrobras	Petróleo Brasileiro S/A

Usamos também acrônimos que têm origem em língua inglesa:

Aids	Acquired Immunological Deficiency Syndrome
Laser	Light Amplification by Stimulated Emission of Radiation
Radar	Radio Detecting and Ranging
Sonar	Sound Navigation Ranging

ANACOLUTO

Figura de sintaxe que consiste na mudança abrupta de construção, o que ocorre, por exemplo, quando um termo que inicia uma oração é abandonado e fica sem função. Em "A polícia, ela precisa ser honesta", o termo "A polícia", que viria a ser o sujeito da oração, é deixado no meio do caminho e retomado (e reforçado) pelo pronome ela. Tratando-se de linguagem oral, isso é perfeitamente comum. É compreensível que, ao falar, a pessoa recorra intuitivamente a elementos de ênfase, que vão da entonação ao acréscimo de palavras que, em outra circunstância, até seriam desnecessárias. Linguistas mais ortodoxos, contudo, não costumam ter muita tolerância a desobediências às normas gramaticais nem mesmo quando se trata de linguagem falada.

ANÁFORA
Repetição de uma mesma palavra no início de versos ou frases. Exemplo: passe o que nasce/ passe o que nem/ passe o que faz/ passe o que faz-se/ que tudo passe/ e passe muito bem. (Paulo Leminski)

ANAGRAMA
Quando se embaralham as letras de uma palavra e com elas se cria outra, esta é chamada de anagrama. Um bom exemplo de anagrama é Iracema, que vem do nome América.

ANÁSTROFE
Consiste na inversão (hipérbato) mais ou menos forte da ordem natural das palavras ou orações. Um bom exemplo é o início da letra do Hino Nacional: "Ouviram do Ipiranga as margens plácidas, de um povo heroico o brado retumbante". Na ordem direta, a oração ficaria assim: As margens plácidas do Ipiranga ouviram o brado retumbante de um povo heroico.

ANTÔNIMO
Palavra que tem sentido oposto a outra. Normal é o antônimo de anormal. Leal é o antônimo de desleal.

APOSTO
No caso da frase "Pedro, nosso primo, comprou uma casa", "nosso primo" funciona como aposto. Trata-se de um termo que amplia, explica, desenvolve ou resume o conteúdo de outro. Na frase "Otávio, nosso fiel colaborador, está à beira de um ataque de nervos", o aposto é a expressão "nosso

fiel colaborador", e em "O autor, sujeito atrapalhado por natureza, vive postergando os prazos de entrega", o aposto é "sujeito atrapalhado por natureza".

ASSÍNDETO
Nome que se dá numa frase à omissão da conjunção aditiva, normalmente o "e" entre palavras ou orações. Nesse caso, elas aparecem separadas por vírgulas ou então justapostas. Exemplo:

> É o órgão da fé, o órgão da esperança, o órgão do ideal.
> (Rui Barbosa)

BARBARISMO
Tratando-se de língua, qualquer desvio de pronúncia, grafia ou forma gramatical constitui barbarismo. Se for um desvio de pronúncia, o barbarismo é chamado de cacoépia; se for de grafia, cacografia; se for de interpretação de sentido, temos um barbarismo semântico.

BORDÃO
Palavra, frase ou expressão repetida muitas vezes por alguém. Os humoristas costumam usar esse recurso para caracterizar um personagem e conseguir um efeito cômico ou emocional dele.

CACOEPIA OU CACOÉPIA
Caco vem do grego e significa feio, desagradável, ruim. Cacoépia (ou cacoepia) é um erro de pronúncia. Um bom exemplo é a pronúncia do Cebolinha, personagem de Maurício de Sousa que troca "erres" por "eles". Em alguns casos, esses erros se popularizam e posteriormente forçam mudanças ortográficas.

CACOFONIA
Aproximação de palavras que causa um mau impacto sonoro, provocando, em alguns casos, um sentido obsceno ou ridículo. Exemplos: Seu time nunca mar**ca gol**; Quanto você pagou **por cada** ingresso?; Me dá u**ma mão**?

CAPICUA
Série de algarismos que, lidos da esquerda para a direita ou da direita para a esquerda, resultam no mesmo número. A palavra "capicua" foi muito lembrada às 20h02 de 20/2/2002.

CATACRESE

Metáfora já mais que incorporada ao cotidiano da língua, ela toma emprestado um termo já existente e lhe dá novo sentido, com o objetivo de suprir a falta de uma palavra específica: asa da xícara, braços da poltrona, dentes do serrote, nariz do avião, barriga da perna.

COLETIVO

Os coletivos são substantivos comuns que mesmo no singular indicam um conjunto de seres da mesma espécie. Veja alguns destaques:

Coletivos de animais

abelhas	ENXAME
animais de carga	COMBOIO
animais de uma região	FAUNA
aves presas e peixes confinados	VIVEIRO
borboleta	PANAPANÁ
búfalos e vacas	ARMENTO
burros	RÉCUA
cabras	FATO
cachorros	MATILHA
camelos	CÁFILA
cavalos	PLANTEL, TROPA
éguas	PIARA
elefantes e gado	MANADA
formigas	COLÔNIA
gado	REBANHO
gatos	CAMBADA
insetos	MIRÍADE, NUVEM
lobos	ALCATEIA
macacos	CAPELA
pássaros	BANDO
porcos	VARA

Outros coletivos

acompanhante	COMITIVA, CORTEJO, SÉQUITO
alho	RÉSTIA
aluno	CLASSE
amigo	TERTÚLIA
anjo	LEGIÃO, FALANGE
arroz	ARROZAL
artista	COMPANHIA
árvore	ARVOREDO, BOSQUE
assassino	CHOLDRA
astro	CONSTELAÇÃO
ator	ELENCO
avião	ESQUADRÃO, ESQUADRILHA
cabelo	CHUMAÇO, GUEDELHA, MADEIXA
caminhão	FROTA
canção	CANCIONEIRO, FOLCLORE
canhão	BATERIA
capim	FEIXE, BRAÇADA, PAVEIA
carro	COMBOIO, CORSO
castanha	CASTANHAL
cavaleiro	CAVALGADA, CAVALHADA, TROPEL
cédula	BOLADA, BOLAÇO
chave	MOLHO
cigano	BANDO, CABILDA, PANDILHA
estampa	ICONOTECA
estrela	CONSTELAÇÃO (quando cientificamente agrupadas), MIRÍADE (quando em grande quantidade)
feijão	FEIJOAL, FEIJOADA
feno	BRAÇADA, BRAÇADO
filhote	NINHADA
filme	FILMOTECA, CINEMATECA
fio	MEADA, MECHA
flor	RAMALHETE, BUQUÊ (quando atadas), CACHO (quando no mesmo pedúnculo)
fumo	MALHADA
garoto	GAROTADA
graveto	FEIXE
herói	FALANGE
hino	HINÁRIO

ilha	ARQUIPÉLAGO
jornal	HEMEROTECA
lâmpada	CARREIRA (quando em fileira), LAMPADÁRIO (quando dispostas numa espécie de lustre)
livro	ACERVO, LIVRARIA, COLEÇÃO, BIBLIOTECA
mapa	ATLAS, MAPOTECA
máquina	MAQUINARIA, MAQUINISMO
marinheiro	MARUJA, TRIPULAÇÃO
mentira	ENFIADA
mercenário	MESNADA
montanha	CORDILHEIRA, SERRA, SERRANIA
móvel	MOBÍLIA, APARELHO, TREM
navio	FROTA
nome	LISTA, ROL
onda	ONDADA
órgão	APARELHO, SISTEMA
orquídea	ORQUIDÁRIO
ouvinte	AUDITÓRIO
ovelha	REBANHO, GREI, MALHADA, OVIÁRIO
ovo	OVADA
padre	CLERO, CLEREZIA

PAPEL

Papel admite vários coletivos específicos: em geral: MAÇO; tanto em sentido amplo, de folhas ligadas, como em sentido estrito, de 5 folhas: CADERNO; 5 cadernos: MÃO; 20 mãos: RESMA; 10 resmas: BALA.

pau	FEIXE
pena	PLUMAGEM
peregrino	CARAVANA, ROMARIA, ROMAGEM
pessoas	CHUSMA
quadro	PINACOTECA, GALERIA
recipiente	VASILHAME
recruta	LEVA, MAGOTE
selo	COLEÇÃO
soldado	TROPA, LEGIÃO

DATISMO
Emprego exagerado de sinônimos num texto. O nome deriva de Datis, político da Pérsia Antiga que se comunicava dessa forma.

DÉCIMA
Uma estrofe com dez versos.

Ditados ou provérbios

Máximas ou sentenças pequenas que expressam o conhecimento e a experiência popular. Parte do ideário de todos os grupos sociais são transmitidos de geração a geração. Têm natureza bem-humorada e satírica. Os ditados estão associados a momentos do cotidiano, a atividade agrícola ou a fenômenos climáticos. Também conhecidos como adágio, anexim, sentença, rifão e aforismo.

DITADOS POPULARES MAIS CONHECIDOS

- Cavalo dado não se olha o dente.
- A César o que é de César.
- A corda sempre arrebenta do lado mais fraco.
- A esperança é a última que morre.
- A fé move montanhas.
- A felicidade não bate duas vezes na mesma porta.
- A fila do lado sempre anda mais rápido.
- A fruta proibida é a mais apetecida.

- A galinha do vizinho é sempre melhor.
- A intenção é que conta.
- A justiça tarda mas não falha.
- À noite, todos os gatos são pardos.
- A ocasião faz o ladrão.
- A porta da rua é a serventia da casa.
- A pressa é a inimiga da perfeição.
- A sorte de uns é o azar de outros.
- A união faz a força.
- A verdade dói.
- Achado não é roubado.
- Agora ou nunca!
- Água mole em pedra dura tanto bate até que fura.
- Águas passadas não movem moinhos.
- Ajoelhou, tem que rezar.
- Alegria de pobre dura pouco.
- Amigos, amigos, negócios à parte.
- Amor com amor se paga.
- Amor de verão não sobe a serra.
- Antes só do que mal acompanhado.
- Antes tarde do que nunca.
- Aonde vai a corda, vai a caçamba.
- Aqui se faz, aqui se paga.
- As aparências enganam.
- As más notícias chegam depressa.
- As paredes têm ouvidos.

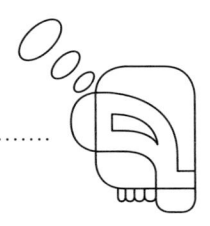

VOCÊ SABIA QUE...

... os ditados populares já eram recitados por filósofos gregos e chireses da Antiguidade? Eram usados para advertir as pessoas de seus hábitos e pregar a moralidade em suas ações. As bem-humoradas seguem até hoje a regra da comédia antiga: *Ridendo castigat mores* – Corrige os costumes rindo.

- Atrás de um grande homem há sempre uma grande mulher.
- Azar no jogo, sorte no amor.
- Bateu, levou.
- Beleza não põe a mesa.
- Cabeça vazia é a casa do diabo.
- Cada cabeça uma sentença.
- Cada coisa a seu tempo.
- Cada coisa no seu lugar.
- Cada doido com a sua mania.
- Cada macaco no seu galho.
- Cada um por si e Deus por todos.
- Cada um puxa a brasa para a sua sardinha.
- Cada um sabe onde lhe aperta o sapato.
- Cada um trata da sua e Deus da de todos.
- Caiu na rede é peixe.
- Calma, que o Brasil é nosso!
- Cão que ladra não morde.
- Cara feia pra mim é fome.
- Casa de ferreiro, espeto de pau.
- Chuva e sol, casamento de espanhol.
- Com coisas sérias não se brinca.
- Com o tempo tudo se cura.
- Cunhado não é parente.
- De boas intenções o inferno está cheio.
- De pensar morreu um burro.
- Depois da tempestade, sempre vem a bonança.
- Desgraça pouca é bobagem.
- Deus ajuda quem cedo madruga.
- Deus escreve certo por linhas tortas.
- Deus dá nozes a quem não tem dentes.
- Devagar se vai longe.
- Dinheiro não cai do céu.
- Dinheiro não dá em árvore.
- Dinheiro não é tudo.
- Dinheiro não traz felicidade.
- Dos males, o menor.
- É dando que se recebe.
- É melhor prevenir do que remediar.
- Em mulher não se bate nem com uma flor.
- Em terra de cego, quem tem um olho é rei.

- Enquanto há vida, há esperança.
- Errar é humano, perdoar é divino.
- Escreveu não leu, o pau comeu.
- Faça o bem sem olhar a quem.
- Faça o que eu digo, não o que eu faço.
- Falar é fácil.
- Falem mal, mas falem de mim.
- Fé em Deus e pé na estrada.
- Filho de peixe, peixinho é.
- Gosto não se discute.
- Guerra é guerra.
- Há males que vêm para o bem.
- Ladrão que rouba ladrão tem cem anos de perdão.
- Longe dos olhos, longe do coração.
- Mãe é mãe.
- Mais vale um pássaro na mão que dois voando.
- Mente sã em corpo são.
- Mentira tem perna curta.
- Nada como um dia após o outro.
- Nada se cria, tudo se transforma.
- Não adianta chorar sobre o leite derramado.
- Não deixe para amanhã o que pode fazer hoje.
- Não dê um passo maior que a perna.
- O bom filho à casa torna.
- O crime não compensa.
- O mar não está pra peixe.
- Onde há fumaça há fogo.
- O segredo é a alma do negócio.
- Pão, pão, queijo, queijo.
- Para um bom entendedor, meia palavra basta.
- Quem casa quer casa.
- Quem dá aos pobres empresta a Deus.
- Quem procura acha.
- Quem ri por último ri melhor.
- Roupa suja se lava em casa.
- Sol e chuva, casamento de viúva.
- Tempo é dinheiro.
- Uma mentira puxa a outra.
- Vamos em frente, que atrás vem gente.
- Vivendo e aprendendo.

PROVÉRBIOS DE OUTROS PAÍSES:

❧ Provérbios alemães
Antes calado que abobado.
Quem está sentado na roda da sorte pode esperar um tombo forte.

❧ Provérbios árabes
Se você atirar lama contra a parede, mesmo que não grude, ela deixará marca.
Deus dotou o homem de uma boca e dois ouvidos para que ouça o dobro do que fala.
Quem responde com pressa raramente acerta.

❧ Provérbio berbere
(grupo étnico nômade que habita o Norte da África desde a pré-história)
As pegadas na areia do tempo não são deixadas por quem fica sentado.

❧ Provérbio bíblico
A água roubada é mais doce, o pão escondido mais saboroso.

❧ Provérbios chineses
A quem sabe esperar, o tempo abre as portas.
Eu, que me queixava de não ter sapatos, encontrei um homem que não tinha pés.
Jamais se desespere em meio às mais sombrias aflições de sua vida, pois das nuvens mais negras cai água límpida e fecunda.
Lamentar aquilo que não temos é desperdiçar aquilo que já possuímos.

Nem um cavalo de corrida pode alcançar a palavra depois de proferida.
Nunca dê o peixe. Ensine a pescar.
Nunca é tão fácil perder-se como quando se julga conhecer o caminho.

❧ Provérbio egípcio
Não consuma os ganhos de uma obra que a sorte ainda não lhe concedeu.

❧ Provérbios escoceses
Melhor um foguinho para lhe esquentar do que um fogaréu para queimá-lo.
Perigo e prazer dão no mesmo galho.

❧ Provérbios espanhóis
Falar sem pensar é o mesmo que atirar sem mirar.
Cada ovelha com sua parelha.
Em casa de enforcado não se fala em corda.
Mais vale um mau acordo que um bom pleito.
No mundo dos espertos, quem menos corre voa.
Acredite um pouco no que você vê e em nada do que lhe dizem.

❧ Provérbios franceses
Antes magro no mato que gordo no papo do gato.
Desgraça nunca vem sozinha.
Mais vale um "toma" que dois "te darei".
Quem muito fala pouco acerta.
Quem vai ao vento perde assento.

❧ Provérbios gregos
Começar já é metade de toda ação.
Os deuses nos vendem tudo a preço de trabalho.
Raposa que espera o frango cair do poleiro morre de fome.
Toda história pode ser contada de maneira diferente.

❧ Provérbio hindu
O bem que se faz na véspera torna-se felicidade no dia seguinte.

❧ Provérbios iídiches
Às vezes, beleza demais é defeito.
Lugar bom é onde a gente não está.
Nunca xingue a mãe do crocodilo, a menos que você tenha atravessado o rio.

❧ Provérbios ingleses
Cada qual com sua cruz.
Cão não come cão.
O que não vê com seus olhos não invente com sua língua.
Panela em que muitos mexem ou sai crua ou sai queimada.

❧ Provérbios italianos
A mente ociosa é a oficina do diabo.
Depois que o barco afunda há sempre alguém que sabe como ele poderia ter sido salvo.
Quando mil pessoas dizem a mesma coisa, pode ser a voz de Deus ou uma grande besteira.

❧ Provérbios japoneses
Nenhum de nós é tão esperto quanto todos nós.
Um homem apaixonado confunde espinha com covinha.

❧ Provérbio judaico
O homem sábio ouve uma palavra e entende duas.

❧ Provérbio persa
A necessidade é a mãe das invenções.

❧ Provérbios portugueses
É melhor merecer sem ter do que ter sem merecer.
Quanto maior a dor, maior o alívio.

❧ Provérbio russo
O futuro pertence àquele que sabe esperar.

❧ Provérbio sueco
O medo atribui a pequenas coisas grandes sombras.

ELIPSE

Eliminação de palavras ou expressões facilmente subentendidas no período. Se o termo, no entanto, já havia sido expresso anteriormente, podemos chamar sua supressão de zeugma, como no exemplo abaixo, em que o verbo "ser" é surprimido:

> O mar é largo sereno,
> O céu um manto azulado.
>
> (Casemiro de Abreu)

EUFEMISMO

Palavra ou expressão empregada no lugar de outra considerada desagradável ou chocante: "dormir a noite eterna" no lugar de "morrer".

EUFONIA

Combinação de certas palavras que resulta num som agradável. É o contrário de cacofonia.

EPÍLOGO

Todo o acontecimento narrado, numa epopeia, após o clímax e a resolução dos fatos.

EPÔNIMOS

Muitas palavras que usamos no dia a dia foram inspiradas em gente de verdade. A elas damos o nome de "epônimos".
>> **Confira alguns exemplos no capítulo 11.**

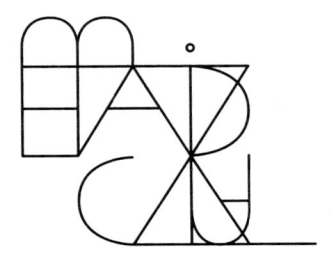

FALSOS COGNATOS

Vários termos apresentam grande semelhança ortográfica, ou até mesmo fonética, com palavras de outras línguas, sem, no entanto, terem igual significado. São os falsos cognatos, palavras que à primeira vista enganam, pois, para o não falante daquela língua, dão a impressão de significar o mesmo que significam em sua língua natal. *Parents*, do inglês, e "parentes", do português, são exemplos clássicos de falsos cognatos. *Parents* significa "pais", e não "parentes". "Testa" é outro caso. Em italiano, também existe testa, mas com o significado de "cabeça". O que para nós é "testa" em italiano é "fronte", palavra que, aliás, também existe em português, e com o mesmo significado. Sim, em português, "testa" e "fronte" são sinônimos. Em italiano, não. Nossa! *Que confusione!*

Em espanhol
Um homem *jubilado* é um homem *aposentado*.
Uma mulher *embarazada* não está constrangida, atrapalhada ou com os cabelos embaraçados – está *grávida*.
Todavia não significa porém, mas *ainda*.
Todos são filhos de *padres*, já que no espanhol padre corresponde ao nosso *pai*.
Se alguém elogiar seu *saco*, estará se referindo a seu *paletó*.

Em alemão
Benzin não é benzer nem benzina, mas *gasolina*.
Boden não é um bode, mas *chão, solo*.
Nennem não é um bebê, mas o verbo *mandar, enviar*.
Stock não é estoque, mas *bengala* ou *bastão*.
Zigarre não é cigarro nem cigarra, mas *charuto*.
Folguen não é uma forma do verbo folgar, e sim o infinitivo de *seguir*.

Em inglês
Uma comida *exquisite* não é esquisita, mas *deliciosa*.
Compass não serve para traçar círculos, pois não é um compasso; é uma *bússola*.
Eventually não significa eventualmente, mas *finalmente*.

Se alguém está *pretending*, não está pretendendo nada, mas *fingindo*.
Um homem *convic* não está convicto, mas *condenado pela Justiça*.
Intend não é entender, mas *pretender*.

Em italiano
Uma *donna* não é uma mulher obrigatoriamente proprietária de alguma coisa. O termo significa apenas *mulher*.
O *primo* e a *prima* não são os filhos dos tios, mas *primeiro* e *primeira*.
Uma *machina* não é uma máquina qualquer, mas um *carro*.
Nonno não é o numeral ordinal que vem depois de oitavo, mas *avô*.
Sono não é o que se sente na hora de dormir, mas a conjugação do verbo *ser* na primeira pessoa do singular: *Io sono*.
Salire não significa sair, mas *subir*.

Em francês
Quem *entendre bien* algo *escuta bem*; não é alguém que compreende bem.
Um homem *gros* não é grosso, mas *gordo*.
Lunettes não servem apenas para ver estrelas, já que o termo significa *óculos*.
Os matemáticos trabalham com *chiffres*, ou seja, com *números*, *cifras*.
Persone quer dizer *ninguém*, e não pessoa.
Ordinateur não é nenhum ordinário, tampouco alguém que dá ordens. Trata-se do *computador*.

Às vezes, cognatos acabam assumindo tons diferentes, o que ocorre, por exemplo, com as palavras "simples" e "simplório". Apesar de derivarem da mesma raiz, esses dois adjetivos nunca se equivalem no significado. "Simplório" é uma palavra que vem assumindo, cada vez mais, um tom depreciativo: filme simplório, música simplória. Já quem se impressiona com a humildade e o despojamento de um homem famoso e rico pode muito bem dizer o seguinte: "Apesar de tudo, ele é um homem bem simples".

▶ **Em que línguas você é capaz de ler?**
Quem pensa que só é capaz de ler e escrever em português, engana-se. Existem centenas de palavras de grafia extremamente semelhante, ou às vezes até idêntica, em muitos idiomas. Confira, a seguir, uma relação de termos comuns ao português, francês, inglês, espanhol, italiano e até alemão (desconsidere apenas os acentos):

álbum
diesel
embargo
gangster (ou gângster)
hotel
jazz
jockey (ou jóquei)
karatê (ou caratê)
laser
libido
máfia
matador
motel
paranoia
radar
rádio
revólver
sauna
táxi
telex
vírus
yoga (ou ioga)

Fonte: *A aventura das línguas no Ocidente*, de Henriette Walter, Editora Mandarim.

GÍRIA OU JARGÃO
Expressões criadas por grupos sociais que se identificam por se interassarem por uma atividade esportiva, profissional ou por manifestarem comportamento semelhante. Ao contrário do dialeto, a gíria não tem estrutura ou forma gramatical particular.

HIPÉRBATO
Consiste na inversão da ordem direta dos termos da oração ou das orações no período. "Bendito o que, na terra, o fogo fez, e o teto" (Olavo Bilac). Na ordem direta, teríamos: Bendito o que fez o fogo e o teto na terra.

HIPÉRBOLE
É a figura do exagero: "Derramei um rio de lágrimas".

HOMÔNIMO
Palavras de mesmo som, mas de significados diferentes. Um bom exemplo é "caçar" (andar à caça) e "cassar" (anular, revogar).

LIPOGRAMA
Consiste na composição de uma oração, frase, capítulo ou de um livro todo excluindo propositalmente uma ou mais letras do alfabeto daquele idioma. Um exemplo de lipograma é o romance *O desaparecimento*, do francês George Perec. Ele escreveu a obra sem usar nenhuma vez a vogal "e".

LIRAS
Conjunto de poemas líricos de um autor dedicados a uma musa. Uma das mais célebres é *Liras de Marília de Dirceu*, de Tomás Antônio Gonzaga.

METÁFORA
Uso de uma palavra não com seu sentido próprio, mas com um sentido simbólico.

MOTE
Tema utilizado para desenvolver um texto poético. O desenvolvimento do mote é o que se chama de glosa.

Perdigão perdeu a pena
(Luís de Camões)

Perdigão perdeu a pena
Não há mal que lhe não venha.

Perdigão que o pensamento
Subiu a um alto lugar,
Perde a pena do voar,
Ganha a pena do tormento.
Não tem no ar nem no vento
Asas com que se sustenha:
Não há mal que lhe não venha.

Quis voar a uma alta torre,
Mas achou-se desasado;
E, vendo-se depenado,
De puro penado morre.
Se a queixumes se socorre,
Lança no fogo mais lenha:
Não há mal que lhe não venha.

As duas primeiras linhas constituem o mote, e o restante, a glosa.

PALAVRA-VALISE

Trata-se da construção de uma expressão a partir da união de elementos de duas outras palavras. "Portunhol", por exemplo, nascida de português + espanhol, e "aborrescente", inspirada em aborrecido + adolescente.

PALÍNDROMO

Frase ou palavra que, lida da esquerda para a direita ou da direita para a esquerda, tem o mesmo sentido. O termo vem do grego *palíndromos*, que significa "que ocorre em sentido inverso, que volta sobre seus passos". Palavras simples como ovo, radar, reviver e arara são palíndromos.
Mas existem também frases bem divertidas:

Socorram-me, subi no ônibus em Marrocos.
Roma me tem amor.
Me vê se a panela da moça é de aço, Madalena Paes, e vem.
A diva da vida.
Luz azul.
Ato idiota.
O treco certo.
A bola da loba.
Tucano na Cut.
A base do teto desaba.
Ali na draga, vejo hoje vagar Danila.
Átila Toledo mata modelo Talita.
Ramo do temor prometo domar.
Anotaram a data da maratona.
Após a sopa.
Assim a aia ia à missa.
Até o poeta.
A babá baba.
A diva em Argel alegra-me a vida.
A droga da gorda.

A mala nada na lama.
A torre da derrota.
Eva asse essa ave.
O galo ama o lago.
O lobo ama o bolo.
O mito é ótimo.
O romano acata amores a damas amadas e Roma ataca o namoro.
O vôo do ovo.
Subi no ônibus.
Morram após a sopa marrom.
Saíram o tio e oito Marias.
Sá dá tapas e sapatadas.

PALINFRASIA
Repetição exagerada de palavras pelo autor, para efeito estilístico.

PANGRAMA
São frases ou textos que utilizam de uma só vez todas as letras do alfabeto. A palavra vem do grego e quer dizer "todas" (*pan*) "letras" (*grama*). Um bom pangrama tem o mínimo de letras repetidas e faz sentido, ainda que esquisito. O exemplo mais conhecido desse tipo de formação é a frase em inglês "*The quick brown fox jumps over the lazy dog*" (A rápida raposa marrom pula por cima do cachorro preguiçoso).

REDUNDÂNCIA
Aproximação de palavras em um texto pela forma ou som parecidos.
Exemplo: Como um eco que vem na aragem/ A estrugir, rugir e mugir,/ O lamento das quedas d'água! (Manuel Bandeira)

PLEONASMO
Pleonasmo é o emprego de uma expressão redundante, ou seja, de algo cujo sentido já esteja contido em passagem anterior.
Exemplos: encarar de frente, minha opinião pessoal, todos os países do mundo, radar eletrônico, elo de ligação, criar novos empregos, ver com os próprios olhos.

PRONOMEFILIA
Hábito de incluir o reforço de um pronome reto logo após o sujeito que

acabou de ser enunciado ("A polícia, ela daqui em diante atuará..."). Principalmente na fala, o emprego dos pronomes ele e ela para retomar o sujeito quase sempre se dá a título de reforço, como um recurso expressivo, e, outras vezes, por mero cacoete.

PROSOPOPEIA
Figura de linguagem que atribui características próprias dos homens a seres inanimados, imaginários ou que não sejam racionais. É um recurso bastante usado nas fábulas para dar vida aos animais. Também é conhecido como personificação.

SINESTESIA
É a mistura de sensações percebidas pelos diferentes sentidos do corpo (paladar, tato, olfato, visão e audição) em uma única oração.
Exemplo: Seu sorriso doce e caloroso me tocava.

SINÔNIMO
Palavras diferentes que apresentam significado igual ou similar.

SOLECISMO
Erros de sintaxe. A palavra se origina da cidade de Soloi, situada onde hoje é a Turquia, porque seus habitantes cometiam erros ao falar a língua de seus conquistadores gregos.

TOPÔNIMO
É a palavra derivada do nome de um lugar. Como "hambúrguer", que vem da cidade de Hamburgo, na Alemanha.
>> **Veja outros exemplos no capítulo 9.**

O que é spoonerismo?
O reverendo inglês William Archibald Spooner (1844-1939) ficou conhecido por cometer alguns deslizes verbais e formar frases absurdas e engraçadas. Por isso ele dá nome ao ato de trocar de lugar as sílabas de duas palavras. Chamar "sanduíche de mortadela" de "mortandiche de sanduela", por exemplo, é um spoonerismo.

VOCATIVO
Nomeia o interlocutor a quem se dirige a palavra. É um termo independente, não faz parte do sujeito nem do predicado. Pode ser representado por substantivos, pronomes e numerais substantivos ou, ainda, por palavras substantivadas. Alguns exemplos: "Meu querido, o que aconteceu?"; "Antônio, pare já com isso!"; "Essa proposta é inaceitável, senhor ministro".

ZEUGMA
Forma de elipse em que uma palavra, presente na frase inicial, é retirada da continuidade do discurso. Exemplo: "Eu tomei café; ela, chá".

Como se chamam os termos que definem a disposição dos pronomes oblíquos átonos em relação aos verbos?

◆ Próclise
"Eu te amo, mas não nos entendemos."
A próclise é a colocação dos pronomes oblíquos átonos (me, te, se, o, lhe, nos, vos, os, lhes) antes do verbo. Isso acontece, principalmente, quando antes do verbo há termos que atraem tais pronomes. É o caso, entre outros, de pronomes pessoais (eu, tu, ele...), palavras ou expressões de negação, pronomes relativos (os quais, as quais, que...).

◆ Ênclise
"Maria atravessou a rua inadvertidamente, chocou-se contra um carro e caiu. Machucou-se."
A ênclise consiste no uso do pronome após o verbo. É a colocação pronominal predominante na língua portuguesa (especialmente em Portugal) e só não deve ser utilizada em situações específicas de próclise e mesóclise.

→ Mesóclise
"Avisar-te-ei assim que souber de algo. Se pudesse, ajudar-te-ia."
A mesóclise – colocação dos pronomes entre o radical e a desinência do verbo – é de uso exclusivo no futuro, do presente ou do pretérito. É obrigatória no início de períodos e não deve ser empregada em situações que pedem próclise.

✻ ✻ ✻ ✻ **QUANDO AS VOGAIS SE ENCONTRAM?** ✻ ✻ ✻ ✻

Existem três tipos de encontros vocálicos na língua portuguesa:
DITONGO é o nome dado ao encontro de duas vogais em uma mesma sílaba: Pá-dua, mín-gua, co-roa.
TRITONGO é o encontro de três vogais, estando a mais forte no centro: sa-guão, Pa-ra-guai.
HIATO é o nome dado ao encontro de duas vogais em diferentes sílabas: sa-ú-va, pi-a-da, fri-o.

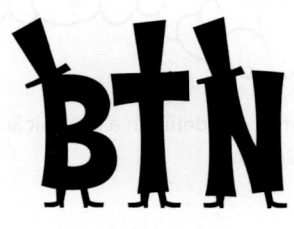

✻ ✻

Siglas

Abin	Agência Brasileira de Inteligência
ABNT	Associação Brasileira de Normas Técnicas
Arena	Aliança Renovadora Nacional
BNDES	Banco Nacional de Desenvolvimento Econômico e Social
Bovespa	Bolsa de Valores de São Paulo
BTN	Bônus do Tesouro Nacional
Cacex	Carteira de Comércio Exterior
Camex	Câmara de Comércio Exterior
CBTU	Companhia Brasileira de Trens Urbanos
CDB	Certificado de Depósitos Bancários
CEP	Código de Endereçamento Postal

CGC	Cadastro Geral dos Contribuintes
CGT	Central Geral dos Trabalhadores
CIC	Cartão de Identificação do Contribuinte
CMN	Conselho Monetário Nacional
CNBB	Conferência Nacional dos Bispos do Brasil
CNPJ	Cadastro Nacional das Pessoas Jurídicas
CNPq	Conselho Nacional de Desenvolvimento Científico e Tecnológico
CPD	Central de Processamento de Dados
CPF	Cadastro de Pessoa Física
CPI	Comissão Parlamentar de Inquérito
CPMF	Contribuição Provisória sobre Movimentação Financeira
CPOR	Centro de Preparação dos Oficiais da Reserva
CPTM	Companhia Paulista de Trens Metropolitanos
CUT	Central Única dos Trabalhadores
DAC	Departamento de Aviação Civil
Darf	Documento de Arrecadação da Receita Federal
DDD	Discagem Direta a Distância
DDI	Discagem Direta Internacional
DER	Departamento de Estradas de Rodagem
Dersa	Desenvolvimento Rodoviário S/A
Dieese	Departamento Intersindical de Estatística e Estudos Sócioeconômicos
DNER	Departamento Nacional de Estradas de Rodagem
DOI-Codi	Destacamento de Operações de Informações – Centro de Operações de Defesa Interna
Dops	Departamento de Ordem Política e Social
ECT	Empresa Brasileira de Correios e Telégrafos
Fapesp	Fundação de Amparo à Pesquisa do Estado de São Paulo
FGTS	Fundo de Garantia por Tempo de Serviço
Fiesp	Federação das Indústrias do Estado de São Paulo
Fipe	Fundação Instituto de Pesquisas Econômicas
Funai	Fundação Nacional do Índio
Funarte	Fundação Nacional das Artes
Fundef	Fundo de Manutenção e Desenvolvimento do Ensino Fundamental e de Valorização do Magistério
GCM	Guarda Civil Metropolitana
HC	Hospital das Clínicas

Ibama	Instituto Brasileiro do Meio Ambiente e dos Recursos Naturais Renováveis
IBC	Instituto Brasileiro do Café
IBDF	Instituto Brasileiro de Desenvolvimento Florestal
IBGE	Instituto Brasileiro de Geografia e Estatística
Ibope	Instituto Brasileiro de Opinião Pública e Estatística
ICMS	Imposto sobre Circulação de Mercadorias e Serviços
IGPM	Índice Geral de Preços do Mercado
IML	Instituto Médico-Legal
Incra	Instituto Nacional de Colonização e Reforma Agrária
Infraero	Empresa Brasileira de Infraestrutura Aeroportuária
Inmetro	Instituto Nacional de Metrologia, Normalização e Qualidade Industrial
INPC	Índice Nacional de Preços ao Consumidor
Inpe	Instituto Nacional de Pesquisas Espaciais
Inpi	Instituto Nacional de Propriedade Industrial
INPS	Instituto Nacional de Previdência Social
INSS	Instituto Nacional de Seguridade Social
Ipem	Instituto de Pesos e Medidas
IPI	Imposto sobre Produtos Industrializados
IPTU	Imposto Predial e Territorial Urbano
IPVA	Imposto de Propriedade de Veículos Automotores
IR	Imposto de Renda
ISS	Imposto sobre Serviços
ITA	Instituto Tecnológico da Aeronáutica
IVC	Índice de Verificação de Circulação
Mobral	Movimento Brasileiro de Alfabetização
MST	Movimento dos Trabalhadores Rurais Sem-Terra
OAB	Ordem dos Advogados do Brasil
ONG	Organização Não Governamental
PIB	Produto Interno Bruto
PIS	Programa de Integração Social
PNB	Produto Nacional Bruto
PUC	Pontifícia Universidade Católica
RFFSA	Rede Ferroviária Federal S/A
RG	Registro Geral
SBPC	Sociedade Brasileira para o Progresso da Ciência
SBT	Sistema Brasileiro de Televisão
Seade	Fundação Sistema Estadual de Análise de Dados
Sebrae	Serviço Brasileiro de Apoio às Micro e Pequenas Empresas

Senac	Serviço Nacional de Aprendizagem Comercial
Senai	Serviço Nacional de Aprendizagem Industrial
Serpro	Serviço Federal de Processamento de Dados
Sesc	Serviço Social do Comércio
SFH	Sistema Financeiro da Habitação
SNI	Serviço Nacional de Informação
SPC	Serviço de Proteção ao Crédito
STF	Supremo Tribunal Federal
Sudam	Superintendência do Desenvolvimento da Amazônia Legal
Sudene	Superintendência do Desenvolvimento do Nordeste
Suframa	Superintendência da Zona Franca de Manaus
Sunab	Superintendência Nacional do Abastecimento
TFP	Tradição, Família e Propriedade
TFR	Tribunal Federal de Recursos
TRT	Tribunal Regional do Trabalho
TSE	Tribunal Superior Eleitoral
UDR	União Democrática Ruralista
UNE	União Nacional dos Estudantes
Varig	Viação Aérea Rio-Grandense
Vasp	Viação Aérea São Paulo

Siglas internacionais

AID	Agência Internacional de Desenvolvimento
Aids	Acquired Immunological Deficiency Syndrome (Síndrome da Deficiência Imunológica Adquirida)
Alca	Área de Livre Comércio das Américas
Bird	Banco Internacional de Reconstrução e Desenvolvimento
BMW	Bayerische Motoren Werke (Fábrica de Motores da Bavária)

CEO	Chief Executive Office
CIA	Central Intelligence Agency
ETA	Euskadi Ta Askatasuna (Pátria Basca e Liberdade)
FBI	Federal Bureau of Investigation (Polícia Federal Americana)
FIA	Fédération Internationale de l'Automobile (Federação Internacional de Automobilismo)
Fifa	Fédération Internationale de Football Association (Federação Internacional de Futebol)
Fisa	Fédération Internationale du Sport Automobile (Federação Internacional de Automobilismo Esportivo)
Fisa	Foreign Intelligence Surveillance Act
FMI	Fundo Monetário Internacional
Foca	Formula One Constructors' Association (Federação dos Construtores de Fórmula 1)
FSB	(ex-KGB) Federal Security Service (Serviço Federal de Segurança)
IPCC	Intergovernmental Panel on Climate Change (Painel Intergovernamental sobre Mudanças Climáticas)
IRA	Irish Republican Army (Exército Republicano Irlandês)
KGB	Komiter Gosudarstvennoi Bezopasnosti (Polícia Secreta Soviética)
MCCA	Michigan Community College Association
MRTA	Movimiento Revolucionario Tupac Amaru (Movimento Revolucionário Tupac Amaru)

> **O que significa a sigla MC?**
> A sigla MC, que se popularizou entre os rappers, significa mestre de cerimônias.

Nafta	North America Free Trade Agreement (Acordo de Livre Comércio da América do Norte)
Nasdaq	National Association for Securities Dealers Automated Quotation (Cotação Automatizada da Associação Nacional de Vendedores de Títulos)

Nato	(Otan) North Atlantic Treaty Organization (Organização do Tratado do Atlântico Norte)
Odeca	Organización de Estados Centroamericanos (Organização de Estados Centro-Americanos)
OEA	Organização dos Estados Americanos
ONU	Organização das Nações Unidas
Opep	Organização dos Países Exportadores de Petróleo
PABX	Private Automatic Branch Exchange (Troca automática de ramais privados)
PhD	Philosophiae Doctor (Doutor em filosofia)
PS	Post Scriptum (Pós-escrito)
Swat	Special Weapon Armed Team (Equipe Armada com Equipamento Especial)
Unesco	United Nations Educational, Scientific and Cultural Organization (Organização das Nações Unidas para a Educação, a Ciência e a Cultura)
Unicef	United Nations Children's Fund (Fundo das Nações Unidas para a Infância)
Upadi	Union Panamericana de Asociaciones de Ingenieros (União Pan-Americana de Engenheiros)
WC	Water Closet (Quarto de águas, ou seja, banheiro)
YMCA	(ACM) Young Men's Christian Association (Associação Cristã de Moços)

Partidos políticos no Brasil

PAN	Partido dos Aposentados da Nação
PCB	Partido Comunista Brasileiro
PCdoB	Partido Comunista do Brasil

PCO	Partido da Causa Operária
PDT	Partido Democrático Trabalhista
PFL	Partido da Frente Liberal
PGT	Partido Geral dos Trabalhadores
PHS	Partido Humanista da Solidariedade
PL	Partido Liberal
PMDB	Partido do Movimento Democrático Brasileiro
PMN	Partido da Mobilização Nacional
PP	Partido Progressista
PPB	Partido Progressista Brasileiro
PPS	Partido Popular Socialista
Prona	Partido de Reedificação da Ordem Nacional
PRP	Partido Republicano Progressista
PRTB	Partido Renovador Trabalhista Brasileiro
PSB	Partido Socialista Brasileiro
PSC	Partido Social Cristão
PSD	Partido Social Democrático
PSDB	Partido da Social Democracia Brasileira
PSDC	Partido Social Democrata Cristão
PSL	Partido Social Liberal
PST	Partido Social Trabalhista
PSTU	Partido Socialista dos Trabalhadores Unificado
PT	Partido dos Trabalhadores
PTB	Partido Trabalhista Brasileiro
PTC	Partido Trabalhista Cristão
PTdoB	Partido Trabalhista do Brasil
PTN	Partido Trabalhista Nacional
PV	Partido Verde

8

A poesia existe nos fatos.
Os casebres de açafrão
e de ocre nos verdes da
fivela, sob o azul cabralino,
são fatos estéticos.

MANIFESTO DA POESIA PAU-BRASIL,
OSWALD DE ANDRADE
(1890-1954), escritor

Expressões populares

A origem de expressões populares

A DAR COM PAU
A expressão, de origem nordestina, faz referência à grande quantidade de aves migratórias que após atravessarem oceanos chegavam famintas às lavouras nordestinas. Os sertanejos, a fim de proteger suas plantações, exterminavam-nas com pauladas. Eram, portanto, muitas aves – aves "a dar com pau".

A PRESSA É INIMIGA DA PERFEIÇÃO
Quando comentou a rapidez com que se redigia o Código Civil Brasileiro, o jurista Rui Barbosa (1849-1923) usou esta expressão. Depois, no famoso discurso que fez em Haia, na Holanda, Rui Barbosa acrescentou que "a pressa é também a mãe do tumulto e do erro".

A TOQUE DE CAIXA
Fazer algo "a toque de caixa" é fazê-lo com muita pressa. A caixa, aqui, designa os instrumentos musicais da família do tambor, que anunciavam as proclamações reais. Em Portugal, de onde a frase se origina, as pessoas indesejáveis eram postas para fora da cidade "a toque de caixa".

A UNIÃO FAZ A FORÇA
Trata-se de abreviação de um texto bíblico: "É fácil quebrar uma vara, mas é difícil quebrar um feixe de varas". Em latim, a frase é "*Vis unita fortior*", traduzida em português para "A união faz a força".

ABRE-TE, SÉSAMO!
Foi criada no conto árabe "Ali Babá e os 40 ladrões", da série *Mil e uma noites*, escrita por volta do século XI. No conto, o herói Ali Babá descobre que ladrões

mantinham guardado em uma gruta um verdadeiro tesouro provenierte de furtos. Para desobstruir sua entrada, bloqueada por uma pedra, era preciso proferir a senha "Abre-te, Sésamo". O termo "sésamo" vem do latim *sesamum*, que designa um gênero de plantas, ao qual pertence o gergelim, uma semente muito usada pelos árabes para fazer comidas, óleos e pães. As sementes ficam dentro de uma casca que só se abre depois de muito esforço.

ACABAR EM PIZZA
Segundo o jornalista Eduardo Martins, autor do *Manual de redação e estilo de O Estado de S. Paulo*, a expressão surgiu no Palmeiras, na década de 1950. Um dia, após uma grande e calorosa discussão entre os diretores do clube, todos foram para uma pizzaria, deixando as desavenças para trás.

ÁGUA MOLE EM PEDRA DURA TANTO BATE ATÉ QUE FURA
O primeiro registro desta frase que prega a persistência vem do poeta latino Ovídio (43 a.C.-18 d.C.), autor de *A arte de amar* e *metamorfoses*. Dizia: "A água mole cava a pedra dura".

ANDAR À TOA
"Toa" vem do inglês *tow*, que é a corda usada por um barco para rebocar outro. Quando os grandes navios se aproximam do porto, eles são conduzidos por um barquinho pequeno, cujo cabo de reboque recebe o nome de 'toa". Por isso, enquanto são puxados pela toa, os marinheiros do barco maior ficam sem fazer nada. À toa é algo feito sem esforço, é algo sem importância. Os portugueses, afeitos às grandes navegações, resolveram dar um sentido figurado a esse procedimento marítimo, e já faziam isso desde o século XVII.

AO DEUS-DARÁ
Pedir esmolas nas ruas é uma atividade bem mais antiga do que se imagina. No passado, muita gente driblava as mãos estendidas dos pedintes dizendo: "Deus dará". A expressão foi criando forma e passou a designar algo que fica entregue à própria sorte.

AO LÉU
Quem anda ao léu está sem destino, segue ao Deus dará, vai simplesmente levando a vida. "Léu" vem do provençal *leu* e significa "ocasião".

AOS TRANCOS E BARRANCOS
A expressão se refere a algo que segue adiante, mas com muita dificuldade. Tranco é o salto que o cavalo dá, mas também pode ser um golpe brusco. No Brasil, barranco é a ribanceira de um rio que tem margem íngreme, mas em Portugal, de onde veio a frase, é uma vala aberta por ações da natureza, como uma enxurrada, ou pelo homem.

ARRANCA-RABO
A expressão veio de Portugal como sinônimo de briga ou discussão, especialmente com muita gente envolvida, e se baseia em um costume de milênios: o rabo das montarias dos inimigos era considerado um troféu de guerra. E o hábito não desapareceu tão cedo, pois sabe-se que os cangaceiros nordestinos faziam o mesmo com o gado dos donos de fazendas.

ARRASTAR A ASA
Quando alguém se insinua sexual ou romanticamente para outra pessoa, diz-se que está arrastando a asa para ela. Isso porque quando um galo corteja uma galinha faz o movimento de "arrastar a asa" em sua direção.

ARROZ DE FESTA
A sobremesa conhecida por nós como arroz-doce era chamada de "arroz de festa" em Portugal, onde nas famílias ricas o doce era presença obrigatória em dias de festa. Depois a expressão passou a ser usada para definir uma pessoa que não falta em nenhum evento social.

AS PAREDES TÊM OUVIDOS
Expressão nascida na França e originada da perseguição contra os huguenotes, que resultou na matança conhecida como a Noite de São Bartolomeu, em 24 de agosto de 1572. A rainha Catarina de Médicis (1519--1589), esposa de Henrique II, rei da França, era muito desconfiada e uma

perseguidora implacável dos huguenotes. Para poder escutar melhor as pessoas de quem mais suspeitava, mandou fazer uma rede com furos, colocada disfarçadamente entre as molduras dos quadros, nas paredes e nos tetos do palácio real. Este sistema de espionagem deu origem à expressão "as paredes ouvem", usada para alertar alguém sobre o que vai dizer, para não se comprometer.

ATÉ QUE A MORTE OS SEPARE

Na Primeira Epístola aos Coríntios, São Paulo usa a frase para falar dos laços indissolúveis que unem homens e mulheres no matrimônio. O apóstolo Paulo escreveu 14 epístolas para as recém-fundadas igrejas católicas e pregou o Evangelho. Foi o mentor intelectual do celibato.

BANHO-MARIA

É uma alusão à alquimista Maria, possivelmente irmã de Moisés, o líder hebreu que viveu entre os séculos XIII e XIV a.C. Foi ela quem inventou o processo de cozinhar lentamente alguma coisa mergulhando um recipiente com a substância em água fervente. A expressão também pode ser uma referência à Virgem Maria, símbolo de doçura, pois o termo evoca "o mais doce dos cozimentos".

BARBEIRO

Os profissionais da barba acabaram dando nome aos indivíduos que mostram imperícia, especialmente quando atrás de um volante. O termo já era usado por médicos para ironizar colegas mais velhos, mas foi a chegada do automóvel que popularizou de vez a palavra. Ela passou a designar especialmente os motoristas que entravam na contramão, numa alusão aos barbeiros aprendizes, que raspavam a barba dos clientes no sentido contrário àquele em que os pelos cresciam.

BATISMO DE FOGO
Entre os militares, o batismo de fogo designa a primeira vez que um soldado vai a combate. Tudo indica que a expressão tenha surgido na batalha entre o rei Afonso (1221-84), de Castela, e o muçulmano Ibn Mahfud, em Huelva, no ano de 1262. Nela, os muçulmanos utilizaram pela primeira vez armas de fogo, até então desconhecidas nas guerras peninsulares. A partir de então, o uso da artilharia se generalizou e deu origem a alguns termos da terminologia militar, como a expressão "receber batismo de fogo". Pelo fato de as tropas serem formadas por grande número de soldados de origem e crenças diferentes, aos não batizados era dado o sacramento, para que pudessem receber a eucaristia, como mandava a tradição e os cânones dos cavaleiros, e a partir daí enfrentar os inimigos como verdadeiros cristãos.

BICHO-CARPINTEIRO
Animal que rói madeira? Não. Essa expressão era usada com crianças agitadas: "Ele não fica quieto, parece que tem bicho-carpinteiro". Porém, a origem é "bicho no corpo inteiro". O uso corriqueiro e coloquial acabou modificando a expressão anterior.

BOI NA LINHA
A primeira estrada de ferro do Brasil foi construída pelo barão de Mauá e ia de Raiz da Serra a Petrópolis. O projeto não previa a colocação de cercas ao redor dos trilhos, por isso era comum que rebanhos cruzassem ou até mesmo deitassem nas linhas. Isso obrigava os ferroviários a parar a máquina para expulsar os animais do caminho e seguir viagem. Por isso, quando alguma coisa fica difícil de ser resolvida, diz-se que "tem boi na linha".

BOM SAMARITANO
A expressão "bom samaritano" veio de uma passagem da Bíblia, em Lucas 10:25-37. Um homem, que se diz muito entendido nas leis de Deus, pergunta a Jesus o que é preciso fazer para entrar no Reino dos Céus. Então, Jesus conta uma parábola sobre uma pessoa que seguia de Jerusalém para Jericó, e de repente caiu nas mãos de ladrões. Os bandidos roubaram suas roupas e bateram tanto no coitado que ele quase morreu. Um padre passava pela estrada e, ao ver o homem, desviou do caminho. Um levita, que vinha pelo mesmo lugar, mudou de direção. Até que apareceu um samaritano (oriundo da Palestina), que ficou com pena e fez curativos em suas feridas com óleo e vinho. Depois colocou o pobre em seu burrico, levou-o

para uma pousada e cuidou dele. Para Jesus, quem ajuda seu vizinho teria passaporte garantido para o céu. Naquela época, os samaritanos não eram vistos com bons olhos pelos judeus, pois formavam um grupo dissidente da comunidade, que incluía rituais pagãos na prática religiosa. Na verdade, Jesus queria mostrar que deveríamos considerar todos como nossos "vizinhos" e ajudá-los, deixando as diferenças de lado.

BOTAR AS CARTAS NA MESA
Esta expressão, que significa deixar as coisas claras e revelar o que se tem a dizer, é originária de jogos de baralho, nos quais "botar as cartas na mesa" significa revelar aos outros o que se tem nas mãos, abrir o jogo.

CAÇA ÀS BRUXAS
Expressão que significa sair à procura de culpados, mesmo que não haja nenhum. Seu aparecimento remonta à Idade Média, período em que a Igreja perseguia qualquer um que colocasse em discussão seus dogmas. Essas pessoas eram então acusadas de bruxaria, feitiçaria, magia. Com a Inquisição, espécie de tribunal religioso, milhões de pessoas inocentes foram perseguidas, torturadas e executadas.

CASA DA MÃE JOANA
A mulher que emprestou seu nome ao surgimento dessa expressão foi Joana I (1326-82), condessa de Provença e rainha de Napóles. Em 1347, ela regulamentou os bordéis de Avignon, onde vivia refugiada. "Casa da mãe joana" virou então sinônimo de prostíbulo, lugar de bagunça.

CATAR MILHO
A expressão tem origem popular. Vem da semelhança entre o ato de digitar com um único dedo, lentamente, e o fato de a galinha bicar grão por grão de milho quando se alimenta.

CHATO DE GALOCHAS
infelizmente, os chatos continuam a existir – ao contrário do acessório que deu origem à expressão. A galocha era um tipo de calçado de borracha colocado por cima dos sapatos para reforçá-los e protegê-os da chuva e da lama. Há uma hipótese de que a expressão tenha vindo da habilidade de reforçar. "Ou seja, o 'chato de galocha' seria um chato resistente e insistente", explica Valter Kehdi, professor de Língua Portuguesa e Filologia da Universidade de São Paulo.

CHEGAR DE MÃOS ABANANDO
Com passagens subsidiadas pelo governo brasileiro, no fim do século XIX estrangeiros vinham com a família para trabalhar nas fazendas dos barões do café. Os imigrantes deveriam trazer ferramentas para começar o trabalho. Quem viesse sem nada, ou com as mãos abanando, era considerado avesso ao trabalho.

CHORAR AS PITANGAS
Pitanga vem de *pyrang*, que em tupi quer dizer vermelho. Portanto, a expressão significa "chorar muito, até o olho ficar vermelho".

CHOVENDO CANIVETE
Enquanto no Brasil chovem canivetes quando cai um toró, nos países de língua inglesa são gatos e cachorros que despencam do céu. Na mitologia nórdica, o cachorro era associado a ventos, e os gatos a tempestades. O primeiro registro da expressão "chovendo gatos e cachorros" aparece na peça *The city witt* (O espírito da cidade), escrita por Richard Brome em 1652. Mas não era bem gato que caía. Uma passagem do quarto ato diz "*Erit fluuius Deucalionis/ Regna bitque/ Dogmata Polla Sophon*", ou seja: "De hoje em diante/ O mundo deve fluir com ignorantes/ e devem chover cachorros e jaritacacas", e assim por diante.

A jaritacaca é uma espécie de doninha europeia, só que bem mais malcheirosa. A imagem desses bichos fétidos caindo sobre nossa cabeça bem que expressava de forma convincente a catástrofe que uma chuva torrencial poderia trazer. A expressão aparece novamente em 1783, na obra *Polite conversation* (Conversa educada), de Jonathan Swift. Talvez para combinar com o título do livro, a jaritacaca é substituída pelo gato, mais charmoso e com um cheirinho melhor. Do entendimento errado do som *raining dogs and cats*, nasceu a forma portuguesa "chovendo canivetes".

CHUPIM
Essa palavra nomeia aquelas pessoas que costumam se aproveitar das outras. Na verdade, chupim é um pássaro preto. Como não constrói ninho, ele usa de um artifício para que outros animais (geralmente o tico-tico) choquem seus ovos. O bichinho os deposita no ninho do colega, que faz todo o serviço sem perceber.

COLOCAR A MÃO NO FOGO
Significa confiar na inocência de uma pessoa. A expressão nasceu na Idade Média. Para provar sua inocência, o acusado deveria caminhar alguns metros, na frente de um juiz e de testemunhas, segurando uma barra de ferro em brasa nas mãos. As mãos eram protegidas apenas por um pedaço de estopa envolvido em cera. Três dias depois, a estopa era retirada. Se a mão estivesse sem nenhuma marca, o acusado era considerado inocente. Se aparecesse uma queimadura, o sujeito era enforcado.

COM A PÁ VIRADA
A expressão tem dois significados. Um deles é pessoa preguiçosa, que não serve para nada, como a pá quando virada ao contrário não serve para cavar. O outro, mais conhecido, significa pessoa violenta ou impetuosa, mas aqui o instrumento de trabalho pá não tem nada a ver com a questão, e sim com a omoplata de certos animais, também chamada de "pá" ou de "apá". Ter cabelo no apá era sinônimo de força física.

COM O PERDÃO DA PALAVRA
O costume de pedir desculpas antes de dizer algo que pudesse ferir os ouvidos das pessoas, fosse uma grosseria ou uma demonstração de ignorância, já existia na Roma Antiga. O hábito permaneceu, e já se registravam expressões parecidas em português no século XVI.

COM O RABO ENTRE AS PERNAS
É como os animais ficam quando estão com medo de alguma coisa; a expressão passou a indicar aqueles que recuam, humilhados ou amedrontados. Seu uso é bem antigo, pois Francisco Manuel de Melo a mencionou em Feira de Anexins, de 1666.

COM UNHAS E DENTES
Agarrar algo "com unhas e dentes" é pegar alguma coisa e fazer de tudo para não largá-la, enquanto lutar "com unhas e dentes" é usar de todos os meios à disposição para obter algo. Ainda na época dos romanos, unhas e dentes eram tidos como as primeiras armas do homem, e o português Gil Vicente usou a expressão no *Auto da barca do Purgatório*, de 1518.

COMER COM OS OLHOS
Quem não pode devorar uma saborosa iguaria acaba comendo apenas com os olhos. Se, atualmente, "comer com os olhos" denota certa inveja, nem sempre foi assim. Na Roma Antiga, uma cerimônia religiosa consistia em um banquete em honra dos deuses em que ninguém colocava as mãos na comida – todos participavam da refeição apenas olhando!

CONTAGEM REGRESSIVA
Eis um caso em que a vida imita a arte. No filme *A mulher na Lua* (*Die Frau in der Mond*), de 1930, o cineasta alemão Fritz Lang (1890-1976) criou a contagem regressiva para dar mais emoção a uma cena de um lançamento de foguete. Cientistas alemães aprovaram a novidade e passaram a adotar a contagem regressiva no lançamento de bombas V-2, durante a Segunda Guerra. O procedimento foi levado à Nasa pelos cientistas alemães que se mudaram para os Estados Unidos, fugidos do nazismo.

CONTO DO VIGÁRIO
Uma imagem de Nossa Senhora dos Passos doada pelos espanhóis à cidade

de Ouro Preto (MG) originou uma disputa entre os vigários de duas igrejas, a de Nossa Senhora do Pilar e a de Nossa Senhora da Conceição. Para resolver o impasse, o vigário de Pilar sugeriu que a imagem fosse colocada em cima de um burro no meio do caminho entre as duas igrejas. O rumo que o animal tomasse decidiria com quem ficaria a imagem. Quando foi solto, o burro imediatamente se dirigiu à igreja de Pilar. Mais tarde, soube-se que ele pertencia ao vigário de lá.

CUSPIDO E ESCARRADO

Significa que uma pessoa é muito parecida com outra. A frase original, no entanto, é "esculpido em carrara", uma alusão à perfeição das esculturas de Michelangelo, pois carrara, um mármore italiano, era bastante utilizado por ele. O uso popular foi modificando a frase.

Há também a versão que conta outra origem: a expressão 'esculpido e encarnado', que pode ter se transformado em 'cuspido e escarrado' com o uso.

CUSPIR NO PRATO EM QUE COMEU

O termo significa cometer uma grande ingratidão, e a metáfora veio dos árabes que ocuparam a Península Ibérica na Idade Média. Mas, ao que consta, o uso mais famoso da expressão foi registrado na Academia Brasileira de Letras, em 1924, quando o diplomata e escritor Graça Aranha, um dos fundadores da entidade, afirmou na conferência O Espírito Moderno que "a fundação da Academia foi um equívoco e um erro". Outro imortal, Coelho Neto, retrucou: "Vossa Excelência está cuspindo no prato em que comeu!".

CUSTAR OS OLHOS DA CARA

A frase tem origem num costume bárbaro de tempos antigos. Os olhos e a visão de uma pessoa eram tidos como muito valiosos, por isso era comum que aqueles considerados perigosos tivessem os olhos arrancados ou vazados, para que não fossem mais uma ameaça. O escritor romano Plauto (254- -184 a.C.) foi um dos primeiros a registrar essa expressão em uma de suas 130 peças. Governantes depostos, prisioneiros de guerra e outros tipos de inimigos tinham os olhos arrancados depois de um golpe ou de uma batalha. Os vencedores acreditavam que desse modo os derrotados teriam poucas chances de se vingar e se tornariam inofensivos. Também vale lembrar das lendas sobre o martírio de santa Luzia e da história de Édipo, que arrancou os próprios olhos depois de descobrir que havia matado o pai e se casado com a mãe.

DAR DE MÃO BEIJADA
Entregar algo a alguém espontaneamente, sem nenhum pedido de retribuição. Diante dos papas, os reis e os nobres mais ricos primeiro beijavam a mão de Sua Santidade. Em seguida, faziam suas ofertas, entregando à Igreja terras, palácios e outros bens. O primeiro a utilizar a expressão foi o papa Paulo IV, em documento de 1555.

DAR A VIDA
Hoje, quando enunciada, a frase tem como objetivo demonstrar um amor máximo, mas séculos atrás a dedicação ia muito mais longe. Na Antiguidade, havia quem literalmente se oferecesse em sacrifício para que a pessoa homenageada ganhasse os anos de vida aos quais a vítima renunciava de boa vontade ou para que certa empreitada fosse bem-sucedida.

Na Roma Antiga, sabe-se que um cônsul se matou para que os romanos vencessem uma batalha. Anos depois, o filho, também ocupando o cargo, fez o mesmo às vésperas de outra batalha; e o neto seguiu idêntico caminho!

DAR UMA CANJA
Todo músico que toca um instrumento musical de improviso está "dando uma canja". A expressão nasceu nos anos 1960, quando o Clube dos Amigos do Jazz, uma entidade que reunia trezentos fãs desse gênero musical, era conhecido pela sigla Camja. Como o clube deixava todos os instrumentos musicais à disposição de seus frequentadores, todos os músicos diziam que "iam tocar no Camja". Com o tempo, a frase passou a "dar uma canja". Depois disso, a expressão se popularizou, quando os grandes músicos e fãs do clube passaram a tocar de graça em outros lugares.

DAR UMA COLHER DE CHÁ
Por ser uma bebida suave, o chá é muitas vezes oferecido a doentes. A

expressão "dar uma colher de chá", portanto, passou a ser empregada para definir uma manifestação de carinho, de ajuda a quem está de alguma forma fragilizado.

DE FECHAR O COMÉRCIO

Hoje a expressão é usada para classificar algo ou alguém que provoca sensação, muita admiração, mas no passado se fechava o comércio por outras razões. A primeira vez em que isso ocorreu foi no século IV a.c., quando, segundo o escritor Tito Lívio (59 a.C. - 17 d.C.), as lojas de Roma fecharam após uma derrota militar. Séculos depois, acontecimentos importantes, alegres ou tristes, eram motivo para se "fechar o comércio" em Portugal.

DAR UMA DE JOÃO SEM BRAÇO

A expressão é usada para designar as pessoas que escapam de fazer alguma coisa, dando uma desculpa que não se justifica. De acordo com o escritor Deonísio da Silva, autor de A Vida íntima das frases, ela teria vindo da época das guerras civis de Portugal. Os feridos e aleijados não podiam trabalhar nem voltar à luta. "Simular não ter um ou os dois braços constituiu-se em escusa para fugir ao trabalho e a outras obrigações. Não demorou e a expressão 'dar uma de João sem braço' migrou para o rico, sutil e complexo reino da metáfora, aplicando-se a diversas situações em que a pessoa se omite, alegando razão insustentável."

DE PÉS JUNTOS

Jurar ou negar de pés juntos é dizer algo com toda a convicção, e já se falava assim em Portugal no século XVI. Pés juntos indicam posição de sentido, demonstram respeito e obediência para com os superiores, sejam eles civis, militares ou religiosos.

DE TIRAR O CHAPÉU

Se alguma coisa está muito boa ou merece respeito e admiração, é "de tirar o chapéu". Também se tira o chapéu para alguém que conseguiu um grande feito. Como hoje quase ninguém mais usa chapéu, o gesto está em extinção, mas a frase permanece como forma de homenagem, de reverência. O rei francês Luís XIV criou uma espécie de manual de etiqueta sobre o uso do chapéu em sua corte, ordenando que o chapéu só deveria ser retirado da cabeça para saudações em ocasiões especiais. Quando os portugueses trouxeram a novidade ao Brasil, no século XVII, viviam se perguntando se aquela era ou não uma ocasião para ' se tirar o chapéu".

DEBAIXO DESTE ANGU TEM CARNE

Era comum os escravos se alimentarem de angu, massa feita de farinha de milho, de mandioca ou de arroz, muito barata para os senhores. No entanto, havia ocasiões em que as cozinheiras – também escravas – escondiam sob o angu pedaços de carne para outros escravos. Daí o surgimento da expressão "debaixo deste angu tem carne", que hoje denota qualquer disfarce ou atitude suspeita.

DEIXAR AS BARBAS DE MOLHO

Na Antiguidade e na Idade Média, a barba significava honra e poder. Ter a barba cortada por alguém representava uma grande humilhação. Essa ideia chegou aos dias de hoje com o sentido de alguém se manter de sobreaviso, acautelar-se, prevenir-se. Um provérbio espanhol diz que: "Quando você vir as barbas de seu vizinho pegar fogo, ponha as suas de molho". A mensagem implícita é que todos devem aprender com as experiências dos outros.

DIA D

Dia determinado para a execução de uma tarefa ou para início de uma dada operação. Teve origem na Segunda Guerra Mundial, quando os Aliados se preparavam para invadir a região da Normandia, ocupada pelos alemães. Para manter o plano em absoluto sigilo, as forças aliadas registraram apenas o dia como D e a hora como H, e daí nasceram as duas expressões.

Ah, o dia D foi 6 de junho de 1944 e a hora H foi às 6 da manhã. A Operação Overlord, a mais espetacular ação militar de todos os tempos, envolveu 3 milhões de soldados, 5.339 embarcações, 11 mil aviões e 15 mil tanques e veículos blindados. Morreram 80.295 soldados alemães, 34.417 soldados aliados e 12.850 civis franceses.

DO ARCO-DA-VELHA

Coisas do arco-da-velha são coisas inacreditáveis, absurdas. Arco-da-velha é como é chamado o arco-íris em Portugal, e existem muitas lendas sobre suas propriedades mágicas. Uma delas é beber a água de um lugar e devolvê-la em outro – tanto que há quem defenda que "arco-da-velha" venha de arco da *bere* ("de beber", em italiano).

DO TEMPO DO ONÇA
A frase foi criada para se referir a algo muito antigo. Entre 1725 e 1732, o Rio de Janeiro foi governado pelo capitão Luís Vahia Monteiro, apelidado de "Onça". Por isso, quando os cariocas queriam dizer que algo tinha acontecido havia bastante tempo, diziam que aquilo era "do tempo do Onça". Há quem defenda a existência de outro "Onça". Teria sido um chefe de polícia de Pernambuco que também viveu no século XVIII e foi apelidado de Onça pela coragem e pelo temperamento violento.

DOIS BICUDOS NÃO SE BEIJAM
Esqueça as aves, pois a frase não tem nada a ver com elas. No Nordeste, desde o começo do século XIX eram conhecidas as "bicudas", facas estreitas e compridas, também apelidadas de "lambedeiras" ou "pernambucanas". Quem usava uma bicuda era chamado de... "bicudo" – termo também empregado para definir alguém zangado. Quando dois "bicudos" se encontravam, podia sair de tudo, menos carinho!

DOURAR A PÍLULA
Expressão que significa disfarçar algo desagradável com o intuito de torná-lo mais atraente. Ela provém do costume que se tinha em farmácias antigas de embrulhar as pílulas em papéis dourados. O objetivo era que o belo embrulho ocultasse, ou fizesse ser esquecido, o gosto amargo dos remédios.

ESPERTO COMO UMA RAPOSA
Na fábula "A raposa e o corvo", a ave está se preparando para comer um pedaço de queijo. A raposa se aproxima e, de olho no queijo, começa a tecer elogios para o corvo. No final, porém, diz: "Que pena que você não sabe cantar". Irritado com o comentário, o corvo abre o bico e deixa o queijo cair bem na boca da raposa. Foi assim que o animal ganhou fama de esperto.

É TUDO FARINHA DO MESMO SACO
O escritor francês Honoré de Balzac (1799-1850) ajudou a popularizar uma frase famosa em latim: "*Homines sunt eiusdem farinae*" (São homens da mesma farinha). É usada para pessoas que se dizem diferentes, mas que agem da mesma forma daquelas que criticam.

ELES QUE SÃO BRANCOS QUE SE ENTENDAM
A frase surgiu durante o governo do vice-rei português Vasconcelos e Sousa, no século XVIII. Um capitão de cor parda foi desrespeitado por um soldado também de cor parda e foi se queixar a um superior, o major português Melo, que respondeu: "Vocês que são pardos que se entendam!". O capitão não desistiu e narrou o episódio ao vice-rei. Vasconcelos e Sousa mandou chamar o major, este confirmou a frase e o vice-rei mandou prendê--lo. Quando Melo lhe perguntou o motivo da prisão, Sousa respondeu: "Nós que somos brancos nos entendemos!".

ENTRAR COM O PÉ DIREITO
A expressão é muito mais antiga do que se imagina e vem de uma velha superstição do Império Romano. Nas festas, os convidados eram obrigados a entrar no salão *dextro pede*, ou seja, com o pé direito. Assim, evitariam má sorte. No Brasil, a frase começou a se popularizar após o discurso que Rui Barbosa fez às vésperas da posse do marechal Hermes da Fonseca na presidência da República: "Que o novo presidente entre com o pé direito".

ERRAR É HUMANO
A criação de "*Errare humanum est*" é atribuída ao escritor latino Sêneca (4 a.C.-65 d.C.).

FAÇAM O QUE EU DIGO, MAS NÃO FAÇAM O QUE EU FAÇO
A frase aparece na Bíblia, no Evangelho de São Mateus. Está escrito: "Façam tudo o que eles dizem, mas não façam o que eles fazem, porque eles dizem o que se deve fazer, mas não o fazem".

O escritor romano Plauto (254-184 a.c.) já tinha escrito algo com um sentido muito parecido em sua peça *Asinária*: "Pratica aquilo que pregas".

FALAR PELOS COTOVELOS
A boa educação exige moderação na conversa, mas os tagarelas falam tanto que as palavras saem até por onde não costumam sair, é o que quer dizer essa expressão. Ela se refere a quem fala demais e surgiu do costume que as pessoas muito falantes têm de tocar o interlocutor no cotovelo para chamar mais a atenção. Ela tem origem muito antiga: o escritor romano Horácio (65-8 a.c.) foi quem registrou a expressão.

FAVAS CONTADAS
Quando alguma coisa parece certa, que não pode ser de outro jeito, dizemos que são "favas contadas". Fava pode ser tanto uma espécie de planta medicinal quanto suas vagens ou sementes. Durante muito tempo, era comum usar sementes para contar e fazer pequenas operações matemáticas, assim como para jogar a sorte. Muito antes da urna eletrônica, usavam-se favas brancas e pretas nas votações, depositando as sementes em uma urna. Um religioso da cidade de Cádiz, na Espanha, se utilizava nas votações secretas de favas brancas para votar sim e de tremoços para votar não. Outras congregações religiosas adotavam favas de outras cores, ou ainda com ou sem cascas. Depois, havia a apuração e a proclamação do resultado. "Favas contadas", então, significa que a questão está decidida, e a expressão, com esse sentido, aparece em português no século XVI. O *Aurélio* registra ainda "favas pretas" como sinônimo de reprovação.

FAZER CHACRINHA
Por incrível que pareça, esta expressão não é inspirada nos programas do ex-apresentador de TV Chacrinha (Abelardo Barbosa). Esta acepção de "cha-

crinha" provavelmente vem do sânscrito *chakra*, que significa roda – "fazer chacrinha", portanto, quer dizer formar uma rodinha de pessoas para falar de algum assunto. Por influência do apresentador Chacrinha, a expressão é hoje utilizada para designar situações de bagunça festiva, pequenos alvoroços, alardes.

FAZER NAS COXAS
Expressão inicialmente usada para designar relações sexuais apressadas, em que o indivíduo gozava logo no início da penetração. Com o tempo, porém, acabou virando gíria para classificar tudo o que é malfeito. A origem vem da época dos escravos, que usavam as próprias coxas para moldar o barro usado na fabricação de telhas. Como cada escravo tinha uma coxa de medida diferente, as telhas saíam também em formatos diferentes. E o telhado, "feito nas coxas", acabava todo torto.

FICAR COM ÁGUA NA BOCA
É a sensação que temos ao sentir o cheiro de um alimento de que gostamos ou ao ver algo muito apetitoso. Nessas ocasiões, o cérebro é estimulado a pensar que a comida está prestes a ser ingerida. As glândulas salivares são ativadas e começam a produzir saliva. Diariamente, cada pessoa produz de 200 a 350 mililitros de saliva.

FINGIR-SE DE MORTO
Para fugir de uma situação delicada, muita gente disfarça e faz de conta que não é com ele. Isso é que se chama "fingir-se de morto". A expressão veio da fábula "Os viajantes e o urso". Dois homens estão andando por uma estrada quando dão de cara com um urso. Um deles sobe na primeira árvore que vê. O segundo cai no chão e finge que está morto. O urso dá uma cheirada nele e vai embora – e o homem escapa do perigo.

GRILAGEM
A expressão indica o ato de fazer falsos títulos de terra. Ela faz referência ao truque usado para "envelhecer" novos documentos de propriedade. Os papéis eram colocados em uma caixa cheia de grilos. Depois de semanas, saíam cheio de manchas amareladas, corroídos nas bordas e com pequenos buracos graças à ação dos animais.

HIP, HIP, HURRA!

Há quem afirme que esta expressão nasceu na Idade Média. "Hip" viria de *hep*, palavra formada pelas iniciais do latim *"Hierosolyma est perdita"* cujo significado é "Jerusalém caiu" ou "Jerusalém está perdida". "Hurra", por sua vez, viria de *Hu-raj!*, exclamação eslava que quer dizer "Para o paraíso!". Se assim for, pode-se dizer que "hip, hip, hurra!" literalmente significa "Jerusalém está perdida e estamos a caminho do paraíso".

HOMEM NÃO CHORA

A expressão veio de uma regra de sobrevivência dos esquimós. É deles a responsabilidade de enfrentar o frio rigoroso e, para encarar as baixas temperaturas, eles têm de tomar alguns cuidados como evitar correr. O suor poderia congelar e, consequentemente, lhes causar hipotermia. O mesmo princípio se aplica ao choro. As lágrimas congeladas poderiam obstruir os canais dos olhos e prejudicar permanentemente a visão. Por isso, os esquimós ensinam a seus filhos: "homem não chora".

INÊS É MORTA

A expressão tem origem histórica e literária e significa a inutilidade de ações feitas tardiamente. Inês de Castro (1320-55) viveu um romance com o príncipe dom Pedro (1320-67) e com ele teve três filhos. A mando de dom Afonso IV, ela foi condenada à morte por decapitação. Quando se tornou o oitavo rei de Portugal, dom Pedro ordenou a morte dos três assassinos de Inês, que tiveram o coração arrancado. No cortejo de morte de Inês, o rei obrigou todos os nobres a beijarem a mão do cadáver. Ainda concedeu à ex-amante o título de rainha. A homenagem tardia era inútil, pois Inês já estava morta. A personagem foi celebrada na obra *Os lusíadas*, de Luís de Camões.

LARGAR O OSSO

Significa "abrir mão de uma coisa muito boa". Na fábula "O cão e o osso", havia um cão que não largava seu osso de jeito nenhum. Até o dia em que ele passa por um rio e vê sua imagem refletida na água. Ele decide tirar o osso do "outro" cão para ficar com os dois. Quando o cachorro abre a boca para atacar seu próprio reflexo, o osso cai e é levado pela correnteza.

LAVAR ROUPA SUJA EM PÚBLICO
Tudo que se fez cem anos atrás foi reverter o já existente chique provérbio francês *"It faut son linge sale en famille"* (Cada um deve lavar sua roupa suja em particular), ou seja, os problemas da família deveriam ser mantidos e resolvidos entre as quatro paredes da casa. A adaptação da frase apareceu em 1867, no livro *The last chronicle of Barset* (A última crônica de Barset), de Anthony Trollope: "Não gosto de importuná-lo com meus problemas particulares; não há nada tão terrível, eu acho, quanto lavar a roupa suja em público".

LUA DE MEL
Há mais de 4 mil anos, os habitantes da Babilônia comemoravam a lua de mel durante todo o primeiro mês de casamento. Nesse período, o pai da noiva precisava fornecer ao genro uma bebida alcoólica feita da fermentação do mel, o hidromel. Como eles contavam a passagem do tempo por meio do calendário lunar, as comemorações ficaram conhecidas como lua de mel.

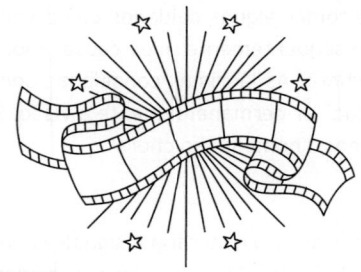

LUZ, CÂMERA, AÇÃO!
A frase é atribuída ao cineasta norte-americano David Wark Griffith (1875-1948). Os estúdios da época ainda não tinham iluminação artificial e eram recobertos por uma espécie de cúpula de vidro e por cortinas, que dosavam a entrada de luz natural. No *set*, quando ele dizia "Luz!", seus ajudantes abriam as cortinas. Ao dizer "Câmera!", o *cameraman* rodava a manivela da máquina. Ao som de "Ação!", os atores começavam a falar. Griffith é considerado o pai do cinema americano, pois sistematizou o uso de rebatedores de luz e da câmera em movimento na década de 1910. Também foi um dos primeiros a usar o plano americano, em que os atores são filmados dos joelhos para cima.

MÃE CORUJA
Toda mãe exagera nas qualidades de seus filhos. Mas a "mãe coruja" exagera bem mais. A expressão nasceu na fábula "A coruja e a águia". As duas aves

fizeram um acordo: uma não poderia comer os filhotes da outra. Foi aí que a águia perguntou à coruja como eram os seus filhotes. Ela respondeu: "São os mais lindos do mundo". Depois de algum tempo, durante um voo, a águia avista um ninho com filhotes bem feios. Ela ataca o ninho e come todos. Descobre em seguida que aqueles filhotes horrorosos eram da coruja, que os achava lindos.

MARIA-FUMAÇA

O termo "maria-fumaça" é um regionalismo brasileiro surgido no século XX para designar a locomotiva a vapor. De acordo com o filólogo Alfredo Maceira, "em vários idiomas, é frequente os nomes próprios mais difundidos adquirirem a função de adjetivos ou substantivos". Segundo ele, no português muitos desses nomes passam a fazer parte de substantivos compostos, como é o caso, por exemplo, de maria-chiquinha, maria vai com as outras, joão-de-barro, joão-bobo, zé-ninguém.

MARIA VAI COM AS OUTRAS

Maria I, mãe de dom João VI e, portanto, avó de dom Pedro I e bisavó de dom Pedro II, ficou louca e proibida de governar em 1792. Por causa de seu estado de saúde, ela saía muito pouco do palácio, e sempre acompanhada por várias damas de companhia. Nessas ocasiões, o povo costumava dizer: "Lá vai dona Maria com as outras". A frase passou a designar pessoas que fazem absolutamente tudo igual às outras, que não têm opinião e vontade próprias. No entanto, no livro *Locuções tradicionais do Brasil*, Luís da Câmara Cascudo explica de outro modo a expressão. Como no rosário a sequência de 150 ave-marias é separada por 15 pai-nossos, a uma Maria outras se seguiriam.

MEIA-TIGELA

Na monarquia portuguesa, os serviços domésticos eram realizados por rapazes que residiam no palácio. Quando novos rapazes vinham do interior, os que já estavam lá os chamavam de "fidalgos de meia-tigela", uma vez que os recém-chegados não tinham direito a moradia, mas apenas a comida. Significa algo de pouco valor ou importância.

METER O BEDELHO

"Bedelho" significa um trunfo pequeno num jogo de cartas. Quem mete o bedelho, portanto, mete-se onde não é chamado, como o jogador que na mesa, ao meter o bedelho, interfere em jogadas que não são para ele, já que há outros jogadores com trunfos bem maiores.

NA BUCHA
Responder "na bucha" é não perder tempo ao retrucar. A bucha era uma planta que se amassava com a pólvora e o chumbo nas antigas espingardas. Quando a arma era disparada, essa camada às vezes ficava visível. Assim, quem responde "em cima da bucha" não dá tempo ao adversário de preparar um novo tiro.

NÃO ADIANTA CHORAR O LEITE DERRAMADO
Numa fábula chamada "A camponesa e o balde de leite", uma moça está na estrada que leva à cidade. Ela carrega um balde de leite na cabeça, pensando em tudo o que poderá comprar com o dinheiro da venda do produto. Só que ela tropeça e derruba o balde. O leite se espalha pelo chão. Só resta à moça chorar. A expressão significa que "não adianta chorar por causa de algo que já aconteceu".

NÃO CHEIRAR BEM
Pode significar má impressão ou mau pressentimento, sinal de que alguma coisa está errada. O cheiro é considerado um sinal de correção ou dignidade. Diz-se das pessoas muito boas que morreram "em odor de santidade". Os santos que tiveram visões do inferno, como santa Teresa de Ávila, sempre mencionam o mau cheiro do lugar. Popular no Brasil, a expressão veio de Portugal, onde já existia no século XVII.

NO FIO DA NAVALHA
A frase descreve um momento decisivo, uma situação de angústia, em que qualquer deslize é fatal. É a tradução literal para o português do nome de um livro do escritor inglês William Somerset Maugham (*The razor's edge*) sobre um jovem que retorna da Primeira Guerra Mundial e hesita entre levar uma vida convencional em Chicago e partir sem rumo em busca de si mesmo. Mas o sentido figurado de andar sobre o fio de uma navalha existe desde os tempos de Homero, já aparecendo na *Ilíada*.

NO TEMPO DOS AFONSINHOS
Expressão tipicamente portuguesa, indica um tempo muito distante e é

uma menção à época em que o rei de Castela Afonso X, o Sábio, governou. Ele criou a Lei das Sete Partidas, que vigoraram em Portugal e, no século XV, as Ordenações Alfonsinas.

OLHO POR OLHO, DENTE POR DENTE
Tipo de vingança estabelecido num dos artigos do Código de Hamurabi. Hamurabi foi rei da Babilônia (1792-50 ou 1730-1685 a.c.) e criador do império babilônico.

ONDE JUDAS PERDEU AS BOTAS
Lugar muito distante, fim do mundo, onde o vento faz a curva, aonde se tem muito trabalho para chegar. Judas, aqui, não é o apóstolo que traiu Jesus, mas o famoso Judeu Errante, chamado Ahasverus. Segundo a lenda surgida no século IV e popularizada no século XIII, ele era sapateiro em Jerusalém. Quando Jesus passou na frente de sua tenda na Sexta- -Feira Santa, dia em que foi crucificado, Ahasverus largou o trabalho para ir empurrar Cristo. Acabou condenado a permanecer vivo e vagando pelo mundo até que Jesus volte.

ONDE O SAPATO APERTA
Expressão tirada de um conto castelhano que narra a história de um padre e de um sapateiro.

> O sapateiro, muito preocupado, foi visitar o padre para lhe contar que estava pensando em se separar da esposa. Na intenção de convencer o sapateiro do contrário, o padre começou a relatar as qualidades da mulher: "Ela é bela, boa cozinheira, um modelo de mulher cristã...". Então, o sapateiro mostrou seus sapatos ao padre e perguntou: "O que o senhor acha deste par de sapatos?". O padre respondeu: "São bonitos sapatos, feitos com uma pele de qualidade e parecem cômodos também". E o sapateiro respondeu: "É isso mesmo, mas o senhor não consegue ver onde eles me apertam". A frase, então, passou a ser usada quando alguém descobre o ponto fraco de outra pessoa.

Um dito popular muito semelhante a esse é "Eu sei onde me apertam os sapatos", que vem de uma anedota contada por Plutarco (50-125 d.C.), na sua obra *Vidas paralelas*. O filósofo grego conta que um patriarca romano tinha uma esposa muito bela e fiel. No entanto, ele a repudiou. Os amigos desaprovaram a decisão, e a eles o patriarca disse: "Estão vendo esses sapatos? Já viram outros mais bonitos e elegantes? No entanto, eu é que sei onde eles me apertam".

OS FINS JUSTIFICAM OS MEIOS
Se a causa é nobre, que importa se os meios para se atingir algo não sejam éticos? A frase é atribuída ao escritor italiano Nicolau Maquiavel (1469-1527), famoso por atacar a classe governante em suas obras. A mais conhecida delas é *O príncipe*, publicada postumamente, em 1532.

PASSAR A NOITE EM CLARO
Quando uma pessoa não consegue dormir por alguma preocupação ou por outro motivo, dizemos que "passou a noite em claro" (ou "em branco"). A origem da expressão está relacionada com a noite ritualística que deveriam passar, sem dormir, os cavaleiros que na época medieval pretendiam fazer parte de alguma ordem. Na noite anterior ao dia da ordenação, os aspirantes a cavaleiros faziam a vigília das armas que os honrariam como cavaleiros usando uma túnica e uma armadura brancas, que simbolizavam a pureza espiritual. A cor branca da vestimenta usada nessa noite em que aguardavam o amanhecer deu origem à expressão "passar a noite em branco".

PASSAR A PERNA
Enganar, trair alguém para tirar proveito ou conseguir alguma coisa, jogar baixo. A expressão vem do traiçoeiro golpe da rasteira.

PERDER AS ESTRIBEIRAS
Estribos são as peças onde um cavaleiro coloca os pés quando cavalga. Se ele não consegue se apoiar nos estribos, desequilibra-se e acaba perdendo o con-

trole do cavalo. Vem daí que quem "perde as estribeiras" perde o equilíbrio psicológico e acaba partindo para a ignorância, seja em palavras, seja em ações.

PONTA DO *ICEBERG*
Se você pensa que o problema é grande, o que está por vir é muito pior. Com os *icebergs* – imensos blocos de gelo soltos das geleiras polares – acontece exatamente assim. A parte que fica visível, sobre a água, é muito pequena se comparada ao bloco de gelo que permanece dentro d'água, submerso.
O transatlântico *Titanic* foi vítima de um *iceberg*. Em 14 de abril de 1912, o navio colidiu com um enorme bloco de gelo e afundou. Morreram 1.513 passageiros.

PÔR A CARROÇA NA FRENTE DOS BOIS
A expressão teve origem na Grécia e Roma antigas. Os gregos diziam "*Hysteron proteron*", ou "O mais recente, o mais antigo". Para os romanos, a expressão era "*Currus bouem trahit praepostere*", que literalmente significa "O arado é puxado pelos bois na posição contrária". Mas a máxima também pode ter sido inspirada no trabalho das minas de carvão. Os túneis das minas costumam ser tão inclinados que, uma vez cheios, os carrinhos de carvão poderiam sair de lá com a ajuda da gravidade. Eles eram puxados da mina por cavalos ou mulas da maneira clássica: cavalo na frente e carga atrás. Mas quando o carrinho cheio descia pelo túnel, a coisa mudava de figura: ele era preso ao cavalo ao contrário, de forma que o bicho freasse a descida da carga, impedindo que ela descesse rápido demais.

PÔR EM PRATOS LIMPOS
Colocar algo em pratos limpos significa esclarecer um assunto, dar uma prova irrefutável. A origem da expressão, na verdade, se refere a limpar a prataria, e não os pratos. A ideia é deixar tudo às claras, como o metal brilhante.

POR QUE PAROU? PAROU POR QUÊ?

O compositor brasileiro Moraes Moreira viu a expressão nascer no Carnaval baiano de 1988, quando tocava no alto de um trio elétrico. Houve uma briga na praça Castro Alves e ele parou o show. "Percebi um grupinho pequeno na multidão gritando: Por que parou? Parou por quê?." No mesmo ano, Moraes usou a expressão em seu disco *Sinal de vida*, no frevo "Por que parou? Parou por quê?", e ajudou a popularizá-la.

PRESENTE DE GREGO

A expressão, que significa dádiva ou oferta que traz prejuízo ou aborrecimento a quem a recebe, é uma das consequências da guerra de Troia. A lendária história é narrada na *Ilíada*, de Homero, que cobre o final de uma disputa de 10 anos (1250 a.c. - 1240 a.c.) entre a Grécia e Troia cujo principal estopim foi o rapto de Helena, mulher do rei de Esparta, Menelau, por Páris, filho do rei troiano Príamo. Para resgatar sua esposa, o monarca pede ajuda a seu irmão Agamenon, rei de Micenas. Ele envia um enorme exército à Ásia Menor, onde montam um cerco ao redor das muralhas da cidade inimiga. O conflito só termina graças a um plano de Ulisses, rei da ilha grega de Ítaca. Ele ordena que as tropas finjam deixar o local da batalha e deixem à porta dos muros fortificados um imenso cavalo de madeira. Os troianos acreditam ser um presente e, o colocam para dentro dos muros da pólis. À noite, os soldados gregos que estavam escondidos saem e invadem Troia, que é arrasada.

PULO DO GATO

A expressão "pulo do gato" significa "segredo profissional". Segundo o pesquisador e escritor Silvio Romero, a expressão deriva da seguinte fábula mineira: a onça sempre ficou muito admirada com a agilidade do gato, e resolveu pedir umas aulas. O gato achou ótima a ideia e começou a dar aulas à onça. Achando que já sabia tudo, a onça resolveu atacar o gato, para pegá-lo como refeição, mas o gato simplesmente sumiu. Depois de alguns dias, ao encontrar o gato, a onça perguntou: "Compadre, esse pulo você não me ensinou...". E o gato, muito esperto, respondeu: "É ele que me mantém vivo!".

Na vida profissional, nem sempre se ensina tudo ao aprendiz, com medo de perder o lugar, daí a expressão "o pulo do gato".

QUE A TERRA LHE SEJA LEVE

Na antiga Roma, os túmulos tinham as iniciais S.T.T.L. (*Sit tibi terra leuis*), que significava "Que a terra lhe seja leve". Desse modo, acreditava-se que os mortos estavam sendo perdoados de todos os seus pecados.

QUE BICHO TE MORDEU?
Expressão dita a uma pessoa que muda repentinamente de comportamento. Na França do século XVII, era comum perguntar: "Que mosca te picou?". Não se sabe exatamente quando a mosca foi trocada pelo bicho.

QUEBRAR O GALHO
Existem diferentes versões para a origem desta expressão. De acordo com uma delas, o termo teria nascido entre viajantes e exploradores. "Quebrar um galho", no caso, seria tanto pegar um atalho ao sair de uma estrada quanto abrir um caminho em um afluente de rio, de modo que este desembocasse mais rapidamente no rio principal (um dos significados de "galho" é "conjunto de riachos"). Há ainda quem afirme que a expressão "quebra-galhos" se deve a Exu Quebra Galho, uma entidade da umbanda que domina as matas.

QUEBRAR O GELO
O uso literal do termo vem dos navios que abrem caminho em águas congeladas. Mas o sentido figurado teve origem no final do século XVI, quando apareceu no epílogo de uma obra de 1590, escrita por Henry Swinburne com o título fúnebre de *Um breve tratado sobre testamentos e últimos desejos*. Uma passagem dizia: "O autor portanto recomenda quebrar o gelo para facilitar a passagem para estes camponeses, pois uma vez que se cai no buraco se parece digno de ser enterrado". Desde esse primeiro uso metafórico até o significado que empregamos hoje – acabar com uma sensação desconfortável entre duas pessoas –, a frase percorreu 150 anos.

QUEM DÁ AOS POBRES EMPRESTA A DEUS
A frase aparece no texto bíblico dos Provérbios. O escritor francês Victor Hugo (1802-85) transformou-a em epígrafe de seu poema "Para os pobres". No Brasil, o poeta baiano Castro Alves ajudou a popularizar a expressão ao utilizá-la na poesia "Espumas flutuantes" (1870). Nela, Castro Alves implora ajuda aos órfãos dos soldados mortos na Guerra do Paraguai.

RASGAR SEDA
A expressão, que significa fazer um elogio exagerado, é originária de uma das comédias do dramaturgo Luís Carlos Martins Pena (1815-1848), fundador do teatro de costumes no Brasil. Em uma cena, um vendedor de tecidos tenta cortejar uma moça bonita e, como pretexto, oferece alguns cortes de fazenda a ela, "apenas pelo prazer de ser humilde escravo de uma pessoa tão bela". A garota entende o recado e responde: "Não rasgue a seda, que esfiapa-se".

R.I.P.
Em vários túmulos dos Estados Unidos e da Inglaterra leem-se as iniciais R.I.P. Há diversas explicações para as letras. Uma delas diz que a sigla corresponde à antiga expressão em latim *"Requiescat in pace"* (Descanse em paz). A adaptação para o inglês *"Rest in peace"* teria ocorrido em consequência da semelhança entre as letras iniciais das três palavras. Em inglês, a palavra *rip* tem a função de substantivo — denotando fenda ou corredeira (de água) — e de verbo, com o sentido de rasgar, cortar ou serrar.

RUA DA AMARGURA
Andar na rua da amargura é sofrer um desgosto atrás do outro, passar por um grande sofrimento.
Na verdade, "rua da amargura" é um outro nome que se dá à via-sacra, o caminho que Jesus percorreu antes de ser crucificado. A expressão é usada em um relato de um frei que visitou Jerusalém no século XVI.

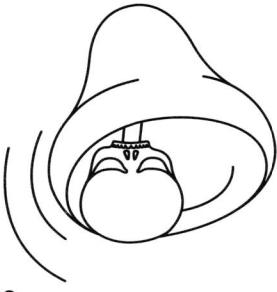

SALVO PELO GONGO

Na Inglaterra do século XVII, um guarda do palácio de Windsor foi acusado de dormir em seu posto, uma falha gravíssima. Para se defender, ele disse que podia provar que estivera acordado. Contou a seus acusadores que tinha ouvido o sino da igreja tocar 13 vezes à meia-noite. Foi absolvido e escapou da execução. Por isso, quando alguém é salvo no último instante, costuma-se dizer que foi salvo pelo gongo. A expressão também é lembrada por causa das lutas de boxe. O lutador que está em desvantagem no *round* só para de apanhar depois que o gongo é acionado.

SANGRIA DESATADA

A expressão vem do tempo em que a sangria (perda de sangue natural ou provocada) era um santo remédio para qualquer coisa. "Sangria desatada" lembra urgência, porque o paciente precisa de cuidados imediatos para não ficar pior que antes de ser sangrado. Quando é usada no negativo ("Não é sangria desatada") significa que o assunto merece atenção, mas não urgente.

SANTO DO PAU OCO

A expressão surgiu no Brasil do século XVIII, em Minas Gerais. Para escapar dos elevadíssimos impostos cobrados pelo rei de Portugal durante o auge da mineração, os proprietários de minas e os grandes senhores de terras da colônia colocavam parte de seus ganhos no interior de imagens ocas de santos, feitas de madeira. Algumas delas, em geral as maiores, eram enviadas a parentes de outras províncias, e até de Portugal, como se fossem presentes.

SAÚDE!

Por que dizemos "Saúde" quando alguém espirra? De acordo com o *Dicionário de símbolos* de Jean Chevalier e Alain Gheerbrant, a história da humanidade está cheia de crenças a respeito do espirro — símbolo de bom ou mau agouro, conforme a ocasião e o local em que ocorria. Alguns povos acreditavam que o espirro era provocado pelos demônios, que faziam cócegas no nariz dos homens para expulsar sua alma do corpo. Foi entre os lapões, povos que viviam no Norte da Europa, que nasceu o costume de dizer "Boa sorte" a quem espirra. É que eles acreditavam que um espirro violento poderia até causar a morte. Outros votos, como "Saúde" e "Deus te abençoe", têm o mesmo significado e surgiram mais tarde em outras culturas.

SE A MONTANHA NÃO VEM A MAOMÉ, MAOMÉ VAI À MONTANHA
Foi assim que o profeta Maomé (570-632 d.C.), criador do islamismo, pregou que devemos simplificar as coisas em vez de optar pelo mais difícil. Certa vez, quando Maomé tentava converter um grupo de árabes, eles o desafiaram a trazer o monte Safa para perto dele. Em vez de Maomé trazer o monte, ele preferiu caminhar até ele. Então, pronunciou a famosa frase, lembrando que se movesse a montanha ela poderia desabar sobre todo o grupo.

SEM EIRA NEM BEIRA
Esse dito tem origem na arquitetura. No período colonial, as casas portuguesas das famílias abastadas tinham na parte superior uma pequena marquise – chamada de eira – que as protegia da chuva. As construções mais sofisticadas, por sua vez, exibiam eiras bem trabalhadas, repletas de desenhos denominados beiras. No Brasil colonial, portanto, quem não tinha muito dinheiro era obrigado a construir casas "sem eira nem beira" – por isso a expressão ainda hoje denota falta de recursos e pobreza. Eira ainda tem o sentido de "área de terra batida", concepção que também pode ter influenciado na formação da expressão.

SENTA A PUA!
Grito de guerra da Força Aérea Brasileira (FAB) na Segunda Guerra Mundial criado pelo brigadeiro Rui Moreira Lima. No linguajar nordestino, queria dizer algo como "desce o sarrafo" ou "pau neles".

SERÁ O BENEDITO?
Em 1933, o presidente Getúlio Vargas hesitava muito na escolha do interventor de Minas Gerais. Todos temiam que ele escolhesse o pior candidato, Benedito Valadares. Por isso a população se perguntava: "Será o Benedito?". Sim, o escolhido foi o Benedito.

SUAR SANGUE
O termo faz alusão ao sofrimento de Jesus Cristo no Monte das Oliveiras: "E, em agonia, ele rezou com toda a sinceridade, e seu suor era como se gotas de seu

sangue estivessem caindo no chão". Esse é o episódio da Bíblia em que Jesus descobre o que o aguardava no futuro. Claro que ele que não suou sangue, mas tanto se esforçou para rezar com todo o coração que foi como se estivesse sangrando. Até o século XVII a expressão teve uso estritamente religioso.

SURDO COMO UMA PORTA

A expressão era usada na literatura de 1350, o que significa que antes disso já era comum na linguagem oral. Apenas, em vez de "Surdo como uma porta", dizia-se "Morto como uma porta". O verdadeiro motivo da criação da frase, no entanto, nunca foi bem explicado. A versão revisada do *Johnson's English Dictionary*, de 1818, explica que os pregos costumavam ser tão duros e recebiam tantas marteladas para ficar presos à porta que quando o serviço terminava já estavam "mortos". A expressão com a palavra "surdo" só surgiu no século XVI.

TÁ RUÇO!

Frase criada em Petrópolis, no Rio de Janeiro, que sugere que algo está difícil. Ruço é o nome dado ao nevoeiro que costuma baixar na cidade nas tardes de inverno.

TAL PAI, TAL FILHO

Quem celebrizou a frase foi o poeta português Luís Vaz de Camões (aproximadamente 1524-80) no Canto III de sua obra-prima *Os lusíadas*. Camões a usou para se referir a dom Afonso Henrique, primeiro rei de Portugal, que demonstrava a mesma coragem do pai, que havia lutado na Primeira Cruzada (1095).

TEMPESTADE EM COPO D'ÁGUA

Os antigos romanos já tinham um ditado parecido: "*Excitare fluctus in simpulo*" – algo como "Provocar uma tempestade em uma pequena concha", ou seja, fazer um escândalo por alguma razão insignificante. Mas nem sempre a tempestade foi feita no mesmo recipiente. Em inglês, o ditado é "Tempestade em xícara de chá", sendo que a "xícara" da expressão só foi aparecer em 1872. Antes disso, há registros da frase em 1678, quando a concha dos romanos já havia sido substituída pela palavra "tigela", e em 1830, época em que se usava "bacia".

TEMPO É DINHEIRO

O físico americano Benjamin Franklin (1706-90) teria chegado a ela depois de ler obras do filósofo grego Teofrasto (372-288 a.c.). O pensador grego, a quem é atribuída a autoria de cerca de 200 trabalhos em 500 volumes, teria mencionado a frase "Tempo custa muito caro". Isso porque ele escrevia, em média, um livro a cada dois meses.

TORCER O PEPINO

O provérbio "É de pequenino que se torce o pepino" – que promove a idéia de que quanto mais cedo se aprende, melhor – é antigo e chegou ao Brasil ainda antes de 1600, vindo de Portugal, onde o vegetal ainda não era muito comum. É possível que a influência tenha sido da França, onde o pepino correspondia a paixão – e também ao órgão sexual masculino.

TROCAR OS PÉS PELAS MÃOS

Quem se atrapalha e faz tudo ao contrário bota os pés pelas mãos. Para ensinar os cavalos a trotar direito, costumava-se colocar guizos em suas patas. Assim, o cavaleiro podia corrigir o animal, que não "botava os pés pelas mãos" e andava de forma certa.

UH, TERERÊ!

A expressão surgiu nos bailes funk e é a adaptação para o português de um rap americano do grupo Tag Team, cujo refrão diz: "*Whoop! There it is!*" (Opa! Aí está!). Na pronúncia dos funkeiros, a frase virou "Uh, tererê".

UM É POUCO, DOIS É BOM, TRÊS É DEMAIS

De acordo com o escritor Deonísio da Silva, em *De onde vêm as palavras*, esta frase foi popularizada no século XX em uma canção do compositor brasileiro Heckel Tavares (1896-1969). "Os versos dizem 'numa casa de caboclo, um é pouco, dois é bom, três é demais'", conta o escritor. Embora a expressão seja relativamente recente, Deonísio afirma que seu sentido já aparecia na Bíblia. Segundo o Velho Testamento, três pessoas formavam um grupo grande demais para discutir assuntos íntimos.

UM RAIO NÃO CAI DUAS VEZES NO MESMO LUGAR

Os índios é que tinham essa crença, tanto que usavam pedaços das árvores atingidas como amuleto, para que nunca fossem pegos por um raio. A verdade, porém, é bem outra. O raio cai, sim, duas, três ou mais vezes no mesmo local. Os raios atingem principalmente os lugares mais elevados, como torres localizadas em áreas planas e árvores no alto de morros.

UMA MÃO LAVA A OUTRA

A frase apareceu pela primeira vez no romance *Satyricon*, do escritor latino Tito Petrônio Arbiter (século I a.C.), como indicação de solidariedade. Quem ajuda também será ajudado. O que você faz por alguém lhe será feito mais tarde.

UMA NO CRAVO, OUTRA NA FERRADURA

A frase foi cunhada por José de Alencar (1829-77) no livro *A guerra dos mascates*, de 1873. Alencar usou a expressão para se referir à política do imperador Dom Pedro II, que ora se dizia favorável a um partido, ora a outro. Assim é o trabalho do ferreiro. Para colocar a ferradura no casco do cavalo, ele dá primeiro uma martelada no cravo (espécie de prego). Depois, para não assustar o animal, ele dá a outra na ferradura. A briga de José de Alencar e Pedro II vinha desde 1868. Apesar de ter sido o senador mais votado daquele ano, Alencar teve seu nome vetado pelo imperador.

VÁ CANTAR EM OUTRA FREGUESIA

Originalmente, a expressão dizia "Vá pregar em outra freguesia", em alusão a figuras religiosas indesejadas em determinadas localidades. Freguesia tinha o sentido de paróquia. A expressão correu os anos e hoje é utilizada quando se quer pedir que alguém que esteja incomodando vá para bem longe.

VÁ PLANTAR BATATA!

De sentido pejorativo, nasceu em Portugal, onde, na época dos Descobrimentos, apenas a navegação, a pesca e a indústria eram consideradas ocupações de respeito. A agricultura era relegada a segundo plano, especialmente o cultivo da batata, alimento que custou a fazer parte da culinária portuguesa. Daí porque a expressão "Vá plantar batata" corresponde a "Vá embora, vá fazer qualquer coisa longe de mim".

VÁ SE QUEIXAR AO BISPO!

No Brasil do século XVIII, ter filhos era muito importante. Para mostrar ao homem que era fértil, muitas mulheres engravidavam antes do casamento. A conduta era aprovada pela Igreja, desde que o casamento depois se consumasse. Muitas vezes, porém, o noivo desaparecia e a mulher grávida ia se queixar ao bispo, que mandava alguém atrás do noivo em fuga.

VALE O QUANTO PESA

Existem duas versões para explicar a origem desta expressão. A primeira refere-se a leis antigas aplicadas aos povos bárbaros do Norte. Uma delas condenava o assassino de uma pessoa a pagar à família ou aos herdeiros do morto uma quantia em ouro ou prata equivalente ao peso do cadáver. Às vezes, isso não era suficiente para acalmar a dor dos parentes, e o réu precisava pagar uma quantidade maior em ouro para não ser assassinado também. Outra versão diz que a expressão nasceu em meio à comercialização de escravos no Brasil. Enquanto as mulheres negras eram negociadas conforme sua beleza, os homens tinham um valor proporcional a sua idade e peso (que representava sua força). Havia balanças próprias para pesá-los antes de as negociações serem concluídas.

VARA JUDICIAL

A expressão surgiu por causa de uma prática comum na Roma antiga. Na época, os juízes usavam varas para sinalizar que eram homens poderosos e para distinguir os letrados dos leigos. Os primeiros usavam varas brancas e os segundos, vermelha. Esse costume foi trazido para o Brasil pelos colonizadores portugueses. Quando alguém se recusava a atender uma convocação judicial, os juízes ameaçavam os "rebeldes" com seus bastões. Foi por causa disso que apareceram, também, as expressões "conduzidas debaixo de vara" e "corridas à vara", ambas com o significado de perseguido pela justiça. Vara judicial, por sua vez, ficou consagrada como área judicial onde o juiz exerce seu poder.

VIVA!

Significa isso mesmo, ao pé da letra: que o homenageado tenha vida longa. Há registros de seu uso ainda na época do Brasil Colônia, quando havia até protocolo de vivas para a saudação de autoridades.

Expressões com animais

A COBRA VAI FUMAR
Alguns críticos do governo brasileiro diziam que seria mais fácil uma cobra fumar do que o Brasil entrar na Segunda Guerra Mundial. Pois o Brasil foi para a guerra e a Força Expedicionária Brasileira elegeu como seu símbolo uma "cobra fumando".

A VACA FOI PRO BREJO
Faz referência a tempos difíceis, de seca, quando o gado parte em direção a brejos ou a terrenos pantanosos em busca de água.

ABRAÇO DE TAMANDUÁ
Sinônimo de traição ou deslealdade. O tamanduá se deita de barriga para cima e abre os braços. O inimigo, ao se aproximar, é surpreendido por um abraço que o esmaga.

AFOGAR O GANSO
O mesmo que manter relação sexual. Na Antiguidade, os chineses usavam gansos para satisfazer suas necessidades sexuais. Pouco antes da ejaculação, o homem mergulhava a cabeça do ganso na água, para que pudesse sentir as contrações anais da vítima durante seus últimos espasmos.

AMIGO DA ONÇA

Em 1943, o cartunista pernambucano Péricles de Andrade Maranhão criou um personagem chamado Amigo da Onça para a revista *O Cruzeiro*. O nome foi adaptado de uma famosa piada sobre dois caçadores que conversavam em um acampamento:

> – O que você faria se estivesse agora na selva e uma onça aparecesse na sua frente?
> – Ora, eu dava um tiro nela.
> – Mas e se você não tivesse nenhuma arma de fogo?
> – Bom, então eu matava ela com meu facão.
> – E se você estivesse sem o facão?
> – Apanhava um pedaço de pau.
> – E se não tivesse nenhum pedaço de pau?
> – Subiria na árvore mais próxima!
> – E se não tivesse nenhuma árvore?
> – Sairia correndo.
> – E se você estivesse paralisado pelo medo?
> – Mas, afinal, você é meu amigo ou amigo da onça?

Por causa do personagem, a expressão "amigo da onça" passou a significar um amigo falso, que age pelas costas.

ATIRAR PÉROLAS AOS PORCOS

A expressão aparece no versículo sexto do sétimo capítulo do Evangelho segundo Mateus: "Não dê o que é sagrado aos cães nem lance suas pérolas aos porcos, para que eles não os destruam sob seus pés, se virem contra você e os arranquem novamente de suas mãos".
Com ela se aconselha a não se dar algo valioso a quem não merece.

BAFO DE ONÇA

É assim que nos referimos a alguém com um bafo muito ruim. Mas será que essa fama da onça é justa? Na verdade, seu bafo é igual ao de qualquer outro animal. Se o animal estiver com mau hálito, é porque ele tem algum problema na boca (cárie ou gengivite) ou de digestão. Se estiver saudável, seu bafo não tem cheiro. A expressão tem uma explicação: quando está brava, a onça sopra o ar pela boca, soltando um bafo quente e barulhento.

BODE EXPIATÓRIO
A expressão significa que alguém recebeu a culpa de algo cometido por outra pessoa. A origem está num rito da tradição judaica. Simbolicamente, o povo depositava todos os seus pecados num bode, que era levado até o deserto e lá abandonado. Dessa forma, acreditava-se que as pessoas também estariam livres de todos os males que tinham feito.

BOI DE PIRANHA
Quando o rebanho precisa atravessar um rio cheio de piranhas, o boiadeiro escolhe o animal mais fraco e o coloca na frente. Enquanto as piranhas atacam aquele boi, os outros mais sadios atravessam o rio sem dificuldade. Por isso, "boi de piranha" se refere à pessoa que é eleita ou se prontifica a fazer algum sacrifício para salvar a pele dos companheiros.

BRINCAR DE GATO E RATO
A frase ficou famosa em 1913, na Inglaterra, durante os protestos femininos pelo direito de voto das mulheres. Presas por perturbar a paz, as moças faziam greve de fome, ameaçando a própria saúde. Para contornar a situação, o Parlamento inglês aprovou o "Ato de Soltura Temporária de Prisioneiros Doentes", que logo ficou conhecido como "Ato do Gato e Rato". De acordo com ele, quem estivesse doente por fazer greve de fome seria libertado, mas preso de novo assim que estivesse fora de perigo. Como o gato faz com o rato, o Estado deixava que o subversivo ferido se recuperasse, para depois pegá-lo novamente.

CABRA DA PESTE
Cabra, no Nordeste, é o mesmo que sujeito, pessoa. Quando alguém pega uma peste (doença), todos se afastam com medo de serem contaminados. Por isso usar cabra da peste para designar um indivíduo que causa medo por ser violento. A expressão também é usada como referência a homens valentes e merecedores de admiração. Ela faz parte de um grupo maior, que inclui tantos outros insultos (como cabra da rede rasgada, ou seja, uma pessoa insolente) quanto elogios (o famoso cabra macho).

CADELA NO CIO
Uma mulher que dá confiança a muitos homens é chamada, em linguagem vulgar, de cadela. No mundo animal, quando o cio está próximo, a cadela permite que os machos a acompanhem. Os cães formam grupos atraídos pelo cheiro emitido pela fêmea, o que indica que a qualquer momento ela vai ceder. Os machos mais apressados tentam cobri-la antes da hora e são repelidos. Entre tantos, a cadela acaba escolhendo o mais forte. Essa fama de seduzir um grupo inteiro de machos é que deu o sentido pejorativo à palavra.

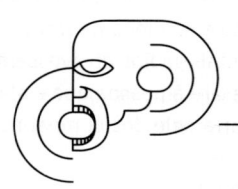

Por que o pão com salsicha ganhou o nome de cachorro-quente?
A história está relacionada a uma das versões da criação desse sanduíche. Em 1852, um açougueiro de Frankfurt, na Alemanha, resolveu batizar as salsichas que fabricava com o nome de seu cachorro bassê.

CAIR NO OSTRACISMO
Cair no ostracismo é cair no esquecimento, e a expressão tem origem em ostras. A palavra "ostracismo" vem do grego *ostrakhismós*, nome de um sistema criado pelo governo de Atenas para expulsar da cidade por dez anos os cidadãos condenados por crimes políticos ou considerados subversivos à ordem pública. Quem apontava esses cidadãos era o povo, que escrevia o nome dos condenados em cascas de ostras untadas de cera.

CANTO DO CISNE
São as últimas realizações de alguém. Antigamente, dizia-se que o cisne emitia um lindo canto quando estava prestes a morrer.

CAVALO DADO NÃO SE OLHAM OS DENTES
A expressão surgiu da tentativa de se descobrir a idade dos cavalos. A principal forma de saber se o animal é velho ou não é examinar-lhe os dentes. Os

primeiros dentes permanentes, que ficam no centro da mandíbula, não aparecem até o bicho completar 2 anos e meio de vida. Um ano depois, nasce o segundo par e, quando o cavalo tem entre 4 e 5 anos, surge o terceiro par. Assim, mesmo que o dono do cavalo tente esconder a idade do animal, ela pode ser comprovada pela arcada dentária. Por isso se diz que, ao se ganhar um cavalo, ou outro presente qualquer, não se deve olhar seus dentes, ou seja, é melhor não descobrir se o negócio é velho ou se tem algum problema, já que veio de graça mesmo.

CAVALOS DE POTÊNCIA

A força de um motor é medida em cavalos de potência desde o final do século XVIII. Os proprietários das minas de carvão da Inglaterra usavam cavalos para tirar o carvão de dentro das minas. O carvão era retirado com baldes e um sistema de cordas e roldanas. Com a invenção dos motores a vapor, o escocês James Watt criou a unidade "cavalo de potência" (*horse power*, ou HP em inglês), baseada na força necessária para um cavalo erguer um balde. Desse modo, um cavalo de potência representa levantar 150 quilos a uma altura de 30 metros em um minuto.

COBAIA

Cobaia é um tipo de roedor, mais conhecido no Brasil como porquinho-da--índia. Por causa de suas características biológicas, ele é o principal animal empregado em pesquisas laboratoriais no mundo inteiro desde o século XIX. Por isso seu nome passou a designar também qualquer bicho ou pessoa usado em experiências.

COZINHAR O GALO

O galo, diferente do frango e da galinha, não tem carne tenra, e cozinhá-lo demora mais. Daí a expressão ter o sentido de espera, fazer algo devagar. Outra explicação vem da Missa do Galo, depois da qual era servido o galo cozido. Sabendo da carne dura do galo, as pessoas da casa iam à missa, enquanto alguém ficava para cozinhar o galo.

DA COR DE BURRO QUANDO FOGE
Por acaso o burro muda de cor quando foge? Na verdade, a tradição oral foi modificando a frase, que inicialmente era "Corra do burro quando ele foge". O burro enraivecido é mesmo perigoso.

DAR COM OS BURROS N'ÁGUA
A expressão vem de um conto popular que relata uma competição entre dois tropeiros que, sem conhecer o caminho por onde passariam, teriam de levar um fardo a escolher até determinado ponto. Partiram para o desafio, um com um fardo de sal, outro com um de algodão. Porém, no percurso, ambos deparam com um rio que deveriam atravessar. Eis que então o sal de um dos tropeiros se dissolveu todinho na água e a carga de algodão, encharcada, pesou demais no transporte, quase afogou o burro e, por fim, se soltou do animal e acabou sendo dada por perdida. Do triste fim dessa história popular, nasceu a expressão "Dar com os burros n'água", em referência a algo que dá errado.

DEU ZEBRA
A zebra não está entre os 25 animais que fazem parte do jogo do bicho, uma loteria ilegal, por isso "dar zebra" significa acontecer algo improvável. A expressão foi criada em 1964 pelo técnico de futebol Gentil Cardoso. "Acho que hoje vai dar zebra", disse ele momentos antes de um jogo entre a Portuguesa carioca, pequeno time treinado por ele, e o poderoso Vasco, pelo Campeonato Carioca de 1964. A Portuguesa ganhou por 2 a 1 e a expressão se popularizou.

DIZER COBRAS E LAGARTOS
Para alguns estudiosos, a palavra "cobras" nesta expressão refere-se a *coplas*, um tipo de poesia espanhola cantada. "Dizer cobras", portanto, seria satirizar alguma situação, ao passo que os "lagartos" teriam sido acrescentados apenas para dar mais força e musicalidade à expressão. Para outros, no entanto, a frase veio do imaginário popular, que vê como ameaçadores tanto cobras quanto lagartos. "Dizer cobras e lagartos", portanto, seria dizer o pior possível sobre algo.

DORMIR COM AS GALINHAS
Nada de levar o travesseiro e o colchão para o galinheiro. A expressão significa apenas deitar-se cedo, logo ao anoitecer, como fazem as galinhas.

ELEFANTE BRANCO

É tudo aquilo que não serve para nada, mas custa caro demais para ser dispensado, como a bicicleta ergométrica usada uma vez e que hoje está servindo de cabideiro em seu quarto. O termo vem de uma tradição do Sião segundo a qual se um elefante albino, raríssimo, fosse encontrado, seria dado ao imperador (até hoje todo imperador siamês leva o título de "Imperador do Elefante Branco"). Como o animal era considerado sagrado, só poderia ser sacrificado com a autorização do governante. Assim, quando queria arruinar alguém da corte de quem ele não gostava, o imperador o presenteava com um de seus elefantes brancos. O bicho era mesmo a mais doce das vinganças: além de gastar horrores para alimentá-lo e tomar conta dele, o novo dono não podia se desfazer do animal sem o consentimento real.

ESTAR EM PAPOS-DE-ARANHA

A fama da aranha nunca foi das melhores, e "estar em papos-de-aranha" quer dizer estar em uma situação bastante complicada, em apuros. Ainda mais porque as aranhas não costumam dar trégua às vítimas. Existe uma versão erudita, "palpos de aranha", que o *Dicionário Aurélio* considera pedante. Palpos são um par de apêndices que as aranhas usam para segurar suas presas.

ESTÔMAGO DE AVESTRUZ

Aquele que come qualquer coisa. O estômago do avestruz é dotado de um poderoso suco gástrico, capaz de dissolver até metais.

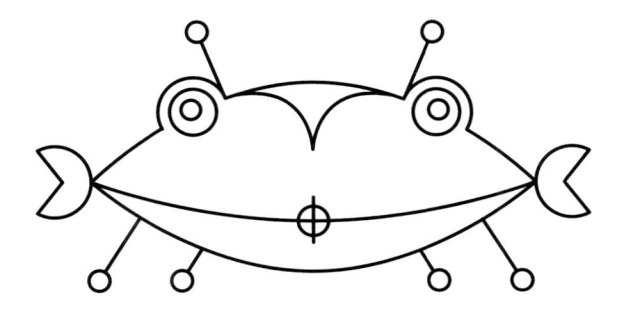

FAZER BOCA DE SIRI

Esta expressão, usada para definir uma pessoa que se mantém calada em relação a um assunto, é baseada no hábito dos siris de agarrarem objetos com suas garras (e não com a boca, como pode fazer parecer o ditado) e não o soltarem de forma nenhuma. A boca de quem guarda segredos, portanto, deveria ficar tão fechada quanto as garras desse crustáceo.

FAZER GATO-SAPATO

Aprontar muito com alguém, tratar com desprezo, humilhar. A expressão já era encontrada com esse significado no século XVI. Existem duas interpretações para ela. A primeira é que "gato-sapato" se tratava de um jogo infantil no qual uma criança, vendada, levava sapatadas dos colegas até conseguir agarrar um deles. A segunda versão diz que, no mundo animal, uma das maiores humilhações que um gato pode passar é ficar "sob uma pata" diante das ameaças de um cão. Esse "sob uma pata" virou sopata, e depois "sapato" (até por rimar com gato). Há ainda uma outra explicação menos conhecida, que vem do tempo em que se usavam muitas abreviações, e "sapato" se escrevia com "ç". O costume era abreviar "çapato" como "çato", o que, dependendo da letra de quem escrevesse e da atenção de quem lesse, poderia ser confundido com "gato". Fazer "gato-sapato", no caso, indicaria o erro de leitura.

FAZER UMA VAQUINHA

O "bicho" começou a ser pago no futebol, em 1923. Trata-se da gratificação dada aos jogadores de um time em caso de vitória ou empate. Quem começou essa história foi a torcida do Vasco da Gama, que fazia uma arrecadação para premiar seus craques. Chamava-se "bicho" porque havia uma senha entre os torcedores baseada no jogo do bicho. Um empate valia um cachorro (número 5) ou 5 mil-réis. Um coelho, número 10, representava 10 mil-réis. Para as grandes vitórias, o prêmio máximo era uma vaca, número 25, ou 25 mil-réis. Foi daí que nasceu também a expressão "fazer uma vaquinha".

FRANGO A PASSARINHO

De acordo com profissionais do ramo, o frango é chamado assim porque é cortado em pedaços menores, 22 para ser mais exato. Os pedaços pequenos acabam por assemelhar o frango a um passarinho. O frango a alho e óleo, por exemplo, é cortado apenas nas juntas e rende 14 pedaços.

GALINHA-MORTA

A galinha já é considerada um animal inofensivo, medroso. Morta, então... A expressão significa alguém fraco, sem coragem, e serve também para se referir a uma mercadoria barata, uma pechincha.

GATO POR LEBRE

Comprar gato por lebre é ser enganado, levar algo de menor valor do que se imagina. No Brasil, a lebre não é muito popular na cozinha, mas o era em Portugal, de onde vem a expressão, usada já na época de Camões. Na Espanha, se menciona o costume que havia em algumas estalagens do século XVI de servir gato como se fosse lebre.

GATOS PINGADOS

Uma tortura praticada no Japão era pingar óleo fervente em escravos, criminosos e animais (os gatos eram as maiores vítimas). Poucas pessoas tinham estômago para assistir a essa crueldade. Por isso, "gatos pingados" se tornou sinônimo de pouco público. Quem ajudou a popularizar a expressão no Brasil foi o cartunista Henfil (1944-88), que criou um personagem para homenagear cada torcida do futebol carioca. O do América era chamado de Gato Pingado. Como a torcida americana sempre foi muito pequena, 'gatos pingados" caiu como uma luva.

VOCÊ SABIA QUE...

... o jogo do bicho foi criado em 1888 pelo barão João Batista Viana Drummond para custear a manutenção do antigo zoológico do Rio de Janeiro, em Vila Isabel? Os ingressos traziam a figura de um dos 25 bichinhos. No final da tarde, havia um sorteio entre os visitantes. Quem tivesse o seu ingresso premiado recebia 20 vezes o valor da entrada. Em pouco tempo, a novidade atravessou os muros do zoo e tomou conta da cidade. O jogo do bicho foi proibido em 1945.

LÁGRIMAS DE CROCODILO
Expressão bastante usada para se referir a um choro fingido. O crocodilo, quando ingere um alimento, faz forte pressão contra o céu da boca, comprimindo as glândulas lacrimais. Assim, ele "chora" enquanto devora uma vítima.

LAVAR A ÉGUA
Nasceu nos hipódromos, quando os donos das éguas vencedoras dos páreos comemoravam o lucro obtido dando um banho de champanhe nelas. "Lavar a égua", portanto, significa lucrar muito.

LOBO EM PELE DE CORDEIRO
A expressão vem de uma fábula contada há 2.500 anos na Grécia Antiga. Segundo a história, um lobo conseguiu entrar em um rebanho de ovelhas disfarçado com uma pele de lã. Como em todas as outras fábulas sobre lobo, este também se achava muito esperto e fingia ser tão inocente e inofensivo quanto as ovelhas, aproveitando-se, assim, para devorar as mais desavisadas. Essa história era tão popular na Grécia e nos países com os quais ela mantinha relações comerciais, que é bem possível que tenha originado a passagem de Mateus, capítulo 8, versículo 15: "Tenha cuidado com os falsos profetas, que vêm a você em pele de cordeiro, mas que no fundo são lobos vorazes".

MACACO VELHO NÃO PÕE A MÃO EM CUMBUCA
Existe uma árvore chamada sapucaia que dá um fruto em forma de cumbuca. Quando amadurece, a cumbuca desprende pequenas castanhas. Atraídos por elas, os filhotes de macacos enfiam a mão na abertura da cumbuca e ali ficam presos. Só conseguem se soltar quando fecham a mão e abandonam o fruto.

MÃO DE VACA
É o nome que se dá a uma pessoa avarenta, sovina, pão-dura. A pata da vaca lembra mesmo um punho fechado, símbolo das pessoas que não gostam de gastar dinheiro.

MATAR A COBRA E MOSTRAR O PAU
Significa afirmar uma coisa e prová-la ou assumir a responsabilidade por uma decisão. A expressão teria sido criada pelo escritor e crítico Valdemar Cavalcanti, em artigo publicado em *O Jornal*, de 15 de novembro de 1964.

MEMÓRIA DE ELEFANTE
O elefante lembra de tudo o que aprende, motivo pelo qual é uma das principais atrações do circo. Ele é capaz de memorizar até 40 comandos e também se lembra de outros elefantes que já tiveram algum tipo de contato com ele. Por isso, costuma-se dizer que pessoas que lembram de tudo têm memória de elefante.

O CACHORRO É O MELHOR AMIGO DO HOMEM
O cão foi o primeiro animal a ser domesticado. A amizade entre ele e o homem já dura 100 mil anos. Os cachorros primitivos organizavam-se em estruturas sociais, a exemplo dos humanos, e acabaram "adotando" o homem como se ele fizesse parte de seu bando. É por isso que eles têm o instinto de proteger o dono, como se os humanos fossem integrantes de sua matilha. Os cachorros primitivos passaram a usar sinais quando queriam demonstrar seus sentimentos para com os homens, os quais, por sua vez, começaram a prestar atenção nas necessidades dos cães. Assim nasceu essa amizade.

OLHA O PASSARINHO!
No início da fotografia, no final do século XIX, o tempo de exposição necessário para obter uma foto era muito longo. Então, para distrair a atenção dos retratados – especialmente crianças –, os fotógrafos colocavam uma gaiola com um pássaro nas proximidades da câmera. A pessoa ficava com a atenção presa no animal e a foto era realizada. Mais tarde, alguns fotógrafos utilizavam pássaros de corda com o mesmo fim. Hoje, os cliques são muito mais rápidos e, quando querem chamar a atenção dos retratados, os fotógrafos utilizam-se apenas de palavras, alguns ainda brincando com a velha expressão "Olha o passarinho".

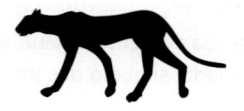

OLHOS DE LINCE

Ter olhos de lince significa enxergar longe. A expressão vem do fato de os linces terem uma visão apurada, embora, quando filhotes, eles só abram os olhos com dez dias de vida. Os povos mais antigos acreditavam que os linces conseguiam enxergar através das paredes.

Já os espanhóis têm outra versão para "olhos de lince". A expressão remeteria a um tal de Linceo, filho de Alfareo, rei dos mesenios, que, se dizia, era capaz de ver e contar num primeiro olhar, de sua atalaia na Líbia, os barcos de uma frota de guerra saída de Cartago. A distância entre os dois pontos era de cerca de 240 quilômetros.

ONDE A PORCA TORCE O RABO

O instante decisivo, o que exige maior sacrifício ou concentração. Nesses momentos, é comum fazer silêncio – justamente o que acontece com quando se torce o rabo da porca. A frase é bem antiga: ela foi empregada até por Luís de Camões no século XVI.

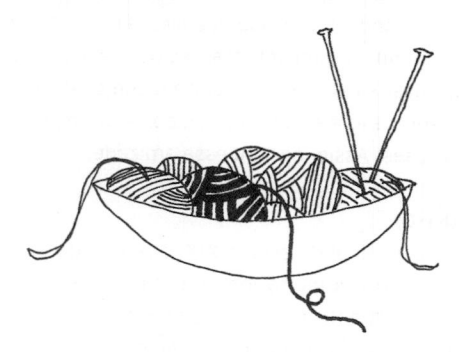

OVELHA NEGRA

São várias as línguas que registram essa expressão, usada para classificar uma pessoa que destoa da família ou de um grupo social, como uma ovelha negra se destaca no meio do rebanho branquinho.

Na Antiguidade, todo animal preto era sacrificado aos deuses nas religiões pagãs e eram vistos como "forças das trevas".

Por isso a expressão é usada para alguém que tem um comportamento diferente do resto de um grupo, de uma família, de uma equipe. Geralmente é um comportamento desagregador, desajustado, violento. Outra versão diz que a expressão vem do pastoreio, em referência a uma ovelha qualquer que, em meio a várias outras, dificultaria o trabalho do pastor ao se afastar do grupo.

PAGAR O MICO

O dicionário Houaiss cita que a expressão, que significa "passar por um vexame", é originária do jogo do mico, em que cada jogador usa as cartas que retira do monte para formar casais. Quem fica com a carta do mico preto, que não tem par, perde a partida. O perdedor tem que sofrer algum tipo de castigo, como passar por uma situação embaraçosa, e "paga o mico".

PAGAR O PATO

A expressão nasceu de uma história da literatura italiana do século XV, escrita por Giovani Francesco Bracciolini. Segundo ela, uma senhora casada e leviana estava interessada em comprar um pato de um camponês que passava diante de sua casa. Sabendo das características da mulher, o rapaz procurou trocar o produto por relações sexuais. Ela cedeu, mas, insaciável, o camponês continuava pedindo mais e mais. Até que em meio às "negociações" o marido chegou em casa. Ao indagar sobre o que se passava no local, recebeu a resposta que discutiam sobre os 2 vinténs que faltavam pelo pagamento do pato. O marido deu o dinheiro e nasceu então a expressão "pagar o pato", com o sentido de se pagar por algo que não se fez. Há ainda uma versão segundo a qual a expressão teria nascido de uma antiga brincadeira: amarrava-se um pato em um poste e os participantes deveriam chegar a galope e, em um único golpe, cortar as amarras que prendiam o animal. Os que não conseguissem o intento pagariam o pato.

PEGAR TOURO À UNHA

Há duas versões para a origem da expressão, uma inspirada nas touradas espanholas.
Depois de espetar os dardos no pescoço do touro, os *bandilleros* fazem de tudo para cansá-lo: provocam o animal com a manta vermelha, saltam em suas costas e o agarram pelos chifres, segurando seu focinho para baixo.
A outra versão diz que a expressão veio de um antigo esporte inglês, a "corrida de touros", considerado brutal. Ele surgiu durante o governo do rei John, aproximadamente no ano de 1200, na cidadezinha de Stamford, Lincolnshire, então uma pequena vila comercial. Todos os anos, no dia 13 de novembro, um touro era solto no mercado pontualmente às 11 da manhã.

Homens e meninos com tacos e cachorros perseguiam o animal, espantando-o na direção da ponte sobre o rio Welland. Lá, os corajosos tentavam dominá-lo e agarravam o bicho pelos chifres para jogá-lo no rio. O touro não era bobo nem nada e nadava para a margem mais próxima, lamacenta naquela época do ano. A perseguição continuava até que o touro e a multidão, todos sujos de lama, estivessem exaustos. Então ele era sacrificado e sua carne vendida baratinho aos participantes da corrida.
Em inglês, a expressão equivalente a "Pegar o touro à unha" é "Pegar o touro pelos chifres". O "esporte" só foi abolido quase 700 anos depois, em 1840.

☠ ☠ ☠ ☠ ☠ ☠ ☠ **PEIXE FORA D'ÁGUA** ☠ ☠ ☠ ☠ ☠ ☠ ☠ ☠ ☠

Por mais que uma pessoa se sinta desconfortável em um ambiente, jamais sofrerá tanto quanto um peixe fora d'água, que morre por falta de ar. Existem registros da metáfora já em 1380, no livro English works, de John Wyclif: "E eles estavam fora da clausura como peixes sem água". Mas é possível que a expressão tenha surgido muito antes, no século IV, pronunciada por santo Atanásio, um patriarca grego, embora não existam provas escritas. Ela também está relacionada com a expressão latina "Mus in matella" – um rato na panela, ou seja, alguém que se encontra em situação desagradável.

☠ ☠

PENTEAR MACACO
Qual a importância de se pentear um asno? Nenhuma. Por isso um provérbio português registrado pela primeira vez em 1651 aconselhava a quem não era bom da cabeça: "Mau grado haja a quem asno penteia". Algum tempo depois, o asno foi substituído pelo bugio. Quando a frase chegou ao Brasil, no século XVIII, o macaco finalmente entrou na expressão.

QUEM NÃO TEM CÃO, CAÇA COM GATO
Esse é outro ditado que se modificou com o uso. A princípio era "quem não tem cão caça como gato", indicando que, quem não tem um cão para levar pra caçar, caça sozinho, como o gato.

RABO-DE-GALO
Derivação da palavra coquetel (a tradução literal de cocktail, em inglês, é

rabo-galo). Entre as tantas explicações para sua origem, uma diz que os cavalos de corrida do século XVII tinham seus rabos cortados bem curto, parecendo rabos de galo. O corte lhes dava mais velocidade, apesar de deixá-los com menos equilíbrio nas curvas. Dois séculos depois, os bares dos hipódromos começaram a misturar bebidas, criando fórmulas mais fortes, que causavam efeitos intensos nos clientes. As bebidas, então, receberam o nome de *cocktail*. No Brasil, *cocktail* e a sua tradução "rabo-de-galo" ganharam sentidos diferentes. Rabo-de-galo é uma mistura de aguardente e vermute, enquanto coquetel é uma combinação de bebidas e sucos de frutas.

TEMPO DE VACAS GORDAS

No Gênese está escrito que, certa ocasião, o rei do Egito teve um sonho: viu sete vacas gordas sendo devoradas por outras muito fracas. Ao despertar, ordenou que chamassem todos os sábios e adivinhos egípcios, mas nenhum conseguiu dar uma interpretação satisfatória ao sonho. Então, mancou chamar José, filho de Jacob e Raquel, que estava na prisão. Ele explicou que as sete vacas gordas anunciavam abundância e as sete magras outros sete anos de fome e escassez. Dessa passagem bíblica nasceu a expressão "Em tempo de vacas gordas" para determinar um período de abundância de curta duração.

TIRAR O CAVALINHO DA CHUVA

Significa perder as esperanças de que algo desejado vá acontecer imediatamente. Principal meio de transporte de tempos atrás, os cavalos eram usados pelas pessoas quando elas visitavam amigos. Para indicar que a visita seria breve, os cavalos eram amarrados na porta da casa. Quando, porém, começava a chover, os animais eram tirados da chuva e levados para um galpão. "Tirar o cavalo da chuva" era a frase dita pelo dono da casa ao visitante, dando a entender que ele não precisava ter pressa, que podia se demorar. A expressão foi provavelmente criada no Rio Grande do Sul.

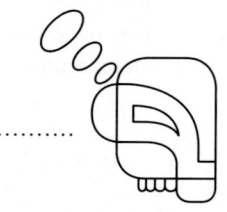

VIU PASSARINHO VERDE?

É só encontrarmos alguém com olhar perdido e cara de bobo que perguntamos "Viu passarinho verde?", sempre esperando ouvir uma notícia boa. Que o verde é a cor da esperança, todos sabem. Mas o passarinho, no caso, é o periquito que as moças de antes usavam como pombo-correio para levar cartas aos namorados apaixonados. Ver o passarinho verde chegando, portanto, seria sinônimo de boas notícias do amado.

VOLTAR À VACA FRIA

O dito, um apelo para que se volte ao assunto principal da conversa, é tradução da expressão francesa *"Revenous à nous moutons"* (Voltemos aos nossos carneiros). A expressão, surgida em uma peça teatral sobre um roubo de carneiros, teria sido dita pelo advogado de defesa durante seu depoimento, em um momento em que se desviou do assunto principal (o roubo de carneiros). A mudança de "carneiro" para "vaca", na tradução, provavelmente se deve ao antigo costume da culinária portuguesa de servir um prato frio à base de carne de vaca no início das refeições.

Expressões com numerais

A SETE CHAVES

Tanto em Portugal quanto no Brasil, segredos e bens preciosos nacionais já foram mantidos em arcas que, para ser abertas, precisavam de quatro chaves, mantidas cada uma sob a guarda de um alto funcionário (no Instituto Histórico e Geográfico do Rio Grande do Norte há uma arca desse tipo). Por causa do misticismo e da força que existe no imaginário popular em torno do número sete, a expressão que define algo muito bem guardado ganhou mais três chaves e passou a ser "trancado a sete chaves".

CAMISA DE ONZE VARAS

Estar em camisa de onze varas significa estar numa situação muito complicada. No século XIX, os ingleses vestiam uma camisa branca com onze listras pretas nos condenados à morte. A Europa adotou o mesmo costume e os presidiários de todos os países também passaram a usar esse mesmo uniforme. Vara também é uma medida antiga de comprimento que equivale a 1,1 metro.

CHEIO DE NOVE HORAS

Em algumas localidades do Brasil, especialmente por volta do século XIX, quem fosse encontrado na rua após as 9 horas da noite era revistado, pois esse momento era tido como "hora de dormir". Os eventos sociais e as visitas também não deveriam ultrapassar esse horário, mandava a boa educação. Por isso, as pessoas que se cercavam de muitas regras passaram a ser denominadas "cheias de nove horas".

OUTROS QUINHENTOS
A expressão tem origem na Península Ibérica do século XIII. Quando qualquer fidalgo da época que se sentisse lesado por alguma injúria tinha o direito de pedir a condenação do agressor, que, para ser absolvido, teria de pagar 500 soldos (moedas de ouro na Roma Antiga). Depois disso, caso cometesse outro insulto, o agressor era obrigado a pagar outros 500 soldos. Daí a expressão.

QUINTA-COLUNA
Coluna é uma determinada formação militar, passível de ser utilizada tanto em ataques quanto em deslocamentos. Já a expressão "quinta-coluna", segundo o *Dicionário Houaiss da Língua Portuguesa*, refere-se a indivíduos que atuam dissimuladamente em um país, espionando ou fazendo propaganda subversiva. O termo surgiu na década de 1940, durante a Guerra Civil Espanhola, quando o general Mola declarou à imprensa que estava com um sistema de quatro colunas para invadir Madri, mas que, se fosse necessário, acionaria uma quinta coluna que já se encontrava na cidade.

Se os Estados Unidos são um país de Primeiro Mundo e o Brasil pertence ao Terceiro Mundo, onde fica o Segundo Mundo?
Embora já seja coisa do passado, o Segundo Mundo um dia existiu. Em 1952, o demógrafo francês Alfred Sauvy escreveu um artigo intitulado "Três mundos, três planetas", no qual observava a existência de países ocidentais capitalistas (Primeiro Mundo), comunistas (Segundo Mundo) e subdesenvolvidos (Terceiro Mundo). Na mesma década, a expressão Segundo Mundo passaria a ser aceita e amplamente utilizada em todo o mundo, após a explicação de tais conceitos em outra publicação de Sauvy, em parceria com o sociólogo Georges Balandier. Em 1989, a queda do Muro de Berlim representou a dissolução do bloco de países socialistas na Europa e o consequente desaparecimento do conceito de Segundo Mundo.

✪ ✪ ✪ ✪ ✪   **QUINTOS DOS INFERNOS**   ✪ ✪ ✪ ✪ ✪ ✪ ✪ ✪

No século XVIII, os portugueses coletavam diversos impostos na colônia, entre eles a quinta parte (20%) de todo ouro extraído em terras brasileiras. Depois da coleta, esses impostos – chamados de "quinto" – eram enviados para Portugal. Quando o barco aportava em Portugal com o ouro brasileiro, os portugueses, que viam o Brasil como uma terra longínqua, diziam: "Lá vem a nau dos quintos do inferno", dando origem a tal expressão.

Palavras com países, lugares e nacionalidades

ÁGUA-DE-COLÔNIA
Não faltam versões para explicar a origem desse substantivo composto. Uma delas diz que, durante a Guerra dos Sete Anos (1756-63), cuando soldados franceses ocuparam a cidade de Colônia, então na Prússia (hoje Alemanha), lá descobriram uma loção muito cheirosa. Ao enviarem algumas amostras para a França, teriam batizado a novidade de "água-de-colônia". Outra versão diz que o banqueiro Ferdinand Muhlens, morador de Colônia, ofereceu refúgio a um monge, e este, como agradecimento, presenteou-lhe com a fórmula para fazer uma *aqua mirabilis* (água milagrosa), que era um perfume. Muhlens gostou tanto do resultado que resolveu produzi-la. Esse tipo de perfume ganhou o nome de água-de-colônia.

ALPINISTA
Os primeiros homens que se aventuraram a escalar montanhas fizeram isso nos Alpes, cadeia montanhosa que se estende entre França e Itália, nterior da Suíça e da Áustria, atingindo a região dos Bálcãs. Esses homens passaram a ser chamados de alpinistas em 1875. Hoje, refere-se à pessoa que escala qualquer montanha.

BACARÁ
É o nome de um jogo de azar que teve origem na cidade de Bacarat, na França.

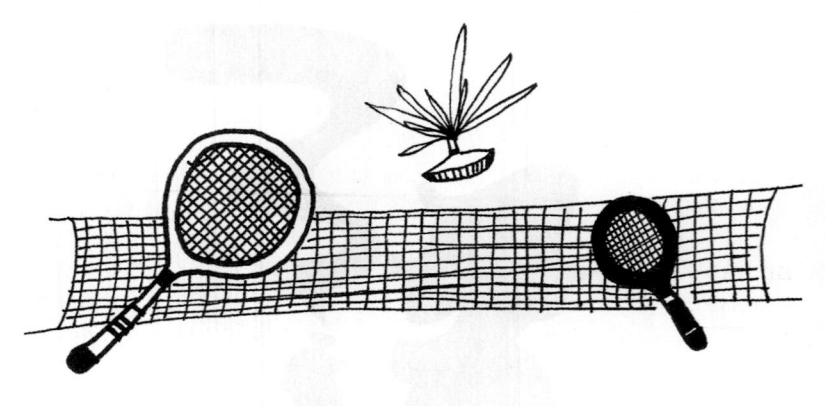

BADMINTON

O nome do esporte praticado com raquete e peteca nasceu na residência de campo do duque de Beaufort, em Badminton, na Inglaterra, em 1873. Os convidados do duque divertiam-se em bater uma peteca de um lado para o outro, com uma raquete, por cima de uma rede. Logo, chamavam a brincadeira de "o jogo de Badminton". O jogo era uma adaptação do *poona*, criado na Índia séculos antes. Soldados do Exército inglês levaram a novidade para a Inglaterra em 1870.

BAIONETA

Em 1639, contrabandistas franceses estavam em guerra contra os espanhóis. Quando a munição acabou, os franceses amarraram suas facas na ponta de seus rifles e venceram a batalha. Como o fato se deu perto da cidade de Baiona, a novidade ganhou o nome de *baionette* – baioneta, em português.

BALZAQUIANA

O termo serve para se referir à mulher na faixa dos 30 anos de idade. Veio do sobrenome do escritor francês Honoré de Balzac (1799-1850), que em 1831 escreveu o livro *A mulher de 30 anos*. A obra causou certo escândalo na época, pois Balzac exaltava a feminilidade das mulheres mais maduras. Dicionários mais recentes já registram uma forma variante e mais compacta de "balzaquiana": balzaca.

BAURU

Em 1934, o radialista Casemiro Pinto Neto criou um sanduíche que leva rosbife, queijo, ovo frito, tomate e alface, tudo num pão francês. O sanduíche foi batizado de "bauru", que era tanto o apelido de Casemiro quanto o nome da cidade do interior de São Paulo onde ele havia nascido. Hoje em dia, o bauru é feito com presunto, queijo e tomate.

BERLINDA

Foi na cidade de Berlim, Alemanha, no século XVII, que apareceram as primeiras carruagens com vidros nas laterais, que ganharam o nome de *berlines*. Os nobres circulavam com elas para ser vistos pelo povo. Daí a expressão "estar na berlinda", que quer dizer ser o alvo das atenções por algum tempo.

BEÓCIO

A antiga Grécia tinha uma região chamada Beócia, onde todos os habitantes eram agricultores e não sabiam ler. Por isso os intelectuais de Atenas lapidaram o termo "beócio" para se referir a qualquer pessoa inculta.

BERMUDA

Na década de 1930, o arquipélago das Bermudas, no Caribe, era um balneário muito procurado para as férias. Só que as leis locais proibiam que as mulheres andassem com as pernas completamente de fora. Para não derreter no calor, elas passaram a usar *shorts* que chegavam quase ao joelho.

BÍBLIA

É a forma plural da palavra *biblos* e significa "os livros". Além de designar o livro sagrado dos cristãos, também pode ser usada quando se deseja fazer referência ao livro mais importante de determinada doutrina ou pensamento. Alguns estudiosos acreditam que a palavra veio do nome de Byblos, uma cidade fenícia (hoje chamada de Gebal, na Síria) da qual, há mais de 3 mil anos, os egípcios importavam papiros. Em vez de denominar o produto importado de papiro, os gregos deram-lhe o nome de *biblos*. Foi assim que a palavra tomou forma. Essa versão, no entanto, é contestada pelo *Dicionário Houaiss*, segundo o qual a palavra teria vindo de *biblíon* (pequeno livro).

BIQUÍNI

A criação do estilista francês Louis Réard (1897-1984) foi tão explosiva quanto os testes nucleares da primeira bomba de hidrogênio realizados nos Estados Unidos nas ilhas Bikini, no Pacífico, em 1946. Pelo menos na visão da revista francesa *Monde Illustré*. Daí o nome do ousado conjunto de duas peças, que modelos profissionais recusaram-se a usá-lo em seu lançamento, em 26 de julho de 1946. Réard precisou apelar para Micheline Bernardini, uma *stripper* do Cassino de Paris.

BIRIBOL
Espécie de vôlei jogado dentro da piscina. Recebeu este nome porque na década de 1960 foi criado em Birigui, cidade do interior de São Paulo.

BOÊMIO
O termo boêmio foi criado para se referir às pessoas que gostam de noitadas. A expressão nasceu por um engano dos franceses, que achavam que os ciganos, famosos por seu espírito aventureiro e grandes bebedeiras, eram provenientes da Boêmia, região da República Tcheca.

CANIBAL
A palavra nasceu de *caríbal*, que deriva de Caribe. Na época do Descobrimento da América, ao tomarem conhecimento de uma tribo indígena do Caribe que se alimentava de carne humana, os espanhóis logo deram esse nome às tribos de mesmo hábito.

CHAMPANHE

Dom Pierre Pérignon (1639-1715), um grande preparador de vinhos, vivia no Norte da França. Certo dia de 1695, esse monge cego decidiu lacrar suas garrafas com cortiça completamente seca, em vez de usar tampas de madeira e fios de corda embebidos em óleo, como era habitual. O resultado disso foi que o dióxido de carbono produzido durante a fermentação, que antes conseguia passar através dos poros da madeira, ficou aprisionado pela nova rolha. Desse modo, dom Pérignon recebeu o crédito por haver colocado bolhas no Champagne. Rapidamente, a invenção do monge encantou a população da região de Champagne, no Nordeste da França. Até hoje, apenas o vinho feito com as uvas dessa região pode exibir no rótulo o título de champagne. Os demais devem ser chamados de vinhos espumantes.

CHANTILI
Em 1662, o suíço Fritz Karl Vatel (1635-71) percebeu que o creme de leite da região de Chantilly, onde trabalhava, era bastante gorduroso e se espessava rapidamente ao ser batido com uma colher de madeira. Deliciado com a descoberta, Vatel resolveu testar vários modos diferentes de produzir a maravilha, incluindo açúcar e até mesmo um toque de baunilha.

Elisa Donel, autora de *O passaporte do gourmet*, desmente essa versão. Ela diz que Vatel era um *maître-d'hotel* suíço, "erradamente considerado autor do creme de *chantilly*, que, na verdade, foi criado um século antes no mesmo castelo de Chantilly". Aos 36 anos, infeliz com o fracasso de um banquete em honra de Luís XIV, ele decidiu se suicidar com sua faca de cozinha.

CHARLESTON
A dança nasceu em 1925 na cidade de Charleston, no estado da Carolina do Sul, nos Estados Unidos.

CORREDOR POLONÊS
Sob o pretexto de retomar o que lhe fora tirado pelo Tratado de Versalhes, a Alemanha passou a reivindicar da Polônia a área do Corredor Polonês, que liga o país à Prússia Oriental. Os poloneses, entretanto, recusaram-se a ceder a região e começaram a sofrer pressões dos dois lados. Em 1º de setembro de 1939 a Alemanha invadiu a Polônia e travou uma guerra-relâmpago, vencendo a resistência local em apenas três semanas.

ESPARTANO
As duas cidades mais importantes da Grécia Antiga foram Atenas e Esparta, esta localizada numa região chamada Lacônia. Enquanto Atenas se notabilizava como centro cultural, Esparta produzia os melhores guerreiros – tanto que meninos que nascessem com algum defeito eram logo sacrificados. Aos sete anos, os garotos tornavam-se propriedade do Estado. Durante o período de treinamento, levavam uma vida muito sacrificada, usavam roupas pobres, tinham a comida racionada e tomavam banho frio. Por isso, hoje dizemos que quem leva uma vida simples leva uma vida espartana.

ESTEPE
A palavra é uma referência a uma rua da cidade de Pembrokeshire, no País de Gales. O termo vem da palavra inglesa *step*, abreviação de Stepney, nome da rua onde se localizava a oficina que fabricou as primeiras rodas sobressalentes, a Stepney Motor Wheel Co. O estepe foi criado pelos irmãos Walter e Tom Davies. A invenção foi patenteada em 1902 e passou a ser exportada para o mundo inteiro. A empresa fabricava cerca de 2 mil rodas reservas por mês.

FAISÃO
O nome da ave originou-se de Phasis, rio do sul da região do Cáucaso. As primeiras espécies de faisão foram encontradas em suas margens.

FILA INDIANA
A expressão "fila indiana" vem do costume de os índios caminharem um após o outro pela mata. Como estratégia de guerra, os que vinham atrás apagavam as pegadas daqueles que seguiam à frente, não deixando vestígio para os inimigos.

GAZE
O tecido leve e transparente usado para curativos começou a ser fabricado na cidade de Gaza, na Palestina. Os mercadores fenícios levaram a novidade para a Europa e os franceses a batizaram de gaze. A palavra veio do árabe *qazz* (seda crua).

GOBELIM
Tapeçaria francesa feita em ricos tecidos e com desenhos de artistas famosos, pela Manufacture Nationale des Gobelins, a partir do século XVIII. O nome vem de Gobelins, família de tintureiros da cidade de Bièvre (atualmente localizada na Bélgica). Eles hospedaram em sua casa os tapeceiros que o rei Henrique IV trouxe de Flandres (região da Bélgica) em 1601. E aí nasceu a sua arte.

HAMBÚRGUER
Quem pensa que o hambúrguer foi criado pelos americanos está redondamente enganado. Os americanos só conheceram a novidade em 1904, durante a Feira Mundial de Saint Louis. O hambúrguer chegou de vez à América na segunda metade do século XIX, levado pelos imigrantes alemães embarcados no porto de Hamburgo – razão pela qual seu primeiro nome

no Novo Mundo foi *hamburg steak* (bife de Hamburgo). Os primeiros que o apreciaram nos Estados Unidos foram os marinheiros, que punham a carne entre dois pedaços de pão para mastigar algo enquanto trabalhavam.

HAVANA

Se alguém diz que vai fumar um havana, está avisando que vai fumar um charuto cubano. Havana é a capital de Cuba, país que produz os charutos considerados os melhores do mundo.

IR PRA CUCUIA

A origem é controversa. Em mapas antigos da cidade do Rio de Janeiro, há registros de um cemitério chamado Cemitério da Cacuia. A expressão "ir pra cucuia" significa morrer e poderia ser uma alusão a esse antigo cemitério. Mas há quem defenda a explicação de que cucuia é uma palavra tupi que significa "decadência".

☻ ☻ ☻ ☻ ☻ ☻ ☻ ☻ ☻   **ITÁLICO**   ☻ ☻ ☻ ☻ ☻ ☻ ☻ ☻ ☻

Este tipo de letra é conhecido como itálico. O italiano Aldus Manutius usou esse realce pela primeira vez em 1501, para imprimir uma obra do poeta Virgílio em homenagem à Itália.

☻ ☻

JURÁSSICO

Os dinossauros habitaram a Terra na era mesozoica, que se divide em três períodos: triássico, jurássico e cretáceo. A era jurássica aconteceu de 208 a 144 milhões de anos atrás. Os primeiros fósseis desse período foram descobertos por arqueólogos em 1829, na cadeia de montanhas Jura, que divide a Suíça e a França.

LACÔNICO

É o nome dado a alguém que fala pouco, que dá respostas curtas. O nome vem da Lacônia, região do Sul da Grécia ocupada por espartanos. Em IV a.c., Filipe da Macedônia partiu com seu exército para dominar os territórios gregos. Os espartanos resistiram. Ao chegar à fronteira da Lacônia, Filipe enviou um ultimato:

> Se não se renderem imediatamente, invadirei suas terras. Se meus exércitos as invadirem, saquearão e queimarão tudo de que vocês mais gostam. Se eu marchar sobre a Lacônia, arrasarei sua cidade. Os espartanos responderam com uma simples palavra: "Se".

LAMBRETA

Poucos anos depois da Segunda Guerra Mundial, a família italiana Innocenti conseguiu reconstruir seu negócio, aberto em 1933, no distrito de Lambrate, em Milão. Os Innocenti passaram então a fabricar pequenas motocicletas, que ganharam o nome de lambretas, uma mistura de Lambrate com *etta*, terminação de diminutivos no italiano.

LEQUE

O termo vem do chinês *Liú Kiú* e é uma referência às ilhas Léquias, que ficam no arquipélago de Ryukyu, no Sul do Japão.

LESBIANISMO

Numa alusão à ilha grega de Lesbos, a palavra lésbica foi usada pela primeira vez para especificar uma homossexual feminina em 1883, num artigo de um jornal médico americano. Uma de suas habitantes, a poetisa Safo, acusada de participar de uma revolta contra o ditador Pítaco, foi exilada por duas vezes. Na segunda ocasião, Safo conheceu um rico comerciante da Sicília. Casaram-se e tiveram uma filha. Quando o marido morreu, ela voltou para Lesbos e passou a supervisionar uma escola de meninas, que gastavam o tempo curtindo música, poesia e amor. As meninas eram chamadas de *heteras* (companheiras em grego). Safo se apaixonou por uma de suas alunas, Átis, que foi tirada da escola pelos pais quando os boatos sobre os hábitos e costumes da instituição se espalharam pela cidade.

LILIPUTIANO

Em *As viagens de Gulliver*, de 1726, o escritor inglês Jonathan Swift (1667-1745) criou uma ilha imaginária chamada Lilipute. Ali, tudo era pequeno: as casas, as pessoas, os animais. Seus habitantes mediam apenas 15 centímetros. A partir daí, algo extremamente pequeno passou a ser chamado de liliputiano.

MALTA

Nome que se dá a um grupo de pessoas más, de baixa índole. Há uma versão (não confirmada) de que a palavra teria se originado da ilha mediterrânea de Malta, país que foi invadido várias vezes por romanos, godos, vândalos, árabes, gregos. Muitos piratas também se instalaram ali. Malta era vista pelas demais nações como uma terra de grupos criminosos. Daí a suposta origem da palavra.

MARATONA

A maratona é a mais longa, difícil e emocionante prova do atletismo. Tudo começou no ano de 490 a.c., quando soldados gregos e persas travaram uma batalha que se desenrolou entre a cidade de Maratona e o mar Egeu. A luta estava dura para os gregos. Comandado por Dario, o exército persa avançava em direção a Maratona. Milcíades, o comandante grego, resolveu pedir reforço. Chamou Fidípides, um de seus valentes soldados e ótimo corredor. Fidípides levou o apelo por ajuda de cidade em cidade até chegar a Atenas, 40 quilômetros distante. Ele voltou com 10 mil soldados e os gregos venceram a batalha, matando 6.400 persas.
Entusiasmado com a vitória, Milcíades ordenou que Fidípides fosse correndo outra vez até Atenas para informar que a batalha fora vencida. O soldado veloz foi mais uma vez, sem se deter. Quando chegou a seu destino, só teve forças para dizer uma palavra: *Niké!* (vitória em grego). E caiu morto. Os primeiros Jogos Olímpicos, de 1896, homenagearam Fidípides criando uma prova de corrida de longa distância, à qual deram o nome de maratona. No início, a maratona tinha os mesmos 40 quilômetros que separavam a cidade de Maratona de Atenas. Desde 1908, seu percurso passou a ser de 42,195 quilômetros.

MECA
Os muçulmanos têm vários deveres básicos. As orações devem ser feitas cinco vezes ao dia, com os fiéis sempre voltados para Meca, cidade natal do profeta Maomé, criador do islamismo. Além disso, eles procuram fazer pelo menos uma peregrinação a Meca na vida. A palavra "meca" passou a ser referir a ponto de convergência das atenções ou de interesses de determinado grupo de pessoas. Por exemplo: Hollywood é chamada de "meca" do cinema, enquanto Milão é considerada a "meca" da moda.

MILANESA
Todo alimento empanado e frito no óleo, carne, peixe, frango, legumes, é identificado como "à milanesa". Consta que a receita teria sido criada em Milão, na Itália, mas duas outras cidades reivindicam a paternidade desse modo de preparo. Na Áustria e na Alemanha, esse tipo de comida é conhecido como "à vienense" – uma referência a Viena, capital austríaca.

MONGOLISMO
Muita gente se refere à síndrome de Down como mongolismo. A explicação é que os portadores da doença têm um semblante muito semelhante ao dos habitantes da Mongólia, país asiático.
Uma lenda diz que o nome "mongol" foi criado pelo guerreiro Gêngis Khan para se referir a seu povo no século XIII. O nome, em sua língua, significava "valente, bravo ou invencível".

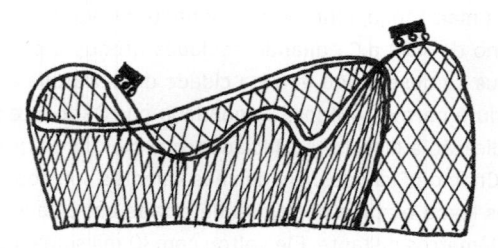

MONTANHA-RUSSA
O brinquedo leva esse nome por ter sido inventado pelos russos. As primeiras montanhas-russas, surgidas entre os séculos XV e XVI, eram feitas inteiramente de gelo, desde a pista até os carrinhos. Era um esporte de inverno. Os aventureiros sentavam-se em blocos com assentos escavados e recobertos de palha, e desciam a montanha. O primeiro trem com rodas foi construído em 1784, em São Petersburgo, ainda na Rússia governada pelos czares. O carrinho nem sempre conseguia parar no final da rampa e muita gente se machucava. O brinquedo se aperfeiçoou e se espalhou por todo o mundo.

NEGÓCIO DA CHINA

Durante o século XVI, a distribuição dos cobiçados produtos orientais na Europa – com destaque para a porcelana chinesa – era um privilégio de Portugal, uma vez que a nação dominava a rota das Índias. A partir do final do século, no entanto, as rotas comerciais portuguesas começaram a ser invadidas por navios holandeses e britânicos, até que em 1602 se criou a Companhia das Índias Orientais, empresa holandesa que seria posteriormente considerada a primeira multinacional do mundo. Monopolizando o comércio de porcelana chinesa por aproximadamente três séculos, a empresa obteve lucros fabulosos. O bom negócio, enfim, fez nascer a expressão popular "negócio da China".

PÃO FRANCÊS

O que chamamos de pão francês não é um dos pães mais populares da França. Lá ele se chama *pistolle* e é encontrado apenas em restaurantes. Então, como teria recebido o nome de pão francês no Brasil? A razão é desconhecida, mas muito provavelmente algum brasileiro experimentou o pão na França e resolveu produzi-lo no Brasil.

PARA INGLÊS VER

A frase indica uma atitude de mera aparência, para enganar, iludir alguém. Desde a proclamação da Independência brasileira, a Inglaterra vinha exigindo do Brasil atitudes concretas para acabar com o tráfico de escravos. A própria Inglaterra colocava barcos patrulhando a costa brasileira. Em 1831, foi aprovada a lei que declarava livres todos os africanos desembarcados em portos brasileiros após aquela data, porém ninguém levou a sério a proibição. O Império fazia vista grossa ao tráfico, mas, para não desagradar a potência europeia, colocava algumas naus no mar para supostamente caçar navios negreiros. Tudo fingimento, e a lei ficou conhecida como "para inglês ver". A abolição da escravatura viria ocorrer apenas com a Lei Áurea, assinada pela princesa Isabel em 13 de maio de 1888.

PASTOR ALEMÃO

A raça, como já diz o nome, é originária da Alemanha. No final do século XIX, o criador de cães Max von Stephanitz se propôs a promover cruzamentos entre seus melhores animais para conseguir uma raça totalmente nova para o pastoreio de gado suíno e bovino. Com base no lema "utilidade e inteligência", acabou chegando ao pastor alemão. O primeiro exemplar foi registrado pelo próprio criador, em abril de 1899. O nome da raça em português é uma tradução do alemão *Deutsche Schäferhunde* ou do inglês *German Sheperd Dog*.

Outro cão pastor, o rottweiler, herdou seu nome de uma cidade alemã chamada Rottweill. Há também o são-bernardo, nome de um convento instalado na porção suíça dos Alpes, e o pequinês, raça que teve origem em Pequim, na China.

PATAVINA
Não entender patavina significa não entender absolutamente nada. A palavra tem origem também num lugar: Pádua, na Itália, cujo nome em latim é *Patauium*. Dizia-se que o historiador romano Tito Lívio, nascido nessa cidade, usava o latim de forma bastante diferente, e as pessoas tinham dificuldade em entendê-lo. Há ainda outra explicação para o aparecimento da expressão. Os portugueses dificilmente entendiam o que diziam os mercadores e os religiosos patavinos – ou seja, nascidos em Pádua. Entendeu? Ou não entendeu patavina?

PÊSSEGO
A fruta tem este nome por causa de um erro geográfico. Embora fosse originária da China, os romanos a conheceram pelas mãos do conquistador macedônico Alexandre Magno, que a trouxe da Pérsia. Por isso, ela acabou sendo batizada de *malum persicum* (maçã da Pérsia). *Persicum* depois se transformaria em "pêssego".

PRESENTE DE GREGO
Paris, filho do rei de Troia, antiga cidade da Frígia, raptou Helena, mulher de um rei grego, o que provocou um sangrento conflito de dez anos, entre os séculos XIII e XII a.C. Foi o primeiro choque entre o Ocidente e o Oriente. Numa das investidas, os gregos conseguiram enganar os troianos deixando à porta de um de seus muros fortificados um imenso cavalo de madeira. Os troianos, felizes com o presente, puseram-no para dentro. À noite, os soldados gregos que estavam escondidos no interior do cavalo saíram e abriram as portas da fortaleza para a invasão. E assim nasceu a expressão "presente de grego".

ROLETA-RUSSA
A expressão roleta-russa (*russian-roulette*) apareceu pela primeira vez no final dos anos 1930, como título de um conto publicado pelo inglês Georges

Surdez. Em poucas linhas, o autor narrou um episódio (ao que consta fictício) ocorrido durante a Primeira Guerra Mundial, no qual um soldado russo, com honra e prestígio abalados e família e pátria enfraquecidas, teria sacado um revólver, retirado o cartucho do cilindro, colocado nele cinco balas (das seis possíveis), direcionado a arma para a cabeça e puxado o gatilho. Com o passar do tempo, o nome desse conto inglês foi empregado sucessivas vezes, com o sentido de arriscar a vida, até se tornar uma expressão popular em várias línguas. Segundo historiadores, não há evidências de que soldados russos tenham cometido atos como o do personagem de Surdez. Vale lembrar que o termo "roleta" faz alusão ao jogo de azar de mesmo nome e que na roleta-russa praticada atualmente apenas uma bala costuma ser colocada no cilindro (e não cinco, como no conto de Surdez).

ROMARIA
O Vaticano, sede da Igreja Católica, fica em Roma. Como a maior parte das peregrinações religiosas sempre teve Roma como destino, a palavra "romaria" acabou se transformando em substantivo que designa qualquer viagem ou excursão de fiéis.

RÚGBI
O esporte foi criado em 1823 no colégio inglês The Close at Rugby School, que acabou originando o nome do jogo. Tudo começou num jogo de futebol. De repente, sem nenhuma explicação, William Webb Ellis agarrou a bola com as mãos, prensou-a contra o peito e saiu correndo, cruzando o campo em alta velocidade. Os companheiros tentaram contê-lo, mas ele desviava de todos com destreza. Até que um deles saltou como um goleiro, agarrou os pés de Ellis e conseguiu derrubá-lo. Todos riram do acontecido e concordaram que tinha sido uma brincadeira divertida.

SAÍDA À FRANCESA
É sair de fininho, sem ser percebido e sem se despedir. Em português, sabe-se que a expressão existe desde o século XVIII, e há duas interpretações

para ela. A primeira nada tem a ver com algum hábito grosseiro francês: "franquia", cuja raiz é a mesma de "francês", era o imposto de saída de mercadorias. Se algo já estava "franqueado", saía do porto rapidamente – ou "saía franco". A outra versão diz que, em uma época em que o idioma francês não era ainda muito conhecido em Portugal, se uma pessoa saía sem avisar era como se estivesse se despedindo em francês, sem que ninguém entendesse. A expressão também existe em espanhol, mas sua origem é diferente e se refere a um costume francês de sair sem avisar porque a intenção era retornar logo – por isso, não havia motivo para despedidas. Só posteriormente a expressão adquiriu a conotação de um gesto mal-educado.

Os franceses não concordaram com a frase e, como sempre, cutucaram seus vizinhos ingleses, mudando a expressão para "sair à inglesa".

SALADA CAESAR

A receita da salada nasceu em um restaurante em Tijuana, no México, chamado Caesar's Place. Durante a lei Seca, muitos astros e estrelas de Hollywood atravessavam a fronteira para ir "abastecer o tanque" no México. No feriado de 4 de julho de 1924, o *chef* Caesar Cardini ficou espantado com a inesperada superlotação da casa. A comida acabou. Só sobrou alface romana, parmesão, pão, azeite, ovos e limão. Para impressionar os clientes, Caesar mandou que os garçons preparassem a salada nas próprias mesas. Assim, ninguém reclamou do prato. Pelo contrário. Muitos voltaram e pediram a receita, que logo atravessou a fronteira e invadiu os Estados Unidos. Ela se popularizou quando começou a ser servida no badalado restaurante Mike Romanoff´s, em Los Angeles.

SALADA WALDORF

O *maître* do luxuoso hotel Waldorf-Astoria, em Nova York, Oscar Tschirky, teria lançado a novidade em 1893. A receita original nada mais era que uma mistura de maçã picada, aipo e maionese. Só anos mais tarde ganharia as nozes e as inúmeras variações, com creme de leite, passas e outros adendos. O jornalista e gourmet Silvio Lancellotti, autor de *O livro da cozinha clássica – A história das receitas mais famosas da história*, lembra que Tschirky recebeu a ideia do chef Auguste Escoffier, que homenageou John Jacob Astor, imigrante alemão nascido na cidade de Waldorf e que enriqueceu nos Estados Unidos comerciando peles, terras e dirigindo um enorme albergue.

SEDÃ
Tipo de automóvel criado em Sedan, antiga vila da França.

SIAMESES
Gêmeos que nascem unidos por alguma parte do corpo são chamados tanto de siameses como de xifópagos. O termo surgiu no século XIX por causa dos irmãos Chang e Eng, nascidos em 1811 no Sião (atual Tailândia). Eles eram ligados por uma cartilagem localizada entre o peito e o abdome e viveram grudados por 63 anos. Por causa disso, chegaram a se apresentar em circos e fizeram até uma fortuna considerável com a exibição de sua deficiência. Aos 32 anos, Chang e Eng casaram-se com duas irmãs. O mais curioso é que cada um tinha sua própria casa, distante 2,5 quilômetros da outra! Eles se dividiam, ou melhor, dividiam o tempo com suas respectivas esposas e filhos (acredite, cada um foi pai de sete filhos!). Aos 59 anos, Chang ficou paralítico. Quatro anos depois, morreu. Eng morreu três horas depois.

SÍNDROME DE ESTOCOLMO
Nome do sentimento de simpatia que a vítima de um sequestro acaba desenvolvendo por seu sequestrador. Surgiu nos anos 1970, na Suécia, quando reféns de um assalto passaram a criar intimidade e a sentir simpatia pelos assaltantes, começando a exigir, em nome dos criminosos, garantias de que a polícia os trataria bem.

SODOMA
Antiga cidade ao sul do mar Morto, no Oriente Médio, Sodoma teria sido destruída pela ira divina por causa da devassidão de seus habitantes. Para se ter uma ideia das coisas que rolavam por lá, vale dizer que o nome da cidade deu origem à palavra "sodomia", que é a prática do sexo anal.

SPA
Cidade da Bélgica que ficou conhecida pelas propriedades medicinais de suas fontes de água. No Brasil e em outros países, o nome acabou virando substantivo para designar clínicas de emagrecimento – e agora de relaxamento também.

STEINHÄGER
Bebida popular da Alemanha surgida no século XV, na região de Westfália, na pequena aldeia de Steinhägen, que acabou dando nome ao destilado. Em sua produção, as frutinhas de zimbro são esmagadas junto com grãos de trigo.

TRANSATLÂNTICO
As grandes embarcações ganharam este nome por causa do oceano Atlântico. Em 26 de maio de 1819, o navio *Savannah* começou uma viagem de 25 dias entre o porto de Savannah, na Geórgia, Estados Unidos, em direção a Liverpool, na Inglaterra. Foi a primeira embarcação a cruzar um oceano, e assim nasceu o nome "trans" (além) + Atlântico.

XEREZ
No ano 1100 a.C., os fenícios fundaram as cidades de Cádiz e Jerez, e desta vem o nome do famoso vinho espanhol. Os fenícios foram os primeiros a levar à região uma variedade de videiras procedente das terras de Canaã. A conquista da região pelos romanos, em 138 a.C., iniciou uma corrente de exportação do xerez para Roma, que durou cerca de 500 anos. A invasão árabe em 711 mudou o nome da cidade de Jerez por Sherish, de onde procede a palavra inglesa *sherry*, adotada pelos britânicos, que importam o vinho desde o século XI.

9

Bola é bola porque é redonda.
Mas bolo nem sempre é
redondo. E por que será que a
bola não é a mulher do bolo?
E o bule? E belo? E bala?

MARCELO, MARMELO, MARTELO
RUTH ROCHA
(1931), escritora

Por trás dos nomes

A Origem dos Nomes

Continentes

A palavra vem do latim *continens* ou *continentis* e seu significado é "contínuo", "ininterrupto", ou seja, perfeito para as vastas extensões de terra que formam os continentes.
▶ Segundo a mitologia grega, Europa foi uma ninfa muito bonita que despertou os amores de Zeus, deus-rei do Olimpo.
▶ Oceano, o deus dos rios, deu origem à Oceania, enquanto sua filha Ásia, mãe das fontes e dos rios, é o nome de batismo do continente vizinho.

▶ África é uma deusa que carrega um chifre e um escorpião.
▶ Dos grandes continentes, só o nome América tem origem pagã. Seu inspirador foi o navegador italiano Américo Vespúcio (1454-1512). Para se harmonizar com os outros nomes femininos, Américo tornou-se América.

▶ **O continente gelado onde está o polo Sul chama-se Antártica ou Antártida?**
O nome é originário do grego *Antarktikós*, que quer dizer "anti Ártico", ou "do outro lado do Ártico". A palavra Antártida nasceu no português e se popularizou ao longo do tempo. *O Vocabulário onomástico da língua portuguesa*, produzido pela Academia Brasileira de Letras, registra as duas formas. Enciclopédias, manuais de redação e o vocabulário onomás-

tico do *Dicionário Caldas Aulete* registram apenas a forma "Antártida". Para resumir, pode-se considerar ambas as formas corretas. A grafia Antártida, porém, é a consagrada.

Oceanos

Vem do latim *oceanus*, resultante do grego *Okeanos*, um dos 12 titãs filhos de Urano, o céu, e Gaia, a Terra, os primitivos senhores do Universo na mitologia grega. Oceano, na verdade, era considerado um rio que fluía ao redor da Terra.
❱ O nome oceano Atlântico é uma homenagem a Atlas, filho de Netuno, o deus romano dos mares.
❱ O oceano Índico é chamado assim por banhar a Índia e a Indonésia.
❱ O oceano Pacífico é assim chamado graças à viagem que o navegador Fernão de Magalhães fez por ele em 1520, impressionando-se com a tranquilidade de suas águas.
❱ O oceano Ártico fica no polo Norte, sob a constelação da Ursa Menor, e seu nome deriva da palavra grega *arctos*, que significa "urso".
❱ O oceano Antártico é geograficamente oposto a ele e por isso tem essa denominação.

✦✦✦✦✦✦✦✦✦✦✦✦✦✦✦✦✦✦✦✦✦✦✦✦✦✦✦✦

O mar Morto tem esse nome por causa da alta concentração de sal em suas águas, dez vezes maior que nos oceanos. Os peixes despejados pelo rio Jordão têm morte instantânea ao caírem no mar Morto. Apenas algumas bactérias e plantas localizadas nas margens conseguem sobreviver. No mar Vermelho, cresce uma infinidade de algas flutuantes, que soltam um pigmento vermelho, colorindo a água durante o verão, daí seu nome.

✦✦✦✦✦✦✦✦✦✦✦✦✦✦✦✦✦✦✦✦✦✦✦✦✦✦✦✦

Planetas

Se dependesse da etimologia da palavra, a Terra estaria fora de órbita. O termo vem do latim *planeta* ou *planetae* que, por sua vez, é proveniente do grego *planes*, "errante, vagabundo", ou *planao*, que significa "afastar-se do caminho certo, desviar do caminho, extraviar".

O nome dos outros planetas tem origem no nome de deuses da mitologia:

Mercúrio	Deus romano dos viajantes
Vênus	Deusa romana do amor e da beleza
Marte	Deus romano da guerra
Júpiter	Pai de todos os deuses
Saturno	Deus grego da fartura
Urano	Rei dos céus
Netuno	Deus romano do mar
Plutão	Deus romano do inferno

Meses do ano

Ao longo da História, já foram feitas várias versões do calendário romano. De acordo com a primeira delas, da qual herdamos a maioria dos nomes de meses, o ano tinha início em março, no dia do equinócio de primavera no Hemisfério Norte, e contava apenas com dez meses. Feita pelo imperador Rômulo (753-717 a.C.), essa versão logo foi modificada por seu sucessor Numa Pompílio (717-673 a.C.), que acrescentou dois meses – janeiro e fevereiro – aos já estabelecidos. De acordo com o novo calendário, os novatos seriam o décimo primeiro e o décimo segundo meses do ano. Foi apenas a partir do Calendário Juliano, estabelecido pelo imperador Júlio César (100--44 a.C.), que o ano passou a se iniciar em janeiro. Vale lembrar que o calendário que seguimos hoje não é nenhum desses, e sim o Gregoriano, criado em 1582 pelo papa Gregório XIII, uma evolução dessas versões. Os nomes dos meses, contudo, permanecem os mesmos desde o início do milênio.

Janeiro ▶ homenagem a Jano, deus romano considerado o senhor das passagens, deus dos inícios.

Fevereiro ▶ deriva do deus Fébruo, a quem nessa época do ano os romanos homenageavam com festas de purificação, a fim de apaziguar os mortos com sacrifícios e oferendas.

Março ▶ homenagem a Marte, deus da Guerra.
Abril ▶ há quem diga que este nome faz referência a Afrodite, deusa do Amor. Para outros, o termo vem do verbo latino *aperire*, referência à abertura das flores, já que este mês marca a primavera no Hemisfério Norte.
Maio ▶ referência a Maia, deusa da Honra e da Reverência.
Junho ▶ homenagem à deusa Juno, protetora das mulheres (especialmente das casadas) e da maternidade.
Julho ▶ inicialmente, este mês era chamado de Quintilis, por ser então o quinto mês do ano. Porém, pouco depois do assassinato do imperador Júlio César, ocorrido nessa época (no ano de 44 a.c.), passou a ser denominado julho, em homenagem a ele.
Agosto ▶ originalmente chamado de Sextillis (derivado de *sextus*), por ser então o sexto mês do ano. Em 8 a.C., porém, o imperador romano César Augusto (sucessor de Júlio César) estabeleceu que fosse denominado agosto em sua homenagem, já que vários bons acontecimentos de sua vida haviam se passado nesse mês.
Setembro ▶ o termo vem do latim *septem* (sete), pois originalmente era o sétimo mês do ano.
Outubro ▶ deriva do latim *octo* (oito), já que originalmente era o oitavo.
Novembro ▶ vem do latim *nouem*, pois por alguns séculos foi o nono mês.
Dezembro ▶ termo derivado do latim *decem*, por ter sido o décimo mês.

Dias da semana

Os dias da semana em português acompanham o latim. Se o domingo é o primeiro dia da semana, a segunda-feira é o segundo, a terça, o terceiro, assim sucessivamente até sexta-feira, o sexto dia. A palavra "sábado" vem do hebraico *shabbath*, que é o sétimo dia da semana, iniciada no domingo.

DOMINGO
Entre os judeus, é o dia religioso de descanso. Domingo vem do latim *dies dominicus* e quer dizer "dia do Senhor".

▶ **Por que os dias da semana acabam em "feira"?**
No Império Romano, a astrologia introduziu no uso popular a septimana, ou seja, as sete manhãs, de origem babilônica. Inicialmente, os nomes dos deuses orientais foram substituídos por equivalentes latinos. No cristianismo, o dia do Sol, *solis dies*, foi substituído por *dominica*, dia do Senhor; e o *saturni dies*, dia de Saturno, por *sabbatum*, derivado do hebraico *shabbath*, dia do descanso, consagrado pelo Velho Testamento. Os outros dias eram dedicados a: Lua (segunda), Marte (terça), Mercúrio (quarta), Júpiter (quinta) e Vênus (sexta).

O termo "feira" surgiu em português porque na semana da Páscoa todos os dias eram feriados – férias ou feiras –, e além disso os mercados funcionavam ao ar livre. Com o tempo, a Igreja baniu das liturgias os nomes pagãos dos dias, oficializando as "feiras". O domingo, que seria a primeira feira, conservou o mesmo nome por ser dedicado a Deus, fazendo a contagem iniciar-se na segunda feira, a segunda-feira. O sábado foi mantido em respeito à antiga tradição hebraica. Apesar da oposição da Igreja, as designações pagãs sobreviveram em todo o mundo cristão, menos no que viria a ser Portugal, graças ao apostolado de são Martinho de Braga no século VI, que combatia o costume de "dar nomes de demônios aos dias que Deus criou".

Nosso país

BRASIL
A árvore pau-brasil batizou nosso país, onde os colonizadores portugueses encontraram florestas fartas dessa madeira de tanta importância comercial no século XVI. "Brasil" significa algo como "em brasa", referência à forte coloração avermelhada do tronco, utilizado para fazer corante. No entanto, essa origem é controversa.

TERRA DOS PAPAGAIOS
O navio que levou a notícia do descobrimento ao rei de Portugal, Manuel I, foi carregado também de objetos, plantas e animais. Entre os bichos, o que mais chamou a atenção da corte foram os papagaios. Foi o que bastou para o Brasil ganhar seu primeiro apelido: *Terra Pappagalli* (Terra dos Papagaios).

Estados brasileiros

✪ Acre
A palavra "acre" deriva de "Aquiri", forma utilizada pelos exploradores da região para grafar Uakiry, do dialeto ipurinã. A transformação aconteceu em 1878, quando um colonizador escreveu uma carta a um comerciante paraense pedindo-lhe mercadorias destinadas à "boca do rio Aquiri". Como o dono e os empregados do estabelecimento comercial não entenderam bem o que estava escrito no nome do local, em vez de à Aquiri as mercadorias foram endereçadas à boca do rio Acre – e este posteriormente se tornou o nome do estado.

✪ Alagoas
O substantivo "alagoa" tem o mesmo significado de "lagoa" e foi justamente por ter muitas lagoas que o estado recebeu este nome.

✪ Amapá
O termo "amapá" foi emprestado do grupo indígena caribe, que o utilizava para designar uma árvore da qual se extraía uma seiva leitosa e medicinal (também conhecida como catauá).

✪ Amazonas
Essa denominação foi dada pelo explorador espanhol Francisco de Orellana no ano de 1541. Ao descer o atual rio Amazonas, ele travou combate com uma tribo indígena na qual verificou a presença de mulheres guerreiras. Comparou-as às amazonas, mulheres lendárias da Antiguidade, habitantes das margens do mar Negro, que amputavam o seio direito para melhor manejarem o arco. Eram chamadas de amazonas, palavra formada por dois elementos gregos, para indicar alguém que não tinha

seios: *a* significa "não" e *mazós* quer dizer "seios". Vale dizer que "amazonas" primeiro designou o rio, posteriormente a região e, por fim, o estado.

⚙ Bahia
No início do século XVI, o navegador italiano Américo Vespúcio escreveu uma carta a Portugal anunciando a descoberta de uma baía no dia de Todos os Santos (1º de novembro). Por causa disso, a referida baía passou a ser denominada Bahia de Todos os Santos. Posteriormente, o nome se estendeu ao estado, que assumiu depois a forma reduzida "Bahia".

⚙ Ceará
Embora alguns digam que o termo venha da expressão indígena *ciará*, que significa "canto da ave jandaia", estudiosos afirmam que o termo ceará veio de uma tribo cariri. Seria a junção de *ce* (pessoa de classe superior) com *ará* (homem, macho, viril).

⚙ Espírito Santo
O estado recebeu este nome pelo fato de a atual cidade de Vila Velha, primeira vila da região, ter sido criada em maio de 1535, em um domingo do Espírito Santo. Mais tarde, o nome passou a designar o estado.

⚙ Goiás
A palavra "goiás" deriva de guaiá, nome de uma antiga tribo indígena que habitou a região.

⚙ Maranhão
O nome "maranhão" foi inicialmente atribuído a um rio que ainda hoje leva este nome. O termo deriva de *mara-nhã*, que quer dizer "corredeira" no dialeto nheengatu; *mara-nhã*, por sua vez, vem do tupi *mbarã-nhana*, ou *pará-nhana*, que significa "rio que corre", no entanto, essa etimologia é questionada. Em 1621, o nome do rio passou a denominar o estado.

⚙ Mato Grosso
O nome deste estado foi dado por exploradores que afirmaram ter encontrado nessas terras matas espessas.

⚙ Mato Grosso do Sul
Em 1977, este estado foi desmembrado do Mato Grosso e, por isso, manteve seu nome original, com o acréscimo da especificação "do Sul".

⊛ Minas Gerais
O nome deste estado se deve à grande quantidade de ouro e outros metais preciosos encontrados na região.

⊛ Pará
O termo "pará" significa mar ou rio caudaloso em tupi. Antes de se transformar em nome do estado do Pará, designava o trecho em que o rio Amazonas se juntava com o Tocantins.

⊛ Paraíba
De origem tupi, o nome "paraíba" significa rio ou mar (*pa'ra*) ruim (*aíba*); seria, portanto, um rio não navegável ou pouco piscoso. Mais uma vez, o nome de um rio acabou se estendendo para o do estado.

⊛ Paraná
O nome deste estado vem do termo tupi *para'nã*, que significa, talvez, "parente do mar", "semelhante ao mar". O nome do rio, mais tarde, passou a designar o estado.

⊛ Pernambuco
Deriva do tupi *para'nã*, "mar", e de *pu'ka*, que é o verbo rebentar, estourar, ser furado, arrombado. Denota, portanto, pedra furada ou buraco feito pelo mar, em referência à pedra furada por onde passam águas salgadas, perto da ilha de Itamaracá.

⊛ Piauí
Vocábulo que vem do tupi *pi'awa'y*, ou simplesmente *piaba'y*. *Pi'awa* significa "piaba" e *'y* quer dizer "rio". Trata-se, assim, de rio das piabas. O termo, inicialmente utilizado para designar o rio, estendeu-se depois para o estado.

⊛ Rio de Janeiro
A Baía de Guanabara foi descoberta em 1º de janeiro de 1502. Como ao avistar a baía os exploradores pensaram estar diante da foz de um rio, a região foi batizada como Rio de Janeiro.

⊛ Rio Grande do Norte
O nome deste estado faz referência ao rio Grande, muito embora este não corra em suas terras.

⊛ Rio Grande do Sul
Desta vez, o nome foi dado em referência a um canal que liga a lagoa dos Patos ao oceano, no extremo sul do estado.

⊛ Rondônia
O nome do estado é uma homenagem ao marechal Cândido Rondon, desbravador da região.

⊛ Roraima
Para alguns estudiosos, este termo deriva de *rorô-yma*, que em língua indígena caribe significa "monte dos papagaios". Outras correntes acreditam que o termo original *rorô-yma* não é caribe e significa "monte verde".

⊛ Santa Catarina
O nome deste estado é uma referência à igreja de Santa Catarina, construída pelo primeiro povoador da região, Francisco Dias Velho.

⊛ São Paulo
O nome é inspirado no dia de São Paulo, no qual foi fundada a primeira vila do planalto paulista, chamada inicialmente de São Paulo de Piratininga. Posteriormente, o nome passou a designar o estado.

⊛ Sergipe
Deriva do termo tupi *si'ri-'y-pe*, que significa "no rio dos siris" (*si'ri* é siri; *y* quer dizer "água, rio" e *pe* é a posposição "em", "para").

⊛ Tocantins
O nome do estado é uma menção a um grupo indígena que teria vivido junto à foz do rio Tocantins. Deriva do termo tupi *tucan-tin*, que significa "bico de tucano".

Onde você nasceu?

▶ **Fluminense ou carioca?**
Quem nasce no estado do Rio de Janeiro é fluminense. Cariocas são os nascidos na cidade do Rio de Janeiro. A palavra "carioca" deriva do tupi *kariió* (carijó, guarani) e *oka* (casa). Quando a cidade foi fundada, os índios passaram a chamá-la de "casa de carijós" e o nome ficou. No século XVIII, o termo passou a se referir também a quem nasce ou mora na cidade.

▶ **Paulista ou paulistano?**
Quem nasce no estado de São Paulo é paulista. Quem nasce na cidade de São Paulo é paulistano. Assim, todo paulistano é paulista, mas nem todo paulista é paulistano.

▶ **Por que quem nasce no Espírito Santo é chamado de capixaba?**
A palavra vem do tupi *kopisaba* e significa "lugar cultivado, carpido". Por causa da quantidade de roças que havia por lá, tanto a região como seus habitantes ganharam esse nome dos índios.

▶ **Por que quem nasce no Rio Grande do Norte é chamado de potiguar?**
Palavra também de origem tupi, *poti'war* significa "comedor de camarão". As tribos que viviam na região eram assim identificadas porque o litoral do Rio Grande do Norte é rico nesse crustáceo.

▶ **Por que quem nasce em Salvador é chamado de soteropolitano?**
A origem é uma espécie de axé do baiano doido. *Soter*, em grego, é o mesmo que "salvador", enquanto *polis* quer dizer "cidade". Portanto, cidade do salvador seria Soterópolis. Continuando nesse raciocínio, quem nasce em Soterópolis é soteropolitano. Não existe registro de quem criou essa palavra.

▶ **Por que quem nasce em Manaus é chamado de manauense?**
A região hoje ocupada pela capital amazonense era a antiga morada das tribos indígenas manaós. Daí originou-se manauara e depois manauense.

▶ **Por que quem nasce no Rio Grande do Sul é chamado de gaúcho?**
Uns dizem que a palavra vem do guarani. A maioria, no entanto, aceita o termo como um sinônimo de "guacho", cujo significado é "órfão" e designaria os filhos cujos pais, uma índia e um português (ou um espanhol), haviam morrido. No início, gaúcho era uma forma pejorativa para ladrões de gado. Servia também para classificar os mestiços e índios que, fugindo dos primeiros povoados espanhóis, cuidavam do gado e que, de tanto cavalgar pelas pastagens, tornaram-se hábeis cavaleiros. No século XVIII, os gaúchos brasileiros tiveram grande importância, porque ocuparam as fronteiras e garantiram sua manutenção para os portugueses. Como reconhecimento, a palavra gaúcho perdeu o sentido pejorativo e passou a exaltar a coragem e o amor à terra.

▶ **Por que quem nasce em Santa Catarina é chamado de barriga-verde?**
Para defender a ilha de Santa Catarina, o governo português ergueu quatro fortalezas. Um batalhão de fuzileiros, comandado pelo brigadeiro Silva Pais, usava um colete verde que chamava bastante atenção. Por isso, os moradores da região apelidaram os soldados de "barrigas-verdes". Mais recentemente, surgiu outra explicação: os catarinenses seriam barriga-verde de tanto tomar erva-mate.

▶ **Por que quem nasce no litoral é chamado de caiçara?**
Os índios tupis chamavam de *kaai'sa* a cerca de ramos de árvore construída em volta da aldeia para protegê-los de inimigos e animais. A palavra se transformou em "caiçara" e passou a representar qualquer proteção feita de modo rústico. Também deu nome à casinha que os pescadores faziam na beira da praia para guardar suas embarcações, redes e outros apetrechos de pesca. Mais tarde, caiçara passou a designar o pescador, e depois os moradores do litoral, principalmente de São Paulo.

Nossos vizinhos da América do Sul

ARGENTINA
O nome "argentina" deriva do espanhol *argentun*, o qual, por sua vez, significa "prata". Sua origem remonta à primeira metade do século XVI, quando o espanhol Sebastián Caboto batizou o rio Solís como "río de la Plata", em razão da prata que havia encontrado em poder de nativos. A forma "Argentina" aparece pela primeira vez em 1601, em poema de Martín del Barco Centenera, intitulado "Argentina y conquista del Río de la Plata". Em 1853, a Constituição estabelece que o país passaria a se chamar República Argentina.

BOLÍVIA
O nome do país é uma homenagem ao líder sul-americano Simón Bolívar. Nascido na Venezuela em 1783, este general, chamado de "Libertador", travou uma série de batalhas contra os espanhóis, nas quais conquistou a independência de Bolívia, Panamá, Colômbia, Equador, Peru e Venezuela.

CHILE
Existem várias explicações para a origem do nome Chile. De acordo com uma delas, a palavra teria vindo de *chili* (frio), termo da língua indígena mapuche. Alguns autores, no entanto, acreditam que tenha vindo de *trih*, ou *chih*, nome mapuche de uma ave da região. Para Diego Rosales, historiador do século XVII, Chile era o nome do cacique que governava o vale do Aconcágua no período da invasão inca. Já o arqueólogo Ricardo Latcham, do século XX, defende que por causa da existência de um rio com esse nome no Peru o termo teria sido levado à região por aborígenes

e para lá pelos incas. Há quem diga ainda que Chile teria vindo de *chilli*, palavra usada por incas para "fim do mundo".

COLÔMBIA
Deriva do nome do descobridor dessas terras, Cristóvão Colombo (em espanhol, Cristóbal Colón), e é um dos únicos casos, senão o único, em que o nome do descobridor passou a denominar o país. As primeiras referências àquelas terras como Colômbia foram feitas no século XVIII pelo venezuelano Francisco de Miranda e por alguns poetas estrangeiros. Embora Colombo tenha feito suas conquistas em nome da Espanha, sua origem era italiana.

EQUADOR
Batizado com o mesmo nome da linha imaginária que atravessa seu território e que divide nosso planeta ao meio, o nome do país vem do latim *aequus*, ou "igual", em referência à divisão da Terra em duas partes iguais, os hemisférios Norte e Sul.

GUIANA E GUIANA FRANCESA
Conhecida pelos nativos como *guyana*, termo que em ameríndio significa "terra de muitas águas". O nome se justifica: os dois países ficam entre os rios Orinoco, Amazonas e Negro, e são banhados pelo oceano Atlântico.
A Guiana Francesa leva esse adjetivo no nome por ser possessão da França.

PARAGUAI
O termo em português deriva do espanhol *paraguay*, originário, por sua vez, do guarani. No idioma original, a denominação – inicialmente apenas do rio Paraguai – significa "rio dos papagaios", *peraguá'y*.

PERU
Depois da conquista do México, os espanhóis chegaram ao Panamá, onde ouviram falar de terras muito ricas localizadas mais ao sul. A denominação, chamada pelos indígenas panamenhos de Virú, logo se tornou Peru

no falar dos espanhóis. Acredita-se que se trata da derivação do nome Birú, um importante chefe inca. Outra versão diz que essa mesma palavra significa também "terra de riqueza e esperança". Apesar de no idioma quéchua (falado pelos índios que lá viviam) o nome oficial das terras ser na época Tahuantinsuyo, o termo "Peru" logo se popularizou entre os espanhóis e passou a designar o local.

SURINAME
Os índios *surinen* − habitantes originários dessa região − deram nome ao país. Quando os primeiros conquistadores espanhóis chegaram ali, a tribo já havia praticamente desaparecido, expulsa e dizimada por outros grupos indígenas, que passaram a ocupar a área.

URUGUAI
O nome Uruguai tem origem guarani. O termo provém de *uruguá* (caracol) + *y* (água, rio) − nesse caso, seu significado original seria "rio dos caracóis". O nome, que em princípio designou apenas o rio Uruguai, posteriormente passou a ser usado em referência a todo o país.

VENEZUELA
Significa "pequena Veneza". O nome foi utilizado pela primeira vez no final do século XV, pelo navegante espanhol Alonso de Ojeda, numa referência à região. A comparação dessas terras com a cidade italiana se deu em virtude das várias palafitas (casas construídas sobre a água, sustentadas por um conjunto de estacas) que o navegador encontrou como residência de indígenas no lago de Maracaibo, situado no noroeste do país.

Em inglês, a palavra turkey significa tanto "Turquia" quanto "peru". A confusão aconteceu por causa de outro pássaro, a galinha-d'angola. Ela foi levada no século XVI para a Inglaterra por mercadores turcos e ficou associada à origem dos comerciantes − por isso, recebeu o nome de turkey. O peru chegou ao país mais tarde e, como a população o confundia com a galinha-d'angola, passou a ser chamado pelo mesmo nome.

Outros países

ALEMANHA
Alemanha deriva do nome de um dos grupos germânicos que invadiram parte do Império Romano (Europa Central). Eles chamavam-se alamanos, que significava "todos os homens" (*all*, "todo", *mann*, "homem"). A nação recebeu o nome de Alemanha apenas em meados do século IX, mesma época em que nascia a França. O termo *Deutschland*, como o país é chamado na língua alemã, deriva de *Teutsch*, nome do povo teutão, que já teve passagens históricas no local antes da era cristã.

ANGOLA
Derivação do termo banto *ngola*, originalmente utilizado para designar "rei".

AUSTRÁLIA
Já na Grécia Antiga uma lenda falava da existência da *terra australis incognita*, uma "terra desconhecida do sul" ("austral" significa meridional, sulino) que a partir do século XII tornou-se alvo de curiosidade em todo continente europeu. Com o desenvolvimento da navegação, as descobertas e conquistas foram se sucedendo, até que, na segunda metade do século XVIII, os ingleses, enfim, colonizaram essas terras. O primeiro navegador a sugerir a utilização do termo "Austrália" para designar o local foi o inglês Matthew Flinders, no ano de 1803, e menos de 15 anos depois sua sugestão seria posta em prática. A independência da Austrália aconteceu apenas em 1901.

CAMARÕES
Algumas nações chamam o país de Camarões, outros de Camerun. Qual é o certo, afinal? O nome internacional é Camerun, ao que consta uma homenagem ao explorador inglês Verney Cameroon, que visitou a região no século XIX. Mas no Brasil adotamos a forma República dos Camarões por uma razão

bem diferente. Quando no final do século XV o português Fernando Pó chegou a Camarões, ficou impressionado com a quantidade desse crustáceo na região e batizou o rio principal de rio de Camarões (hoje rio Wuri).

CANADÁ

O termo *kanata* significa aldeia, vilarejo, povoado no idioma iroquês, falado por alguns indígenas que viviam no atual território canadense no século XVI. Em 1535, dois nativos indicaram ao explorador francês Jacques Cartier o caminho para o vilarejo de Stadacona (atual cidade de Quebec). Sem compreender que estavam falando de um vilarejo, o explorador passou a utilizar o termo "Canada" para se referir a uma grande região em torno do local. Séculos depois, a suposta região (cujos limites foram se estendendo ao longo da História) emprestou nome ao país.

CHINA

O nome oficial do país é Chung-hua-Jen-min Kung-ho-kuo, ou simplesmente República Popular da China. O nome China, utilizado apenas por ocidentais, provavelmente surgiu quando a dinastia Ch'in (Qin), que imperou de 221 a 206 a.c., unificou a nação pela primeira vez. Já o termo Chung hua, utilizado pelos chineses, significa País do Meio e se originou do conceito de que a China seria o centro do mundo.

✦ **POR QUE OS GAÚCHOS CHAMAM AS PROSTITUTAS DE CHINA?** ✦

Os espanhóis costumam chamar de china coisas de pouco valor. Na região do Rio da Prata, tchina é a fêmea de um animal. Desse modo, "china" passou a ser o nome que os gaúchos davam à mulher indígena ou à mulher cabocla, muito morena. Como na zona de prostituição havia muitas dessas mulheres, o termo "china" passou a designar prostitutas ou concubinas.

✦✦✦✦✦✦✦✦✦✦✦✦✦✦✦✦✦✦✦✦✦✦✦

COREIA

Vem de *Koryeo*, ou *Koryo*, nome original da monastia medieval dessa nação, que, por sua vez, deriva de Kokuryeo, antigo país que ocupava parte da atual Coreia do Norte e que era chamado *Koma* ou *Koukuri* pelos japoneses. Imagina-se que o vocábulo "Coreia" tenha sido utilizado pela primeira vez pelos árabes, por volta do século X.

COSTA DO MARFIM

O nome deste país africano surgiu no final do século XIX, em razão da importante reserva natural de elefantes que essa então colônia francesa possuía (isso porque das presas desses animais é que se obtém o precioso marfim). A denominação foi dada pelos colonizadores franceses, os quais, em seu idioma, referem-se ao local como Côte d'Ivoire (Costa do Marfim).

EGITO

A forma portuguesa "Egito" vem do latim *Aegyptus*, que deriva do grego *Aigyptos*. O nome teria sido dado em homenagem a Egito, filho de Belo, que, de acordo com a mitologia greco-romana, foi um dos filhos de Posêidon e Líbia e já teria reinado nessas terras.

ESCÓCIA

O nome do país vem do termo latino *Scotia*, que significa "país dos escotos"; escoto é o nome do povo celta que chegou a essas terras no século III.

ESPANHA

Acredita-se que os fenícios tenham sido os criadores do nome Espanha alguns séculos antes de Cristo. Segundo consta, esse povo foi o primeiro a chegar à Península Ibérica, tendo fundado sua primeira cidade em 1.100 a.C. O termo "Espanha", utilizado por eles para denominar aquelas terras, era pronunciado na forma "i-saphan-im", designando "costa ou ilha de coelhos". Por muitos séculos dividida em reinos, a Espanha voltou a ter seu nome original somente depois do processo de unificação desencadeado pelo casamento de Isabel de Castela e Fernando de Aragão no século XV.

ESTADOS UNIDOS

O termo "Estados Unidos da América" apareceu pela primeira vez na segunda metade do século XVIII, quando o atual território dos Estados Unidos era formado por uma série de colônias inglesas. Na época, as palavras que dariam nome ao país foram impressas no panfleto "Common Sense", redigido em prol da independência política das colônias, por Thomas Paine, um inglês que ainda pequeno imigrara para a colônia americana de Norfolk. O texto, de grande influência entre revolucionários americanos, foi escrito em janeiro de 1776, sugerindo que se formasse uma nova nação independente com o nome de

Estados Unidos da América. Exatamente o que ocorreu meses depois. Naquela época, o continente americano já levava o nome de América, homenagem ao navegador italiano Américo Vespúcio (que, apesar de não ter sido o descobridor dessas terras, foi o primeiro a afirmar que se tratava de um novo continente).

▶ **Por que os Estados Unidos têm o apelido de Tio Sam?**
A história mais famosa afirma que a expressão surgiu em 1812, durante a guerra entre os americanos e a Inglaterra. Na cidade de Troy, em Nova York, um homem chamado Samuel Wilson era fornecedor do governo dos Estados Unidos. Conhecido como "Uncle Sam" (Tio Sam), suas cargas vinham marcadas com suas iniciais, US, as mesmas de Estados Unidos (United States). Logo o nome virou apelido do governo americano e, mais tarde, passou a também designar informalmente o país.

ETIÓPIA
O nome dado a este país provém dos tempos bíblicos e do termo latino *aethiops* (habitante da Etiópia), que, por sua vez, se origina do grego *aithíops*. Em grego, *aíthó* quer dizer "queimar" e *óps* significa "rosto". Assim, *aithíops* seria aquele que tem o rosto queimado. O nome do país, portanto, é uma referência à coloração da pele dos habitantes da região.

FRANÇA
No início do século IX, o território francês chamava-se Gaule, estava sob o reino do imperador Carlos Magno e era predominantemente ocupado pelos francos. Com a morte do imperador no ano de 814, o poder foi para as mãos de seu único filho, Louis le Pieux. Após a morte de Louis, em 840, disputas entre seus filhos acabaram dividindo as terras em três partes em 843: Francie Ocidental, Francie Oriental e Francie Central (Medianel. Nesse mesmo ano, a Francie Central (que englobava a Itália e algumas atuais regiões francesas, como Provence e Bourgogne) se fragmentou em diversos principados independentes; a Francie Oriental deu origem à Alemanha e a Ocidental originou a França, já com esse nome – uma derivação, portanto, de Francie, que, por sua vez, veio de *franc*, dos povos francos.

GRÉCIA

Nome curiosamente de origem latina. No século VIII a.c., havia colônias gregas em algumas regiões da Itália e os latinos chamavam-nas de Cumas de Graii: *cumas* denotando "colônias" e *graii* em referência a Graia, um distrito da Grécia de onde provinham alguns desses colonos. *Graii* evoluiu para *Graeci* e, posteriormente, para *Graecia*. Inicialmente, os gregos chamavam tais terras de Hellás (termo que originou "helenos" e seus derivados).

ÍNDIA

Índia vem de Indo, nome do grande rio situado a noroeste do país, que deriva de Sindhu. Esta denominação, por sua vez, foi conferida pelos povos arianos que chegaram ao local em 1.500 a.C. e significa "grande mar".

INGLATERRA

Em meados do século V, os anglo-saxões – povos germânicos que viviam no atual continente europeu – invadiram a Bretanha e lá encontraram uma terra fértil e uma população aparentemente pacífica. Os invasores – representados principalmente pelos povos saxões e anglos (*angels*) – posteriormente batizaram a terra como Angel Land (terra dos *angels*), que em inglês passou a England (no português, o termo *land* foi traduzido para "terra", vindo daí "Inglaterra").

ISRAEL

Certamente um dos mais antigos nomes de países. Aparece no Gênese, logo no início da Bíblia, quando se fala de Jacó. Esse neto de Abraão, em Gênese 32:28, é renomeado por um anjo, adquirindo o nome Israel: "Teu nome não será mais Jacó, mas Israel, porque lutaste com Deus e com os homens, e venceste". Jacó teve 12 filhos, dois quais se originaram as 12 tribos do povo judeu, chamadas também de "filhos de Israel". Sua terra natal, mais tarde, receberia o nome de Israel. Independentemente das alterações geográficas ocorridas, o nome permaneceu. A forma latina é *Israel*, a grega é *Israêl* e a hebraica *Yisraél*. Esta última se pronuncia Yashar E-l e significa "direto com Deus". Há ainda a versão que fragmenta a palavra em *Ish* (homem), *Shra* (que luta), *El* (com Deus), ou seja, "homem que luta com Deus".

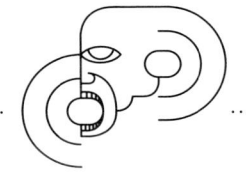

VOCÊ SABIA QUE...

... os israelitas também são chamados de judeus e hebreus? Entre os três termos, o primeiro a ser utilizado foi "hebreu". Era este o nome dado aos membros da família de Abrão, um patriarca que se estabeleceu em Canaã na época em que ainda não existiam judeus. Um dos netos de Abrão chamava-se Israel e, por consequência, seus descendentes foram chamados de israelitas. Um dia, esses homens se instalaram em Canaã e criaram uma monarquia. Nascia então o Reino da Judeia, e o povo local foi denominado judeu. Os termos "israelita" e "hebreu" podem ser considerados hoje sinônimos. Já "judeu" é utilizado para designar somente aqueles que seguem a religião judaica.

ITÁLIA

Deriva de Viteliu, termo do idioma osco originalmente utilizado para se referir às colônias gregas da Itália. Viteliu, por sua vez, veio de *vitello*, do latim *uitulus* (bezerro), e após a conquista romana passou a designar toda a península.

▶ **Por que os italianos são chamados de carcamanos?**
O apelido é bem antigo. Os italianos que vendiam gêneros alimentícios costumavam colocar a mão na balança para aumentar o peso e por isso passaram a ser chamados de *calca* (do verbo calcar) e *mano* (mão em italiano), daí carcamano.

JAMAICA

O nome jamaica deriva do termo *xaymaca*, utilizado pelos índios aruaques para denominar a região por volta de 900 a.C. Em seu idioma, significava "terra de madeira e águas", uma alusão à abundância de águas – tanto marítimas quanto fluviais – dessa ilha.

JAPÃO

Há quem diga que "Japão" vem do malaio *Jih-pun*, o qual, por sua vez, seria uma pronúncia distorcida de certos povos do termo *nippon* (que designa o Japão no próprio país e na China). Para outros, a palavra deriva de Chipangu, que teria sido uma tentativa de o mercador Marco Polo reproduzir a forma de alguns chineses pronunciarem o nome daquela nação. O fato é que o termo "Japão" (e suas variáveis) é típico do mundo ocidental, já que entre japoneses e chineses o país é conhecido como Nihon ou Nippon. Esta palavra é formada por dois ideogramas chineses que podem ser traduzidos como "sol" e "origem". Tal denominação foi dada à nação pelo príncipe Shotoku por volta de 600 d.C., por ser o local "onde o sol desponta" ou "a terra do sol nascente".

A NOVA LÍNGUA JAPONESA

A assimilação de palavras estrangeiras no Japão cresce rápida e vertiginosamente, tornando a comunicação entre diferentes gerações cada vez mais difícil.

Os japoneses estão importando palavras ocidentais e dando a elas um toque local. É o caso de *Naisu gai*, japonês em alfabeto katakana, do inglês *Nice looking guys*, para designar rapazes bonitos.

As autoridades já estão tomando providências. O Conselho para a Língua Japonesa quer analisar a cada ano o vocabulário recém-chegado e aconselhar as autoridades e meios de comunicação quanto a seu uso, vetando termos considerados indesejados ou que causem confusão.

MARROCOS

O nome Marrocos vem de Maroc, o afrancesamento do termo árabe *Al-Maghreb*, que significa "o Ocidente" ou "local onde o sol se põe".

MÉXICO

Vem do termo asteca México que, no idioma náuatle, corresponde a Mexili, que remete tanto ao deus Metzxihco (centro da Lua) quanto ao termo náuatle *méxica* (povo). Antes da vinda dos espanhóis, era chamado de Tenochtitllan, do náuatle Tenoch (patriarca lendário dos astecas), ou de *tenochtli* (figo-da-índia).

PORTUGAL
O termo latino "Portucale" surgiu no século V e designava dois burgos na embocadura do Douro: Portu (atual Porto) e Cale (atual Vila Nova de Gaia).

RÚSSIA
A origem deste nome é controversa. Uns dizem que vem do termo *rus*, do escandinavo, e outros que vem do finlandês *ruotsen*, que significa "remador". O fato é que o primeiro povo a habitar a região era chamado de *rus*.

TAILÂNDIA
No idioma tailandês, o termo "Tailândia" significa "terra dos homens livres". Trata-se de uma denominação relativamente recente, utilizada desde 1939. Antes disso, o país se chamava Sião.

▶ **Por que a maioria dos países islâmicos tem o nome terminado em "istão"?**
Presente no nome de nações como Uzbequistão, Cazaquistão e Afeganistão, o sufixo vem da raiz iraniana *stan* (lugar, lar, país). Nos territórios desses países viviam povos cujos nomes foram usados para compor, com o sufixo *stan*, a denominação do país. A única exceção é o Paquistão, já que *pak* (de Pakistan) reúne as iniciais das palavras Punjab, Afeganistão, e Cachemira (Kashmir). Confira a origem de alguns prefixos:

Uzbequistão ▶ "Homens genuínos", do turco. Nome dado a tribos persas nômades.
Turcomenistão ▶ Como o antigo povo da Ásia chamava a si mesmo.
Cazaquistão ▶ "Alguém independente e livre", usado também pelos russos (cossacos).
Quirguistão ▶ Do turco antigo, significa "40 tribos".
Tadjiquistão ▶ "Cabeça coroada", do persa.
Afeganistão ▶ Referente ao nome de um imperador iraniano, Apakan.

Moedas dos países

Alemanha: euro
Até 2002, a moeda oficial do país era o marco. O termo "marco" apareceu no atual território alemão no século IX como a unidade de medida usada para designar o peso do ouro e da prata. Na Idade Média, o marco foi usado para designar peças de prata estampadas, de diferentes tamanhos e pesos. No século XIX, cunhavam-se moedas de ouro denominadas marco e, no século XX, o termo deu nome à moeda alemã. Na década de 20, houve o *reichs mark* (marco do reino) e no final dos anos 1940 o *deutsche mark*, ou marco alemão. Em alemão, *mark* também é sinônimo de medula, tutano, miolo, marca, província limítrofe e região fronteiriça.

Brasil: real
Real vem de rei. No século XV, países monarquistas como França, Itália, Holanda, Áustria, Luxemburgo e Espanha fizeram essa homenagem a seus soberanos.

✦✦✦✦✦✦✦✦✦✦✦✦✦✦✦✦✦✦✦✦✦✦✦✦

Hoje, além do Brasil, outras cinco nações adotam a mesma denominação "real" para suas unidades monetárias: Arábia Saudita, Camboja, Irã, Omã e Catar. Países que batizaram suas moedas de "coroa" também prestam homenagem a seus monarcas.

✦✦✦✦✦✦✦✦✦✦✦✦✦✦✦✦✦✦✦✦✦✦✦✦

China: renminbi
Chamada de renminbi, termo abreviado como RMB, o nome da moeda chinesa literalmente significa "dinheiro do povo". É comum se falar também em yuan, jiao e fen, embora essas não sejam denominações da moeda, e sim unidades-padrão do renminbi presentes nas cédulas e moedas. Um yuan, por exemplo, vale 10 jiao, ao passo que 1 jiao equivale a 10 fen.

Dinamarca: coroa
Coroa representava a realeza, que era quem dava a garantia do valor do dinheiro. Também é a moeda corrente na Noruega.

Espanha: euro
Por muitos anos, a Espanha chamava popularmente de *peseta* (diminutivo de peso) uma moeda de prata que valia dois pesos (moeda espanhola vigente no período colonial). Apenas no século XIX a moeda passou a se chamar peseta e esta se tornou, então, a unidade monetária espanhola. Em 2002 o país adotou o euro como moeda oficial.

Estados Unidos: dólar
Joachimsthal era o nome de uma região da Boêmia (atual República Checa) de onde se retirava prata para cunhar moedas. Em 1519, a moeda que começou a circular na região ganhou o nome de joachimsthaler. Como era um nome grande demais, o povo da região resolveu abreviá-lo para *thaler*. Em dinamarquês e no alemão vulgar, a primeira consoante da palavra soava um pouco diferente, parecendo ser *daler*. Os escoceses adotaram essa pronúncia, que aos poucos mudou sua escrita para *dollar* (dólar em português). E assim batizaram suas moedas, uma maneira também de diferenciá-las das libras dos ingleses. As moedas foram levadas pelos escoceses que se mudaram para os Estados Unidos e seu nome acabou sendo adotado ali.

França: euro
O franco foi até 2002 a moeda oficial da França. Ele surgiu pela primeira vez na história da moeda francesa em 1360, durante o reinado de Jean le Bon. O primeiro franco era uma moeda de ouro que trazia uma representação do rei armado em seu cavalo, em comemoração à sua libertação, já que ele havia sido anteriormente aprisionado pelos ingleses. O termo "franco", então, significava "livre" (livre dos ingleses). Outras moedas passariam ainda pela França, até que no final do século XVIII o franco foi adotado como oficial.

Grécia: euro
Antes do euro, a moeda usada na Grécia era o dracma. A tradução de "dracma", nome da moeda grega, é "um punhado de grãos". Tal denominação, que foi adotada em 1832, deve-se ao fato de grãos terem sido uma unidade monetária comum na Grécia Antiga, antes da existência das moedas.

Indonésia: rupia
O dinheiro da Indonésia se chama rupia. Em sânscrito, a palavra *rupya* significa "prata amoedada". No Brasil, porém, rúpia é um tipo de capim.

Inglaterra: libra
Como as primeiras moedas tinham a forma de barras e valiam quanto pesavam, era preciso usar uma balança para conferir seu peso nas trocas comerciais. A palavra "balança", por isso, acabou gerando uma série de nomes de moedas. *Balança* em latim é libra. Outras moedas que nasceram devido a esse costume foram a lira, a peseta e o peso.

Japão: yen
Embora represente a moeda japonesa, o termo yen deriva do chinês *yuan* e significa "redondo". Originalmente, as moedas japonesas eram ovais, ao passo que as yen, desde que foram adotadas no país em 1871, tinham formato redondo – eis o porquê da denominação.

Portugal: euro
Em Portugal, o símbolo das armas é o escudo – placa resistente utilizada para defesa em conflitos. Também nos escudos retratavam-se tradições domésticas, uma vez que neles eram representados brasões familiares. Os primeiros escudos surgiram no século XV, quando o rei dom Duarte promoveu a cunhagem de moedas em ouro contendo a imagem do escudo das quinas (símbolo presente também na bandeira de Portugal). Daí a denominação da moeda, que voltaria a ser cunhada por vários reis ao longo da História e se estabeleceria como moeda nacional em 1911. Em 2002, Portugal adotou o euro como moeda oficial.

Rússia: rublo
A moeda russa se chama rublo porque as primeiras moedas do país eram denteadas (*rubbli*, no idioma russo).

▶ **Sabe como gazeta virou sinônimo de jornal?**
No século XVI, *gazzetta* era o nome de uma moeda da cidade italiana de Veneza. Como o jornal que circulava custava apenas 1 *gazzetta*, não demorou para ser batizado de Gazzetta.

✦ ✦ ✦ ✦ ✦ ✦   **O BONDE E A FALTA DE TROCO**   ✦ ✦✦ ✦ ✦ ✦ ✦

Em 1872, a Companhia Ferro Carril do Jardim Botânico, que oferecia o serviço de transporte em carris de ferro, cobrava 200 réis pela passagem. No entanto, não existiam moedas de prata desse valor em circulação. Assim, a empresa passou a emitir cartelas com cinco bilhetes por mil réis, para resolver o problema do troco. Esses cupons eram chamados de *bonds*, e c nome logo foi adotado pelos passageiros para designar o carril também.

✦ ✦✦ ✦ ✦ ✦ ✦

Estações do ano

No passado, o ano dividia-se em duas estações: *ver* (bom tempo, estação da floração), e *hiems* (mau tempo, tempo do frio). Mais tarde passou a cinco: o *ver* foi dividido em *primo vere*, *veranum tempus* e *aestiuum*. E o *hiems* separou-se em *tempus autumnum* e *tempus hibernum*. O sistema de quatro estações foi adotado a partir do século XVII. Derivados do latim, os nomes das estações significam:

- **Primavera** ▶ De *primo vere*, quer dizer princípio da boa estaçãc.
- **Invernom** ▶ De *tempus hibernum*, que significa tempo de hibernar.
- **Outono** ▶ De *tempus autumnum*, é o mesmo que tempo de ccaso.
- **Verão** ▶ De *veranum tempus*, significa tempo de frutificação.

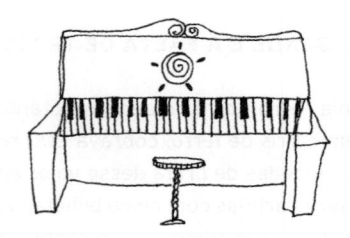

Notas musicais

Por volta de 1030, o monge Guido, mestre do coro da catedral de Arezzo, na Itália, criou o nome das seis notas musicais. Para isso, ele utilizou as primeiras sílabas dos versos de um hino a São João Batista:

> **Ut** queant laxis
> **Re**sonare fibris
> **Mi**ra gestorum
> **Fa**muli tuorum
> **Sol**ue polluti
> **La**bii reatum
> **Sa**ncte Ioannes

Traduzindo: Para que teus servos possam, a plena voz, celebrar teus feitos maravilhosos, purifica nossos lábios maculados, ó São João.

Duas alterações aconteceriam séculos depois. No começo do século XVII, apareceu a sétima nota: si, a partir das iniciais de *Sancte Ioanness*. No século seguinte, a primeira nota, *ut*, foi substituída por dó, mais apropriada para o canto.

✦✦✦✦✦✦✦ **QUEM INVENTOU O LÁ-LÁ-LÁ?** ✦✦✦✦✦✦✦

O lá-lá-lá surgiu durante o Renascimento, no século XVI, em canções italianas interpretadas por corais. Era usado como forma de censura às letras que criticavam o pensamento da época. Assim, os cantores substituíam pelo lá-lá-lá versos que falavam obscenidades ou faziam críticas sociais. Hoje é um recurso usado nas canções populares por ser fácil de memorizar.

Nomes de carros

Bora ▸ Nome de um vento que sopra no mar Adriático.
Celta ▸ Povo germânico que viveu entre 1.200 a.c. e 1.000 a.C.
Clio ▸ Musa da poesia épica e da história na mitologia grega.
Corolla ▸ "Coroa de flores" em espanhol.
Doblò ▸ Teve origem em *doblone*, antiga moeda italiana.
Escort ▸ Em inglês significa acompanhante, escolta. Foi escolhido para designar um carro companheiro, com que se pode contar em qualquer situação.
Fiesta ▸ "Festa" em espanhol. Em alguns países, a Ford batizou o mesmo modelo de "Festiva".
Focus ▸ É como se diz "foco" em inglês.
Ka ▸ Na mitologia egípcia, simboliza "o espírito que se aloja como força vital nas pessoas e nos objetos".

Kombi ▸ Abreviatura (respire fundo!) de *kombinationsfahrzeug*, que em alemão significa "combinação de espaço para carga e passeio".
Logus ▸ Palavra de origem grega que significa "centro de equilíbrio". Simboliza a harmonia e o ritmo que regem o universo.
Marea ▸ Palavra italiana que quer dizer "maré". Fácil de pronunciar, o nome foi dado a esse carro no mundo inteiro.
Mondeo ▸ A palavra *monde* ("mundo" em francês) ganhou a letra "o" no final para ficar mais sonora.
Niva ▸ O nome do veículo da montadora russa Lada significa "campo de trigo".
Omega ▸ É a última letra do alfabeto grego.
Pálio ▸ Nome de um estandarte dado como prêmio aos vencedores das corridas de cavalo na Itália medieval. A mais famosa delas era a Palio de Siena.

Passat ▶ Vento alísio que cruza a Europa do leste para o oeste. Foi escolhido pela Volkswagen por inspirar rapidez e velocidade.

Samara ▶ O carro russo tem este nome em todos os países do mundo onde é comercializado, exceto na própria Rússia. Tudo porque Samara é o nome de uma cidade russa para onde o governo comunista mandava as prostitutas. Então, em seu país de origem o Samara é chamado de Sputnik, em homenagem ao satélite.

Santana ▶ Mais um carro com nome de vento. Este sopra nas montanhas californianas de Santa Ana, nos Estados Unidos.

Tempra ▶ Vem de *tempera*, palavra italiana que significa temperamento. Foi escolhido para designar um carro imponente, de estilo marcante e temperamento forte.

Zafira ▶ Vem do latim *Zephyrus*, que deriva do grego *Zephyros*. Originalmente, significa vento do oeste, representado por uma tempestade. Ao passar para o latim, a palavra continuou a designar o vento do oeste, mas então associada a um vento brando e agradável. Embora em português o termo "zafira" não exista, a forma "zéfiro" é encontrada nos principais dicionários, preservando o significado latino.

VOCÊ SABIA QUE...

... em 1953, quando chegou ao Brasil, o Fusca era chamado de Volks Sedan? Como em alemão a pronúncia correta do termo Volks era "fôlks", esta forma logo passou a ser utilizada no Brasil, evoluindo naturalmente para Fusca. Apesar da popularidade do nome, somente em 1983 a Volkswagen adotou-o oficialmente.

10

João amava Teresa que amava
Raimundo que amava Maria que
amava Joaquim que amava Lili
que não amava ninguém.

CARLOS DRUMMOND DE ANDRADE
(1902-1987), poeta

História dos nomes próprios

História dos nomes

O estudo do nome das pessoas chama-se antroponímia. Apesar de a expressão ter sido usada pela primeira vez em 1887 pelo filólogo português J. Leite de Vasconcelos, na *Revista Lusitana*, o fato de as pessoas terem um nome "está documentado em todos os povos, em todas as línguas, em todas as culturas, em todos os tempos, desde os primórdios da humanidade", conta Rosário Farâni Mansur Guérios, em seu *Dicionário etimológico de nomes e sobrenomes* (Editora Ave Maria).

"A origem do dar nome às pessoas decorreu da necessidade de citá-las, de chamá-las e de distingui-las entre as demais, dentro da família e da comunidade."

Na Antiguidade, alguns povos já acreditavam que o nome exercia um poder sobre a vida da pessoa. Os romanos, por exemplo, chamavam um recém-nascido de *fortis* para que ele fosse, realmente, um ser valente, robusto.

Há milhares de anos, as pessoas recebiam apenas um nome. Como existiam poucas pessoas no mundo, não havia possibilidade de confusão. Na Grécia, e também pelo que se vê pela Bíblia, era assim: Adão, Sócrates, Moisés, Platão... Aos poucos, com o aumento da população, o nome passou a ser acompanhado de um sobrenome, definido da seguinte forma:

1. Ligação com o nome do progenitor ou da família. Por exemplo, José Bartolomeu significa: José, filho de Tolomeu. O "Bar", em aramaico, indica a filiação.

2. Ligação com a terra. É comum personagens históricos terem seu nome unido ao nome de um país, província, cidade, aldeia etc., como é o caso, por exemplo, de Alexandre da Macedônia.

3. Ligação com a profissão. O sobrenome italiano Cavalcanti, o espanhol Caballero e o francês Chevalier significam a mesma coisa: cavaleiro. Já Taylor, em inglês corresponde, em alemão, a Schneider, ou seja: alfaiate.

4. Uso de alcunha. Algumas características físicas, capacidades ou virtudes também passaram a integrar os nomes. Assim, temos Filipe, o Belo, e Ricardo Coração de Leão.

POR QUE TENHO ESSE NOME?

O meu, o seu, o nome de qualquer pessoa foi dado por algum motivo. Aí está também um ponto determinante na relação entre a pessoa e seu nome.

Momentos determinantes da história
Depois, por exemplo, de uma conquista esportiva por um país, muitos habitantes costumam batizar seus filhos nascidos naquela época com o nome dos heróis daquele evento. Foi o caso do pentacampeonato mundial de futebol conquistado pela Seleção Brasileira, que ajudou a batizar muitos Ronaldos, Rivaldos e Vitórias. O pai projeta no filho sua euforia e seu desejo de vencer e de alcançar projeção social.

Religião
Em todas as religiões, a criança é colocada sob a proteção de Deus. Entre os católicos sempre houve e haverá os xarás dos santos e entre os evangélicos, principalmente, há uma profusão de nomes extraídos da Bíblia.

Personalidades
Artistas, personagens de novela, pessoas que frequentam o circuito social e até mesmo o médico ou a enfermeira que fez o parto do bebê podem servir de inspiração para o nome da criança.

Fusão do nome do pai com o da mãe
É uma invenção tipicamente brasileira, em especial no Nordeste. O nome do escritor Ziraldo Alves Pinto, por exemplo, vem da combinação do nome de sua mãe, Zizinha, com o de seu pai, Geraldo.

Estrangeirismos
Muita gente adota nomes próprios típicos de outros países, como Sasha (comum na Rússia) ou Diana (na Inglaterra). Algumas vezes, troca-se uma ou outra letra: Diana por Daiane ou Dayane.

❖ ❖ ❖ ❖ **NÃO PRONUNCIAR SEU SANTO NOME EM VÃO** ❖ ❖ ❖ ❖

Entre alguns povos primitivos, o nome das pessoas deveria ser pronunciado com cautela e parcimônia. Especialmente em situações desfavoráveis e de alguma forma ameaçadoras, os homens não gostavam de ter seu nome pronunciado, pois, por acreditarem que seu ser estava contido no nome, imaginavam que ele podia sofrer influências negativas de outras pessoas. Em algumas tribos da Austrália e da Oceania, o nome é considerado algo tão sagrado que as pessoas têm dois deles: um público, conhecido de todos, e outro secreto, conhecido apenas por Deus e pela própria pessoa. De acordo com essa crença, o conhecimento do nome secreto por parte de outra pessoa faz com que ela tenha o domínio total sobre o portador de tal nome. Em outras culturas ainda, episódios folclóricos registram personagens com nomes proibidos, os quais, se descobertos, trazem à tona o poder diabólico dessas pessoas.

❖ ❖

As crises dos nomes

O pesquisador francês François Bonifaix, autor do livro *Le traumatisme du prénom* (O trauma dos nomes próprios), aponta várias crises que um indivíduo sofre ao longo da vida por causa de seu nome. Aqui estão elas e o que é possível fazer para superá-las:

❊ Quando uma criança começa a falar o próprio nome, sabe que ele a identifica. Ao ir para a escola e perceber que seu nome é diferente do nome de outras crianças, pode aprender a gostar dele ou detestá-lo, conforme a reação dos coleguinhas – ainda mais numa idade em que as crianças costumam gozar umas das outras por qualquer motivo.

❊ Na adolescência, o nome pode representar um peso sexual. Os jovens começam a achar que a simples referência a seu nome é capaz de atrair ou repelir o sexo oposto. Nessa fase da vida, nomes estapafúrdios costumam ser rejeitados pela própria pessoa.

❊ Mais tarde, quando estiver procurando emprego, novamente o contato social também terá importância na aceitação ou rejeição do nome da pessoa. É comum manifestar incredulidade quando se ouve do outro um nome diferente.

▶ **Posso mudar de nome?**
A Lei Federal dos Registros Públicos nº 6.015, de 1973, que trata dos registros civis, diz que todo prenome (primeiro nome) é imutável. A lei, no entanto, prevê algumas poucas exceções para a troca de nome, mas apenas por razões plenamente justificadas.

❊ Em seu artigo 58, a Lei Federal dos Registros Públicos admite a inclusão de apelidos públicos notórios no nome – como no caso do presidente Lula, que mudou seu nome para Luiz Inácio Lula da Silva. Alterações desse tipo só podem ser feitas depois de alcançada a maioridade civil, aos 22 anos.

❊ Outra possibilidade de mudança de nome prevista por lei é no caso de os pais registrarem "prenomes suscetíveis de expor ao ridículo os seus portadores". Segundo o artigo 55, parágrafo único, o próprio oficial do cartório pode se recusar a registrar um nome nessas condições. Se os pais insistirem, submeterá o caso à decisão do juiz competente.

❄ A terceira exceção prevista por essa lei diz respeito aos erros de grafia, nos artigos 109 e 110. Se alguém for registrado como "Nérso", no lugar de Nélson, também pode pedir a mudança de nome. Há ainda três situações especiais que permitem a uma pessoa alterar seu nome: adoções, quando participa do Programa de Proteção à Testemunha, no caso dos transexuais.

❄ Sobre os transexuais, no entanto, a Justiça ainda discute o que fazer. Tudo depende da interpretação que os juízes fazem da lei. Um transexual masculino com características anatomicamente femininas pediu mudança de nome e de sexo, mas não conseguiu. O tribunal alegou que não se tratava de erro no registro e que, como geneticamente ele possuía os cromossomos X e Y masculinos, não teria condições de procriar.

Quem também viu seu pedido de mudança de nome recusado foi Roberta Close. A modelo obteve sucesso em primeira instância, mas depois o Tribunal de Justiça do Estado do Rio de Janeiro negou-lhe a concessão.

❄ Depois dos 22 anos de idade, o nome só pode ser alterado em casos extremos, com a anuência do Ministério Público e sentença proferida pelo juiz a que estiver sujeito o registro. Não basta, portanto, a pessoa simplesmente querer mudar de nome por não gostar dele ou por preferir outro mais bonito. Já o sobrenome, mesmo que exponha alguém ao ridículo, só pode ser modificado se ficar comprovado que o cartório cometeu erros de grafia. Assim, um indivíduo chamado João Asqueroso, por exemplo, vai precisar carregar esse nome para o resto da vida.

▶ **O que é Proteção à testemunha?**
Quando a testemunha de um crime sofre ameaças de morte, pode passar a integrar o Programa de Proteção à Testemunha. Criado pelo Ministério da Justiça em 1999, ele fica a cargo das secretarias estaduais de Justiça,

Segurança Pública ou Cidadania. Uma das providências do programa é alterar o nome completo da pessoa protegida. Ela tem todos os seus documentos cancelados, seu registro de nascimento no cartório eliminado, ganha outro nome e novos documento do governo. É como se a antiga pessoa deixasse de existir. Durante dois anos, o governo sustenta a testemunha protegida, abre conta em banco para ela e, se preciso, providencia a mudança de toda a família da cidade. Coloca à sua disposição também advogados, assistentes sociais e psicólogos.

Curiosidades sobre nomes pelo mundo

◆ O nome mais comum do mundo é Muhammad.
◆ Na Suécia, em 1991, um casal de Gotemburgo seguidor da seita Alambã registrou o filho como o nome de: Brfxxccxxmnpccccllmmmnprxvclmnkssqlb-b1116. Esse mundo de números e letras juntos significariam "Albino". Os pais foram multados em 735 dólares.
◆ No Brasil, entre os antigos tupis, o recém-nascido recebia apenas um nome. Quando virava adulto e tornava-se guerreiro, ganhava outros nomes a cada prisão ou morte de um inimigo. Os nomes eram os de animais, como Kaiguaçú (Macaco Grande) e Tajàpuã (Tajá Redondo).
◆ Em Portugal, sobrenome é chamado de apelido. A lei, por lá, não permite que se registre qualquer nome, como acontece no Brasil. Há uma lista de nomes vetados. A Conservatória dos Registros Centrais recebe os pedidos e decide pela aprovação ou não. O engraçado é que nomes como Santo Antônio e Sunamita são autorizados, ao passo que Elvis e Zé Maria, não.
◆ Na Romênia é comum a terminação *escu*, tomada do grego, que denota relação de parentesco. Basilescu, por exemplo, quer dizer "filho de Basílio".
◆ Entre os povos germânicos, os sufixos *ing* e *ung* também indicam filiação: Edeling, por exemplo, é filho de Edel, assim como Adelung é filho de Adel.

◆ Na China, no Japão e na Hungria, o sobrenome vem antes do nome. Dessa forma, Chiang Kai-Shek quer dizer Kai-Shek da família Chiang.

◆ Quem olhar com cuidado a escalação do campeão paulista de 1998, o São Paulo, vai ver por lá um tal volante chamado Oleúde José Ribeiro. Oleúde? Sim, esse é o nome do volante Capitão. Na edição 2002 da Copa do Brasil, Capitão atuou pelo CSA de Alagoas.

◆ Quando estava no poder, o ditador nazista Adolf Hitler proibiu que policiais e fazendeiros dessem o nome de Adolf a seus cavalos.

Em nome dos números

É grande a lista de personalidades que mudaram seu nome ou sobrenome artístico por causa da numerologia. Saiba quem virou quem:

Sandra de Sá
Em 1989, a cantora viu o cartaz de um numerólogo em um bar. Como queria se livrar de uma gagueira, foi procurá-lo e, a conselho dele, mudou a grafia de seu nome, acrescentando-lhe um "de".

Núbia Oliiver
A atriz, que participou do programa *Casa dos Artistas*, já havia mudado seu sobrenome Oliveira para Ólive para conseguir fama. Para alcançar sucesso financeiro, alterou-o novamente, acrescentando um "i" e um "r" e deixando de acentuar o "o".

Jorge Ben Jor
o cantor Jorge Ben teria mudado de nome em 1985, influenciado pela numerologia. Mas ele garante que o motivo foi ter trocado de gravadora.

"Mauricinho" virou uma gíria no Brasil para se referir a garoto de família rica que se veste bem e frequenta lugares da moda. (Em Portugal, esse tipo de jovem foi apelidado de "Beto".) A versão feminina de Mauricinho é Patricinha. O termo teria sido criado em referência à *socialite* Patrícia Leal (ex-mulher de Antenorzinho Mayrink Veiga).

FILHO DE GENTE FAMOSA SOFRE!
A cantora baiana Baby do Brasil nasceu como Bernadete Dinorah de Carvalho Cidade. Quando cantava no grupo Os Novos Baianos, ganhou o nome de Baby Consuelo e, mais tarde, em carreira solo, passou a assinar Baby do Brasil. Ela e seu ex-marido Pepeu Gomes, ou melhor, Pedro Aníbal Gomes, tiveram seis filhos: as meninas Riroca (agora Sarah Sheeva), Zabelê e Nanashara e os garotos Pedro Baby, Krishna Baby e Kriptus Rá.

ARTISTA	NOMES DOS FILHOS
Caetano Veloso	Moreno, Zeca e Tom
Elba Ramalho	Luã
Gilberto Gil	Preta Maria e Bem
Jorge Mautner	Amora
Luiz Melodia	Mahal
Marisa Monte	Mano Wladimir
Xuxa	Sasha

▶ **Por que padres e freiras mudam de nome quando entram na vida religiosa? Por que o papa muda de nome?**
Essa mudança de nome, atualmente já não tão frequente, era muito comum até o Concílio Vaticano II (1965). Hoje, em apenas algumas ordens, como a de São Bento, os noviços mantêm a tradição de mudar de nome ao ingressar na vida religiosa. Como se tornar um noviço ou noviça é um marco na vida da pessoa, dá-se a esse novo homem ou nova mulher também um novo nome. A base bíblica para tal costume está em Apocalipse 2,17: "... e lhe darei também uma pedrinha branca na qual está escrito um nome novo...". No caso dos papas, não é diferente. O novo cargo também caracteriza um novo homem, e essa mudança de nome já é um costume secular. Antes de se tornar papa, João Paulo II era um padre diocesano que conservava o nome de batismo, Karol Wojtyla. Ao se transformar no chefe supremo da Igreja Católica, optou por João Paulo II, em homenagem a três antecessores: João Paulo I, João XXIII e Paulo VI

Nomes artísticos

Quando chegou a São Paulo em 1946, aos 16 anos, o mineiro aspirante a ator Ariclenes Venâncio Martins conseguiu um papel em uma radionovela. Mas o diretor do programa achou o nome pouco sonoro e preferiu rebatizá-lo com o nome artístico de Lima Duarte.

Há ainda a palavra "pseudônimo", usada também para se referir a um novo nome utilizado por alguém, geralmente um artista, que deseja se manter incógnito. A palavra veio do grego *pseud* (falso) e *onyma* (nome).

Veja abaixo uma relação de pseudônimos, ou nomes artísticos, adotados por brasileiros:

ARTÍSTICO	VERDADEIRO
A	
ADONIRAN BARBOSA ▶	João Rubinato
AGEPÊ ▶	Antônio Gílson Porfírio
ALDINE MÜLLER ▶	Aldine Rodrigues Raspini
ALMIRANTE ▶	Henrique Foréis Domingues
ÂNGELA MARIA ▶	Abelim Maria da Cunha
ÂNGELA RO RO ▶	Ângela Maria Diniz Gonçalves
ANKITO ▶	Anchizes Pinto
ANTÔNIO PITANGA ▶	Antônio Luís Sampaio
B	
BENITO DE PAULA ▶	Uday Velloso
BI RIBEIRO (PARALAMAS DO SUCESSO) ▶	Felipe da Nóbrega Ribeiro
BIBI FERREIRA ▶	Abigail Isquierdo Ferreira

BLECAUTE	▶	Octávio Henrique de Oliveira
BOLINHA	▶	Edson Cury
BRANCO MELLO (TITÃS)	▶	Joaquim Claudio Corrêa de Mello Júnior
BRANDÃO FILHO	▶	Moacyr Augusto Soares Brandão
BUSSUNDA	▶	Cláudio Besserman Vianna

C

CAÇULINHA	▶	Rubens Antônio da Silva
CARLINHOS BROWN	▶	Antônio Carlos dos Santos Freitas
CARLOS ZARA	▶	Antônio Carlos Zarattini
CARTOLA	▶	Agenor de Oliveira
CAZUZA	▶	Agenor de Miranda Araújo Neto
CHICO SCIENCE	▶	Francisco de Assis França
CHITÃOZINHO	▶	José Lima Sobrinho
COLE	▶	Petrônio Rosa Santana
CORONA	▶	Olga Maria de Souza
COSTINHA	▶	Lírio Mário da Costa
CYLL FARNEY	▶	Cyleno Dutra e Silva

D

DARLENE GLÓRIA	▶	Helena Maria Glória Viana
DAÚDE	▶	Maria Walderlourdes Dutillieux
DAVID CARDOSO	▶	José Darcy Cardoso
DENISE DUMONT	▶	Denise Teixeira
DERCY GONÇALVES	▶	Dolores Gonçalves Costa
DERICO	▶	João Frederico Ciotti
DICK FARNEY	▶	Farnésio Dutra e Silva
DINA SFAT	▶	Dina Kutner de Souza
DIOGO VILELA	▶	João Carlos Monteiro de Barros
DIONÍSIO AZEVEDO	▶	Toufik Jacob
DOLORES DURÁN	▶	Adiléia Silva da Rocha
DOMINGUINHOS	▶	José Domingos de Moraes
DORINHA DUVAL	▶	Dora Teixeira

E

EDUARDO DA GAITA	▶	Eduardo Nadruz
EDUARDO MOSCOVIS	▶	Carlos Eduardo de Andrade
ELIANA PITTMAN	▶	Eliana Leite da Silva
ELKE MARAVILHA	▶	Elke Giorgierena Grunnupp Evremides
ERASMO CARLOS	▶	Erasmo Esteves

F

FÁBIO JR.	▶	Fábio Airosa Correia Galvão
FAFÁ DE BELÉM	▶	Maria de Fátima Palha Figueiredo

FALCÃO	▶	Marcondes Falcão Maia
FERNANDA MONTENEGRO	▶	Arlete Pinheiro Monteiro Torres
FILÓ	▶	Gorete Milagres
FLORA GENY	▶	Eugênia Tortejada

G

GAL COSTA	▶	Maria da Graça Costa Penna Burgos
GAROTO	▶	Anibal Augusto Sardinha
GERALDO VANDRÉ	▶	Geraldo Pedrosa de Araújo Dias
GRANDE OTELO	▶	Sebastião Bernardes de Souza Prata
GRETCHEN	▶	Maria Odete Brito de Miranda
GUGU LIBERATO	▶	Antônio Augusto Moraes Liberato

I

INEZITA BARROSO	▶	Inês Madalena Aranha de Lima

H

HÉLIO SOUTO	▶	Hélio da Silva Cotê Figueiredo de Almeida Coutinho
HENFIL	▶	Henrique de Souza Filho

J

JAMELÃO	▶	José Bispo Clementino dos Santos
JANETE CLAIR	▶	Janete Emmer
JERRY ADRIANI	▶	Jair Alves de Souza
JOANNA	▶	Maria de Fátima Gomes Nogueira
JOÃO DE BARRO	▶	Carlos Alberto de Ferreira Braga
JOÃO GORDO	▶	João Francisco Benedan
JOHNNY ALF	▶	José Alfredo da Silva
JORGE BEN JOR	▶	Jorge Duílio Lima Meneses
JORGE DÓRIA	▶	Jorge Pires Ferreira
JUCA CHAVES	▶	Jurandir Czaczkes Chaves
JUCA DE OLIVEIRA	▶	José de Oliveira Santos

K

KID VINIL	▶	Antônio Carlos Senefonte
KITO JUNQUEIRA	▶	Heráclito Gomes Pizano

L

LATINO	▶	Roberto de Souza Rocha
LAURA CARDOSO	▶	Laurinda de Jesus Cardoso
LEONARDO	▶	Emival Eterno da Costa
LIMA DUARTE	▶	Aryclenes Venâncio Duarte
LINDA BATISTA	▶	Florinda Grandino de Oliveira
LÔ BORGES	▶	Salomão Borges Filho
LOBÃO	▶	João Luís Woerdenbag Filho

LUÍS MELODIA ▶	Luís Carlos dos Santos
LULU SANTOS ▶	Luís Maurício Pragana dos Santos

M

MANO BROWN ▶	Pedro Paulo Soares Pereira
MARA MARAVILHA ▶	Elimary Silva da Silveira
MARCELO D2 ▶	Marcelo Maldonado Gomes Peixoto
MARLENE ▶	Vitória Bonaiutti
MARTINHO DA VILA ▶	Martinho José Ferreira
MAX CAVALERA ▶	Massimiliano Antonio Cavalera
MICHAEL SULLIVAN ▶	Ivanilton de Souza Lima
MIÚCHA ▶	Heloísa Maria Buarque de Hollanda
MORRIS ALBERT ▶	Maurício Alberto Kaiserman

N

NANA CAYMMI ▶	Dinahir Tostes Caymmi
NEGUINHO DA BEIJA-FLOR ▶	Luís Antônio Feliciano Marcondes
NÉLSON GONÇALVES ▶	Antônio Gonçalves Sobral
NEY MATOGROSSO ▶	Ney de Souza Pereira
NOITE ILUSTRADA ▶	Mário Souza Marques Filho

O

ODETE LARA ▶	Odete Righi

P

PAULINHO DA VIOLA ▶	Paulo César Batista de Faria
PAULO CÉSAR PERÉIO ▶	Paulo César de Campos Velho
PAULO GOULART ▶	Paulo Afonso Miessa
PAULO ZULU ▶	Paulo César Fahlbush Pires
PENINHA ▶	Aroldo Alves Sobrinho
PERRY SALES ▶	Perilúcio José de Almeida
PIXINGUINHA ▶	Alfredo da Rocha Viana Filho
PROCÓPIO FERREIRA ▶	João Álvaro de Jesus Quintal Ferreira

R

RENATA SORRAH ▶	Renata Sochaczewski
RENATO RUSSO ▶	Renato Manfredini Júnior
ROBERTA MIRANDA ▶	Maria Albuquerque Miranda
ROBERTINHO DO ACORDEON ▶	José Carlos Ferraresi
RONNIE VON ▶	Ronaldo Nogueira
RUTH ESCOBAR ▶	Maria Ruth dos Santos

S

SALGADINHO ▶	Paulo Alexandre Nogueira Salgado Martins
SÉRGIO REIS ▶	Sérgio Basini

SIDNEY MAGAL	▶	Sidney Magalhães
SILVIO SANTOS	▶	Senor Abravanel
SIVUCA	▶	Severino Dias de Oliveira
SULA MIRANDA	▶	Suely Brito de Miranda
SUPLA	▶	Eduardo de Vasconcelos Suplicy
SUSANA VIEIRA	▶	Sônia Maria Vieira Gonçalves

T

TARCÍSIO MEIRA	▶	Tarcísio de Magalhães Sobrinho
TERESA RACHEL	▶	Terezinha Brandswain
TIÃO MACALÉ	▶	Augusto Temístocles Silva
TIAZINHA	▶	Suzana Ferreira Alves
TIM MAIA	▶	Sebastião Rodrigues Maia
TIRIRICA	▶	Francisco Everardo de Oliveira Silva
TITO MADI	▶	Chauki Maddi
TONI GARRIDO	▶	Antônio Bento da Silva Filho
TONY RAMOS	▶	Antônio Carvalho Barbosa
TOQUINHO	▶	Antonio Pecci Filho
TRISTÃO DE ATHAYDE	▶	Alceu Amoroso Lima
TUCA ANDRADA	▶	José Evaldo Gomes de Andrada Filho

V

VINNY	▶	Vinicius Bonotto Conrado
VIRGINIA LANE	▶	Virginia Giaccone

W

WANDO	▶	Wanderley Alves dos Reis
WILLIAM BONNER	▶	William Bonemer Júnior
WILSON GREY	▶	Wilson Chaves

X

XORORÓ	▶	Durval de Lima
XUXA LOPES	▶	Maria Luísa de Souza Dantas Lopes
XUXA MENEGHEL	▶	Maria da Graça Meneghel

Y

YARA CORTES	▶	Odete Cipriano Cerpa

Z

ZÉ KÉTI	▶	José Flores de Jesus
ZÉ RODRIX	▶	José Rodrigues Trindade
ZECA BALEIRO	▶	José de Ribamar Coelho dos Santos
ZECA PAGODINHO	▶	Jessé Gomes da Silva Filho
ZÉLIA DUNCAN	▶	Zélia Cristina Gonçalves Moreira
ZIZI POSSI	▶	Maria Izildinha Possi

A origem e o significado dos nomes

O contato com diferentes nações, desde épocas remotas, ocasionou um intercâmbio linguístico. A seguir, relacionamos alguns nomes, com sua origem e significado:

FEMININOS

Abigail (*hebraico*) _____ Alegria dos pais
Adelaide (*teutônico*) _____ Princesa da terra
Adélia (*teutônico*) _____ Nobre
Adriana (*latim*) _____ Obscura
Alcione (*grego*) _____ Estrela
Alessandra (*grego*) _____ Que resiste aos homens
Alexandra _____ Feminino de Alexandre (grego) (protetor de homem)
Alice (*grego*) _____ Legítima
Aline (*celta*) _____ Graciosa, atraente
Amanda (*latim*) _____ Digna de ser amada
Amélia _____ Aquela que é trabalhadora e ativa
Ana (*hebraico*) _____ Cheia de graça, a benéfica
Anastácia (*grego*) _____ Ressurreição
Andréa _____ Feminino de André (viril, forte)
Ângela (*grego*) _____ Mensageira; em latim: Anjo
Antônia (*latim*) _____ A que não tem preço
Aparecida _____ Aquela que surgiu
Augusta (*latim*) _____ Nobre, glorificada
Bárbara (*grego*) _____ Estrangeira
Beatriz (*latim*) _____ Beata, bem-aventurada, feliz
Berenice (*grego*) _____ Portadora de vitória
Beth (*aramaico*) _____ Casa
Bianca (*italiano*) _____ Branca, clara

Bruna (teutônico)	Escura, parda
Cacilda (teutônico)	Lança que combate
Camila (etrusco)	Que serve aos sacerdotes
Carmem (hebraico)	Jardim de Deus; em latim: canto, poema
Carolina (germânico)	Diminutivo e feminino de Carlos
Cassandra (grego)	Auxiliar do homem
Catarina (grego)	Pura, imaculada
Cátia (russo)	Diminutivo de Catarina
Cecília (etrusco)	Cega, sem visão
Célia (latim)	Celestial
Cibele (grego)	A grande mãe dos deuses
Cíntia (grego e latim)	Natural de Cinto
Clara (latim)	Brilhante, luminosa
Cláudia (latim)	Coxa, manca
Cleide (celta)	Princesa
Clélia (grego e latim)	Gloriosa
Conceição (latim)	Geração, concepção
Cristina	Feminino de Cristino (ungido de Deus)
Dalva (latim)	Estrela matutina
Daniela (latim)	Deus é meu juiz
Débora (hebraico)	Abelha
Deise	Olho do dia, miniatura do Sol
Denise	Variante feminina de Dioniso (deus do vinho)
Diana (latim)	Divina
Dirce (grego)	Fonte
Dolores (espanhol)	Dores, pesares
Dulce (espanhol)	Doce
Edna (hebraico)	A que sabia o segredo da renovação
Elaine (francês)	Tocha
Eleonor (árabe)	Meu Deus é luz
Eliana (grego)	Beleza resplandecente
Elisabete (hebraico)	Consagrada
Emília	Aquela que é trabalhadora e ativa
Érica (norueguês ou germânico)	Sempre poderosa
Esmeralda (antigo francês)	O verde brilhante
Estela (latim)	Estrela
Eugênia	Feminino de Eugênio (bem-nascido, nobre)
Eunice (grego)	Bela vitória, vitoriosa
Fabiana (romano)	Fava, plantadora de favas
Fabíola (latim)	Pequena fava
Fátima (árabe)	Mulher perfeita
Fernanda (germânico)	Ousada, corajosa
Flávia (latim)	Aquela de cabelos louros
Francisca (italiano)	Francesa
Gabriela (hebraico)	Enviada de Deus
Gertrudes (teutônico e latim)	Força da lança
Gilda (teutônico)	Valorosa
Gisele	Variante de Gisela (refém)

Glória (*latim*) .... Bem-aventurada
Graziela .... Variante de Grazia (graciosa)
Helena (*grego*) .... Tocha, luz, luminosa
Heloísa .... Variação de Luísa (guerreira famosa)
Hilda (*teutônico*) .... Donzela de batalha
Hortência .... A que cultiva o jardim ou horta
Inês (*grego*) .... Pura, casta
Ingrid (*sueco*) .... Em forma de guerreira
Irene (*grego*) .... Paz
Íris (*grego*) .... Ligeira, veloz
Isabel (*hebraico*) .... Paz
Isabella .... Variante de Isabel

Janaína (*africano*) .... Rainha do mar
Jéssica (*hebraico*) .... Cheia de riqueza
Júlia (*latim*) .... A luzente, a brilhante
Juliana (*latim*) .... Aquela que pertence a Júlio
Karen .... Diminutivo de Catarina (pura, imaculaca)
Karina .... Variação de Catarina (pura, imaculada)
Laís (*grego*) .... A democrática, a popular
Laura (*latim*) .... Vitória, louvor
Leila (*árabe*) .... O mesmo que Layla (negra como a noite)
Letícia (*latim*) .... Alegria
Lívia (*grego*) .... Lívida, pálida
Lúcia (*latim*) .... Luminosa, iluminada, brilhante
Luciana .... Variante de Lúcia (iluminada)
Luísa .... Feminino de Luís (guerreiro famoso)
Magali (*provençal*) .... Pérola; diminutivo de Margarida
Maísa (*grego*) .... Pérola
Marcela .... Feminino de Marcelo (martelinho)
Márcia (*latim*) .... Consagrada a Marte
Margarida (*latim*) .... Pérola

Maria (*hebraico*)	Mágoa, soberana, senhora
Mariana	Variante de Maria (mágoa, soberana, senhora)
Marta (*aramaico*)	Senhora
Melissa (*grego*)	Mel de abelha
Mônica (*grego*)	Um, solitária, sozinha
Nádia (*sânscrito*)	Espírito de luz; em russo: Esperança
Natália (*latim*)	Dia do nascimento
Ofélia (*grego*)	Serpente, cobra
Olívia (*latim*)	Oliveira
Paloma (*espanhol*)	Pomba
Pamela (*greco-latino*)	Muito doce
Patrícia (*latim*)	Conterrânea, mesma pátria
Paula (*latim*)	Pouca, pequena
Rafaela	Feminino de Rafael (Deus o curou)
Raquel (*hebraico*)	Mansa como a ovelha
Rebeca (*hebraico*)	A que liga
Regina (*latim*)	Rainha
Renata (*latim*)	Renascida
Rita	Diminutivo de Margarete (pérola) ou Margarita (flor)
Roberta	Famosa pela glória
Rosana (*inglês*)	Rosa graciosa
Sabrina (*hebraico*)	Judia nascida em Israel
Samanta (*aramaico*)	Aquela que ouve
Sandra	Forma reduzida de Alessandra
Silvana (*latim*)	Da selva, silvestre
Sílvia (*latim*)	Da selva
Simone (*latim*)	Aquela que ouve
Sofia (*grego*)	Sabedoria, ciência
Solange (*francês*)	Solene, majestosa
Sônia (*russo*)	Sabedoria, ciência
Susana (*hebraico*)	Lírio gracioso
Taís (*grego*)	A que se admira
Tânia (*russo*)	Vitoriosa, triunfante
Tatiana (*russo*)	Do papai; em latim: nome de um clã romano
Teresa (*espanhol*)	Caridosa
Úrsula (*latim*)	Ursinha
Valéria (*latim*)	Cheia de saúde
Vanessa	Nome de certo tipo de borboleta
Vânia (*inglês*)	Forma diminutiva de Vanessa
Vera (*latim*)	Verdadeira
Virgínia (*latim*)	Virginal
Viviana (*latim*)	Viva, com vida
Wilma (*teutônico*)	Diminutivo de Wilhelmina (protetora)
Yasmin (*árabe*)	Branca
Zélia (*grego*)	Zelo, anagrama de Eliza
Zuleica (*persa*)	Radiante beleza
Zulmira (*alemão*)	Excelente, brilhante

MASCULINOS

Abelardo (*teutônio*) .... Nobre absoluto
Adalberto (*teutônico*) .... Nobre e belo urso
Ademar (*teutônico*) .... Guerreiro, glorioso
Adolfo (*teutônico*) .... Herói e bravo guerreiro
Adriano (*latim*) .... Pessoa morena
Afonso (*teutônico*) .... Nobre, atencioso
Alberto (*teutônico*) .... O ilustre
Alexandre (*grego*) .... Defensor da espécie humana
André (*grego*) .... Forte, viril
Ângelo (*grego*) .... Anjo ou mensageiro
Antônio (*latim*) .... O que não tem preço
Armando (*teutônico*) .... Homem de exército
Arnaldo .... Forte como uma águia
Artur (*celta*) .... O nobre, o generoso
Augusto (*latim*) .... Dignidade majestática
Benjamim (*hebraico*) .... Filho de mãe direita

Bernardo (*teutônico*) .... Forte como um urso
Bonifácio (*latim*) .... Aquele que faz o bem
Bruno (*teutônico*) .... Escuro, pardo
Caio (*latim*) .... Feliz, contente, alegre
Carlos (*teutônico*) .... Fazendeiro
Cassiano (*latim*) .... Muito equitativo
Cássio (*latim*) .... Distinto, ilustre
Celso (*latim*) .... Alto, elevado
César (*latim*) .... Cabeleira longa
Cláudio (*latim*) .... Coxo
Cléber (*teutônico*) .... Padeiro
Clóvis (*teutônico*) .... Guerreiro famoso
Conrado (*teutônico*) .... Conselheiro prudente
Cristiano .... Variação de Cristino (ungido do Senhor)
Daniel (*grego*) .... Deus é meu juiz (anjo da guarda)
Danilo (*escandinavo*) .... O dinamarquês
Davi (*hebraico*) .... O amado
Décio (*latim*) .... O décimo filho
Denis (*grego*) .... Deus do vinho
Douglas (*gálico*) .... Da água escura ou preta

Edgar (*teutônico*) .... Próspero, lanceiro
Edmundo (*anglo-saxão*) .... Próspero, protetor
Edson (*anglo-saxão*) .... Filho de Eduardo
Eduardo (*anglo-saxão*) .... Próspero, guardião
Elias (*hebraico*) .... Jeová é o meu Deus
Emanuel (*hebraico*) .... Deus está no coração dos homens puros
Emílio (*etrusco e latim*) .... Solícito, zeloso
Ernesto (*anglo-saxão ou teutônico*) Combatente, dedicado

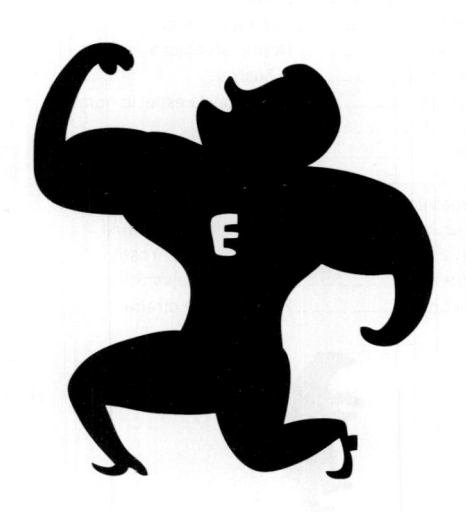

Evandro (*grego*) .... Homem valente, varonil
Fabiano (*latim*) .... Feijão crescendo
Fábio (*latim*) .... Variação de Fabiano (fava que cresce)
Fabrício (*latim*) .... Artífice, ferreiro, artesão
Felipe (*grego*) .... Aquele que gosta de cavalos
Fernando (*teutônico*) .... Ousado, alto
Flávio (*latim*) .... De cabelos ruivos ou louros
Francisco (*latim*) .... Francês, homem livre
Frederico (*teutônico*) .... Dirigente da paz
Gabriel (*hebraico*) .... Enviado de Deus
Geraldo (*teutônico*) .... O que governa com lança
Gérson (*hebraico*) .... Peregrino, estrangeiro
Gilberto (*anglo-saxão*) .... Refém brilhante
Giovani .... Plural de Giovane (jovem)
Glauco (*grego*) .... Verde-azulado
Guilherme (*teutônico*) .... O protetor
Hamilton (*inglês*) .... Aldeia da montanha
Haroldo (*escandinavo*) .... Chefe de exército
Heitor (*grego*) .... Possuidor, guardador
Hélio (*grego*) .... Sol

Henrique (*teutônico*)	Príncipe poderoso
Hugo (*teutônico*)	Ajuizado, alma brilhante
Humberto (*teutônico*)	Espírito brilhante
Igor (*escandinavo*)	Defensor de Ingor, divindade germânica
Inácio (*latim*)	Ardente
Irineu (*grego*)	Homem da paz
Ivan	Forma russa de João
Jair (*hebraico*)	O iluminado de Deus
Jairo (*hebraico*)	Variação de Jair (o iluminado de Deus)
Jânio (*latim*)	Referente ao deus Jano
Jeremias (*hebraico*)	Escolhido por Deus
Jerônimo (*grego*)	Nome sagrado
João (*hebraico*)	Deus é gracioso
Joaquim (*hebraico*)	O elevado de Deus
Jonas (*hebraico*)	Pomba
José (*hebraico*)	Aquele que acrescenta
Júlio (*latim*)	Cheio de juventude
Laerte (*grego*)	Formiga, salvador do povo
Lauro	Coroa de folhas de louro
Leandro (*grego e latim*)	Homem leão
Leonardo (*francês*)	Leão bravo, coração de leão
Leonel (*francês*)	Filhote de leão
Leopoldo (*teutônico*)	Ousado para o povo
Lucas (*latim*)	Natural da Lucânia, terra da luz
Luciano	Derivado de Lúcio (nascido com o dia)
Luís (*teutônico*)	Guerreiro famoso
Manuel (*hebraico*)	Deus conosco
Marcelo (*latim*)	Pequeno martelo
Márcio (*latim*)	Nome com que os guerreiros invocavam Júpiter
Marcos (*latim*)	Deus da guerra, Marte
Mário (*latim*)	Homem másculo
Mateus (*hebraico*)	Dom de Jeová
Maurício (*latim*)	De pele escura, moreno
Miguel (*hebraico*)	Deus é justo, incomparável
Milton (*grego*)	Vermelho
Moacir (*tupi*)	Pessoa que magoa
Moisés (*hebraico*)	Salvo das águas
Murilo (*espanhol*)	Pequeno muro
Nélson (*anglo-saxão*)	Filho de campeão
Nicolau (*grego*)	Povo vitorioso
Orlando (*teutônico*)	Do país famoso
Oscar (*nórdico*)	Lança de Deus
Osias (*hebraico*)	Rei de Judá
Osmar (*anglo-saxão*)	A glória dos deuses
Osvaldo (*anglo-saxão*)	Deus poderoso
Otávio (*latim*)	Oitavo filho
Paulo (*latim*)	De baixa estatura
Pedro (*grego e latim*)	Rocha
Péricles (*grego*)	Muito glorioso
Rafael (*hebraico*)	Deus o curou

Raimundo (*gótico*) .... Protetor
Raul (*anglo-saxão*) .... Combatente prudente
Reginaldo (*anglo-saxão*) .... O que governa por meio de conselhos
Reinaldo (*teutônico*) .... Bravo
Renato (*latim*) .... Renascido
Ricardo (*anglo-saxão*) .... Rei poderoso
Roberto (*anglo-saxão*) .... Brilhante na glória
Rodolfo (*teutônico*) .... Lobo famoso
Rodrigo .... Forma espanhola e italiana de Roderick (poder na fama)
Rogério (*teutônico*) .... Afamado com a lança
Ronaldo (*teutônico*) .... Aquele que governa com mistério

Rubens .... Variação de Rubem (leão ou lobo, sol brilhante, avermelhado)
Rui (*francês*) .... Rei
Salomão (*hebraico*) .... O pacífico
Samuel (*hebraico*) .... Seu nome é Deus
Sandro .... Abreviação de Alexandre (defensor da espécie humana)
Saul (*hebraico*) .... O alcançado por meio de orações
Sebastião (*grego*) .... Sagrado
Serafim (*hebraico*) .... Ardente
Sílvio .... Forma masculina de Sílvia (da selva)
Tadeu (*aramaico*) .... O amável
Tales (*grego*) .... Verdejar
Tiago .... Abreviação de Santiago (alegre)
Timóteo (*grego*) .... O que honra a Deus
Túlio (*grego*) .... Nome de famoso orador romano
Ulisses (*grego*) .... O irritado
Valdemar (*teutônico*) .... Governador
Valter (*teutônico*) .... Dirigente do exército
Vanderlei (*holandês*) .... Das ardósias
Vicente (*latim*) .... Vencedor
Vinícius (*latim*) .... Vinicultor
Vítor (*latim*) .... Vencedor
Vladimir (*eslavo*) .... Rei ou governante famoso
Wagner (*teutônico*) .... Fabricante de vagão
William (*teutônico*) .... Protetor
Wilson (*anglo-saxão*) .... Filho de William

NOMES ESDRÚXULOS

A partir de 1973, a Lei Federal dos Registros Públicos passou a proibir os oficiais de cartório de registrar crianças com nomes que as exponham ao ridículo ou a situações humilhantes. Alguns nomes esdrúxulos registrados no Brasil:

- Abc Lopes
- Açafrão Fagundes
- Asfilófio de Oliveira Filho
- Bandeirante Brasileiro Paulistano
- Bemvindo o Dia do Meu Nascimento Cardoso
- Bestilde Mota Medeiros
- Bizarro Assada
- Brilhantina Muratori Cafiaspirina Cruz
- Céu Azul do Céu Poente
- Dezêncio Feverêncio de Oitenta e Cinco
- Dignatário de Ordem Imperial do Cruzeiro
- Domingão Sabatino Gomes
- Durango Kid Paiva
- Errata de Campos
- Esparadrapo Clemente de Sá
- Evangivaldo Figueiredo
- Fologênio Lopes Utiguaçu
- Garoto Levado Cruz
- Grande Felicidade Virgínia dos Reis
- Heliogábalo Pinto Coelho
- Himalaia Virgulino Janeiro Fevereiro de Março Abril
- Japodeis da Pátria Torres
- Lança-Perfume de Andrade
- Marcos Dá Ré
- Maria Eugênia Longo Cabelo Campos
- Maria Privada de Jesus
- Mereveu Dois de Agosto de Oliveira
- Naida Navinda Navolta Pereira
- Nascente Nascido Puro
- Nunes Restos Mortais de Catarina
- Oceano Atlântico Linhares
- Ocidentina de Fontoura
- Rolando Caio da Rocha
- Rolando Emídio da Torre da Igreja
- Sandália de Oliveira Silva
- Sherlock Holmes da Silva
- Última Delícia co Casal Carvalho
- Um Dois Três de Oliveira Quatro
- Um Mesmo de Almeida
- Vercebúcio dos Santos
- Vitor Hugo Tocagaita
- Zabumba Andrade Andreis

▶ **Como surgiram os apelidos?**
O professor de português Júlio César da Assunção Pedrosa conta que desde a Roma Antiga já se utilizavam apelidos. "Ciprião, o Africano", "Catão, o Velho" ou "Plínio, o Moço" eram artifícios dos quais as pessoas lançavam mão para diferenciar indivíduos com o mesmo nome. O professor salienta que, com o tempo, era comum apelidos acabarem se incorporando aos sobrenomes.

▶ **De onde vêm as palavras fulano, beltrano e sicrano?**
Fulano vem do árabe *fulân* (tal). No espanhol do século XIII, fulano era usado como adjetivo, mas depois tornou-se o substantivo que designa um indivíduo não identificado. Beltrano veio do nome próprio Beltrão, muito popular na Península Ibérica por causa das novelas de cavalaria. A terminação em "ano" surgiu por analogia com fulano. Sicrano, por sua vez, provém do árabe "sicrán", ou "sacrán", que significa "bêbado" ou "embriagado".

▶ **Se a esposa do presidente é a primeira-dama, o que o marido de uma presidenta seria?**
O esposo de uma presidenta, governadora ou prefeita é simplesmente seu marido. Não recebe nenhuma denominação especial. A expressão "primeira-dama" apareceu pela primeira vez em 31 de março de 1860, no jornal americano *Frank Leslie´s Illustrated Newspaper*, e referia-se a Harriet Lane. Na verdade, ela era sobrinha do presidente James Buchanan, que ocupou a Presidência dos Estados Unidos entre 1857 e 1861 e foi o único chefe de Estado americano a não se casar.

▶ **Quem deu o nome de Deus a Deus?**
Existem diferentes teorias. Para uns, o termo vem do latim *deus*, o qual, por sua vez, deriva do grego *Theos*. Outros afirmam que a palavra grega que serviu de base para o termo latino foi Zeus, o maior deus da mitologia grega, deus da luz do céu e dos raios. Há ainda quem diga que Deus vem do sânscrito *di*, que significa dia, já que Ele é luz. Em algumas religiões, Deus é chamado de Jeová, termo originado do hebraico Yehowah, estabelecido por rabinos no século VII, com fusão das "Quatro Letras Sagradas" YHWH – que denotava "aquele que é" – com as vogais de "Adonay", cujo significado é "Meu Senhor".

Pronomes de tratamento

Os pronomes de tratamento referem-se à pessoa a quem se fala, no entanto, a concordância gramatical deve ser feita com a terceira pessoa. Esses pronomes são usados no tratamento cerimonioso, com exceção de "você". Senhor, senhora, você e vocês também são pronomes de tratamento.

Presidente e autoridades	**Excelência**
Reitores (de universidades)	**Magnificência (Magnífico Reitor)**
Juízes	**Meritíssimo**
Papa	**Santidade, Santíssimo Padre**
Cardeal	**Eminência**
Arcebispos e bispos	**Excelência Reverendíssima**
Abades e superiores de convento	**Paternidade**
Padre	**Reverendíssimo**
Reis e imperadores	**Majestade**
Príncipes e duques	**Alteza (Sereníssimo Senhor)**
Demais autoridades	**Senhoria**

Quando se fala diretamente com a pessoa, o pronome de tratamento deve vir antecedido por "Vossa"; quando se fala sobre a pessoa, deve vir antecedido por "Sua". "Você" é uma redução de "Vossa Mercê".

Quando o governo ainda era relacionado ao direito divino, o povo dirigia-se aos monarcas evocando não a pessoa, mas suas características divinas, como a misericórdia ou a mercê. Assim surgiu o pronome de tratamento "Vossa mercê", que mais tarde se tornou "você".

▶ **De onde vêm os títulos?**
MAGNÍFICO: do latim *magnus*, significa imponente e grandioso.
ALTEZA: deriva do latim *altitia*, que significa altura.
REVERENDÍSSIMO: derivado do latim *reuerendissimus*, superlativo de *reverendus*, ou seja, aquele que é venerável ou digno de veneração.
MAJESTADE: do latim *maiestas*, denota grandeza, poder, dignidade e aspecto majestoso.
SANTIDADE: do latim *sanctitas*, representa o que é sagrado e inviolável.
MERITÍSSIMO: deriva do latim *meritissimus*, superlativo de *meritus*, que significa merecedor – no caso, "merecedor de confiança".
EXCELENTÍSSIMO: do latim *excellentissimus*, superlativo de *excellens*, é aquele que excede em altura, que sobressai, que é superior.

11

Beijo pouco, falo menos ainda
Mas invento palavras
Que traduzem a ternura mais funda
E mais cotidiana
Inventei, por exemplo, o verbo teadorar
Intransitivo; Teadoro, Teodora

MANUEL BANDEIRA
(1886-1968), poeta

Gente que virou palavra

Palavras que se originam de nome ou sobrenome de pessoas

À BEÇA
Sua origem é incerta. Uma versão diz que a expressão "à beça", que significa em grande quantidade, surgiu por causa do jurista sergipano Gumercindo Bessa, que, ao debater com Rui Barbosa a questão da independência do território do Acre, teria utilizado uma grande quantidade de argumentos. Depois disso, quem primeiro empregou a expressão foi o presidente do Brasil Rodrigues Alves, ao se admirar dos argumentos lançados por um interlocutor durante uma conversa: "O senhor tem argumentos à Bessa".
Outra explicação está registrada pelo dicionarista Caldas Aulete: "Grafia fixada pelo Vocabulário da Academia Brasileira. Antes de 1943 escrevia-se à bessa, de Bessa, suposto antropônimo [*nome ou sobrenome de pessoa*] de um perdulário carioca".

ABREUGRAFIA
O médico paulista Manuel Dias de Abreu (1894-1962) criou um método para diagnosticar a tuberculose e outras doenças pulmonares, o qual ganhou seu nome.

ACÁCIO
Sujeito ingênuo, tolo, ridículo. O nome vem do personagem do romance *O primo Basílio*, do português Eça de Queirós, de 1878. O conselheiro Acácio só dizia frases óbvias e absurdas, apesar de proferi-las sempre com muita pompa, dando-se um ar de falsa erudição.

AMÉLIA

O samba "Ai que saudades da Amélia", de 1942 – com letra de Ataulfo Alves e música de Mário Lago –, diz que "Amélia é que era mulher de verdade". O termo passou a designar toda mulher submissa, que atende pacientemente às exigências do marido, sem reclamar.

AURÉLIO

Virou sinônimo de dicionário no Brasil (embora ainda não conste como verbete nos dicionários), inspirado no filólogo, lexicólogo, ensaísta, crítico e tradutor Aurélio Buarque de Holanda Ferreira (1910-89), criador do *Dicionário Aurélio*. A convite de Manuel Bandeira, Aurélio Buarque de Holanda colaborou no *Pequeno Dicionário Brasileiro de Língua Portuguesa* e enriqueceu a obra com diversos brasileirismos. O editor Carlos Lacerda o convidou a publicar seu próprio dicionário, o que aconteceu em 1975, transformando o *Dicionário Aurélio* na obra mais popular do gênero no país. As edições seguintes foram lançadas em 1986 e 1999.

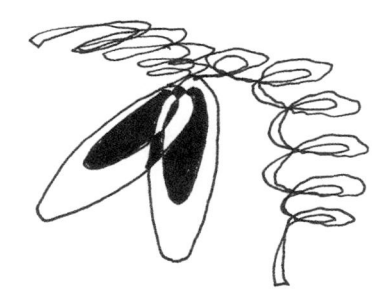

BADERNA

A bailarina italiana Marietta Baderna fazia muito sucesso no Teatro alla Scalla, de Milão. Ao apresentar-se no Brasil em 1851, causou verdadeiro *frisson* entre seus fãs, logo apelidados de "os badernas". Marietta tinha um comportamento liberal demais, considerado escandaloso para os padrões do Brasil do século XIX. Seu sobrenome deu origem ao termo que significa confusão, bagunça.

BALZAQUIANA

É como são chamadas as mulheres na faixa dos 30 anos. Por quê? O escritor francês Honoré de Balzac escreveu um romance intitulado *A mulher de 30 anos*, no qual analisa o destino das jovens na primeira metade do século XIX, em particular dentro do casamento. E faz uma apologia às mulheres mais maduras, que podem viver o amor com maior plenitude. É o que acontece à heroína da narrativa, Júlia. Ela se casa com um oficial do Exército, mas depois descobre que a relação está longe de ser o que imaginava, vendo-se presa a um matrimônio infeliz. Quando se torna uma trintona, porém, Júlia consegue encontrar o amor nos braços de Carlos Vandenesse.

BARNABÉ
Nome dado a funcionário público de baixo escalão. A origem é um samba de 1947, gravado por Haroldo Barbosa e Antônio de Almeida, cuja letra fala de um funcionário público chamado Barnabé. A partir daí, o nome passou a ser adotado para definir funcionários que ganham pouco.

BENJAMIN
Muita gente pensa que o nome da tomada benjamim, também chamada de "T", é uma homenagem ao inventor norte-americano Benjamin Franklin (1706-90). Na verdade, o nome foi emprestado de um santo: são Benjamin. Ele viveu no século V na Pérsia e foi torturado porque se recusou a adorar o deus Fogo. O religioso passou a ser relacionado com coisas que espetam por ter morrido empalado na Pérsia.

BLAZER
O capitão do barco inglês *H.M.S. Blazer* fazia questão que seus marinheiros usassem japonas azuis com botões de metal. Foi com base nesse modelo que o estilista Pierre Cardin – italiano filho de franceses – criou o *blazer*.

BOICOTE
Charles Cunningham Boycott (1832-97) era capataz das ricas propriedades do conde de Erne, na Irlanda. Certa vez, Boycott discordou das propostas de nacionalistas irlandeses, que queriam proibir camponeses de trabalhar para proprietários ingleses. Por causa de sua posição, as pessoas deixaram de falar com ele. Os comerciantes recusavam-se a lhe vender qualquer coisa, ninguém aceitava suas propostas de trabalho. Nasceu assim a palavra "boicote".

BRIGADEIRO

O docinho preferido de dez entre dez crianças em festinhas infantis foi criado no Brasil logo após a Segunda Guerra Mundial. Na época, era quase impossível arranjar leite fresco, ovos, amêndoas e açúcar para os doces. Então alguém descobriu que a mistura de leite condensado e chocolate dava um doce gostoso. O nome foi uma homenagem ao brigadeiro Eduardo Gomes, político e candidato à Presidência da República.

CANTO GREGORIANO

Canto tradicional da liturgia da Igreja católica romana. O termo vem do nome do papa Gregório I (540-604). Durante seu papado (590-604), o conceito da música sacra foi revisado e o canto sem acompanhamento de instrumentos foi introduzido. O calendário que usamos hoje também é conhecido como calendário gregoriano, mas por causa do papa Gregório XIII. Em 1582, ele reformulou o calendário romano, criando também os anos bissextos.

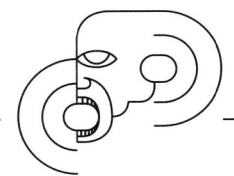

Por que usamos o termo "bissexto" para designar os anos em que ocorre o 29 de fevereiro, se isso só se dá a cada quatro anos?
Por ganharem um dia a mais, os anos em que ocorre o dia 29 de fevereiro têm 366 dias. Em 366, o algarismo 6 aparece duas vezes – daí o termo bissexto.

CABOTINO

Homem que faz certo barulho em torno do próprio nome, que alardeia as qualidades que imagina ter, um sujeito presunçoso. No século XVII, existia um ator cômico ambulante de nome Cabotin que, para chamar a atenção, exibia peças de teatro pelas ruas de Paris.

CARDIGÃ

O cardigã – blusa tricotada ou suéter com botões – recebeu esse nome em homenagem ao oficial da cavalaria britânica James Thomas Brudenell, o sétimo conde de Cardigan (1797-1868). A peça de roupa foi usada pela primeira vez por soldados ingleses no terrível inverno da Crimeia. O conde liderou o ataque da brigada na mais famosa batalha da Guerra da Crimeia, perto da vila de Balaclava, no dia 25 de outubro de 1854. Mais uma curiosidade: dessa vila veio o nome daquele capuz de tecido que pilotos de corrida e motociclistas usam embaixo do capacete, a balaclava ou ivanhoé.

CAROLINAS

Doces de massa fofa e redondinhos que lembram a textura de minibombas. Seu nome, porém, não homenageia nenhuma jovem chamada Carolina. Vem de Karòly Ferencsarosz, um doceiro austro-húngaro que viveu no século XVIII e vendia sua criação em Viena, com recheio de creme ou chocolate.

CARRASCO

Belchior Nunes Carrasco, que trabalhou como verdugo em Portugal no século XVII, deu nome à profissão dos executores de pena de morte.

CASANOVA

Termo usado para definir um homem cuja obsessão é fazer conquistas amorosas, vem do nome do aventureiro italiano Giovanni Jacopo Casanova (1725-98). Nascido em Veneza e filho de um ator, aos 16 anos de idade Casanova foi expulso de um seminário para monges por comportamento imoral. Morou então em várias cidades europeias, fazendo-se passar por pastor religioso, filósofo, diplomata, jogador de cartas e até violinista, entre outras "profissões". Conseguiu se infiltrar na aristocracia e, claro, se envolveu em ligações amorosas. Fazia e perdia amigos e fortunas quando bem entendia. Casanova finalmente sossegou quando assumiu as funções de bibliotecário do conde Von Waldstein, na Boêmia. Lá escreveu suas memórias – cerca de 1,5 milhão de palavras em 12 volumes –, publicadas postumamente entre 1826 e 1838.

CESARIANA

Tipo de parto em que um corte é feito nas paredes do abdome e do útero da mulher, por onde o bebê é retirado. O termo geralmente é atribuído ao imperador Júlio César, que teria nascido dessa maneira. Acontece que a medicina de antigamente só adotava esse procedimento quando não havia mais como salvar a mãe – e esse não foi o caso de Aurélia, mãe de Júlio

César. Uma teoria alternativa é a de que a palavra teria vindo do latim *caesus*, o particípio passado do verbo *caedere*, que significa "cortar". Por fim, existe a possibilidade de o nome ter se originado do decreto cesáreo (imperial) de que uma mulher grávida morta não podia ser enterrada com o feto. Os corpos deveriam primeiro ser separados.

CHARLOTTE
Invenção inglesa para a rainha Charlotte, mulher do rei George III, que adorava biscoitos no chá da tarde. O grande *chef* Marie-Antoine Carême (1783-1833) teve a feliz ideia de fazer um doce usando biscoitos champanhe, recheio de cremes diversos e musses.

CHAUVINISMO
A palavra define alguém que toma uma atitude extrema em defesa de seu país ou, por extensão de sentido, de qualquer causa. Foi inspirada no soldado francês Nicolas Chauvin, condecorado por Napoleão Bonaparte por sua bravura. Chauvin foi ferido 17 vezes em batalha e acabou eleito o símbolo do soldado corajoso. Só que autores teatrais começaram a zombar do fanatismo bélico de Chauvin e o termo começou a ganhar conotação negativa. Para criticar o machismo da sociedade americana na década de 1970, o movimento feminista Women's Lib criou a expressão "porco chauvinista". Com ela, toda a bravura de Chauvin foi enterrada de vez.

CICERONE
Uma pessoa que faz as vezes de guia para turistas é chamada de cicerone. A palavra vem do nome do orador e estadista romano Marcus Tullius Cícero (106-43 a.c.), que personificava a eloquência e o conhecimento que se espera de um guia.

CIRÍLICO
Nome do alfabeto usado em línguas eslavas, como o russo e o búlgaro. Seu desenvolvimento é atribuído aos irmãos gregos são Cirilo (826-69 a.C.) – daí "cirílico" – e são Metódio (815-85 a.C.), quando traduziam a Bíblia e a liturgia para o eslavo.
O alfabeto cirílico é derivado do grego e suplementado por letras hebreias, usadas para expressar os sons que não existem no idioma grego.

CONTADOR GEIGER
Instrumento eletrônico usado para medir a presença e a intensidade da radiação. Recebeu esse nome em homenagem ao físico alemão Hans Geiger

(1882-1945), que o desenvolveu com a ajuda do cientista e conterrâneo Walter M. Muller (1905). O contador foi criado com base nas pesquisas do físico inglês Ernest Rutheford (1871-1937). Mais tarde, Geiger tornou-se professor de Física nas universidades de Kiel, Tübingen e de Technische Hochschule, em Berlim.

COOPER

No final da década de 1970, o médico norte-americano Kenneth Cooper publicou uma série de trabalhos afirmando que a corrida e os exercícios físicos eram essenciais para a prevenção de obesidade, problemas cardíacos e outras doenças. Ele também apresentava um teste de avaliação da capacidade física que consistia em medir a distância em metros que uma pessoa consegue percorrer, marchando ou correndo. Por causa de suas teorias, o método de se exercitar correndo acabou batizado como *cooper*.

COQUETEL MOLOTOV

Bomba de fabricação caseira feita com uma garrafa cheia de combustível e um pavio no gargalo. O nome foi dado pelos russos durante a Segunda Guerra Mundial. Na época, os soviéticos tentavam expulsar o exército alemão dos territórios ocupados lutando com armamentos domésticos. Então, homenagearam o presidente do Conselho de Ministros da União Soviética, Viacheslav Molotov (1890-1988), dando seu nome à bomba.

CREPE SUZETTE

Panquecas doces, flambadas, já existiam desde o século V. Eram preparadas pelos romanos na celebração da Virgem Maria, todo dia 2 de fevereiro. Mas o crepe suzette foi assim batizado no verão de 1896, em Mônaco. Eduardo VII, o príncipe de Gales, então com 56 anos, estava numa festa. O banqueteiro francês Henri Charpentier exagerou no licor curaçau ao preparar suas panquecas doces e, em vez de flambá-las, ele simplesmente as incendiou. Ágil, Charpentier impediu um acidente maior ao apagar as chamas com rapidez. Sua habilidade impressionou o príncipe, que quis saber o nome da iguaria. *"Crêpes princesse"*, foi a resposta de Charpentier. Eduardo corrigiu: "De hoje em diante, ela se chamará crepe suzette". Suzette era uma namorada do solteirão Eduardo desde o ano anterior. O romance foi fugaz, mas a sobremesa ficou.

DALTÔNICO
Nome dado as pessoas com problema em distinguir cores. Foi o químico inglês John Dalton (1766-1844) quem primeiro percebeu a existência desse tipo de deficiência na visão. Tudo aconteceu quando ele resolveu comprar um par de meias para a mãe. Pensou que fossem verdes, mas elas eram vermelhas. Seu irmão sofria do mesmo problema. Dalton relatou isso na obra *Fatos extraordinários relacionados à visão das cores*, de 1794.

DANTESCO
Designa algo medonho, diabólico, horroroso. Foi esse o clima criado pelo italiano Dante Alighieri (1265-1321) nas passagens de "Inferno de Dante", primeiro dos três poemas que compõem sua obra *A divina comédia*.

DESPAUTÉRIO
É o mesmo que uma grande tolice. O flamengo J. van Pauteren lançou um método gramatical que, apesar de extremamente confuso, foi bastante difundido na Europa nos séculos XVI e XVII. Seu nome foi afrancesado, virou Despautére e deu origem à palavra.

DIESEL
O engenheiro alemão Rudolf Diesel (1858-1913) ficou famoso por desenvolver e aperfeiçoar motores de combustão interna para substituir as máquinas a vapor. No motor a vapor, apenas 10% do calor liberado na queima do carvão virava energia mecânica para uma máquina trabalhar. A partir de 1878, quando entrou para a Escola Técnica de Munique, Diesel ficou obcecado pela ideia de criar um motor que aproveitasse quase 100% do calor. Passou a dormir só três horas por noite. Apesar da dedicação absurda, somente em 1897 chegou ao protótipo do motor que leva seu nome, o diesel. Viu muita gente enriquecer com seu invento, mas ele mesmo acabou falido. Vivia sendo internado, até que se suicidou.

DOBERMANN

O alemão Friedrich Louis Dobermann (1834-1894) trabalhava como coletor de impostos, mas tinha um sério problema na profissão: vivia sendo assaltado. Que providência podia tomar para se proteger era a pergunta que ele sempre se fazia. Como também dava expediente num centro de controle de zoonoses, Dobermann começou a fazer cruzamentos entre os cães. Misturou um tipo de rotweiller com uma espécie de cão pastor, para conseguir chegar ao animal que leva seu nome.

O cachorro da raça dobermann é o único que traz o nome de seu criador.

DOMINGADA

Os dicionários futebolísticos registram esta palavra como uma jogada infeliz ou um lance de distração. O verbete nasceu de uma jogada nas semifinais da Copa do Mundo de 1938. O Brasil perdia por 1 a 0 para a Itália, mas pressionava em busca do empate. Só que, aos 17 minutos do segundo tempo, o italiano Piola provocou Domingos da Guia, capitão da equipe, que cometeu um pênalti bobo no adversário. Domingos garantia que a falta tinha sido feita fora da área. Mas era tarde demais. O Brasil perdeu e ele entrou para o dicionário.

DRACONIANO

A palavra significa "muito firme ou severo" e é usada para descrever leis e medidas rígidas. Ela vem de Draco, legislador grego do século VII a.C. que em 621 a.C. criou o que se supõe ter sido o primeiro código de leis de Atenas. Antes dele, as regulamentações eram interpretadas arbitrariamente pelos membros do governo da cidade.

ERRO CRASSO

Havia um cônsul romano chamado Marcus Licinius Crasso, que chegou a derrotar Spartacus, o escravo que comandou uma revolução contra Roma. Mas Crasso não entrou para a história por causa dessa vitória, e sim por uma derrota. No ano 53 a.C., ele comandou o Exército romano que invadiria a Síria, embora as previsões indicassem que não era o momento adequado. Para piorar, resolveu cortar caminho por um vale estreito, onde foi emboscado e aniquilado. O episódio rendeu a expressão "erro crasso", que significa erro grosseiro, básico.

ESTROGONOFE

Os soldados russos costumavam transportar pedaços de carne em barris, usando sal grosso e aguardente como conservantes. Para preparar a refeição, eles acrescentavam cebola à carne. No reinado de Pedro, o Grande (1672-1725), consta que o prato foi aperfeiçoado por um cozinheiro chamado Paul Stroganov. Alguns pesquisadores, contudo, apontam que Stroganov foi conde, gourmet e membro da Academia Imperial de Artes de São Petersburgo, afirmando que o inventor da receita teria sido seu cozinheiro, e não o própio Stroganov. Em 1800, o chef francês Thierry Costel, trabalhando na Rússia, adicionou ingredientes nobres ao prato – champignons, mostarda, páprica e molho inglês – e batizou-o com o nome de Stroganov.

★ ★ ★ ★ ★ ★ ★ ★ ★ ★ GARI ★ ★ ★ ★ ★ ★ ★ ★ ★ ★

Durante o Império no Brasil, homens eram escalados para limpar as ruas depois da passagem dos cavalos. O primeiro a assinar um contrato de limpeza urbana no país foi Pedro Aleixo Gari. Seu sobrenome acabou virando sinônimo de varredor de rua.

★ ★

GILETE

Muitas vezes o inventor fica tão famoso que seu nome vira sinônimo do próprio invento. É o caso da lâmina de barbear, que também é conhecida como "gilete", nome de seu inventor, o americano King Camp Gillette (1855-1932). Em 1895, Gillette estava fazendo a barba diante do espelho, como todos os dias, quando reparou que só uma parte da navalha era realmente usada na operação: a ponta da lâmina. "Por que precisamos de uma navalha deste tamanho, se apenas usamos seu gume?", pensou. "Por que não fabricar uma pequena lâmina de aço para usar e depois jogar fora?" Foi o que ele fez.

GUILHOTINA

Foi uma espécie de homenagem ao médico e deputado francês Joseph Guilhotin (1738-1814). Embora não tenha sido ele o inventor desse terrível aparelho de cortar cabeças, usado já muitos séculos antes, foi Guilhotin quem sugeriu sua volta como método de execução humana na Revolução Francesa. O aparelho decapitou 2.794 "inimigos da Revolução" em Paris.

GRIFAR

Um impressor alemão chamado Sebastian Gryphe, com negócios na cidade de Lyon, na França, foi o autor da ideia de sublinhar palavras no texto para destacá-las. Seu sobrenome deu origem ao verbo e também ao substantivo *griffe*, que se refere a uma marca destacada.

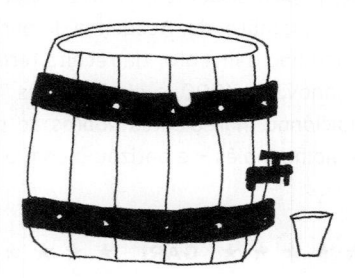

GROGUE

Na Marinha inglesa havia um almirante de nome Edward Vernon (1684-1757) que adorava usar um capote de um tecido grosso chamado gorgorão. Isso lhe rendeu o apelido de "Old Grog". Na época, era comum os tripulantes dos navios receberem doses diárias de rum. Porém, para evitar que seus homens ficassem de pileque, o almirante mandava adicionar água, açúcar mascavo e suco de limão à bebida (este importante para evitar o escorbuto, doença causada pela falta de vitamina C e comum entre os marinheiros). A bebida, servida quente, ganhou o nome de *grog*. Com o tempo, a palavra "grogue" passou a ter o sentido de tonto, atordoado.

HERCÚLEO

O adjetivo significa algo muito difícil de se fazer e se refere a Hércules, um dos heróis da mitologia grega. Por ser filho de Zeus, Hércules nasceu com muita força e poderes. Ainda no berço, estrangulou duas serpentes que sua tia Hera, uma mulher muito perversa, colocara ali para matá-lo. Mas Hera não sossegou. Anos depois, usando de feitiços, conseguiu enlouquecer Hércules. Fora de si, ele matou a própria mulher e os filhos. Passado o encanto, Hércules ficou desesperado. Decidiu procurar o rei Euristeu, que, para perdoá-lo, o obrigou a executar 12 trabalhos muito difíceis.

HISTÓRIAS ROCAMBOLESCAS

Relacionam-se a feitos ou circunstâncias exagerados, inverossímeis, absurdos, irreais. A origem de "rocambolesco" está na personagem novelesca Rocambole, protagonista de uma série de novelas escritas pelo popular folhetinista francês Ponson du Terrail entre os anos de 1859 e 1867.

As fascinantes e inverossímeis aventuras vividas por Rocambole o pcpularizaram como personificação de homem cuja existência se desenvolveu entre intrigas e peripécias difíceis de acreditar.

HOLERITE
Nome que se dá ao demonstrativo de pagamento aos assalariados (em alguns estados, usa-se "contracheque").

A palavra holerite vem do estatístico Herman Hollerith (1860-1929), inventor das máquinas computadorizadas de cartões.

Ele trabalhava no recenseamento dos Estados Unidos e estava preocupado com a quantidade de informações que precisava ser gravada e processada. Em 1896 Hollerith abriu sua própria empresa e, em 1924, ao lado de dois sócios, fundou a IBM (International Business Machines).

HOMÉRICO
Adjetivo usado para designar algo grandioso, extraordinário, fantástico. Deve-se ao estilo do poeta grego Homero, a quem se atribui a autoria dos poemas épicos *Ilíada* e *Odisséia*.

JERÔNIMO
"Jerônimo!" é uma interjeição que representa surpresa ou alegria e cue originalmente foi o grito de guerra usado pelos para-quedistas da Força Aérea norte-americana quando saltavam dos aviões. Ao que parece, é uma menção ao chefe apache americano Jerônimo (1829-1909), mas há outras teorias sobre como a expressão teria sido adotada. Uma delas diz que o grito saiu no decorrer de um filme sobre o chefe índio a que os para-quedistas assistiram durante um treinamento. Outras contam que, enquanto era seguido sem trégua pela cavalaria americana, Jerônimo certa vez teria gritado seu próprio nome e se jogado em um penhasco, com cavalo e tudo. O índio foi capturado em 1886 e tornou-se uma celebridade ao visitar a World Fair de St. Louis e outras exposições.

JUMBO

O adjetivo significa "enorme" ou "muito grande". Jumbo era o nome de um imenso elefante africano de 6,2 toneladas em exibição no zoológico de Londres entre 1865 e 1882. Mesmo sob protestos, inclusive da rainha Vitória, em 1881 Jumbo foi comprado pelo *showman* norte-americano P. T. Barnum. Nos Estados Unidos, o animal era uma das atrações do show *O Maior Espetáculo da Terra*, apresentado por Barnum e Bailey. O elefante permaneceu no país por três anos e meio e, durante esse período, estima-se que tenha carregado mais de 1 milhão de crianças nas costas. Jumbo morreu em 1885 em um acidente de trem. Muitos defendem que, por questões de marketing, o *showman* Barnum teria inventado a história de que Jumbo morreu enquanto estava parado sobre um trilho de trem, na tentativa de proteger o pequeno elefante Tom Thumb. Há também outra teoria para a origem do nome Jumbo. Acredita-se que tenha vindo das palavras suaíli *jumbe*, que significa "chefe", ou de *gullah jamba* (elefante).

LARÁPIO

Lucius Antonius Rufus Appius foi um pretor (juiz) romano muito corrupto, famoso por vender sentenças. Como assinava "L.A.R. Appius", a palavra *larapius* acabou sendo criada para designar ladrões, gatunos e pessoas desonestas.

LEI DE GÉRSON

Em 1976, o tricampeão mundial de futebol Gérson estrelou um comercial do cigarro Vila Rica. "Você também gosta de levar vantagem em tudo, certo?", afirmava em tom convicto o craque garoto-propaganda. Só que o *slogan* acabou se transformando num símbolo dos aproveitadores no Brasil. A expressão "lei de Gérson" passou a designar aquele que escolhia trapacear para ganhar algum benefício em troca. Até hoje Gérson não se conforma com isso.

LEI DE MURPHY

"Se alguma coisa pode dar errado, dará." Quem formulou a famosa lei foi o engenheiro da Força Aérea Americana Edward J. Murphy Junior. Em 1949, Murphy estava envolvido num projeto que media a tolerância dos pilotos à aceleração excessiva dos aviões. Antes dos testes, um ajudante de Murphy foi escalado para espalhar 16 sensores pelo corpo de um piloto. Todos os sensores foram colocados de forma errada. Ao perceber isso, Murphy criou a frase.

LINCHAR

Há quem diga que o verbo linchar vem do inglês *lynch*, que significa flagelação ou castigo corporal. Mas existem outras três versões para o surgimento da palavra, relacionadas com nome de pessoas:

1. Lynch teria sido um colono da Virgínia, nos Estados Unidos, que se recusou a entregar um bandido ao xerife. Preferiu fazer justiça com as próprias mãos e o enforcou.
2. Jaime Francisco Stephan Lynch, governador de Galway, na Irlanda, teria enforcado o próprio filho na janela de sua casa. O filho tinha assassinado um comerciante com crueldade.
3. Carlos Lynch, juiz de paz também da Virgínia, instituiu o processo de linchamento. Era possível condenar e executar alguém sem esperar que fosse julgado pela Justiça.

MADELEINE

Stanislas Leszczynski, filho do exilado rei da Polônia, mudou-se para Paris e foi morar perto de sua irmã, Maria, esposa de Luís XV. Por volta de 1750, uma moça chamada Madeleine, que fazia os doces da corte francesa, criou o bolinho macio e recheado que leva seu nome.

MAL DE ALZHEIMER

O alemão Alois Alzheimer (1864-1915) foi a primeira pessoa a descrever a doença. Neuropatologista e psiquiatra, Alzheimer acompanhou durante alguns anos uma mulher que apresentava distúrbios mentais e sintomas como desorientação, pouca memória e dificuldade de escrita e leitura. Alzheimer constatou que isso incorria na alteração da espessura do córtex cerebral da paciente. Suas observações sobre os aspectos clínicos e neuropatológicos da enfermidade foram divulgadas no encontro da Sociedade Alemã de Alienação em 1906. O mal de Alzheimer se caracteriza pela lenta e progressiva degeneração das células do cérebro, devido à formação de placas neuróticas. A doença se manifesta após os 50 anos.

MAL DE PARKINSON

A doença de Parkinson foi observada pela primeira vez pelo médico inglês James Parkinson (1755-1828). Ele a descreveu em 1817 no livro *An essay on the shaking palsy*, no qual a chamou de paralisia agitante. Em sua juventude, Parkinson estudou latim, grego e filosofia, matérias que acreditava essenciais para o exercício da medicina. Seus trabalhos sobre as causas da pobreza, a desobediência civil e a educação médica ficaram notórios no começo do século XVIII. O responsável por rebatizar a enfermidade com o nome do médico foi o neurologista francês Jean-Martin Charcot no final do século XIX. O mal de Parkinson é uma afecção do sistema nervoso central que ataca as funções motoras da pessoa. Ela se desenvolve em geral após os 40 anos e sua causa ainda é desconhecida. Os sintomas mais comuns são tremor, rigidez muscular, acinesia e alterações posturais.

MARGARITA
O nome do drinque é uma homenagem a sua criadora, a americana Margarita Sames, que preparou a mistura de tequila, Cointreau, gelo e suco de limão em 1918.

MARGHERITA
A pizza Margherita leva esse nome por ser a primeira a ser servida para a rainha da Itália, Margherita. Ela era enfeitada com as cores da bandeira italiana: queijo (branco), manjericão (verde) e tomate (vermelho).

MASOQUISMO
Advogado, professor, jornalista e escritor, o austríaco Leopold von Sacher--Masoch (1836-95) teve uma infância difícil. Apanhava do pai e era obrigado a lamber os pés de sua tia Zenóbia, a quem espiava praticando jogos de submissão com o amante sobre um tapete. Já adulto, Sacher-Masoch passou a exigir castigos corporais das amadas, como chicotadas, e lambia os sapatos delas para chegar ao orgasmo. Descreveu esses jogos em detalhes na novela *Die damen in pelz* (A vênus das peles), publicada em 1869. O interesse sexual de Sacher-Masoch se centrava no desejo compulsivo de sofrer dor e humilhação, por isso seu nome deu origem à palavra "masoquismo", segundo a qual o prazer sexual vem da vontade de sentir dor ou de ser humilhado numa relação. Aos 59 anos, foi internado num asilo e morreu não muito tempo depois.

MAUSOLÉU
O termo, usado para definir um grande túmulo, vem do nome do rei Mausolus, governante de Caria, na Grécia Antiga. Quando ele morreu, em 353 a.C., sua viúva, Artemisa, mandou construir uma tumba magnífica em homenagem ao marido, em Halicarnasso. O monumento, decorado com estátuas e com teto em forma de pirâmide, é considerado uma das sete maravilhas do mundo antigo. Acredita-se que tenha sido destruído por um terremoto na Idade Média.

MECENAS

Assim se chama quem patrocina eventos culturais. O nome vem de Caius Cilnius Mecenas (60 a.C.-8 d.C.), conselheiro do imperador romano Otávio Augusto. Mecenas adorava as artes e sustentava artistas e escritores para que eles pudessem criar sossegados. Foi protetor, por exemplo, dos poetas Horácio e Virgílio.

MERCEDES

Virou sinônimo de carro luxuoso. O nome vem de Mercedes Jellinek, filha de um diplomata e banqueiro austríaco. O diplomata era amigo do fabricante de automóveis Gottlieb Wilhelm Daimler, que passou a batizar os carros que produzia com o nome da moça. Em 1926, Daimler fundiu sua empresa com a também alemã Benz, de Karl Friedrich Benz.

VALÉRIA MESSALINA

A terceira esposa do imperador romano Cláudio, Valéria Messalina (20-48 d.C.), ficou famosa por seu apetite sexual. Ela chegou a transformar seu quarto num bordel e convidava homens de todas as camadas sociais para se entreter a seu lado. Numa ocasião, desafiou uma conhecida prostituta para ver qual delas conseguia saciar mais homens no período de 24 horas. Messalina ganhou a disputa. Calcula-se que em seus 26 anos de vida ela tenha tido relações sexuais com cerca de 8 mil homens. Por isso, Messalina virou sinônimo de "mulher devassa".

MOISÉS

No Egito Antigo, os faraós obrigavam todo o povo israelita a trabalhar como escravo e decidiram que todos os primogênitos dos israelitas deveriam ser mortos. Moisés acabara de nascer e, para salvar o bebê, sua mãe o colocou num cesto, soltando-o nas águas do rio Nilo. A irmã de Moisés foi seguindo o cesto de longe para ver quem o encontraria. Uma princesa que estava à beira do rio viu o bebê flutuando e decidiu levá-lo para o palácio. A irmã de Moisés foi até lá e disse à princesa que conhecia uma babá muito boa para cuidar dele. A babá era sua mãe. Assim, a própria mãe de Moisés o criou dentro do palácio do faraó, e por causa disso o cestinho de carregar bebês é hoje conhecido como moisés.

MOLHO BECHAMEL

O molho bechamel é feito de farinha, manteiga, leite e temperado com vegetais e especiarias. Recebeu esse nome em homenagem ao financista francês marquês Louis de Béchamel (1630-1703), um dos funcionários de Luís XIV, que teria recriado o molho com base numa iguaria mais antiga. Acredita-se que o molho original era uma receita mais elaborada, que levava galinhas e perdizes velhas e existia desde o século XIV nas imediações do mar Adriático, na Itália, com o nome de *balsamella*.

NEGRONI

A bebida que nasceu em 1919 no bar Casone, em Florença, na Itália, foi criada especialmente para o conde italiano Camillo Negroni, um dos fiéis frequentadores do bar. Ele sempre pedia o mesmo drinque, uma mistura de *bitter* e vermute. Certa tarde, o conde pediu algo mais forte ao barman Fosco Scarcelli. Como já conhecia o paladar do cliente, Scarcelli acrescentou gim, gelo e uma rodela de limão ao *bitter* e ao vermute. Negroni aprovou.

NICOTINA

Em 1560, o diplomata francês Jean Nicot, que servia em Portugal, levou as primeiras mudas de tabaco para a rainha da França, para curar sua enxaqueca. A notícia de que a planta tinha poderes medicinais se espalhou. Ao criar um nome científico para a planta, o naturalista sueco Carl Von Linné prestou uma homenagem a Nicot e a batizou de *herba nicotiana* (erva de Nicot).

ÓLEO DE LORENZO

Os pais do pequeno Lorenzo Odone entraram em pânico quando souberam que seu filho de 5 anos sofria de uma doença degenerativa rara, a adrenoleucodistrofia (ALD). O acúmulo de gordura no cérebro destrói a massa cerebral e o doente passa a não ter estímulos no corpo, como andar, ouvir, falar e respirar. Os médicos só davam mais dois anos de vida ao menino. Mas o pai, Augusto, não se rendeu e criou ele mesmo um remédio, uma mistura de ácidos oleico e erúcico batizada de Óleo de Lorenzo. Lorenzo foi salvo. Essa história verdadeira, ocorrida em Washington, Estados Unidos, no ano de 1984, foi parar nas telas do cinema em 1992.

ONANISMO

Termo usado para descrever duas práticas sexuais: o coito interrompido e a masturbação. O nome deriva do personagem bíblico Onan, que "derramou sua semente no chão" (Gênesis 38:9), o que parece se aplicar mais à primeira definição que à segunda. Quando Er, irmão mais velho de Onan, morreu, Judá ordenou que Onan se casasse com Tamar, a viúva. De acordo com os costumes da época, se um homem casado morresse sem deixar herdeiros, seu irmão deveria cumprir a tarefa. Onan, no entanto, não quis seguir essa prática e não consumou totalmente a união.

OSCAR

O troféu entregue nos Estados Unidos aos melhores do cinema nasceu sem nome, sendo chamado apenas de "estatueta". Há muitas lendas acerca da origem do nome Oscar. A mais conhecida é a de que a bibliotecária Margareth Herrick em seu primeiro dia de trabalho na Academia de Artes e Ciências Cinematográficas, em 1931, ao observar a estatueta comentou: "Nossa, parece meu tio Oscar". Ela se referia a Oscar Pierce, um fazendeiro do Texas (que na verdade não era tio dela, mas seu primo em segundo grau). Outra versão diz que Bette Davis, na época presidente da Academia, teria dito que a estatueta parecia seu marido, Harmon Oscar Nelson (também há quem diga que, na verdade, a fazia lembrar o bumbum de seu marido). Um crítico de cinema chamado Sidney Skolsky, em 1934, publicou pela primeira vez o nome Oscar. Skolsky atribui a si próprio a origem do apelido, dizendo ter criado o nome apenas para facilitar sua identificação. A Academia adotou o apelido oficialmente apenas em 1939.

OVO DE COLOMBO

Cristóvão Colombo (1451-1506) voltou à Espanha como herói por ter descoberto a América. Uma das homenagens que lhe ofereceram foi um jantar promovido pelo cardeal Pedro Gonzalo de Mendoza. No jantar, alguns convidados passaram a menosprezar abertamente a viagem de Colombo, afirmando que qualquer um poderia ter descoberto o novo continente. Foi então que Colombo deu sua tacada de mestre. Propôs que todos colocassem um ovo em pé. Vários tentaram, nenhum conseguiu. Na sua vez, Colombo quebrou uma das extremidades do ovo, que ficou em pé. Dessa forma, a expressão "ovo de Colombo" passou a significar uma coisa fácil de ser realizada depois que alguém já a tenha feito.

OVOS BENEDICT

Há duas versões diferentes para a origem desse prato. A primeira é contada pelo especialista brasileiro em gastronomia José Hugo Celidôni. Ele conta que um sujeito chamado Lemuel Benedict, ao tomar seu café da manhã no hotel Waldorf-Astoria, em Nova York, montou o seguinte prato: uma fatia de pão de forma torrado com manteiga, por cima dela fatias de bacon e também por cima um ovo pochê; depois regou tudo com molho holandês. O *maître* do hotel (o mesmo Oscar Tschirky, da salada Waldorf) incrementou a receita – trocou o pão por meio muffin e o bacon por lombinho – e a batizou com o nome de Benedict em homenagem ao hóspede. A segunda versão é defendida pelo jornalista Silvio Lancellotti em *O livro da cozinha clássica – A história das receitas mais famosas do mundo*. A receita teria surgido no hotel Delmonico's, também em Nova York, em 1920. Como o senhor e a senhora Legrand Benedict eram *habitués* ali, um dia a mulher protestou que o cardápio era sempre o mesmo. Em resposta, o *chef* preparou-lhe uma nova receita.

PANTAGRUÉLICO

Em *Horríveis e espantosos feitos e proezas do mui célebre Pantagruel*, de 1532, o escritor francês François Rabelais (1494-1553) criou um personagem com um apetite e tanto. Para se ter uma ideia da sua voracidade, logo no nascimento, ele mama o leite de 4.600 vacas! Por isso costuma-se dizer que quem come muito tem um apetite pantagruélico. Uma refeição com uma grande quantidade de pratos também pode ser chamada de "pantagruélica".

PAPANICOLAOU

Um dos exames pedidos pelos ginecologistas é o papanicolaou, fundamental na prevenção do câncer de colo de útero. Natural da Grécia, George Papanicolaou (1883-1962) formou-se em medicina na cidade alemã de Munique. Em 1910, resolveu fazer as malas e ir para os Estados Unidos, que considerava a terra das oportunidades. Ao chegar a Nova York, porém, só conseguiu emprego como vendedor de tapetes. Levou um ano até poder trabalhar como assistente de laboratório na Universidade Cornell. Ali, Papanicolaou acabou professor. Em 1923, ele estudava as mudanças provocadas pelos hormônios no útero, analisando as secreções uterinas das pacientes. Foi então que deparou com uma amostra diferente, cheia de células deformadas, que pertencia a uma voluntária com câncer. O professor grego fez o mesmo exame em outras doentes e concluiu que aquele tipo de análise diagnosticava tumores. Escreveu mais de cem páginas sobre o assunto e distribuiu o texto durante um encontro médico, em 1923. Mas nenhum colega se entusiasmou com a leitura. Papanicolaou só conseguiu despertar o interesse dos médicos para o exame que leva seu nome em 1943, quando resumiu seu trabalho a oito páginas.

PASTEURIZAR

Até Louis Pasteur (1822-1895) criar a pasteurização, muita gente passava mal por causa do leite estragado. O processo desenvolvido por Pasteur para eliminar germes e bactérias dos alimentos consiste na fervura prolongada do alimento, submetido em seguida a um resfriamento súbito.

PÊSSEGO MELBA

O chef Auguste Escoffier (1846-1935) trabalhava no hotel Savoy, em Londres. Em 1892, ele foi assistir a uma apresentação da soprano australiana Nellie Melba (1861-1931), estrela da ópera Lohengrin, de Richard Wagner. Ela estava hospedada no mesmo hotel Savoy e, após a apresentação, foi homenageada com um banquete oferecido pelo duque de Orléans. Escoffier ficou tão deslumbrado com a voz da diva que, ao voltar ao Savoy, resolveu preparar pessoalmente a ceia dela. O momento mais marcante do jantar foi a sobremesa: sobre um cisne esculpido em gelo servido numa taça de prata, ele colocou sorvete de baunilha e fatias carameladas de pêssego (só mais tarde o purê de framboesa entraria na receita). "Qual é o nome dessa sobremesa?", perguntou a cantora. Depois de pensar alguns segundos, Escoffier respondeu: "Pêssego Melba, madame".

PILATES

Desde criança, o alemão Joseph Pilates (1880-1967) sofria de asma, raquitismo e febre reumática. Sua determinação em se curar dessas doenças o levou a estudar várias formas de movimento, como ioga e também técnicas gregas e romanas. Quando fez 14 anos, começou a se dedicar ao fisiculturismo e chegou até a posar para cartazes de anatomia. Mais tarde, em 1912, decidiu ir para a Inglaterra, onde se tornou boxeador, mas acabou sendo preso durante a Primeira Guerra Mundial. Durante um ano, aplicou seu método de ginástica a prisioneiros alemães, muitos deles feridos, conseguindo resultados excelentes, e criou máquinas que também ajudaram na reabilitação. De volta à Alemanha, conheceu nomes importantes da dança moderna, como Rudolf von Laban, e desenvolveu ainda mais seu método. Consagrado, imigrou para os Estados Unidos. Os movimentos do pilates, entre outros muitos benefícios, ajudam a tonificar os músculos de forma consciente e consistente.

PINEL

Como pinel se transformou em sinônimo de louco? Foi por causa do nome do hospital psiquiátrico Pinel, do Rio de Janeiro, dado em homenagem ao médico francês Philippe Pinel (1745-1826), um dos pioneiros da psiquiatria. Ele modernizou os métodos de tratamento dos doentes mentais.

PLATÔNICO

Ao pé da letra, amor platônico é aquele que não envolve sexo, um amor mais espiritual ou intelectual que sexual. A expressão foi descrita pela primeira vez pelo filósofo grego Platão (c. 427-347 a.C.) na obra *Simpósio*, para se referir ao amor puro que Sócrates nutria por outros homens. Nascido em uma família ateniense abastada, antes de se tornar discípulo de Sócrates, Platão era conhecido como poeta e atleta. Após a morte de seu mestre, Platão viajou por vários lugares do mundo e voltou para Atenas em cerca de 385 a.C., para fundar sua academia. Lá ele ensinava filosofia, matemática e estudos sobre o governo. Muitos de seus textos mantêm-se atuais até hoje e discutem questões éticas e filosóficas.

POMO-DE-ADÃO
A protuberância no pescoço que é mais marcante nos homens, formada pela cartilagem da tiroide, é chamada de pomo-de-adão. Tradicionalmente, esse aspecto da anatomia masculina era atribuído a um pedaço de maçã, o fruto proibido, que teria ficado entalado na garganta de Adão.

QUIXOTE
Pessoa ingênua, sonhadora, generosa, que luta contra as injustiças, sem conseguir resultado. Vive sempre fora da realidade. A palavra baseia-se no personagem Dom Quixote de la Mancha, do escritor espanhol Miguel de Cervantes (1547-1616). Dom Quixote é um fidalgo que vive lendo livros de cavalaria e enlouquece, passando a enfrentar inimigos imaginários como moinhos de vento, que ele confunde com monstros gigantes.

RASTAFÁRI
Haile Selassie (1892-1975) tornou-se imperador da Etiópia em 1930, mas era mais conhecido por seu título, Ras (Deus) e Tafari (o nome de sua família). Era venerado pelos negros do Oeste, que o reverenciavam como uma divindade e lutavam pela libertação da raça negra e a fundação de uma terra para seu povo na Etiópia. A crença rastafári foi desenvolvida pelo jamaicano Marcus Garvey (1887-1940), fundador do movimento De Volta à África. Selassie viveu exilado na Inglaterra entre 1936 e 1941, durante a ocupação italiana em seu país, e foi deposto por um golpe militar em 1974. Hoje, o adjetivo rastafári classifica, além disso, um tipo de penteado.

SADISMO

Donatien-Alphonse-François Sade (1740-1814) ficou conhecido como marquês de Sade (passou a conde depois da morte do pai). Como escritor, ele descreveu o prazer de torturar e humilhar o parceiro para obter satisfação sexual – por isso tal hábito ganhou o nome de sadismo. A fama de Sade cresceu por causa das inúmeras queixas que as prostitutas faziam dele às autoridades policiais. Ao levá-las para um apartamento alugado, em Paris, Sade usava chicotes, cinturões de couro e correntes. Sade passou a vida metido em encrencas com a lei. Dos seus 74 anos de vida, 29 ele viveu em prisões e asilos para doentes mentais.

SAFADO

Quem inspirou a palavra foi Safo, a mais famosa lésbica da história, que viveu entre 610 e 580 a.C. na ilha de Lesbos.

SALMONELA

O nome da bactéria que causa doenças como a intoxicação alimentar nada tem a ver com o salmão. O gênero da bactéria foi chamado assim em homenagem ao cirurgião veterinário Daniel Elmer Salmon (1850-1914), que a identificou.

SANDUÍCHE

Tudo começou numa mesa de bridge. John Eduard Montague (1718-1792), lorde de Sandwich, gostava tanto de jogar que não parava nem para comer. Refeições com garfo e faca poderiam desconcentrá-lo. Em 1762, Montague teve a ideia de pedir que sua comida – salame, rosbife, presunto e queijo – fosse servida entre dois pedaços de pão. Outros jogadores gostaram da ideia e acabaram pedindo "o mesmo de Sandwich". Montague foi comandante das forças navais inglesas na Guerra da Independência dos Estados Unidos.

SAXOFONE

Em 1840, o belga naturalizado francês Antoine Joseph Sax (1814-1894), também chamado Adolfo, resolveu criar um novo tipo de tuba. Respeitado fabricante de instrumentos, ele inventou o saxofone – a palavra mistura seu sobrenome com o grego *phoné* (som).

SILHUETA

O contorno de uma forma escura em um fundo claro recebeu esse nome por causa do político francês Etiénne de Silhouette (1709-1767), mas não se sabe muito bem o motivo. Como encarregado de controlar as finanças francesas, em 1759 Silhouette teve a difícil missão de reconstruir a economia da França depois da Guerra dos Sete Anos. Assim, instituiu uma série de severas mudanças nos impostos, que o fizeram muito impopular e levar fama de avarento. Não demorou para a expressão *à la silhouette* (à moda do pão-duro) cair na boca do povo.

Outras fontes sugerem que o curto período em que o político permaneceu à frente do cargo – ele foi forçado a renunciar nove meses depois – teria feito seu nome ser associado a "obra inacabada", a algo que só tinha contornos, enfim à palavra "silhueta". Há ainda quem acredite que o *hobby* de Silhouette era de fato desenhar apenas o contorno de figuras, e que teria muitos desses esquetes expostos em seu castelo.

SÍNDROME DE DOWN

Distúrbio genético associado à presença de um único cromossomo em cada célula. Geralmente causa doenças como retardo mental e problemas no coração, e se manifesta fisicamente pelos olhos oblíquos, crânio menor e mais largo e dedos curtos.

A síndrome recebeu esse nome por causa do médico inglês John Langdon--Down (1828-1896), o primeiro a descrevê-la em 1866. Anteriormente, era chamada de mongolismo, pois as feições dos que sofriam dela lembravam as dos nativos da Mongólia.

★ ★ ★ ★ ★ ★ ★ ★ ★ TERESA ★ ★ ★ ★ ★ ★ ★ ★ ★

O nome da corda é uma referência a uma mulher que sempre visitava seu marido na Penitenciária do Estado de São Paulo, na década de 1950. Teresa tinha cabelos muito longos e escuros. Para não pegar piolhos durante as visitas, ela fazia duas tranças e as enrolava num coque no alto da cabeça. Na primeira fuga da história da Penitenciária do Estado, os presos usaram tranças de lençol para fugir. Para se referirem aos lençóis sem chamar a atenção dos carcereiros, os fugitivos batizaram as tranças de teresa.

★ ★ ★ ★ ★ ★ ★ ★ ★ ★ ★ ★ ★ ★ ★ ★ ★ ★ ★

TROMPAS DE FALÓPIO
O nome foi uma homenagem ao anatomista italiano Gabriello Fallopio (1523-1562), professor da Universidade de Pisa. Em 1561, dissecando cadáveres, Fallopio descobriu dois tubos de 12 centímetros que uniam os ovários ao útero. Ele achava que essas trompas deveriam ter alguma importância no aparelho reprodutor feminino, mas nunca chegou a descobri-la.

WINCHESTER
Nome de um componente fundamental do computador, cuja origem, porém, se liga a uma carabina. A arma foi criada pelo americano Oliver Fisher Winchester (1810-1880), que a batizou com seu nome. A palavra winchester, a partir de então, virou sinônimo de fuzis de repetição. Na informática, o nome foi dado ao disco rígido do computador por analogia: ele dispara sinais.

ZEPELIM
Os famosos "charutos voadores" levantaram voo pela primeira vez em 2 de julho de 1900, criados pelo conde e industrial alemão Ferdinand von Zepellin (1838-1917). Alguns desses balões dirigíveis (chamados de zepelim) chegavam a ter 245 metros de comprimento. Apesar do sucesso que fez nas três décadas seguintes, o zepelim caiu em desgraça depois da tragédia de 6 de maio de 1937. Quando se preparava para atracar em Nova Jérsei, Estados Unidos, o dirigível *Hindemburgo* se incendiou, matando 35 das 97 pessoas a bordo.

Personagens da mitologia que inspiraram palavras

✤ Academia
Hoje em dia academia é uma escola que fornece algum tipo de treinamento – como uma academia ou um colégio militar. Também é um termo usado

para definir um grupo de pessoas dedicadas a promover a literatura, as artes ou a ciência, como a Academia Real, a Academia Francesa, a Academia Brasileira de Letras. Na verdade, a palavra vem de *Academeia*, o agradável jardim onde o filósofo Platão dava suas aulas no final do século IV a.C. e que recebeu esse nome em homenagem ao herói da mitologia grega Academos.

❀ Anfitrião
Na mitologia grega, Anfitrião (Amphytrion) era um soldado que vivia na cidade egípcia de Tebas com sua bela mulher, Alcmene. Encantado com a beleza da mulher, Júpiter tomou a forma de Anfitrião e seduziu Alcmene. E assim nasceu Hércules. Anfitrião tinha tudo para entrar para a história como o marido traído, mas para sua sorte o dramaturgo francês Moliére (Jean Baptiste Poquelin) escreveu, em 1668, uma peça chamada *Amphytrion*. Como durante a encenação havia um grande entra e sai de personagens, os dicionários franceses acabaram registrando a palavra como sinônimo de alguém que recebe bem seus visitantes.

❀ Arco-íris
Na mitologia grega, Íris era a mensageira da deusa Juno. Como descia do céu num facho de luz e vestia um xale de sete cores, deu origem à palavra "arco-íris". Também foi a inspiradora da íris do olho.

❀ Atlas
Como punição por brigar contra os deuses, Atlas foi forçado a carregar o globo terrestre em seus ombros, cena que passou a ilustrar vários mapas da Antiguidade. Com o tempo, livros que reuniam um conjunto de mapas ficaram popularmente conhecidos como atlas.

❀ Calcanhar de aquiles
Significa o ponto fraco de uma pessoa. Para contrariar um oráculo que dizia que seu filho morreria na Guerra de Troia, Tétis, a mãe de Aquiles, segurou o filho pelo calcanhar e o mergulhou num rio do Egito cujas águas o tornariam invencível. Muitos anos depois, numa batalha, uma flecha envenenada atingiu Aquiles em seu único ponto vulnerável: o calcanhar – justamente o ponto que não havia sido imerso no rio.

❀ Caos
A palavra que significa "confusão" e "desordem" veio da divindade mais antiga da criação. O Caos era representado por um grande vazio, totalmente obscuro, que propiciou o nascimento de todos os seres do universo.

❊ Complexo de Édipo
O nome que se dá ao amor incestuoso entre mãe e filho foi criado pelo psiquiatra austríaco Sigmund Freud, inspirado na mitologia grega.

> Édipo era filho de Jocasta e Laio, o rei de Tebas. Após ouvir previsões assustadoras sobre Édipo, feitas pelo Oráculo de Delfos, o casal resolve abandonar o menino nas montanhas. Mas outro casal encontra Édipo e resolve criá-lo. Já crescido, Édipo fica sabendo pelo mesmo oráculo que cometerá atrocidades contra sua família (que ele pensa ser a adotiva) e foge. No caminho é atropelado por uma carruagem. Enfurecido, Édipo mata seu passageiro, sem saber que se tratava de seu verdadeiro pai, Laio. Tempos depois, escolhido como rei de Tebas por causa de alguns feitos heroicos, Édipo acaba se casando com Jocasta e com ela tem muitos filhos. O Oráculo reaparece, neste momento, para apresentar mãe e filho. Jocasta, desesperada, se enforca e Édipo arranca os próprios olhos, tornando-se um mendigo.

❊ Cupido
A expressão "dar uma de cupido", que significa arrumar um par romântico para alguém, é uma alusão ao deus romano do amor. Equivalente ao deus grego Eros, Cupido é geralmente representado pela figura de um menino nu, com asas, carregando um arco e flecha.

❊ Discórdia
Filha da Noite, Discórdia era a deusa romana do mal, tanto que carregava um punhal e uma víbora em uma das mãos. Envolveu-se em tantas desavenças entre os deuses que acabou expulsa do céu por Júpiter.

❊ Eco
Havia uma ninfa chamada Eco. Ela aprontou uma confusão com Hera, mulher de Zeus. Como castigo, foi proibida de conversar com outras pessoas. Pior: passou a repetir as últimas palavras que ouvia. De tão chateada com a situação, acabou virando pedra. Só restou a sua voz, que repete o que os outros dizem. A palavra grega *ekho* significa "ruído" ou "som".

❊ Flora
O conjunto de espécies vegetais recebeu o nome de flora em homenagem à deusa romana das flores.

❈ Hermafrodita
Animal ou planta que tem órgãos reprodutores masculinos e femininos. A palavra vem de Hermaphroditos, filho de Hermes e Afrodite, a deusa do amor na mitologia grega. Hermaphroditos recusou o amor oferecido pela ninfa Salmacis, em cuja banheira ele se banhava. No entanto, ela o abraçou e pediu aos deuses que fizessem dos dois um único ser. Suas preces foram atendidas e os corpos de Hermaphroditos e Salmacis se juntaram em um só. A palavra "hermafrodita" vem da união dos dois.

❈ Hermético
É uma referência a Hermes, o mensageiro dos deuses. Os alquimistas diziam que ele teria escrito diversos textos revelando segredos sobre ciências ocultas, que só eram compreendidos por especialistas. O adjetivo, portanto, pode se referir a textos difíceis de entender, quase obscuros. Havia também um tipo de fechamento de recipiente usado pelos alquimistas que recebeu esse nome. Por isso, algo bem fechado é chamado de "hermeticamente fechado".

❈ Hímen
A membrana que fica na entrada da vagina e, em geral, se rompe na primeira relação sexual ganhou o nome do deus grego encarregado de realizar as cerimônias de casamento.

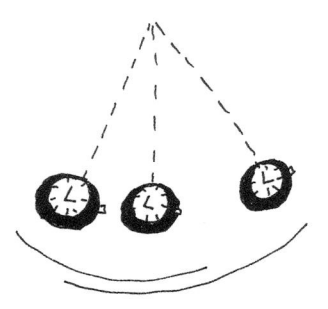

❈ Hipnose
Olhe bem para este livro... Suas pálpebras estão ficando pesadas Seus olhos estão começando a se fechar. Funcionou? A hipnose deve seu nome a Hypnos, que era o deus do sono e também pai de Morfeu, o deus dos sonhos.

❈ Leito de Procusto
Para provar um princípio ou uma opinião, alguém tenta encaixar, à força,

uma interpretação que não corresponde à verdade. A expressão foi inspirada na lenda grega do ladrão Procusto, o Estirador. Ele obrigava suas vítimas a se deitar em uma cama de ferro para ver se cabiam no leito. Se fossem maiores, Procusto cortava-lhes as pernas; se fossem menores, esticava-as com cordas. Fazendo isso, ele queria adequar as pessoas a seu mundo e a suas normas, que acreditava serem perfeitas.

✽ Mentor
É uma espécie de conselheiro. Mentor é personagem do livro *Odisseia*, escrito pelo grego Homero (aproximadamente 850-750 a.C.). Antes de sair para sua longa viagem, o herói Ulisses deixa suas propriedades e também sua esposa, Penélope, sob os cuidados de Mentor, seu melhor amigo. Quando Penélope começa a receber propostas de vários pretendentes, Mentor a aconselha a esperar pela volta do marido.

✽ Monte de Vênus
O monte pubiano da mulher é conhecido como monte de Vênus numa referência a Vênus, a deusa romana do amor. Vem também dela o nome "camisa de vênus", o mesmo que preservativo.

✽ Morfina
Narcótico usado com fins medicinais para aliviar dores e induzir o paciente ao sono. Seu nome vem de Morfeus, o deus dos sonhos na mitologia grega. Daí também a expressão "cair nos braços de Morfeu", que significa ir dormir.

✽ Narcisismo
É o excesso de amor ou interesse por si mesmo. A palavra vem de Narciso, um belo jovem da mitologia grega. Depois de desprezar o amor de várias pretendentes, incluindo o da ninfa Echo, Narciso foi condenado a se apaixonar por seu próprio reflexo nas águas de uma fonte, pensando se tratar de outra ninfa. Seus esforços para alcançar a imagem foram em vão. Ele acabou se afogando ao tentar alcançar a imagem e foi transformado na flor que hoje leva seu nome. A palavra saiu de um texto do alemão Näcke, em 1899.

❁ Néctar
Era uma bebida apreciada pelos deuses do monte Olimpo, na Grécia Antiga. Dizia a lenda que o néctar dava vida eterna. Virou sinônimo para o líquido que as abelhas tiram das flores e também para sucos concentrados de fruta. Há ainda a expressão "néctar dos deuses" para se referir a algo muito gostoso.

❁ Pânico
Vem do grego *panikos*, uma referência a Pã, deus dos campos e protetor dos rebanhos na mitologia grega. Pã nasceu repleto de pelos, com chifres e pés de bode. Tocar flauta era sua principal diversão. Acontece que, devido à sua aparência, Pã causava sempre certo pânico quando aparecia.

❁ Príapo
Priapismo é uma ereção que se mantém por um tempo muito prolongado. O nome vem de Príapo, deus da procriação e da fertilidade na mitologia grega. É representado por um pênis enorme.

❁ Trabalho de Sísifo
Nome dado a esforços estafantes e inúteis. Sísifo foi o príncipe grego responsável pela fundação de Corinto, na Grécia. Ele era o mais esperto dos homens e sempre usava sua astúcia para levar vantagem. Quando o deus Zeus sequestrou a ninfa Egina, Sísifo tentou barganhar a informação com o pai da jovem, o deus-rio Esopo, em troca de água para sua cidade. Com isso, despertou a raiva do soberano do Olimpo, Zeus, que ordenou que fosse levado ao mundo subterrâneo. Sísifo ainda enganou dois outros deuses, antes de ser levado ao reino das sombras, mas a pena para tamanha ousadia foi cruel. Ele foi condenado a empurrar uma pedra enorme para o cume de uma montanha, sendo que toda vez que terminava a tarefa, a rocha rolava para baixo, para o ponto de partida.

❉ Voto de minerva

Nome que se dá ao voto de desempate. Agamenon, o comandante da Guerra de Troia, ofereceu a vida de uma filha em sacrifício. Sua mulher, Clitemnestra, cega de ódio, o assassinou. Diante desses crimes, o deus Apolo ordenou que o outro filho de Agamenon, Orestes, matasse a própria mãe para vingar o pai. No entanto, esse assassinato também teria de ser vingado. Mas, em vez de simplesmente aplicar a pena, dessa vez Apolo deu a Orestes o direito a um julgamento, o primeiro do mundo. Houve empate entre os 12 jurados e então Minerva, a deusa da sabedoria, foi chamada pelos gregos de Atenas para o voto de desempate. Minerva absolveu Orestes.

Cores que deram origem a palavras

AMARELO

O nome desta cor deriva do latim *amarus*, que, por sua vez, significa "amargo". O nome da cor originou-se provavelmente da associação dela com a palidez própria de quem sofria de icterícia, doença relacionada à bile (secreção amarga produzida pelo fígado).

Amarelar ▶ Temer participar, esquivar-se, demonstrar covardia. Em outras línguas, a cor amarela também é utilizada para representar covardia (como o *yellow* em inglês). O motivo de tal denominação possivelmente coincide com a origem do termo "amarelo" (acima).

Amarelinha ▶ O nome da brincadeira infantil vem da palavra francesa *marelle*, (pedaço fragmentado de madeira). Possivelmente a brincadeira recebeu o nome de amarelinha pela semelhança com a palavra *marelle*. Uma versão de sua origem diz que nas conquistas dos romanos eles pavimentavam as estradas que levavam até seus novos territórios. Para distrair a criançada que ficava no meio do caminho, eles faziam desenhos no chão. Assim, as crianças pulavam amarelinha, com uma pedrinha, um pedaço de cerâmica ou até um ossinho de carneiro. Outra possível origem vem do início da Idade Média. Naquele tempo, as contribuições para a Igreja eram jogadas nas escadarias da igreja. Assim, os fiéis tinham que pular as moedas para não pisá-las. O caminho do jogo amarelinha — entre o inferno e o céu — também pode ter significado religioso.

Febre amarela ▶ O vírus da febre amarela ataca principalmente o fígado do ser humano, causando uma doença chamada icterícia, que deixa o doente com uma cor amarelada.

Sorriso amarelo ▶ Um sorriso artificial e forçado é chamado de sorriso amarelo, uma vez que seria o de uma pessoa doente, com aparência pálida e amarelada.

★ ★

Por que os povos orientais são chamados de amarelos?
Por causa do rio chinês Hoang-Ho (rio Amarelo), que tinha uma lama amarelada. Na época das inundações, a lama se espalhava pelas margens e aldeias próximas e a população atingida por ela ficava com o corpo e as roupas tingidos de amarelo. Os chineses ganharam, portanto, o apelido de amarelos, depois dados a outros povos orientais.

★ ★

AZUL
O nome desta cor provavelmente se originou do árabe *lázúrd* ou do persa *lájwárd*, ambos denotando a pedra lápis-lazúli e também sua cor azul.

Sangue azul ▶ O termo, que representa nobreza, começou a ser utilizado pela aristocracia espanhola na ocasião da invasão moura na Espanha. Através da pele clara daqueles nobres, era possível enxergar veias que pareciam azuladas. Daí eles se referirem a si mesmos como "homens de sangue azul", em oposição aos invasores mouros, bem mais escuros.

Lua azul ▶ Os astrônomos dão o nome de lua azul ao fenômeno em que ocorrem duas luas cheias em um mês. Isto porque o mês terrestre tem 30,5 dias, enquanto o tempo que nosso satélite demora para girar em torno do planeta é de 29,5 dias. Essa diferença faz com que as fases da lua não caiam sempre no mesmo dia e origina a lua azul.

BRANCO
O termo vem do germânico *blanck*, que significa brilhante ou branco. Surgido no século XIII, substitui o latim *albus*, de significado semelhante.

Albino ▶ Pessoas que não possuem a pigmentação da pele, cabelos e olhos são chamadas de albinas. A palavra, também usada para animais e vegetais, faz referência justamente a essa falta de pigmentação. Vem do latim *albus*, forma antiga de "alvo", que quer dizer "branco". O primeiro a utilizar a expressão foi um explorador português do século XVII, que a empregou para se referir aos negros-aças da África.

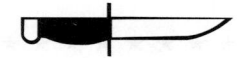

Arma branca ▶ Armas que não são de fogo, como espadas, facas e lâminas. A origem do termo provavelmente se deve ao fato de tais objetos serem armas consideradas não tão agressivas e mortíferas quanto as de fogo. Portanto, classificadas como "brancas", cor associada à pureza e à inocência.

Magia branca ▶ Magia voltada para o bem por remeter a atos benéficos e solidários – em oposição à magia negra.

★ ★

O que os candidatos têm a ver com a cor branca?
A palavra "candidato" vem do latim *candidatus*, que deriva de *candidus*, cujo significado é branco, alvo, puro. O termo se originou na Roma Antiga, onde existia o costume de os candidatos vestirem-se com uma toga branca em períodos de campanha, de modo a associar sua imagem à pureza.

★ ★

CINZA
Vem do latim *cinisia*, que significa "cinzas misturadas com brasas". Posteriormente, a coloração desse material deu o nome à cor cinza.

Massa cinzenta ▶ Usado para designar cérebro ou intelecto, o termo é utilizado por causa da existência de duas matérias de colorações bem distintas no sistema nervoso. As mais escuras, associadas à inteligência por possuírem corpos neuronais e centros de processamento de informações, são denominadas massa cinzenta; as mais claras, responsáveis especialmente pela condução das informações e das sensações, são chamadas de massa branca.

MARROM

O nome desta cor deriva do francês *marron*, que inicialmente designava o fruto chamado castanha e que depois passou a significar também a cor marrom.

IMPRENSA MARROM

No Brasil, a expressão é utilizada para nomear a imprensa sensacionalista. O termo não se manteve exatamente como no original, já que deriva da expressão americana *yellow press* (imprensa amarela, jornalismo amarelo). No final da década de 1960, ao fazer um artigo para o jornal carioca *Diário da Noite* sobre uma revista sensacionalista, o jornalista Alberto Dines decidiu lançar mão do termo "imprensa amarela" no título. Bastou o chefe de reportagem Calazans Fernandes bater o olho na matéria para sugerir a mudança de cor para marrom, uma vez que considerava o amarelo muito suave para a notícia que viria – e assim nasceu o termo. Nos Estados Unidos, a expressão *yellow press* foi inspirada em tiras de quadrinhos sensacionalistas, cujo herói se chamava Yellow Kid.

NEGRO

O termo "negro" vem do latim *niger* e representa aquele que tem pele escura ou tudo que é sombrio, escuro, tenebroso.

Buraco negro ▶ Estrela que perdeu o brilho e se tornou extremamente densa. Sua gravidade é tão alta que suga tudo ao redor, impedindo que a luz de outros corpos escape.

Magia negra ▶ Magia ameaçadora, feita para prejudicar alguém. Recebe essa denominação por simbolizar o sombrio, o escuro, o tenebroso.

Lista negra ▶ Lista de pessoas suspeitas de algum comportamento inadequado. A primeira vez que a expressão apareceu foi na segunda metade do século XVII, na Inglaterra, quando o rei Charles II encomendou uma lista de todos os juízes envolvidos na deposição e condenação de seu pai à morte 11 anos antes. Sua intenção era castigar com a morte ou a prisão perpétua cada um dos integrantes da lista.

Humor negro ▶ Humor maldoso, que satiriza situações de fragilidade, tristeza ou desespero. Mais uma vez, a expressão ressalta o aspecto sombrio que existe por trás dessa cor.

Mercado negro ▶ A expressão significa mercado clandestino, não regularizado. A cor negra denota o oculto e proibido.

Peste Negra ▶ Entre 1347 e 1351, 25 milhões de pessoas morreram na Europa por causa da Peste Negra. Também chamada de peste bubônica, a epidemia foi levada da Ásia para o continente europeu por ratos e pulgas.

Rio Negro ▶ O rio Negro, na Amazônia, carrega troncos, folhas e galhos de árvores que caem ao longo de seus 1.700 quilômetros de percurso. Quando esse material orgânico chega a seu leito, entra em decomposição. O processo incorre na liberação de ácidos, responsáveis pela cor escura de suas águas. Contribui para o fenômeno também a idade do terreno na região. Por causa disso, as margens não sofrem erosão conforme o rio corre e as águas não ficam barrentas.

▶ **Por que o quadro-negro é verde?**
O nome vem do tempo em que essas peças eram confeccionadas com um tipo de pedra ardósia, de cor negra. Com a evolução tecnológica, porém, surgiram materiais mais baratos, mais fáceis de manusear, de limpar e que podiam ter acabamento em qualquer cor desejada. Por ser mais confortável aos olhos e destacar bem diversas cores de giz, o verde acabou prevalecendo. Com essas mudanças, a palavra "quadro-negro" vem sendo substituída por lousa.

PRETO

A palavra deriva do latim *pressus*, que significa apertado, prensado. O sentido de denso e espesso fez com que o termo "preto" passasse a designar também a cor preta, negra.

Caixa-preta ▶ Quem diria! A caixa-preta dos aviões, que registra conversas entre pilotos e todos os dados de voo, não é preta! Não bastasse isso, também não se trata de uma caixa. Fundamental na investigação de acidentes, as caixas-pretas são cilindros cor de laranja vibrante, de modo que, em caso de acidente, sejam encontradas com maior facilidade pelas equipes de resgate. O nome, contudo, vem da aviação militar, que de fato utilizou por muito tempo esse dispositivo na cor preta, a fim de que, em caso de acidente, os inimigos não desvendassem os planos dos rivais.

Pôr o preto no branco ▶ A expressão, que significa colocar às claras ideias e intenções, remete ao ato de documentar algo que esteja sendo dito. Em um sentido figurado, seria colocar as palavras em tinta preta no papel branco.

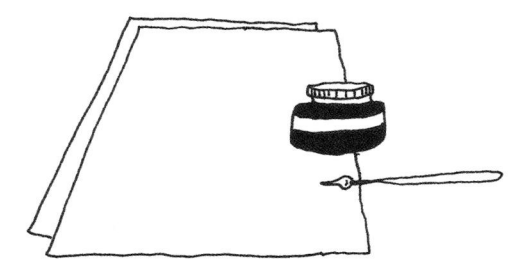

ROXO

Palavra derivada do latim *russeus*, cujo significado é vermelho-escuro. Em muitas línguas latinas, o termo original serviu de base para denominar a cor vermelha: *rosso* (italiano), *rojo* (espanhol) e *rouge* (italiano).

Ter aquilo roxo ▶ O ex-presidente Fernando Collor de Mello popularizou, em um de seus discursos, uma expressão bastante antiga. "Ter aquilo roxo" quer dizer ser muito macho. Quando os meninos nascem, seus órgãos genitais apresentam mesmo uma coloração roxa. Daí porque "ter aquilo roxo" passou a significar ser homem.

Torcedor roxo ▶ O *Dicionário Houaiss* define o roxo neste sentido como algo louco, apaixonado, que se manifesta com intensidade, desmedido, excessivo.

VERDE

O nome desta cor deriva do termo latino *uiridis*, que tem como significado a própria cor verde, uma planta de mesma cor ou, ainda, o que é recente, está em pleno vigor.

Verdinhas ▶ As notas de dólar são chamadas assim. O pai da ideia estampa a nota de 10 mil dólares. O homenageado é Salmon P. Chase, advogado e secretário do Tesouro do governo de Abraham Lincoln, responsável pelo uso da cor verde no verso das notas americanas. É que na época o Departamento de Tesouro Americano recebeu informações de que falsificadores usavam um novo método fotográfico para produzir notas fajutas. A ideia de colorir a cédula foi uma maneira de dificultar a ação dos falsificadores, já que ainda não existia filme colorido. O verde foi a cor que melhor se saiu na luta contra os falsários.

Verdes anos ▶ A expressão faz referência à adolescência e foi criada a partir do conceito de frutos verdes. Assim como eles, os indivíduos não maduros estão em seus anos verdes.

Fruta verde ▶ A utilização de verde como contrário de maduro decorre do fato de muitas frutas terem essa cor antes de amadurecer. Isso se deve à presença de clorofila, utilizada pelas frutas jovens na produção de energia para o crescimento. Presente em grande quantidade, esse pigmento oculta todos os outros que com ele coexistem. As demais cores, portanto, só se tornam evidentes quando a fruta amadurece e deixa de precisar de clorofila e de energia extra para o crescimento.

VERMELHO

O nome desta cor vem do latim *uermiculus*, que nessa língua é o diminutivo de "verme" (*uermis*). Houve um tempo em que uma tinta dessa cor era extraída de um verme bem pequeno.

Mar Vermelho ▶ O nome se deve à presença de determinadas algas vermelhas que aparecem em parte de suas águas, especialmente no verão, deixando a superfície do mar com essa coloração.

Tapete vermelho ▶ "Estender o tapete vermelho" para alguém significa receber a pessoa com todas as pompas possíveis. Em cerca de 1000 a.c., a cor púrpura, avermelhada, só era obtida em uma concha chamada *porphura*, que liberava esse pigmento quando atacada. Assim, mobilizavam-se centenas de empregados só para abrir as conchas e retirar a bolsa com a tinta, operação que transformou esse produto em algo extremamente caro. Assim, apenas os nobres tinham condições de usar a cor vermelha para tingir seus tapetes. Por indicar tanta riqueza, era a peça ornamental mais importante de um palácio. Tanto que o príncipe persa Ciro vestiu-se de púrpura da cabeça aos pés e andou sobre um tapete da mesma cor para impressionar suas tropas e chamá-las ao combate rumo à Grécia. A cor manteve seu *status* também na civilização romana, e a tradição se perpetuou.

Planeta vermelho ▶ Marte é associado à cor vermelha desde o Egito Antigo. De longe, é a cor que esse planeta parece ter. O solo de Marte é composto principalmente de silicatos – minérios que formam rochas como o quartzo e metais ferrosos. Esses minerais reagem com o pouco oxigênio que existe na atmosfera do planeta e se oxidam, ou seja, enferrujam-se. Com base nas mais recentes observações de Marte, pesquisadores definem hoje sua coloração como marrom-amarelada. A cor vermelha foi responsável ainda pelo batismo do planeta: Marte é o deus da guerra (daí a cor vermelha) na mitologia greco-romana.

Perguntas curiosas

▶ **Por que se diz que os marcianos são verdes, se Marte é conhecido como o planeta vermelho?**
Em 1917, o escritor americano Edgar Rice Burroghs escreveu um livro em que descrevia os marcianos como homens verdes. Naquela época, os cientistas acreditavam que havia vida em Marte (hoje já se sabe que não há), bem como vegetações e grandes regiões de plantio. O mesmo acontece com o planeta Terra, conhecido como planeta azul e que, no entanto, não é dessa cor.

▶ **Qual é a origem de "rubrica"?**
Rubro vem do latim e significa vermelho. É da mesma família de rubéola,

rubor, enrubescer e – surpresa! – rubrica. Sim, rubrica, que nada mais é do que uma assinatura abreviada. Um dos significados que o *Dicionário Aurélio* dá para "rubrica" é "letra ou linha inicial de capítulo, escrita em vermelho nos antigos manuscritos". Também é bom que se diga que essa palavra não é proparoxítona. A pronúncia correta, portanto, é com a sílaba forte no "i" (rubríca), e não no "u" (rúbrica), como muitas vezes se ouve.

Ah, e qual é a doença que deixa a pele com manchas vermelhas? Acertou quem disse rubéola.

▶ **Qual é a relação do pau-brasil com a cor vermelha?**
Em 1500, o pau-brasil era abundante na mata atlântica, do litoral do Rio Grande do Norte até o do Rio de Janeiro. Os índios a chamavam de ibirapitanga ("árvore vermelha" em tupi). De seu tronco eles extraíam tinta vermelha para pintar o corpo. O nome dado pelos portugueses vem de *bersil*, que significava "brasa" no português da época.

12

Palavra puxa palavra, uma ideia traz outra, e assim se faz um livro, um governo, ou uma revolução; alguns dizem mesmo que assim é que a natureza compôs as espécies.

MACHADO DE ASSIS
(1839-1908), escritor

Batizando a natureza

Qual é a Origem dos Nomes

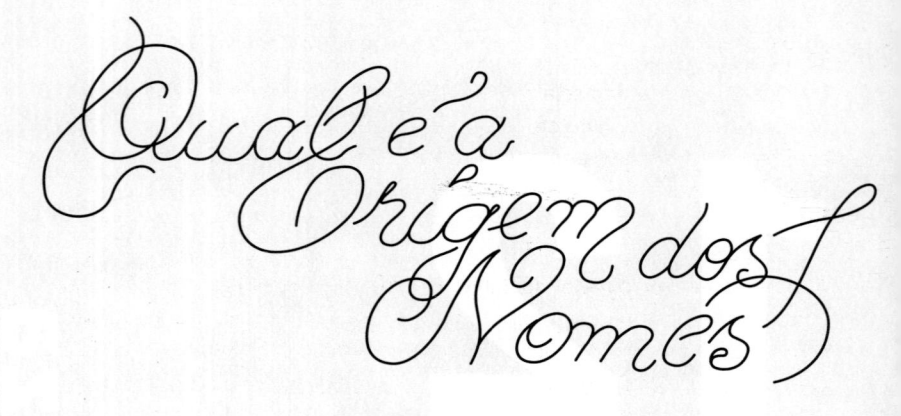

Animais

O termo "animal" vem do latim *animal*, que representa tudo o que tem vida, tudo o que é animado. Animado, por sua vez, vem de *animatus*, particípio passado de *animare*, que significa dar vida.

Abelha

Deriva do latim *apicula*, por sua vez diminutivo de *apis* (este, sim, abelha). Já o zangão recebeu esse nome devido ao som de seu zumbido (zzzzz...). Em espanhol, pelo mesmo motivo, é denominado *zángano*.

Aranha

O nome vem do latim *aranea*, que significa aranha, sua teia e também fios muito finos. Até o século I a.C., no latim, *aranèa* designava apenas teias e fios delgados. O animal, então, era conhecido pela forma masculina *araneus*.

Avestruz

O termo vem do espanhol *avestruz*, ou *abestruz*, que por sua vez é formado pela junção de ave e estruz. Este último foi tomado de um antigo dialeto românico do Sul da França, derivando do latim *struthio*, que vem do grego *strouthíón*. O nome grego deste animal era *strouthokámélos*, em que *strouthós* quer dizer pardal e *kámélos* equivale a camelo (o avestruz seria, portanto, o pássaro-camelo). Vale citar que seu nome científico é *Strutio camelus* e que a criação de avestruzes é chamada no Brasil de estrutiocultura.

Baleia

Vem do termo latino *balaena*, utilizado para designar este animal.

✖ Besouro
Embora a hipótese não seja conclusiva, alguns estudiosos acreditam que o nome deste inseto é uma derivação do espanhol *abejorro* (aumentativo de abelha), que teria passado para o português como abesouro, para então chegar a besouro.

✖ Cachorro
A palavra cachorro vem do latim *catulus*, que significa cão pequeno. Inicialmente, o termo era utilizado para designar qualquer tipo de filhote; com o tempo, passou a significar filhote de cão e, finalmente, cães de maneira geral. Em Portugal, a acepção "filhote de cão" para essa palavra mantém-se até hoje.

▶ **Existem canários nas ilhas Canárias?**
Quando os conquistadores espanhóis chegaram às ilhas Canárias, na costa atlântica da África, ficaram impressionados com os cães selvagens que habitavam o lugar e resolveram batizá-lo de *Insulae Canariae* (ilha dos Cães, em latim). Sim, há muitos pássaros na ilha, mas o nome lembra a população canina.

✖ Camaleão
O nome deste animal deriva do latim *chamaeleon*, que vem do grego *chamailéón*, que significa "leão anão", "leão rasteiro" ou, enfim, "camaleão".

✖ Camelo
Tem origem no termo latino *camelus*, proveniente do grego *kámélos*, que por sua vez provém do árabe *jamal*.

▶ **O que "camelo" tem a ver com "camelô"?**
Absolutamente nada, apesar de alguns camelôs trabalharem como camelos. Camelô é o nome que se dá ao vendedor que instala sua barraca nas ruas, geralmente de forma provisória e muitas vezes ilegal, e que vende produtos de pouco valor. A palavra veio do francês *camelot*, que se originou do árabe *khamlat*, nome de tecidos simples comercializados nas grandes feiras livres do Oriente.

Canguru

Ao chegar na Austrália, os ingleses viram um animal e perguntaram seu nome a um aborígene. Como resposta, ouviram "canguru" – que significava "eu não sei". Outra versão, mais aceita, é que a palavra veio do inglês kangaroo, nome do bicho na língua dos nativos, registrada pelo navegador inglês James Cook, em 1770, mas que hoje não existe no idioma local.

✄ Capivara

O nome do maior roedor do mundo vem do tupi *capi* (comer) e *uára* (grama).

✄ Carneiro

Vem do latim vulgar *carnariu*, que significa carneiro e também "a carne do animal que serve de alimento". Tudo indica que este último vem do adjetivo também latino *carnarius*, que é relativo à carne (alimento).

✄ Cavalo

Origina-se do latim *caballus*, utilizado para designar cavalos castrados e empregados no trabalho de carga. Já *equus*, que deu origem a "equino", era usado em referência a animais bem tratados, usados especialmente em pistas de corrida e passeios. A forma feminina "égua", é interessante observar, deriva do termo de sentido mais sofisticado.

✄ Coala

Na língua dos aborígenes australianos, significa "animal que não bebe água". Os coalas vivem no alto das árvores, alimentam-se de folhas que trazem em si bastante água e, por serem alvos fáceis de predadores, raramente descem ao solo. Entre os coalas que vivem em cativeiro, beber água pode ser um hábito um pouco mais comum.

✄ Crocodilo

Deriva do latim *crocodilus*, o qual vem do grego *krokódeilos*. O vocábulo, anterior ao século V a.C., provavelmente é de origem egípcia e a princípio significava "verme de pedras", já que este animal tem o costume de permanecer em pedras aquecendo-se sob o sol.

❌ Dromedário

O nome deste animal vem do latim *dromedarius*, que por sua vez se origina do grego *dromás* (aquele que corre). A origem do termo pode ser justificada pelas qualidades do animal: apesar, por exemplo, de não ser tão ágil quanto um cavalo, possui uma resistência incrível, sendo capaz de trotar ininterruptamente durante horas a fio.

❌ Elefante

A palavra vem do latim *elephantus*, por sua vez proveniente do grego *eléphas-antos*. É interessante notar que o termo grego serve para designar tanto elefante quanto marfim, material que compõe seus dentes.

▶ **Qual é o feminino de elefante?**
Você pode usar "elefanta" ou "aliá" (nome que se dá à fêmea do elefante no Sri Lanka, antigo Ceilão). "Elefoa" não existe.

❌ Galo

O termo deriva do latim *gallus*, que já designava o mesmo animal; da mesma forma, o feminino "galinha" vem da forma latina *gallina*.

▶ **A galinha é galinha?**
Na verdade, todos os animais são um pouco promíscuos, então, não dá para afirmar que a expressão "galinhar" venha do comportamento específico da penosa. As galinhas preferem se acasalar com o macho dominante, o que não impede a procura de outros galos. Assim pode acontecer de ela colocar de uma vez ovos fecundados por diferentes machos (ou seja, "gêmeos" de pais diferentes).

❌ Gato

Vem do latim *cattus*, que inicialmente servia para designar um tipo de gato selvagem. Na evolução do termo, passou a designar esse animal domesticado.

❌ Girafa

Provavelmente origina-se do latim *giraffa*, proveniente do árabe *zarafa*.

✖ Golfinho
O termo deriva do latim *delphinus*, cujos significados são "golfinho" e "peixe do mar". Tal denominação, por sua vez, provém do grego *delphís*, com influência de golfo (*kólpos*), termo relacionado a golfo, baía e à sinuosidade de um litoral. Algumas espécies de golfinhos frequentam locais desse tipo para repouso e acasalamento.

✖ Hipopótamo
O nome deste animal vem do termo grego *hippopótamos*. *Hippo* significa "cavalo" (daí a origem de hípica, hipódromo, hipismo) e *potamus*, "rio". Assim, o nome do hipopótamo surgiu da expressão "cavalo de rio", criada pelos gregos a partir da observação dos hábitos desse animal.

✖ Inseto
Deriva do latim *insecta*, que significa "inseto" ou "segmentado". O nome latino (*animal insectum*) foi dado pelo fato de esses pequenos animais terem o corpo dividido em três partes.

✖ Jacaré
O que originou o nome deste animal foi o termo tupi *yaka're*, utilizado para designar vários répteis crocodilianos.

✖ Lhama
Quando os colonizadores espanhóis chegaram à cordilheira dos Andes, perguntaram aos índios o nome daquele estranho animal que ali habitava (*¿como se lhama?*, em espanhol). Os índios não entenderam a pergunta e apenas repetiram a última palavra, *lhama*, que os espanhóis consideraram a resposta à sua pergunta.

✖ Leão
Do latim *leo* (cujo plural é *leones*), de mesmo significado. Desde o século XVIII, quando o termo apareceu pela primeira vez no português, já tomou várias formas: leon, leom, leo e lyon.

✖ Macaco

Não se sabe ao certo a origem do nome deste animal, mas uma das suposições mais frequentes é de que ele tenha chegado ao português por intermédio de idiomas africanos do grupo dos bantos e então se difundido para outras línguas.

✖ Morcego

Este vocábulo deriva de duas formas latinas. De um lado, o radical *mur*, que significa "rato". De outro, a palavra *caecus*, que designa "aquele que não vê". O nome desse animal, portanto, significa "rato cego".

✖ Mosca

Deriva do latim *musca*, passando pelo italiano *mosca*, sempre com igual significado. Do nome desse inseto deriva o termo "mosquete", que designa uma arma de fogo semelhante a uma espingarda. Esta, por sua vez, originou a palavra "mosqueteiro".

✖ Onça

Deriva do latim vulgar *lyncea*, que vem do latim clássico *lynx* e, enfim, do grego *lúgks*. Para alguns estudiosos, o termo chegou ao português através do francês *once*, que seria uma forma reduzida de *lonce* (lince), emprestada do italiano *lonza*. O termo italiano, este sim, teria vindo diretamente do grego *lúgks* e, em sua passagem para outras línguas, o "l" inicial teria caído por ter sido interpretado como artigo.

✖ Orangotango

Vem do malaio *orangkutan*, palavra nascida da junção de dois termos desse mesmo idioma: *órang*, que significa "homem", e *hútan*, que quer dizer "bosque". O animal seria, então, o "homem do bosque".

✖ Ornitorrinco
O nome vem do termo latino *Ornithorhynchus*, que nasceu da fusão de dois vocábulos gregos: *órnis*, que significa "ave", e *rhúgkhos*, que significa "focinho". A designação, então, vem do formato do focinho desse animal, semelhante ao bico de uma ave.

✖ Paca
Vem do tupi *paka*. A palavra pode ter origem no verbo indígena que quer dizer "acordar". Os índios diziam que o animal de 70 centímetros de comprimento estava sempre atento, pois ficava acordado a noite inteira e dormia de dia.

✤ ✤ ✤ ✤ ✤ ✤ A PACA PAQUERA PACA? ✤ ✤ ✤ ✤ ✤ ✤ ✤

Acredite: o verbo "paquerar", tão praticado por garotos e garotas, surgiu por causa das pacas. Tem origem em "paqueirar". O paqueiro é o caçador de pacas. É preciso ficar observando o animal até o momento certo de capturá-lo.

E de onde surgiu a expressão "paca" que significa em grande quantidade? Paca é a forma condensada de "pra cacete".

✤ ✤ ✤ ✤ ✤ ✤ ✤ ✤ ✤ ✤ ✤ ✤ ✤ ✤ ✤ ✤ ✤ ✤ ✤ ✤

✖ Panda
Esta palavra vem do vocábulo *panja*, do idioma nepali (falado no Nepal), como variação do termo *ponya*. Ao pé da letra, significa "bola de pata", em alusão à maneira como este animal se utiliza da pata para manipular seu alimento, o bambu. Vale dizer que na China há cerca de vinte termos que designam esse animal, todos absolutamente distintos de "panda".

✖ Pássaro
Vem do latim *passer*, que inicialmente designava apenas o pardal. Com o tempo, no latim vulgar, passou-se a utilizar *passaru* para designar algumas outras espécies de aves.

✖ Pato

Tanto o *Aurélio* quanto o *Houaiss* afirmam que a origem da palavra é onomatopaica, ou seja, a palavra "pato" seria uma imitação do som que o animal faz.

> **VOCÊ SABIA QUE...**
>
> ... o pato deu origem ao nome de uma dança, o can-can, surgida em Paris em 1858? O nome veio da palavra francesa *canard*, que significa "pato". Como se sabe, a dança termina com um movimento em que as moças levantam a saia e arrebitam o bumbum, como faz o pato. Outro bicho que deu origem ao nome de uma dança foi a aranha tarântula. Os italianos acreditavam que quem fosse picado pela tarântula deveria dançar de uma forma bem amalucada para expulsar o veneno pelo suor. Daí teria vindo o nome da dança típica italiana tarantela.

✖ Peixe

O nome deste animal vem do latim *piscis*, que significa peixe. Quanto ao verbo pescar, deriva do verbo também latino *piscari*, de mesmo significado.

✖ Perereca

O nome deste pequeno anfíbio provém do tupi *pererek*, que significa "ir aos saltos", pulando.

✖ Pernilongo

O nome deste inseto é a junção dos termos latinos *perna* e *longus*. O primeiro significa perna ou coxa, e o segundo quer dizer "longo", "comprido".

✖ Polvo

Vem do latim *polypus*, que deriva do grego *polúpous*. Literalmente, o termo grego quer dizer "aquele que tem muitos pés".

Porco

Originário do latim *porcus*, que significa "porco". Curiosamente, tudo indica que a palavra porcelana tem a mesma origem. No latim clássico, *porcus* era utilizado informalmente para designar "vagina". O italiano recebeu essa influência e o termo *porcello* (porquinho) passou a denotar tanto o diminutivo de porco quanto a vagina. Paralelamente, existe um molusco cuja concha, ao se abrir, adquire forma similar à da vagina. Assim, esse molusco recebeu o nome italiano *porcellana*. O tipo de cerâmica que hoje conhecemos como porcelana recebeu nome equivalente ao do molusco por conta da semelhança de sua superfície com o brilho da concha do animal marinho. É o que conta o *Dicionário de Origens de Palavras*, da Webster.

Por que a torcida corintiana criou o apelido "Porco" para os palmeirenses?

O apelido surgiu para designar os italianos fascistas da Segunda Guerra Mundial. Em 1969, os clubes que disputavam o Campeonato Paulista reuniram-se a pedido do Corinthians, porque o clube queria inscrever dois novos jogadores na competição, uma vez que os alvinegros Lidu e Eduardo haviam morrido num acidente de carro. Só o Palmeiras votou contra. No início, os palmeirenses detestaram o apelido. Ele só seria adotado pela própria torcida palmeirense em 1986.

Taturana

Vem do tupi *tata'rana*, ou "semelhante ao fogo". A taturana também é conhecida como bicho-de-fogo ou lagarta-de-fogo pela toxina que libera e que é capaz de causar leves queimaduras.

Tigre

Deriva do termo latino *tigris*, por sua vez emprestado do grego *tígris*, ambos de mesmo significado. A forma original é iraniana.

O que foram os tigres voadores?

O jornalista Robert McGrath batizou de tigres voadores os pilotos norte-americanos que fizeram parte do Grupo Voluntário Americano na Segunda Guerra Mundial. A força aérea foi organizada como parte da estratégia dos Estados Unidos para ajudar a China a deter a invasão japonesa, que teve início em 1937, sem ainda se envolver diretamente na guerra. O governo americano estimulou seus soldados a pedir demissão e a se colocarem à disposição da armada chinesa em troca de uma soma de dinheiro mensal e bônus por aeronave abatida. Com a entrada oficial do país na guerra, os tigres voadores foram desativados. A expressão faz referência às carrancas de tigres pintadas na carcaça dos aviões.

✕ Tucano
Palavra que vem do tupi *tukana*. Outra versão diz que vem da composição *tu* (bico) e *cang* (ósseo).

✕ Vaca
Provém do latim *uacca*, com o mesmo significado do português. É interessante notar que *uacca* também deu origem à palavra "vacina". Isso porque vacina se originou da administração intradérmica para humanos de vírus da varíola presentes em vacas, gerando, assim, a imunidade contra essa doença. Mais tarde, o termo se estendeu para o procedimento, independentemente da doença que imunizava.

✕ Vaga-lume
Mais uma vez, o nome do animal deriva de uma característica física e comportamental. O termo vem do francês *vagalume*, originário da junção do verbo "vagar" com o substantivo "luz" – é, portanto, "a luz que vaga".

✕ Zebra
A origem do nome deste animal não é de todo conhecida. Imagina-se que venha do latim vulgar *eciferus*, derivado do latim clássico *equiferus* (cavalo selvagem, feroz). Daí teriam surgido as formas *eciferus*, *cebra* (em espanhol) e *zevro*, do português antigo, que posteriormente originaria a forma feminina zebra.

DINOSSAURO

Antes do surgimento desses e outros animais, a Terra era habitada pelos dinossauros. A palavra vem do grego *deinos-sauros*, que significa "lagarto atemorizante". Foi o naturalista britânico Richard Owen, em 1841, quem primeiro usou o nome "dinossauro" para se referir aos temidos animais pré-históricos.

Flores

Não é à toa que todo mundo gosta de ganhar flores. A palavra, que na botânica dá nome ao órgão reprodutor dos vegetais superiores (com raiz, caule, folhas, flores e sementes), vem do latim *floris* (genitivo de *flos*) e significa "a parte mais vigorosa", "brilho" e "beleza".

AZALEIA ✿ O termo vem do latim *azalea*, derivado do grego *azaléos*, que tem o sentido de seco, árido e ressecado, como a planta que nasceria da terra seca. Em Portugal, escreve-se *azálea*.

CRAVO ✿ Provém do latim *clauus*, que designa prego ou cravo. O nome da flor foi posterior à denominação da especiaria cravo (proveniente do botão dela), de formato similar ao de um prego.

DÁLIA ✿ O nome desta espécie é uma homenagem ao botânico sueco Anders Dahl (1751-89), que a levou do México para a Europa no ano de 1789.

HORTÊNSIA ✿ A denominação desta flor chinesa é uma homenagem que o naturalista francês Commerson fez a Hortense Lepaute, nome da esposa de um amigo seu. Commerson foi quem trouxe a planta para o Ocidente, batizada por ele a princípo de "lépautia" (o sobrenome de Hortense).

GARDÊNIA ✿ Nativa da China, esta planta recebeu do pai da Botânica, o sueco Carl Lineu, o nome latino *gardenia*. O feito, ocorrido em meados de 1700, foi uma homenagem ao amigo, médico e botânico escocês Alexander Garden.

MAGNÓLIA ✿ O nome desta flor foi estabelecido em 1703 pelo botânico francês Charles Plumier, em homenagem ao também botânico francês Pierre Magnol (1638-1715).

MARGARIDA ✿ O nome desta flor deriva do latim *margarita*, cujo significado é "pérola". Este termo, por sua vez, vem do grego *margarites*, que designa pedra preciosa ou a própria margarida, flor bastante comum no Egito.

MARIA-SEM-VERGONHA ✿ O termo, tipicamente brasileiro, foi utilizado para designar esta espécie por causa de sua facilidade de proliferação. As sementes ficam guardadas em cápsulas que, sob pequenos estímulos, explodem e se espalham para logo germinar e gerar novos exemplares. Em latim, tal característica rendeu-lhe o apelido de *impatiens* (impaciente), denominação de seu gênero no meio científico.

NARCISO ✿ Vem do latim *narcissus*, proveniente do grego *narkissos*, que denomina esta flor e o personagem mitológico de mesmo nome. Reza a lenda que Narciso foi condenado a se apaixonar pela própria imagem refletida nas águas de uma fonte. Como não conseguia jamais aproximar-se de sua imagem, chegou ao desespero e depois à morte. O vaidoso personagem, então, teria se transformado na flor que traz seu nome.

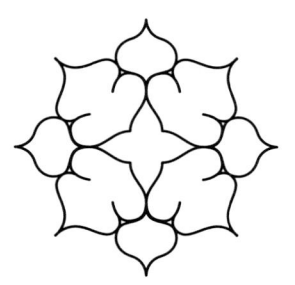

ORQUÍDEA ✿ O nome desta flor vem do radical latino *orchid*, originário, por sua vez, do grego *orchis*. Tal denominação, nesta língua, significa testículos e foi utilizada pela primeira vez pelo filósofo grego Theophrastus (372--287 a.C.), que comparou as raízes tuberosas de algumas dessas plantas com o formato de testículos.

ROSA ✿ Vem do latim *rosa*, derivado do grego *rhódon*. O mesmo termo serviu de origem ao nome do metal ródio, uma vez que algumas de suas soluções têm coloração rosa.

Frutas

O termo vem do latim *fructa* que, na verdade, é o substantivo coletivo de *fructus*, que quer dizer "uso, gozo, fruto da terra".

ABACATE
O nome deste fruto vem do termo espanhol *aguacate*, que por sua vez vem do termo náuatle (idioma falado pelos astecas) *awa'katl*. Este último designava originalmente "testículos" – por causa da semelhança que os astecas viam entre eles e o fruto do abacateiro, utilizaram a mesma palavra para nomear o fruto. As virgens das aldeias astecas eram proibidas de sair de casa enquanto se colhiam abacates.

ABACAXI
O nome da fruta talvez venha da língua caribe, de *ïwaka'ti*. Como *i"wa* quer dizer "fruta" e *ka'ti* significa "aquilo que cheira, que exala odor", esta seria uma fruta perfumada ou cheirosa entre índios desse grupo. Nos países de língua espanhola, o abacaxi é conhecido como *piña* (lê-se "pinha"), já que quando Cristóvão Colombo foi apresentado à fruta, achou-a com a aparência semelhante à do pinheiro europeu.

ACEROLA
Não se sabe ao certo do nome de que fruta deriva a acerola. Alguns estudiosos acreditam que venha do árabe *az-za'aróra*, cujo significado é nêspera; para outros, o nome acerola vem do termo também árabe e bastante semelhante *az-za'rúra*, cujo significado é "cereja".

AMEIXA
Nome formado pela junção do artigo "a" com o termo latino *myxula* (uma espécie de ameixeira). Este último, por sua vez, vem do grego *múxa*.

AMORA
Junção do artigo feminino "a" com o termo vulgar latino *mora*, que vem do latim clássico *morum* e, ainda antes, do grego *môron*.

BANANA
Há várias suposições relacionadas à origem da palavra banana. Uns acreditam que veio da Guiné, outros pensam que foi do galibi, língua indígena falada no norte do Amapá. Existe ainda a versão de que a palavra derive do árabe *banána*, cujo significado é "dedo".

▶ **Por que a banana-nanica é tão grande?**
A banana é grande, mas a bananeira é pequena, ou nanica. Mede entre 1,2 e 2,4 metros – a da prata, por exemplo, tem entre 4 e 5 metros de altura – e resiste a ventos fortes e tempestades.

CAJU
O termo, que se originou no século XVI, vem da palavra tupi *aka'yu*. Há uma versão que diz que *aka'yu* significa "ano de idade" ou "ano de existência". Tal denominação é justificada pelo fato de na época alguns indígenas do grupo tupi terem o costume de utilizar a floração dos cajueiros como base para a contagem de anos. No entanto, essa versão não é comprovada.

CAQUI
O nome científico da fruta é *Diopyros kaki*. Em grego, a palavra quer dizer "semente de Deus". Sua etimologia é totalmente distinta da que explica a cor cáqui (apesar da semelhança de grafia) – esta última vem do hindu *káki*, que quer dizer "cor de pó".

CEREJA
Fruta cujo nome vem de *ceresia*, termo utilizado no latim vulgar, derivado, por sua vez, do latim clássico *cerasum*.

CUPUAÇU
Como muitas das frutas tipicamente brasileiras, o cupuaçu tem sua denominação originária do tupi, mas sua etimologia é duvidosa. *Uasu*, em tupi, significa "grande".

FIGO
O termo vem do latim *ficus*, que pode ser traduzido como "figueira", a árvore da qual nasce o figo, ou como a própria fruta.

FRAMBOESA
Deriva do termo francês *framboise*, surgido no século XII e derivado do termo germânico *brambasia*. Este último era utilizado em referência a um frutinho semelhante à framboesa na forma, mas de coloração mais escura. É bastante provável que a denominação francesa tenha recebido também a influência de *fraise*, que significa "morango" em francês.

FRUTA-DO-CONDE
A fruta foi trazida das Antilhas em 1692 pelo conde de Miranda, na época governador da Bahia, daí a origem de seu nome. Em alguns lugares do país, também é conhecida como pinha ou ata.

GOIABA
A palavra "goiaba" provavelmente vem do espanhol *guayaba* (de mesmo significado), proveniente, por sua vez, do taino (idioma da ilha de São Domingos, que originou o idioma crioulo) ou da língua indígena aruaque.

JABUTICABA
Fruta nativa, a jabuticaba foi chamada pelos tupis de *iabutikaba*. Há uma versão não comprovada que diz que a origem da palavra está em *iapoti'kaba*, que quer dizer "frutas em botão", numa referência a sua forma arredondada.

JENIPAPO
Do tupi, *ianipaba*. Os índios usavam seu suco para pintar o corpo. A tinta permanecia por vários dias e ainda os protegia contra os insetos.

KIWI
No Brasil, o nome desta fruta manteve-se igual, ou pelo menos muito semelhante, às formas utilizadas na Nova Zelândia (*kiwifruit*), Inglaterra (*kiwi-kiwi*) e França (*kiwi*).
Além de designar a fruta, *kiwi* denota ainda algumas aves típicas da Nova Zelândia, além de ser o apelido que os neozelandeses dão a si próprios.

LARANJA
Deriva do árabe *nárandja*, que se origina do persa *nárang*, que por sua vez provém do sânscrito *náranga*.

MAÇÃ
Origina-se do latim *mattiana*, em referência ao botânico Caius Matius, que viveu no século I a. C. e escreveu alguns tratados de agricultura relacionados com essa fruta.

▶ **O que significa pomo da discórdia?**
A expressão teria surgido depois de uma confusão entre os deuses do Olimpo. Haveria uma festa e eles não mandaram convite para Éris, a deusa da discórdia. Éris não gostou e compareceu à festa assim mesmo. Chegando lá, jogou uma maçã dourada aos convidados e a dedicou à deusa mais bela. Muitas candidatas se apresentaram: Hera, Palas, Atena e Afrodite. Foi aí que começou a discórdia. Tudo por culpa de uma maçã... E o que pomo tem a ver com maça? Pomo vem do latim *pomus*, que significa parte carnosa e comestível de frutas como a maçã.

MAMÃO
Acredite: o nome da fruta é o aumentativo de mama (mama+ão), por causa de sua forma semelhante à das mamas. "Mama", por sua vez, deriva do latim *mamma*, que significa "mama, peito, seio".

MANGA

Seu nome provém do termo malaio *manga*, originário de *mánkáy*, que também significa "manga" no idioma tâmul, falado por povos que habitavam a Índia meridional e parte do Ceilão.

MELANCIA

Foi na Índia que os portugueses tiveram o primeiro contato com essa fruta, chamando-a de pateca ou melões-da-índia. Mais tarde, surgiu do árabe ou de algum idioma africano a forma *belancia*, que originaria "melancia".

MELÃO

O termo vem do latim *melo*, cujo significado é melão. *Mèlo*, por sua vez, é uma abreviação do grego *mélopépón*, que significa uma espécie de melão ou de maçã queimada pelo sol.

MORANGO

O nome desta fruta vem do latim vulgar *moranicum*, derivado do latim clássico *morum*, que significa "amora".

PERA

Do latim *pira*, por sua vez plural de *pirum* (esta, sim, sua denominação latina). Antes do Acordo ortográfico de 2009, o circunflexo em "pêra" era uma exceção às regras das palavras paroxítonas. O acento servia para que se pronunciasse o "e" fechado, diferenciando assim a fruta "pera" da antiga preposição "pera" (em que se lê o "e" aberto), que significa "para".

PÊSSEGO

Eis outra fruta cujo nome deriva do latim. Desta vez, a forma inicial é *persicum* (*malum*), cujo significado é "maçã da Pérsia". Os latinos acreditavam que se tratava de um fruto persa, pois as primeiras amostras de pêssego, vistas por eles no século IV a.C., haviam sido trazidas da Pérsia por Alexandre Magno. Porém os latinos equivocaram-se ao nomeá-la, já que o fruto é originário da China.

PITANGA

O nome é uma alusão à cor da fruta. Vem do termo guarani *pytanga*, que quer dizer "avermelhado".

SERIGUELA
Nome derivado do espanhol *ciruela*, cujo significado é "ameixa" (provavelmente por semelhanças que os hispânicos tenham visto entre as duas frutas). A palavra espanhola *ciruela* vem do vocábulo latino *cereola*, forma reduzida de *cereola pruna*, que designa "ameixa da cor de cera".

TOMATE
Vem do espanhol *tomate*, derivado do asteca *tómatl*, que quer dizer "fruta rechonchuda".

UVA
O nome desta fruta vem da palavra latina *uua*, também designativa de uva, o fruto da videira. No latim científico, a forma utilizada era *uuula*.

Verduras e legumes

A palavra "verdura" nasceu da combinação dos termos "verde" e "ura" e quer dizer "a cor dos vegetais". "Verde", por sua vez, vem do latim *viridis*, que designa a "cor do mato", mas que também significa "o que é recente, o que é forte". Já o termo "legume" é proveniente do latim, *legumen*, que quer dizer "vagem, fava, hortaliça verdejante".

۞ Agrião
Embora não haja unanimidade, alguns estudiosos defendem que o nome desta erva vem do latim *agrion* ou do latim vulgar *acrio* – ambos com o significado de "rabanete, rábano agreste". *Agre* vem do latim *ácer*, cujo significado é "picante, azedo ao paladar" (em alusão ao sabor do agrião).

❀ Alcachofra

Existem duas hipóteses sobre a origem do nome desta planta. Pode ter sido do árabe *harxufa*, proveniente de *al-harxúfa*, ou ainda da também árabe *al-kharxofâ*. Todos os termos denominam alcachofra.

❀ Alface

O nome desta hortaliça vem do árabe *al-khass* e, antes de chegar à forma portuguesa atual, passou por alfaça e alfaçe. Ainda nos dias de hoje também pode ser utilizada a forma alfaça.

❀ Almeirão

São duas as possibilidades para a origem de seu nome. Para alguns estudiosos, "almeirão" vem do grego *ámyron*, proveniente do árabe *amirún*, que significa "sem perfume". Para outros, viria do latim vulgar *amario*, derivado de *amarus* (amargo).

❀ Berinjela

Deriva do espanhol *berenjena*, que vem do árabe *bádindjána*, de mesmo significado.

❀ Beterraba

Do francês *betterrave*, formado pela junção dos termos latinos *betta* (planta de horta ou acelga) e *rapa* (derivação de *rapum*, que quer dizer rábano ou nabo).

❀ Brócolis

O nome desta verdura vem de *broccoli*, plural italiano de *broccolo*, palavra que também denomina esta verdura. Os dois termos originam-se do latim *broccus*, que denota aquele que tem dentes salientes e pontiagudos.

❀ Chicória

O termo vem do latim *cichoria*, plural de *cichorium*. Este deriva do grego *kikhóreia* ou *kikhórion*, palavras que designam a mesma planta.

❀ Chuchu

Para alguns estudiosos, vem do francês *chou-chou* (o termo *chou*, neste idioma, compõe o nome de uma série de plantas comestíveis). Outros acreditam que "chuchu" venha de *chufehuf*, palavra utilizada por índios quíchua para designar essa espécie.

❊ Couve
O nome desta planta vem do latim *caulis*, que significa "talo de planta"; *caulis*, por sua vez, deriva do grego *kaulós*.

❊ Escarola
Proveniente do espanhol *escarola*, que deriva do latim *escariola*, forma reduzida de *lactuca escariola*, expressão que significa "alface apetitosa".

❊ Espinafre
O nome desta verdura vem do árabe *isbánáh* ou *isfánáh*, proveniente do persa *isfanah*, cujo significado é "uma erva oriental de uso mecicinal". Alguns estudiosos defendem que, na passagem para o português, o vocábulo recebeu influência de espin- (elemento que forma a palavra espinho, surgida alguns séculos antes de "espinafre").

❊ Feijão
Vem do latim *faseolus*, que é o diminutivo de *phaselus* (traduzido justamente como feijão ou vagem). O termo latino vem do grego *phásélos*.

❊ Nabo
Do latim *napus*, cujo significado é o mesmo do português: nabo.

❊ Rabanete
Trata-se de uma derivação do termo português "rábano", do latim *raphanus*, proveniente do grego *rháphanos* (equivalente a "rabanete" ou "raiz-forte").

❋ Repolho

O nome desta verdura deriva de *repollo*, termo utilizado por espanhóis inicialmente para se referirem ao broto de qualquer planta. Mais tarde, passou a indicar especificamente os rebentos de couve. Na botânica, o repolho é considerado uma variedade da couve.

❋ Rúcula

Deriva do italiano *rucola*, diminutivo de *ruca*, nome dessa mesma planta. *Ruca* vem do latim *eruca*, que denota uma planta cujo caule lembra uma lagarta.

❋ Vagem

O nome desta leguminosa, quem diria, deriva do latim *uagina*, cujo significado original é bainha, estojo, envoltório. A denominação deve-se ao fato de ela abrigar suas sementes tal qual faria um estojo. No português, "vagina" chegou com o sentido de "estrutura anatômica tubular que reveste um órgão"; posteriormente, passou a denotar também a genitália feminina.

✤ ✤ ✤ ✤ ✤ ✤ O QUE SIGNIFICA "SALADA"? ✤ ✤ ✤ ✤ ✤ ✤

O termo vem do francês *salade*, derivado do italiano *salada*. Esta palavra é particípio passado de *salare*, cujo significado é "colocar sal".

✤ ✤ ✤ ✤ ✤ ✤ ✤ ✤ ✤ ✤ ✤ ✤ ✤ ✤ ✤ ✤ ✤ ✤ ✤

13

A bandeira no estádio é um estandarte
A flâmula pendurada na parede do quarto
O distintivo na camisa do uniforme
Que coisa linda é uma partida de futebol

É UMA PARTIDA DE FUTEBOL
SAMUEL ROSA
(1966), cantor e compositor
NANDO REIS
(1963), cantor e compositor

A linguagem do futebol

A linguagem do futebol

BOLA
A palavra vem do latim *bulla*. As primeiras referências a ela surgiram em pinturas de 2000 a.C. feitas em paredes de tumbas egípcias.

CAMPEÃO
É o grito preferido de todo torcedor. Sua origem é tão controversa quanto alguns campeonatos são decididos no tapetão. Para alguns gramáticos, a palavra veio do latim medieval *campione*, que também sofreu influência do espanhol *campeón*. Para outros, a origem é a palavra germânica *kampjo*, que deriva de *kamp*, campo de batalha.

CARTOLA
No passado, o futebol era um esporte aristocrático. Os uniformes dos jogadores tinham até gravata, e alguns dirigentes usavam cartola. Com o tempo, porém, o termo ganhou conotação pejorativa, passando a classificar dirigentes de entidades esportivas que se aproveitam de sua posição em benefício próprio.

CHALEIRA
É um chute dado com o lado de fora do pé, estando a perna levantada e dobrada para trás. A jogada foi criada por Charles Miller, que trouxe a primeira bola de futebol para o Brasil. O lance chamava-se "charles", mas com o tempo passou a "chaleira".

CHUTE
Veio do inglês *shoot*, que significa "tiro, arremesso, lançamento". Da palavra chute, derivou "chuteira".

COPA DO MUNDO
A primeira taça disputada por seleções nacionais foi chamada de Cup. A partir de 1872, Inglaterra, Escócia, Irlanda do Norte e País de Gales passaram a se enfrentar, para tentar conquistá-la. A World Cup, ou Copa do Mundo, nada mais foi do que a ampliação da Cup britânica para os demais países em 1930.

CÓRNER
A palavra é proveniente do inglês. Córner vem de *corner*, que significa "canto".

CORNETEIRO
Torcedor ou dirigente que tenta influenciar na escalação ou na política do clube, espalhando comentários e boatos. O nome vem de "boi-corneta", um boi que, com seus mugidos, consegue reunir parte do rebanho em volta de si.

CRAQUE
No turfe, os ingleses chamavam o melhor cavalo do páreo de *crack-horse*. O futebol copiou o termo e passou a designar de *crack* os melhores jogadores de um time. A palavra foi aportuguesada para "craque".

DRIBLE
Mais uma palavra com origem no inglês. *To dribble* significa "enganar, fintar".

FOLHA-SECA
O criador da jogada foi o meia Didi (1928-2001), do clube carioca Botafogo, nas Eliminatórias da Copa de 1958. A partida foi contra o Peru, em 21 de abril de 1957. Na cobrança de uma falta, Didi fez a bola subir muito, com uma estranha trajetória. Ao passar pela barreira, desceu muito rápido e entrou no gol, como uma folha seca caindo do galho.

❥ O goleiro Castilho tinha o apelido de "Leiteria" por ser sortudo. É que um leiteiro carioca ficou famoso por ganhar duas vezes na loteria.

FRANGO

Não há registro de como nem onde surgiu a palavra "frango" para designar uma falha do goleiro. A explicação mais aparente, ainda que um pouco imprecisa, é que, ao escapar facilmente das mãos do goleiro, a bola parece estar "viva", como se reproduzisse o baile que um frango no galinheiro costuma dar em quem tenta pegá-lo.

FUTEBOL

Forma aportuguesa do inglês *football*, palavra composta de *foot* (pé) e *ball* (bola). No Brasil, alguns estudiosos tentaram criar palavras para substituir o anglicismo: ludopédio, pebol, balípodo, pedibola, bodabolismo. Nenhum conseguiu engrenar.

▶ **Por que nos Estados Unidos o futebol se chama soccer?**
Conforme o futebol foi se desenvolvendo na Inglaterra, formou-se para ele uma associação exclusiva, chamada Football Association. Quando o esporte chegou aos Estados Unidos, os americanos não quiseram empregar o termo *football* para designá-lo, uma vez que já usavam essa palavra para denominar o futebol americano, jogado com as mãos e com uma bola oval. Por isso, optaram por adotar uma forma reduzida do nome association: de *assoc(cer) iation* surgiu *soccer*.

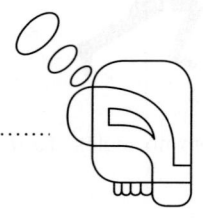

GANDULAS

Bernardo Gandulla foi um jogador argentino que jogou no Vasco da Gama em 1939. Como era perna de pau, nunca entrava nos jogos e ficava na beira do campo, uniformizado, buscando a bola que saía de campo. A torcida se acostumou com essa função dele e, com o tempo, todos os "buscadores de bola" passaram a ser conhecidos como gandulas.

GOL
Qual é o objetivo dos times em campo? Fazer gols, claro. Pois, a palavra veio do inglês *goal*, que significa "objetivo".

GOL OLÍMPICO
É o nome que se dá ao gol marcado diretamente na cobrança de um escanteio. O primeiro da história foi registrado em 1º de outubro de 1924, em Buenos Aires, Argentina. A Argentina venceu por 2 a 1 o Uruguai e um dos gols foi marcado pelo ponta-esquerda Onzari na cobrança de um escanteio. A Seleção uruguaia tinha acabado de vencer o torneio de futebol nos Jogos Olímpicos e por isso era apelidada por sua torcida de Celeste Olímpica. Como o gol argentino foi marcado contra os uruguaios, acabou ganhando o nome de gol olímpico.

GOL DE PLACA
A expressão nasceu em 1961, depois do terceiro gol que o Santos marcou na vitória de 3 a 1 sobre o Fluminense no Torneio Roberto Gomes Pedrosa, no Maracanã, no Rio de Janeiro. Pelé driblou seis jogadores adversários antes de marcar. O então cronista esportivo Joelmir Betting ficou encantado com o lance e sugeriu a seu jornal que mandasse fazer uma placa de bronze para comemorar a raridade e a perfeição do gol. Isso foi feito. A partir daí, os gols mais bonitos passaram a ser chamados de "gol de placa". A placa do gol de Pelé está até hoje no Maracanã.

HOOLIGAN
O termo, geralmente usado para descrever um jovem baderneiro, parece vir do nome de Patrick Hooligan, criminoso irlandês que atacava em Londres na década de 1890. Dizem que Pat Hooligan e sua família – cujo verdadeiro nome pode ter sido Houlihan – se instalaram na Lamb and Flag (Cordeiro e Bandeira), uma casa pública ao sul de Londres, atraindo muitos simpatizantes.

IMPEDIMENTO
A regra do impedimento costuma complicar a vida de muitos árbitros. A

origem da palavra, não. O latim *impedimentum* significa "impedimento" ou "obstáculo". Durante muitos anos, os cronistas esportivos brasileiros usaram a forma inglesa *offside*, "que está fora da linha", hoje em desuso.

LANTERNA
Por que se costuma chamar de "lanterna" o último colocado de uma competição? É que o último elemento de uma expedição ou de uma caminhada noturna é que costuma carregar uma lanterna.

MESA-REDONDA
O lendário rei Arthur, que viveu no século VI, jogava futebol? Não, mas ele é o responsável pelo nome que se dá aos programas de debate sobre futebol que tomam conta das emissoras brasileiras de televisão nas noites de domingo. O termo é uma tradução do inglês *round table*. Arthur mandou construir para seus amigos e cavaleiros uma mesa redonda para mostrar que considerava todos como iguais. Lá os cavaleiros da Távola Redonda comiam juntos e se reuniam, sem que houvesse lugar de honra nem mesmo para o rei. A expressão "mesa-redonda" pode ser usada para qualquer tipo de discussão, e não apenas de futebol.

NEGRA
Existem duas teorias distintas para justificar a origem da expressão "disputar uma negra" com o sentido de "partida de desempate". Segundo uma delas, "disputar a negra" remonta aos tempos da escravidão, em que os senhores participavam de jogos e disputas que tinham escravas como premiação. Jogavam, portanto, para literalmente "disputar a negra". A outra teoria defende que a expressão teria nascido em Portugal, em jogos disputados por aristocratas, cuja premiação eram valiosas garrafas de vinho escuro, denominadas "negras".

PLACAR
Embora várias palavras do futebol tenham origem no inglês, esta é uma que se originou na França. *Placard* significa painel.

PELADA

Nome dado a partidas amadoras e improvisadas de futebol. De acordo com o Dicionário Houaiss, "pelada" deriva do substantivo pela, que significa bola de borracha. Embora o dicionário não aponte o período em que a palavra foi empregada pela primeira vez com esse significado, o termo que a originou data da Europa do século XIV.

PÊNALTI

De origem inglesa, pênalti vem de *penalty*, que significa "pena ou punição".

PERNA DE PAU

A expressão entrou no futebol por causa de uma crônica do jornalista Mário Filho (o estádio do Maracanã tem seu nome), publicada em *O Globo* de 21 de julho de 1944. Ele escreveu:

> "A perna que não chutava dava uma impressão desagradável de coisa postiça.
> Para o homem da arquibancada, era de pau".

PÓ DE ARROZ

Em 1916, o Fluminense tinha um jogador mulato chamado Carlos Alberto, numa época em que apenas jogadores brancos eram aceitos pelos torcedores. Para driblar o preconceito, antes de entrar em campo Carlos Alberto passava muito pó de arroz no rosto, com o intuito de tentar disfarçar sua origem. No entanto, sempre que jogava debaixo do sol forte, o pó de arroz começava a derreter, e aí a torcida gritava: "Pó de arroz, pó de arroz". E esse ficou sendo o apelido do Fluminense.

PLACAR OXO

Expressão criada pelo narrador esportivo paulista Walter Abrahão. Ele dizia que o placar estava oxo quando nenhum dos clubes havia marcado ainda. Ele lia o 0 x 0 do placar como "oxo".

POLIVALENTE
Jogador capaz de atuar em várias posições. A palavra foi cunhada pelo ex-técnico da Seleção brasileira Cláudio Coutinho (1939-81) para definir o tipo de jogador com o qual ele gostava de trabalhar.

OLÉ
Exclamação com que a torcida vai comemorando uma sequência de toques do seu time na bola sem que o adversário consiga tomá-la. A expressão, típica das touradas, foi adaptada para o futebol no México, onde a torcida a empregava para ovacionar os dribles de Garrincha durante a temporada que o Botafogo fez no país em 1958. Já o ex-craque Zito garante que o termo foi lançado pela primeira vez por torcedores peruanos saudando os toques de bola do Santos numa excursão que o time de Pelé fez no Peru na década de 1960.

SAÍDA À BANGU
Nas peladas, o jogo não precisa ser reiniciado no centro de campo, sempre que um gol é assinalado. A saída pode ser dada de qualquer lugar. Isso é conhecido como "saída à Bangu". O livro *Bangu* (Editora Relume Dumará), do jornalista Roberto Assaf, conta a origem da expressão: "O pesquisador Alberto da Cruz Wenceslau defende a tese de que o termo [*Bangu*] é africano, e que significa 'uma espécie de padiola, construída de couro ou trançado de fibras amarrado a dois varais, conduzido por dois homens'. Era usada pelos escravos para transportar bagaço de cana-de-açúcar e tijolos. 'Deste processo meio desordenado de transporte pode até ter surgido a expressão à Bangu, utilizada hoje para detonar um ato improvisado, desorganizado', explica Wenceslau".

SURURU
Infelizmente, as brigas nos estádios de futebol estão cada vez mais frequentes dentro de campo e nas arquibancadas. "Sururu" vem do tupi-guarani *suru'ru*, que significa "caranguejo". Como vivem sempre juntos, os caranguejos dão a impressão de estar sempre brigando, o que não é bem verdade. Mas foi assim que nasceu a metáfora para designar qualquer briga ou confusão.

TÉCNICO
Palavra que teve origem no grego *technikós* e depois no latim *technicus*, que designa o que ensina as regras de uma arte. Começou a ser usada em várias profissões, inclusive no futebol. Hoje, os jogadores se referem a seus técnicos como "professor".

TOMAR UM CHOCOLATE

Times que levam goleada dos adversários. Diz-se que essa expressão nasceu depois de um 4 X 0 do Vasco sobre o Internacional, em 1981, quando, na cabine da Rádio Globo, o narrador Washington Rodrigues, o 'Apolinho', colocou no ar *El Bodeguero*, canção do cubano Ricard Egües (1924-2006). Para Apolinho o refrão era apropriado para a ocasião – "Toma chocolate/ Paga lo que debes" – e ficou eternizado no jargão futebolístico.

VÂNDALOS

Muitas pessoas chamam de "vândalos" os torcedores que promovem confusões nos estádios. O nome veio do povo germânico vândalo, que por volta do século V, para fundar seu reino, invadiu e destruiu a Hispânia e o Norte da África.

VIRAR A CASACA

Trocar um time por outro. Dizem que os brasileiros trocam de emprego, de mulher, de carro, de partido, de casa, de cidade, até de sexo, mas nunca de time. A origem dessa expressão está ligada a Carlos Manuel III de Savoia (1701-73), rei da Sardenha. Ameaçado ora pela Espanha, ora pela França, Carlos Manuel via-se obrigado a mudar as cores de sua casaca de gala de acordo com as cores de seu aliado de momento. E assim, virando a casaca o tempo inteiro, ele permaneceu 43 anos no poder.

VIRAR A MESA

Provavelmente a expressão mais ouvida no futebol nos últimos tempos. Ela teve origem há cerca de 400 anos, com o jogo de gamão, que, no entanto, já era praticado bem antes disso; ele surgiu no século X e consta que tenha sido inventado a partir do *Ludus duodecim scriptorium*, ou "jogo de doze linhas", jogado na Roma Antiga. Até o século XVII, o gamão era conhecido como "mesas" na Inglaterra, e mesmo hoje o tabuleiro é normalmente dividido em duas ou quatro "mesas" ou seções. Durante o jogo há vários momentos dramáticos em que a sorte muda de lado não porque o tabuleiro muda de posição, mas devido a uma regra que permite ao jogador dobrar suas apostas sob certas circunstâncias e, literalmente, virar a mesa.

W.O.

A sigla W.O. é a abreviação da palavra em inglês *walkover*. Significa alguma coisa que foi conseguida muito fácil, sem nenhum esforço. Quando, numa partida esportiva, um dos times não aparece, ou não tem representantes suficientes para disputá-la, o adversário vence automaticamente. A vitória conseguida sem que os times tenham jogado é conhecida por esta sigla.

ZAGUEIRO
A palavra vem do espanhol *zaguero*, que significa aquele que "vai ou está atrás". Deriva de zaga, do árabe *saga*, parte traseira de alguma coisa. O mesmo jogador pode ser chamado de "beque", forma aportuguesada do inglês *back* (atrás).

ZONA DO AGRIÃO
Espaço do campo próximo à grande área de gol, onde as disputas de bola são tão duras que, segundo se diz, lá a grama não cresce, mas apenas o resistente agrião.

Bola na rede

É assim que se grita "gol" nos principais países do mundo:

GOL ▶ Brasil, Espanha, Hungria, Itália, Iugoslávia, Croácia, Romênia e países da América Latina de língua espanhola
GOLO ▶ Portugal
GOAL (GOL) ▶ Arábia Saudita, Austrália, Bangladesh, Bélgica, Bulgária, Camarões, Canadá, Chipre, Coreia do Sul, Eire, Egito, Estados Unidos, Finlândia, Gana, Grã-Bretanha, Grécia, Holanda, Irã, Islândia, Israel, Líbia, Luxemburgo, Nigéria, Nova Zelândia, Polônia, Senegal, Suíça, República Tcheca, Turquia e países da ex-União Soviética
BUT (BI) ▶ Argélia, França, Gabão, Mali, Mônaco e Tunísia
TOR (TUR) ▶ Alemanha e Áustria
MAL (MOL) ▶ Noruega e Suécia
MAAL (MOL) ▶ Dinamarca
DOEL ▶ África do Sul
GOORU ▶ Japão

O futebol em Portugal

Se você já tentou ouvir uma transmissão futebolística portuguesa, percebeu como é difícil entender alguma coisa. Por que o jogador entraria em campo de camisola? O que uma cabrita está fazendo no jogo? Pois este pequeno dicionário vai responder questões aparentemente absurdas como essas.

Amistoso	PARTICULAR / AMIGADO
Ao vivo	EM DIRETO
Arquibancada	BANCADA
Arquibancadas cheias	BANCADAS COMPOSTAS
Atacante	AVANÇADO
Bandeirinha	FISCAL DE LINHA
Banheira	O FORA DE JOGO
Bilheterias	BILHETEIRAS
Bola	ESFÉRICO
Cabeçada	CABECEAMENTO
Camisa	CAMISOLA
Canhotos	ESQUERDINHOS
Chute de voleio	REMATE À MEIA-VOLTA
Concentração	LOCAL DE RECLUSÃO DA "EQUIPA"
Convocação	CONVOCATÓRIA
Eliminatória	PURAMENTO
Entrevista	CONFERÊNCIA DE IMPRENSA
Equipe	EQUIPA
Escanteio	PONTAPÉ DE CANTO
Estádio	SÍTIO
Gol	GOLO
Goleiro	GUARDA-REDES
Gramado	RELVADO
Jogador fundamental para o time	ELEMENTO NUCLEAR
Jogo fácil	PERA DOCE
Jogo de suspensão	DESAFIO DE CASTIGO
Lance conhecido como chapéu	CABRITA
Marcar bobeira	DAR UMA FÍFIA
Passar a bola entre as pernas do adversário	QUE GRANDE CUECA!
Receber cartão	ADMOESTAR COM A CARTOLINA
Semifinal	MEIA FINAL
Tiro de meta	PONTAPÉ DE BALIZA
Torcedores	ADEPTOS (OU MASSA ADEPTA)
Torcida	CLAQUE
Travessão	BARRA DE BALIZA
Treinador	SELECIONADOR
Vaia	ASSOBIADELA
Vestiário	BALNEÁRIO
Videoteipe	EM DIFERIDO
Volante	DISTRIBUIDOR

É CAMPEÃO

De acordo com os dicionários da língua portuguesa, tricampeão é um time campeão três vezes, sem necessidade de serem seguidas. Porém, até 1970, os meios de comunicação consideravam tri, tetra ou pentacampeão um time vencedor de três, quatro ou cinco campeonatos sem interrupção. A mudança veio com a conquista da Copa do México, já que o Brasil tinha se consagrado bicampeão com as copas de 1958 e 1962.

Seu time ganhou o título? Confira como você deve gritar no estádio:

2 vezes	BICAMPEÃO
3 vezes	TRICAMPEÃO
4 vezes	TETRACAMPEÃO
5 vezes	PENTACAMPEÃO
6 vezes	HEXACAMPEÃO
7 vezes	HEPTACAMPEÃO
8 vezes	OCTACAMPEÃO
9 vezes	ENEACAMPEÃO
10 vezes	DECAMPEÃO
11 vezes	HENDECACAMPEÃO
12 vezes	DODECACAMPEÃO

▸ **Por que o gol de bicicleta é chamado em toda a América do Sul de chilena?**
Leônidas da Silva, o "Diamante Negro", ficou consagrado como o inventor do gol de bicicleta em 1931, quando defendia o Bonsucesso numa partida contra o Esporte Clube Carioca. Mas você sabia que a jogada só é chamada assim no Brasil? Nos demais países da América do Sul, ela é conhecida como "chalaca" e "chilena". O primeiro nome é uma alusão aos jogadores negros do Callao, no porto de Lima (Peru), tidos como os criadores da façanha e que eram apelidados de "chalacos". O segundo apareceu na Copa América de 1917, quando o zagueiro chileno Gatica deu uma bicicleta em campo, deixando o público boquiaberto, apesar de não ter feito o gol.

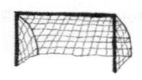

14

Se Pica-Flor me chamais,
Pica-Flor aceito ser,
mas resta agora saber,
se no nome que me dais,
meteis a flor, que guardais
no passarinho melhor!

GREGÓRIO DE MATOS
(1636-1695), poeta

Sexo e insultos

Palavras de baixo calão

Uma palavra passa a ser considerada de baixo calão à medida que começa a ser utilizada em tom pejorativo, em contexto de deboche ou situações de desrespeito. O palavrão se originou também em tabus criados pela religião e pela vida em sociedade. Tudo que relacionava homem, animal e sexo foi motivo de controle rigoroso dos religiosos – e entrou para a lista das palavras proibidas.
Conheça agora a origem de algumas dessas palavras – ou melhor, desses palavrões –, antes de xingar alguém.

BABACA
Há versões e mais versões para a origem da palavra. Uma delas diz que veio do latim *balbus*, que quer dizer "gago". "Gago" depois virou "bobo" (os antigos animadores da corte gostavam de imitar gagos), que virou "boboca", que virou "babaca". Outra teoria diz que ela teria vindo do tupi *babaquara*, que significa "aquele que não sabe nada". O curioso é que a palavra já foi sinônimo chulo do órgão sexual feminino. Tanto que "babaquice" era o termo usado para quem gostava de se entreter com a babaca.

BARANGA
Começou como forma reduzida de barangandã, outro jeito de se dizer balangandã – colares, pulseiras e penduricalhos que as pessoas usam para se enfeitar. Como era bijuteria de baixo valor, baranga passou a significar artigos de má qualidade. E depois virou sinônimo de mulher feia, deselegante. O *Dicionário Houaiss* afirma que a origem é a palavra *mbalanga*, "hérnia umbilical" em quimbundo – algo realmente muito feio.

BESTA
Vem do latim vulgar *besta*, nome do animal que transporta cargas pesadas. Mais um caso de animal que emprestou seu nome para xingamentos a pessoas consideradas tolas, incapazes.

BOCÓ
Em francês, *boucaut* é o nome de um saco feito de pele de bode para o transporte de líquidos. Os brasileiros criaram um saco parecido, mas com couro de tatu, que ganhou o nome de bocó. O bocó não tem tampa, está sempre aberto. Isso deu origem à palavra que significa um sujeito bobo, sempre de boca aberta.

CRETINO
A palavra francesa *crétin* apareceu em 1750 para se referir a uma doença endêmica chamada "papeira" que atacava regiões francesas montanhosas com deficiência de sal iodado na água. Um século depois, ganhou o sentido pejorativo de imbecil, idiota, beócio.

FEDELHO
Palavra usada para se referir a rapazes que ainda têm comportamento infantil. Vem do latim *foetere*, "soltar mau cheiro". Os meninos ganharam esse nome por ainda possuírem aquele cheiro ruim de suas fraldas.

FEZES
Nasceu a partir do latim *faex*, nome que designa lama, sedimento, fezes. Significava, portanto, um tipo de resíduo.

GAGÁ
Veio do francês *gaga*, que significa alguém idoso, desmemoriado, caduco.

IDIOTA
Idios em grego significa "próprio, particular". Daí veio a palavra *idiótes*, um homem que só tem conhecimento de suas coisas e que desconhece as coisas de sua comunidade.

IGNORANTE
Vem do latim *ignorantia*, que significa "desconhecimento". Era usada para pessoas simples, sem cultura, mas não tinha conotação ofensiva. Até que em 1665 o escritor inglês George Ruggle escreveu a peça *Ignoramus* (Nós não sabemos), em que satirizava advogados que opinavam sobre tudo sem ter conhecimento de nada.

IMBECIL
Mais um xingamento vindo do latim. *Imbecillis* é alguém fraco, sem força, sem inteligência.

MEQUETREFE
Palavra já usada em português na época do padre Antônio Vieira e que, dependendo da região, assume vários significados. Pode tanto indicar uma pessoa que se mete onde não é chamada, como também um patife ou então um zé-ninguém. O termo também existe em espanhol, vindo do árabe *mogatref*, que quer dizer "atrevido".

MERDA
Seu significado original é fezes, excremento, matéria fecal, idêntico ao termo latino *merda*, do qual provém. Com o tempo, outros sentidos foram se somando à palavra. Hoje, de acordo com o *Dicionário Houaiss*, "merda" pode ser utilizada para designar acúmulo de lixo e sujeira, coisas desprezíveis e sem valor, pessoas insignificantes. Como interjeição (merda!), ainda pode exprimir raiva e irritação.

▶ **Por que, antes de entrar em cena, os atores de teatro dizem "merda" uns para os outros?**
Em 18 de junho de 1815, as tropas inglesas derrotaram o Exército francês, que foi intimado a se render em Waterloo, na Bélgica. O general inglês Colville ordenou: "Bravos franceses, rendam-se!". Pierre Jacques Etienne, o barão de Cambronne (1770-1842), ficou furioso e respondeu: "Merda! A guarda não se rende jamais!". A frase de Cambronne foi imortalizada no livro *Os miseráveis*, do francês Victor Hugo, e virou uma exclamação usada sempre em situações difíceis e decisivas, logo incorporada pelos atores de teatro.
Outra história que explica a origem dessa expressão remonta à Idade Média: os nobres iam assistir aos espetáculos em suas carruagens puxadas por cavalos. Assim, quanto mais merda espalhada na porta do teatro ao final do espetáculo, mais sucesso a peça teve. E é por isso que, até hoje, muita merda é desejada antes dos espetáculos.
Uma outra versão que explica a origem dessa expressão remonta à Idade

Média: os nobres iam assistir aos espetáculos em suas carruagens puxadas por cavalos. Assim, a sujeira espalhada na porta do teatro ao final do espetáculo, representava o sucesso que a peça teve, ou seja: quanto mais merda, melhor. É por isso que, até hoje, todos se desejam merda antes dos espetáculos.

OTÁRIO
Palavra de origem castelhana que significa "ingênuo". Como era bastante usada na vizinha Argentina, acabou se estendendo também para o Brasil.

PÁRIA
O nome que se dá a um grupo de pessoas rejeitadas vem da palavra *paraiyar*, classe social hindu de 2000 a.c. que era obrigada, por outros grupos indianos, a fazer os piores serviços. Seus integrantes eram tratados como escravos e viviam à margem da sociedade.

PEIDO
A palavra vem de *peditum*, que significa "traque ou ventosidade".

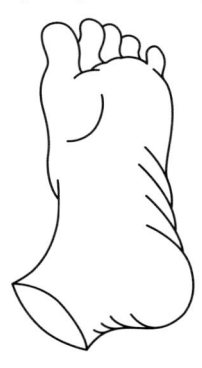

PÉ-RAPADO
O pé-rapado ficou conhecido como aquele que não tem nada, nem mesmo um par de sapatos, por muito tempo considerado sinal de *status*. A expressão provavelmente vem do hábito de se rasparem os pés com uma faca depois que se andava descalço na lama. Como sinônimo de miserável, a palavra já era usada no fim do século XVII, como mostra um poema do escritor brasileiro Gregório de Matos. Os portugueses de Olinda chamavam de pés-rapados seus adversários na Guerra dos Mascates, ironizando-os por lutarem descalços.

PUXA-SACO
O termo é sinônimo de "adulador" e tem origem militar. Nas expedições, era

comum membros das tropas carregarem os sacos de roupas de seus superiores. Eles, portanto, "puxavam o saco" de quem estava em posição mais alta.

TRATANTE
Atualmente a palavra é um insulto e define pessoas trapaceiras ou falsas. Mas até o fim do século XVIII, o tratante era tão somente um comerciante que operava no atacado. O *Dicionário Aurélio* cita o poeta português Camilo Castelo Branco (1825-90), em *Perfil do marquês de Pombal*, para sugerir que no fim do século XIX a palavra já tinha a mesma conotação de hoje: "Viam-se em palanques modestos os argentários do comércio – os tratantes, como então se dizia profeticamente e inconscientemente".

VEADO
O nome do animal vem do latim *uenatus*, que queria dizer "caçado". Ou seja, o termo era usado para todos os animais sujeitos a caça. No Brasil a palavra se tornou um sinônimo pejorativo de homossexual masculino porque, durante o inverno, os veados machos dormem juntos, um agasalhando o outro contra o frio.

Sexo

Tem gente que fica corado só de ouvir certas palavras... Algumas são usadas como palavrões, outras nasceram de palavras com conotação sexual e muitas já são faladas o tempo todo até com naturalidade. Conheça a origem de palavras relacionadas com sexo:

◎ **Bunda**
Vem de *mbunda*, que significa "nádegas" na língua africana quimbundo.

◎ **Clitóris**
O nome do órgão que fica na junção dos pequenos lábios, na parte de cima da vulva, próximo à entrada da vagina, vem de uma palavra grega que significa "chave".

◎ **Coitado**
Vem de *coita*, que significa "desgraça, aflição, desgosto". Para alguns estudiosos, porém, a origem de "coitado" poderia também estar no latim *coitus* (coito, relação sexual). Tempos atrás, uma donzela que perdesse a virgindade antes da hora caía em desgraça, era uma coitada.

◎ **Escroto**
Vem do latim *scrotum*, nome do saco em que os arqueiros carregavam suas flechas.

◎ **Esperma**
Nasceu do grego *sperma*, que significa "semente". A palavra começou a ser utilizada no final do século XIV.

◎ **Fornicar**
Veio do latim *fornix*. Na antiga Roma, *fornix* era o nome de um quarto alugado para uma noite de prazer. Ali as prostitutas atendiam seus clientes.

◎ **Impotência**
Do latim *impotentia*, que significa "falta de poder". A palavra foi empregada pela primeira vez em 1420 num poema de Thomas Hoccleve (1370-1454), mas só começou a se referir à falta de ereção em 1655.

◎ **Masturbação**
Do latim *masturbari*, significa "poluir-se".

◎ **Orgasmo**
Surgiu do grego *orgasmós*, que significa "ferver de ardor".

◎ **Pederasta**
A relação entre homens mais velhos e rapazes mais jovens é crime nos dias de hoje, mas era considerada uma prática normal na Grécia Antiga. Os gregos acreditavam que esse tipo de relacionamento transmitia aos jovens virtudes masculinas como coragem, força, justiça e honestidade. Esses homens mais velhos eram chamados de *erastes*, palavra que deu origem a "pederasta".

◎ Pedófilo

Se *pedo* quer dizer filho, criança, e *filo* significa amante ou amigo, o significado de "pedófilo", literalmente, é quem tem amor a crianças. Mas é interessante ver o que registram vários dicionários, em edições diferentes. O de Laudelino Freire (1940) diz que pedofilia é "amor às crianças". O *Morais* (1949) afirma que pedófilo é aquele "que gosta muito de crianças". O *Aurélio* (1972) apenas tira o "muito", mas na edição de 1999 diz que pedófilo é "aquele que sofre de pedofilia", definida por ele como "(...) desejo forte e repetido de práticas sexuais com crianças pré-púberes". O Dicionário da Academia das ciências de *Lisboa* e o *Houaiss*, ambos de 2001, seguem o mesmo caminho.

◎ Pênis

O órgão sexual masculino é conhecido por vários nomes, entre eles "pênis", que em sua origem latina significa pincel. Há também uma série de gírias para ele:

• **Falo**

Nome do estandarte religioso usado nas festas em homenagem a Baco, deus do vinho, era chamado de *phallós*. O termo grego passou para o latim como *phallus* e significava membro viril.

• **Pau**

No século II, o pênis já era conhecido como *kaulós*, que significa tubo e é o termo que originou a palavra "caule".

• **Pica**

O latim usava esta mesma palavra para designar um pássaro que comia de tudo. Mas, no caso em questão, a origem se deve aos celtas. Para eles, *pic* era "ponta". Evoluiu para o latim *pikkare*, que significa "espetar". No ano de 1090, a palavra era usada como sinônimo de lança.

• **Piroca**

No *Dicionário Tupi-Português*, Luiz Caldas Tibiriçá conta que os índios chamavam de piroca o ato de esfolar ou descascar. E era o que os índios faziam com seus membros até encontrar o prepúcio.

◎ Ponto G

Segundo o obstetra e ginecologista alemão Ernest Gräfenberg, o ponto G é uma área localizada na parte interna e superior da vagina. Embora em 1944 tenha apresentado uma pesquisa relatando sua descoberta, foram os pesquisadores americanos Beverly Whipple e John D. Perry que criaram o nome (G, de Gräfenberg), numa homenagem ao médico alemão, num trabalho científico publicado em 1982.

◉ Porra

Há muitas explicações para a origem da palavra. Ela pode ter vindo do latim *porricere*, que significa "atirar para a frente". Porra também era um bastão de madeira com uma cabeça cheia de pontas de metal, bastante utilizado na Idade Média. Ainda pode ter a ver com "porro", nome de um vegetal com talo verde e um bulbo numa das extremidades, como têm as cebolas e os alhos. Mas de que forma tudo isso acabou se transformando em sinônimo de sêmen masculino, ninguém sabe ao certo. Uma das hipóteses aceitas é que o alho-poró produz um líquido parecido com o sêmen masculino.

◉ Puta

No latim, *puta* era sinônimo de "menina" e feminino de *putus*. Era uma palavra empregada para classificar meninas puras, ingênuas. Com os anos e as mudanças que a língua vai sofrendo, o que significava donzela acabou significando prostituta.

No Nordeste brasileiro, "quenga" é sinônimo de prostituta porque na língua quimbundo *kiena* é uma tigelinha feita com a metade oca de um coco, sem a carne de dentro. Os escravos diziam que a mulher que se tornou prostituta havia perdido o "quengo".

◉◉◉◉◉◉◉◉◉ **DEPUTADOS, OS PUTUS** ◉◉◉◉◉◉◉◉◉

Parece, mas não é. Putus em latim significa puro, inocente. Por isso os romanos chamavam suas crianças desse jeito. Até hoje os portugueses se referem a meninos como putos. No século XIV, os franceses criaram a palavra reputer, que significa merecer a confiança (reputação). Na hora de escolher alguém de confiança para negociar em nome do governo em transações internacionais, o povo francês adotou a palavra députer. Esse enviado foi chamado de députer (deputado) e o nome ficou.

◉◉◉◉◉◉◉◉◉◉◉◉◉◉◉◉◉◉◉◉◉◉◉◉◉◉◉

◎ **Suruba**
Tem o mesmo significado de orgia. É possível que tenha vindo do tupi antigo *soryba*, com o significado de "alegria deles".

◎ **Tabu**
Os assuntos proibidos, relacionados com sexo ou não, são chamados de tabus. Quem trouxe a palavra foi o capitão inglês James Cook. Nos relatos de sua terceira viagem às ilhas do Pacífico, Cook descobriu na Polinésia a palavra *ta'bu*, que significava "coisa proibida". Na Inglaterra, a palavra ganhou a grafia *taboo*.

◎ **Tesão**
Teve origem em *tensio* ("tensão", em latim). Deriva de *tendere*, estender, alargar, esticar. Era sinônimo de potência e por esse motivo se transformou em desejo sexual. A palavra "tesão" foi registrada pela primeira vez em 1721.

◎ **Testículos**
Vem do latim *testiculus* – pequena testemunha. Na Roma Antiga, quando uma criança nascia muitas pessoas assistiam ao parto. Mas como o nascimento de meninos era o mais festejado por essas testemunhas, a palavra *testiculu* passou a designar os órgãos sexuais masculinos.

Os romanos tinham uma forma bastante peculiar de fazer um juramento: colocar a mão sobre o testículo de outro homem. Vem daí a palavra "testemunhar" – colocar.

◎ **Vagina**
Vem do latim e significa "bainha da espada".

◎ **Virilha**
Parte em que a coxa se junta ao abdome, hoje "virilha" é uma palavra que não assusta mais ninguém. Mas no passado o latim *uirilia* era o nome que se dava ao órgão sexual masculino. Daí veio também o termo "virilidade", que significa a capacidade sexual do homem.

VOCÊ SABIA QUE...

... a palavra "ginásio" nasceu na Grécia Antiga? *Gymnasium* deriva de *gmnos*, que significa "nu". É que os gregos praticavam esporte completamente pelados.

◉ Vulva
O aparelho genital externo da mulher vem do nome latino *ualua*, o mesmo que "portão para a barriga".

Jogo dos insultos

O *Dicionário Brasileiro de Insultos* traz 3 mil verbetes, que vão de um singelo "bobo alegre" até os palavrões mais cabeludos. A pesquisa foi feita pelo professor Luís Milanesi, vice-diretor da Escola de Comunicações e Artes da Universidade de São Paulo, que assina a obra com o pseudônimo de Altair J. Aranha. "Desde o primeiro conflito na adolescência e a necessidade de usar a palavra como arma, busquei munição nos diciorários de língua portuguesa", escreve Milanesi na apresentação do livro. "O oponente, além de xingado, sentia-se diminuído por não saber, afinal, o que significava aquela palavra brandida em sua cara." Para você não correr o mesmo risco, responda agora a estas questões:

❶ Cacóstomo é a pessoa que...
a) Bebe cachaça além da conta.
b) Tem mau hálito.
c) Não paga as suas dívidas.

2 Ih, disseram que você é **enxacoco**. Significa que você...
a) Fala muito mal uma língua estrangeira.
b) Está bem acima do peso.
c) Pensa o tempo todo em relações sexuais.

3 **Fardola** é um sujeito que...
a) Veste-se com roupas fora de moda.
b) Vive contando vantagens a seu próprio respeito.
c) Funga o nariz com insistência.

4 **Gárrulo** é o mesmo que...
a) Homem briguento.
b) Maluco.
c) Tagarela.

5 **Jabiraca** é um insulto usado para mulheres...
a) Feias e maldosas.
b) Que ficam na janela à espera de um marido.
c) Que se lambuzam ao comer.

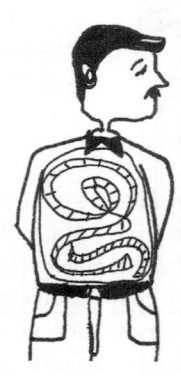

6 Acredite: **lheguelhé** é uma pessoa...
a) Que fala muitos palavrões.
b) Insignificante.
c) Que tem lombrigas.

7 Você sabe o que é **macarongo**?
a) Homem que explora a própria mulher.
b) Homem que precisa provar a todo instante que é macho.
c) Homem que vive adoentado.

8 **Mandrião** é o mesmo que sujeito...
a) Zombador.
b) Excessivamente exigente.
c) Preguiçoso.

9 **Mequetrefe** é alguém que...
a) Dá palpite em tudo mesmo sem ser chamado.
b) Não mostra nenhum traço de generosidade.
c) É movido sempre a dinheiro.

10 Responda com uma única palavra: **molambento** é uma pessoa...
a) Covarde.
b) Esfarrapada.
c) Envelhecida.

11 Responda esta: **nefelibata** é uma pessoa que...
a) Tem aversão a tudo o que é novo.
b) Sofre de perturbação psíquica.
c) Vive no mundo da lua.

12 **Obnóxio** é aquele que...
a) Aceita os insultos e os desaforos dos outros.
b) Não respeita a moral e os bons costumes.
c) Acredita ser perseguido pelo diabo.

13 Você pode chamar de **pachola** uma pessoa que...
a) Tem trejeitos afeminados.
b) Veste-se com excesso de vaidade.
c) Usa muitas palavras para dizer pouca coisa.

14 Quando chamar alguém de **pomboca**? Quando a pessoa for...
a) Mentirosa.
b) Inútil.
c) Imunda.

15 O que é um **quiquiqui**?
a) Vendedor de quinquilharias.
b) Alguém que insiste num mesmo erro.
c) Pessoa que titubeia ao falar.

16 Aprenda que **rastaquera** é uma pessoa que...
a) Enriqueceu depressa e exibe sinais de sua riqueza.
b) Não se deu bem na vida e é um exemplo de fracasso.
c) Vive se metendo em confusões, uma atrás da outra.

17 **Sacripanta** é um indivíduo que...
a) Tem trejeitos e requebra ao andar.
b) Age de maneira cruel.
c) Obtém o prazer sexual pelo sofrimento físico ou moral do parceiro.

18 Se alguém xingá-lo de **terereca**, estará querendo dizer que você...
a) Fala muito e faz pouco.
b) É um batedor de carteiras.
c) Gosta de torturar as pessoas.

19 Chamam de **trabuzana** todo sujeito...
a) Trapaceiro.
b) Vigarista.
c) Valentão.

20 **Trapincola** é o mesmo que...
a) Caloteiro.
b) Palhaço.
c) Tagarela.

Respostas: 1.b; 2.a; 3.b; 4.c; 5.b; 6.b; 7.a; 8.c; 9.a; 10.b; 11.c; 12.a; 13.b; 14.b; 15.c; 16.a; 17.b; 18.a; 19.c; 20.a

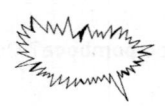

15

Quem não se comunica,
se trumbica.

ABELARDO BARBOSA, O CHACRINHA
(1917-1988), apresentador

Toda forma de comunicação

Outras formas de comunicação

Além da língua escrita, o homem criou outras formas para se comunicar. Vale tudo para se fazer entender. Confira algumas maneiras:

CÓDIGO FONÉTICO INTERNACIONAL
O código fonético internacional foi estabelecido em 1956 pela Otan e também pela Internacional Telecommunications Union – ITU, agência dos meios de comunicação da ONU. Especialistas em aviação se reuniram para escolher palavras foneticamente simples, para serem usadas no maior número possível de idiomas. O código é usado na comunicação por rádio e telefone pela aviação e pela marinha e mesmo por radioamadores de vários países.

A- alfa / América
B- bravo / Brasil
C- charlie / Canadá
D- delta / Dinamarca
E- echo / Europa
F- fox-trot / França
G- golf / Guatemala
H- hotel / Holanda
I- índia / Itália
J- juliet / Japão
K- kilo / Kênia
L- lima / Londres
M- mike / México
N- november / Noruega
O- oscar / Oceania
P- papa / Portugal
Q- quebec / Quebec
R- romeu / Roma
S- sierra / Santiago
T- tango / Toronto
U- uniform / Uruguai
V- victor / Venezuela
W- whisky / Washington
X- x-ray / Xingu
Y- yankee / Yucatán
Z- zulu / Zanzibar

S.O.S.
É o código que uma comissão de países europeus elegeu como sinal de socorro. Ao contrário do que muita gente pensa, SOS não nasceu como sigla de Save Our Souls (salve nossas almas) nem de Save Our Ship (salve nosso barco). Este sinal de perigo, estabelecido em julho de 1908 em uma convenção internacio-

nal de radiotelegrafia, não remete a nenhuma frase específica. A escolha das letras se deu por causa da facilidade de enviá-las e reconhecê-las em código morse: SOS é representado por três pontos, seguido de três traços e novamente três pontos (...---...). Até então, no mar, os navios em perigo pediam por socorro usando as iniciais CQD.

ESTENOGRAFIA OU TAQUIGRAFIA

Método de escrita composto de abreviaturas e sinais que permite que se anotem as palavras ditas por uma pessoa na mesma velocidade em que ela fala. O romano Marco Tiro, no ano 63 a.c., foi o primeiro a desenvolver um sistema de escrita abreviada com mais de 3 mil símbolos. Ele foi utilizado durante 600 anos e depois abandonado, até ser redescoberto pelos alemães no final do século XV. Desde o século XVII, a Grã-Bretanha desenvolveu por volta de 500 métodos estenográficos. Os dois sistemas mais utilizados no mundo são o Gurney, criado Thomas Gurney, primeiro estenógrafo oficial do Tribunal de Old Bailey, em Londres, e o Pitman, elaborado pelo inglês Isaac Pitman em 1837.

GRAFOLOGIA

Grafologia é uma ciência criada há aproximadamente 150 anos com o intuito de analisar a escrita (em grego, *grapho* significa escrever e *logo* é ciência, estudo). Criada pelo francês Jean Michon (1806-81), ela defende que o raciocínio lógico comanda o conteúdo da mensagem escrita, ao passo que o inconsciente se manifesta na forma e no desenho das letras e frases.
No início do século XXI, já são muitas as empresas que lançam mão dos conceitos da grafologia nos processos de seleção e recrutamento de funcionários.

▶ **O que dizem as letras?**
A maioria dos dizeres da grafologia moderna foi estabelecida pelo francês Jules Crépieux-Jamin, que dividiu a escrita em oito principais grupos de análise:

1. Velocidade da grafia
De acordo com a grafologia, é razoável escrever de 100 a 130 palavras por minuto. Quem ultrapassa esse número pode fazê-lo por rapidez de raciocínio, ansiedade ou simplesmente por pressa. Já a lentidão pode indicar preguiça, desinteresse ou mesmo tranquilidade.
Outra alternativa: quando o especialista não tem a oportunidade de verificar o tempo de escrita, alguns recursos gráficos podem indicar lentidão ou rapidez do traçado – em geral, quanto mais limpa a escrita (menos floreada), mais rápida pode ser considerada.

2. Pressão da escrita

É a força com que se calca a caneta ou lápis no papel. Traços fortes revelam pessoas com muita energia e vitalidade, ao passo que os regulares e delicados são característicos de indivíduos espiritualizados.
Extremos: a tensão exagerada representa agressividade e falhas constantes denotam fragilidade, insegurança e timidez.

3. Forma

De modo geral, as letras podem ser arredondadas ou pontiagudas. As arredondadas mostram delicadeza, romantismo, criatividade, facilidade de expressão e muitas vezes estão associadas ao gosto pelas artes. As pontiagudas, por outro lado, revelam franqueza, praticidade, determinação e independência.
Extremos: as letras arredondadas demais por vezes indicam melancolia e preguiça, enquanto as exageradamente pontiagudas sugerem intransigência e irritabilidade.

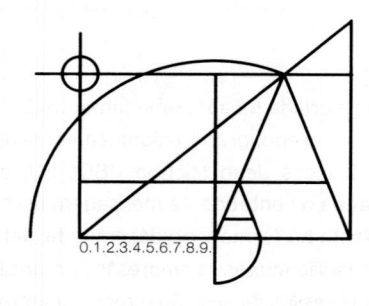

4. Dimensão

Quando não há restrições de espaço nem exigência de traços grandes, a grafologia considera padrão as letras feitas com 0,35 cm de altura ou, no caso de letras que possuem traços superiores ou inferiores (como t, l, j, g), até 1 cm – as que possuem ambos, como o f, acabam ultrapassando essa medida. Letras demasiadamente grandes são típicas de pessoas extrovertidas, autoconfiantes e vaidosas. As miúdas podem indicar introversão, detalhismo, especialização ou mesmo mesquinhez. No que se refere a distância entre as letras, espaçá-las revela gosto pelo conforto, calma e autoconfiança. Mantê-las muito próximas pode significar reserva, boa capacidade de concentração e inibição.

5. Inclinação

As letras podem ser verticalmente equilibradas – demonstrando maturidade – ou inclinadas para um dos lados. As que pendem para a direita apontam ansiedade e extroversão. As que são mais caídas para a esquerda sugerem prudência, cautela e reserva.

Extremos: as letras absolutamente inseridas no eixo vertical podem revelar contenção da afetividade e um exagerado controle emocional.

6. Disposição das linhas

Ao se observar um texto escrito em uma folha não pautada, as linhas podem dar origem a diferentes desenhos entre as margens, permanecendo retas, ascendentes, descendentes ou curvas. As retas mostram autocontrole, as ascendentes denotam entusiasmo e otimismo e as descendentes sugerem cansaço e pessimismo. Entre as curvas, as que "olham para cima" (abertas como uma letra u ou como os lábios em um sorriso) caracterizam pessoas que conseguem vencer dificuldades; já as que "olham para baixo" são próprias de indivíduos desanimados e de pouca persistência. A irregularidade, por fim, expressa flexibilidade e diplomacia.

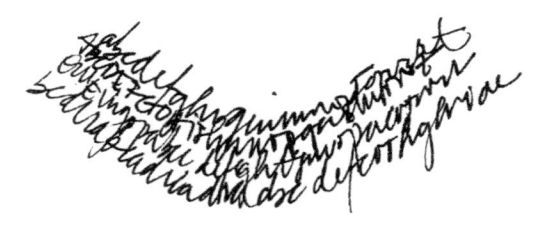

7. Continuidade

Enquanto alguns escrevem as palavras de uma vez só, sem tirar o lápis do papel, existem pessoas que quebram com frequência as palavras entre determinadas letras ou sílabas. Os mais emotivos, inconstantes, criativos e independentes costumam mostrar mais descontinuidade na escrita, enquanto a maior permanência do lápis no papel é própria dos estudiosos, pensadores, disciplinados e afetivamente estáveis.

8. Margens

Em uma carta ou circular, o tamanho e a disposição das margens superiores mostram o grau de intimidade entre o remetente e o destinatário. Quanto maior o espaçamento, maior o distanciamento e a timidez por parte de quem escreve, ao passo que a ausência total de margem superior simboliza extroversão e confiança.

Nas laterais: para as margens laterais, faz-se uma leitura diferenciada. O texto que encosta na margem esquerda e não chega à lateral direita denuncia nostalgia e preocupação com o futuro por parte de quem escreve. O contrário, texto que pende para a direita, mostra iniciativa e confiança no que está por vir. O meio-termo revela equilíbrio emocional e estético.

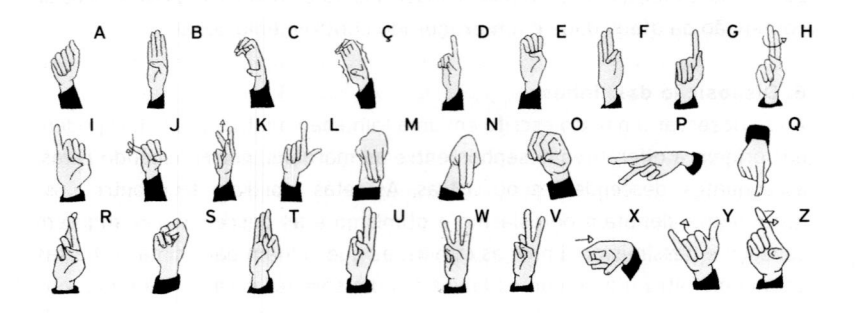

LÍNGUA DE SINAIS

Na metade do século XVI, o monge beneditino espanhol Ponce de Léon abriu em seu monastério uma escola para crianças ricas surdas. Ponce de Léon alcançou êxito como professor, utilizando a escrita, a repetição de palavras faladas e a indicação de objetos. Infelizmente, não se preocupou em treinar outros professores e não manteve nenhum registro escrito de seus métodos de ensino. Depois dele, outro espanhol, o educador Juan Pablo Bonet, também se especializou em ensinar crianças surdas de berço nobre. Bonet pode ter utilizado o método de Ponce de Léon, mas não há comprovação a respeito disso. Bonet insistia que todos os integrantes da casa de uma pessoa surda, e não apenas o deficiente auditivo, deveriam utilizar o alfabeto manual.

O primeiro livro de língua de sinais dedicado aos surdos e contendo o alfabeto manual foi publicado por ele em 1620.

Naquela época, o alfabeto manual consistia em uma posição de mão que representava cada uma das letras visualmente e que também era capaz de vocalizá-las.

Apenas em meados do século XVIII, apareceu aquele que seria apontado como o grande criador e o maior divulgador da língua de sinais: o francês Charles Michel de L'Épée (1712-1789). Assim que foi ordenado abade, L'Épée conheceu duas gêmeas surdas-mudas. O padre que estava ensinando as garotas havia morrido e ele assumiu essa missão. L'Épée começou a aprender espanhol para ler o livro que Bonet havia escrito. Logo, porém, o padre francês começou a acreditar que os sinais eram a língua natural do surdo, uma espécie de língua-mãe.

Em 1755, L'Épée fundou em Paris, com seu próprio dinheiro, a primeira escola para surdos-mudos. Além de ensinar na escola e de dirigi-la, L'Épée escreveu um livro sobre seu método, um dicionário e uma gramática da língua de sinais. Sentia que não valia a pena ensinar os surdos a falar. Seu objetivo era que as pessoas com deficiência auditiva aprendessem a se expressar e a compreender pensamentos e ideias por meio de sinais, e não de som. E queria compartilhar suas descobertas mundialmente. Quando L'Épeé morreu, o abade Sicard assumiu a escola e aperfeiçoou seu método.

🌐 No Brasil, a língua dos sinais foi trazida pelo professor francês Ernest Huet, também surdo, em 1855. Ele conquistou as graças do imperador dom Pedro II e, dois anos mais tarde, fundou no Rio de Janeiro a escola que é hoje conhecida como Instituto Nacional de Educação do Surdo.

🌐 A língua de sinais não é universal. Mesmo sendo baseada em sinais ou sons, ela varia de país para país. Não existe uma tradução específica de cada palavra. Trata-se, na verdade, de uma combinação de símbolos e expressões faciais. Do mesmo modo que pessoas do Norte ou do Sul falam palavras diferentes, também pode haver variações nos sinais.

```
 .     :    ..   ":   ".   .:   ::   :.   .'
 A     B    C    D    E    F    G    H    I

.:    .    :    ..   ":   ".   .:   ::   :.
 J    K    L    M    N    O    P    Q    R

 .   .:   .    :    .:   ..   ::   ".
 :   ."   ..   :.   ."   ..   ::   ..
 S    T    U    V    W    X    Y    Z
```

MÉTODO BRAILLE

O francês Louis Braille perdeu a visão aos três anos. Quatro anos depois, ingressou no Instituto de Cegos de Paris. Em 1827, então com 18 anos, tornou-se professor desse instituto. Ao ouvir falar de um sistema de pontos e buracos inventado pelo oficial de artilharia francesa Charles Barbier para ler mensagens durante a noite em lugares onde seria perigoso acender a luz, Braille se interessou. Fez algumas adaptações no sistema de pontos em relevo de Barbier e em 1829 publicou seu método.

O sistema braille é um alfabeto convencional cujos caracteres se indicam por pontos em relevo, que o cego distingue pelo tato. A partir de seis pontos salientes, é possível fazer 63 combinações que podem representar letras simples e acentuadas, pontuações, algarismos, sinais algébricos e notas musicais. Braille morreu de tuberculose em 1852, ano em que seu método foi oficialmente adotado na Europa e na América.

Um cego que tem conhecimento do alfabeto Braille é capaz de ler duzentas palavras por minuto.

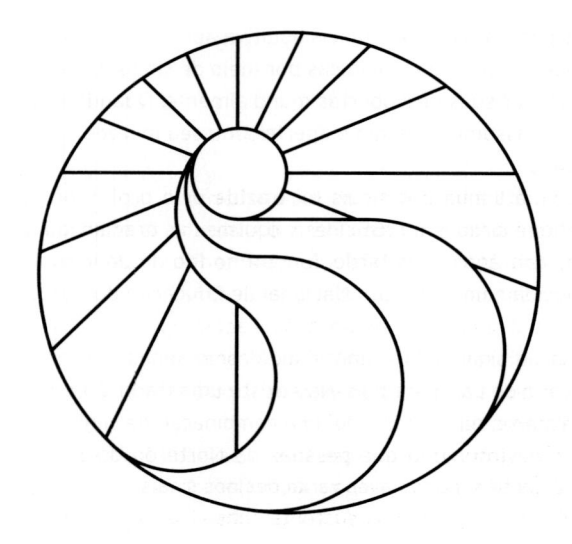

PARA-CHOQUES DE CAMINHÃO

Os caminhoneiros encontraram uma forma bem curiosa de espalhar sua mensagem. Pintaram frases de amor, de provocação e de muito humor nos para-choques de seus veículos. Conheça algumas bem famosas:

- 60 num bar, 70 sair 100 pagar, aí mando a polícia 20 buscar.
- Alegria de poste é estar no mato sem cachorro.
- Cana na fazenda dá pinga; pinga na cidade dá cana.
- Eu sou U 1000 D.
- Macho que é macho não chupa mel, masca abelha.
- Malandra é a pulga, que só espera comida na cama!
- Na vida tudo é passageiro, menos o motorista e o cobrador.
- Não sou notícia ruim, mas ando muito e depressa.
- O café deve ser: negro como o demônio, quente como o inferno, puro como um anjo e doce como o amor.
- O cigarro adverte: o governo é prejudicial à saúde.
- Quem inventou o trabalho não tinha o que fazer!
- Quem madruga muito fica com sono o dia inteiro.
- Se pinga fosse fortificante, o brasileiro seria um gigante.
- Ser canhoto é fácil; difícil é ser direito.
- Sogro rico e porco gordo só dão lucro quando morrem.
- Antes chegar do que chegar antes.

Amor e sexo
- Beijo não mata a fome, mas abre o apetite.
- Casamento é o fim das criancices e o começo das criançadas.
- Casei-me com Maria, mas viajo com Mercedes.
- Chifre é coisa que colocam na sua cabeça.
- Chifre é igual dentadura: demora, mas acostuma.
- Nas curvas do seu corpo, capotei meu coração.
- Pra provar que é homem, não é preciso conquistar mil mulheres, mas fazer uma realmente feliz.
- Nosso amor virou cinzas porque nosso passado foi fogo.
- O amor é como a guerra: depois de declarado, não há mais paz.
- O beijo é como cigarro: não sustenta, mas vicia.
- Se casamento fosse bom não precisaria de testemunhas.
- Sou um eu à procura de um tu para sermos nós.

Dinheiro
- Coceira na mão de pobre é sarna; na mão de rico é dinheiro.
- Dinheiro de pobre parece sabão; quando pega, escorrega da mão.
- Dizem que dinheiro é coisa do diabo; mas se quiser ver o diabo ande sem dinheiro.
- O dinheiro não traz felicidade, então dê todo o seu para mim e seja feliz.
- Se homem fosse dinheiro, baixinho seria troco.

Filosofia
- A calúnia é como carvão: quando não queima, suja.
- A vida não é um dom... é um empréstimo.
- Cada ovo comido é um pinto perdido.

- Cada escola que se abre é uma cadeia que se fecha.
- Direito tem quem direito anda.
- Em poço que tem piranha, macaco bebe água de canudinho.
- O bom não é ser importante: o importante é ser bom.
- O pessimista considera o sol um fazedor de sombras.
- O sol nasce para todos; a sombra para quem merece.
- Para que um olho não invejasse o outro, Deus colocou o nariz no meio.
- Preguiça é o hábito de descansar antes de estar cansado.
- Quem ama a rosa suporta os espinhos.
- Se andar fosse bom, o carteiro seria imortal.
- Se ferradura desse sorte, burro não puxava carroça.
- Se não fosse o otimista, o pessimista nunca saberia como é infeliz.
- Seja dono de sua boca para não ser escravo de suas palavras!
- Sou grande porque respeito os pequenos.
- Um falso amigo é um inimigo secreto.

Mulher
- 99% da beleza feminina sai com água e sabão.
- As mulheres perdidas são as mais procuradas.
- Deus abençoe as mulheres bonitas, e as feias se sobrar tempo.
- Duas coisas que eu gosto: cerveja gelada e mulher quente.
- Em casa que mulher manda, até o galo canta fino.
- Marido de mulher feia sempre acorda assustado.
- Marido de mulher feia tem ódio de domingo e feriado.
- Mulher desquitada e cana de engenho só deixam bagaço.
- Mulher e árvore só dão galho.
- Mulher é como música: só faz sucesso quando é nova.
- Mulher e fotografia só se revelam no escuro.
- Mulher é igual circo. Debaixo do pano é que está o espetáculo.
- Mulher é igual relógio: depois do primeiro defeito, nunca mais anda direito.
- Mulher feia e cheque sem fundo, eu protesto.
- Mulher feia e morcego só saem à noite.
- Mulher feia vale por duas porque o marido sempre tem outra.
- Paquere todas as mulheres, mas conserve a sua direita.
- Quem gosta de mulher feia é salão de beleza.

Na estrada
- 70 me passar, passe 100 atrapalhar.
- A velocidade que emociona é a mesma que mata.
- Costurar é para modista; permaneça na sua faixa.
- Motorista é igual bezerro: só dorme apertado.
- Navio imita tubarão; avião imita gavião; só meu caminhão não tem imitação.
- Seja paciente na estrada para não ser paciente no hospital.

Pobre
- Televisão de pobre é o buraco da fechadura.
- Champanhe de pobre é Sonrisal.
- Ladrão em casa de pobre só leva susto.
- O rico pega o carro e sai... o pobre sai e o carro pega!!!
- Pobre é igual disco de embreagem: quanto mais trabalha, mais liso fica.
- Pobre só come carne quando morde a língua.
- Pobre só fica de barriga cheia quando morre afogado.
- Pobre, quando morre, deixa o anjo da guarda desempregado.
- Rico tem veia poética; pobre tem varizes.
- Sou pobre e feliz: uma das duas é mentira.

Sogra
- Não mando minha sogra ao inferno porque tenho pena do diabo.
- Aqui jaz a minha sogra: descanso em paz!
- Duas coisas matam de repente: vento pelas costas e a sogra pela frente.
- Feliz foi Adão que não teve sogra nem caminhão.
- Tristeza é ter uma sogra de nome Esperança. Esperança é a última que morre!

Conheça do mesmo autor: *A mulher que falava para-choques*, da Panda Books

POMBO-CORREIO

Existem relatos de que pombos já eram domesticados no Egito 3000 a.C. Os gregos usavam os pombos para levar os resultados das Olimpíadas às cidades mais distantes. Mas somente em 1150 é que se falou em uso de pombos-correio. O sultão de Bagdá é considerado o criador do sistema. Mas foi na Primeira e na Segunda Guerra Mundial que eles desempenharam seu papel mais importante: além de transportar mensagens, os pombos também "fotografavam" o território inimigo com a ajuda de uma pequena câmera presa ao peito. A columbofilia (arte de criar e adestrar pombos) ganhou força no Brasil na década de 1960.

Os pombos-correio não são capazes de ir a qualquer lugar, como se imagina. Eles apenas conseguem voltar ao lugar onde nasceram, guiados pelo desejo de rever seu companheiro ou seus filhotes. Para criá-los como pombos-correio, é preciso pegar os ovos e fazer com que os filhos nasçam na casa do criador.

SINAIS COM BANDEIRAS

O uso de sinalização com bandeiras no mar é bastante antigo. A bandeira do Conselho, por exemplo, criada em 1369, na Inglaterra, servia para convocar os capitães ao navio do almirante. Depois vieram os sinais com as bandeiras colocadas em certas posições, e o primeiro código de sinalização, também inglês, surgiu no século XVII. Foram criadas bandeiras com números, que transmitiam determinadas mensagens conforme a combinação numérica.

Em 1812, Home Popham criou bandeiras especiais para as letras do alfabeto. O primeiro Código Internacional de Sinais foi criado em 1º de janeiro de 1900. Cada letra era representada por um sinal feito com a ajuda de duas bandeirinhas. Ele raramente é usado hoje em dia.

SINAIS DE FUMAÇA

Os índios da América do Norte criaram este método de comunicação. Depois de acender uma fogueira, os índios enchiam-na de ramos e folhas verdes para que ela fizesse muita fumaça. Os sinais de fumaça eram enviados controlando-se a subida dela com a ajuda de um cobertor, em intervalos, de acordo com um código preestabelecido.

Gestos e sinais que valem palavras

Aceno dos surfistas
No Havaí, terra natal do surfe, havia um rei que saudava as pessoas dando um tchau. O problema é que em uma das mãos ele tinha apenas os dedos polegar e mínimo. Por isso o aceno com apenas esses dois dedos virou saudação entre os surfistas.

Aperto de mão
O aperto de mão era a forma pela qual um deus concedia poder a um dirigente terrestre. Isso está gravado em diversos hieróglifos egípcios, em que o verbo dar é representado por uma única mão estendida. Os historiadores acreditam que o homem primitivo, que andava sempre armado, estendia a mão para mostrar a alguém que não portava armas e desejava a paz. Mas o aperto mesmo é um costume que teve origem nos duelos de espada da Idade Média. Os adversários, por exigência do regulamento, eram obrigados a fazer uma saudação especial, e o cumprimento antes do início da luta era um abraço. Com medo de um golpe traiçoeiro, os rivais, com o tempo, decidiram mudar o protocolo e trocaram o abraço por um forte aperto de mão.

Aplauso
O aplauso existe há cerca de 3 mil anos. No princípio, era um gesto religioso, popularizado em rituais pagãos: o barulho deveria chamar a atenção dos deuses. Segundo a mitologia, o gesto foi inventado por Crotos, filho do deus Pan e de Eufeme, ama de leite das musas, para mostrar sua admiração por elas. O nome Crotos vem de *kroto*, palavra grega que representa o barulho das palmas. Depois disso, o hábito passou para o teatro clássico grego. O costume chegou à Roma pré-cristã, onde se tornou comum nos discursos populares.

Assobiar
Fazer um som agudo comprimindo o ar entre os lábios. Na Antiguidade, o assobio podia ser um aviso ou um insulto. Com o tempo, a intenção do gesto tornou-se mais amigável. A palavra, em português, veio do latim *assibilare*.

Banana
De acordo com Luís da Câmara Cascudo, esse gesto obsceno representaria o órgão reprodutor masculino e, a mão fechada, o ato de introduzi-lo no ânus de quem se está xingando. Dar uma banana é um gesto comum também – e igualmente ofensivo – em Portugal, onde é chamado de *manguito* ou *mangarito*, na Espanha, na Itália e na França.

Bater na madeira
Os três toques na madeira servem para espantar maus agouros. É mais uma superstição romana que permaneceu no tempo e que veio da Europa para o Brasil. Batia-se na mesa para invocar os Lares, deuses domésticos que protegiam a família.

Bater no bumbum
Em sua origem, o gesto não representa castigo, mas provocação (como em uma cena de batalha entre escoceses e ingleses no premiado filme *Coração valente*), sinal de desprezo. Seu primeiro registro data do século XIII. No México do século XVI, a atitude desencadeou até uma guerra.

Cafuné
Gesto de coçar de leve a cabeça de uma pessoa para fazê-la dormir. O hábito e a palavra vieram com os escravos angolanos. O *kifune* consistia em fingir que se estava catando piolhos (no original, o termo significa "torcer"), e até se imitavam estalos para simular o esmagamento do parasita inexistente!

Continência
Apareceu na Idade Média e tem origem no gesto que os cavaleiros faziam

para se identificar entre si. Eles seguravam as rédeas do cavalo com a mão esquerda e usavam a direita para levantar a viseira da armadura, podendo ver quem se aproximava.

Cuspir na cara
Representa um insulto extremo, já que o rosto seria um reflexo da figura divina. O próprio Evangelho registra que, durante a flagelação, os soldados romanos cuspiam no rosto de Jesus.

Dedo médio
O famoso sinal do dedo médio erguido é uma das piores ofensas. O costume nasceu entre os antigos romanos, e um dos maiores divulgadores do sinal foi o imperador Calígula. Ao apresentar a mão para ser beijada, ele estendia o dedo médio, querendo dizer: "Beije meu pênis". O povo era obrigado a beijá-la mesmo assim. O sinal também era usado pelos homossexuais romanos como um convite para outros homens como sinal de rendição pelos soldados em batalhas.

Esfregar o dedo
Esfregar a ponta do polegar no dedo indicador virou sinônimo de dinheiro. O gesto, que chegou ao Brasil com os colonizadores portugueses, imita o ato de contar moedas.

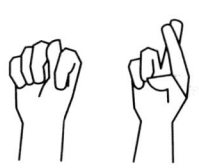

Figa
A figa feita com os dedos médio e indicador cruzados vem dos tempos da perseguição aos cristãos, entre os séculos I e IV. O gesto era uma tentativa de fazer com os dedos uma cruz sem atrair a atenção dos pagãos. Já a figa feita com o polegar era usada pelos antigos romanos e etruscos como amuleto que simbolizava o ato sexual. Em italiano, seu nome é *manofico*, junção

das palavras "mão" e "figo" – fruta que esses povos relacionavam com a vagina. O polegar era uma metáfora ao pênis. A figa representa a forma do pé de coelho, animal relacionado com a fertilidade e a abundância.

Mãos ao alto
Hoje, nenhum assaltante manda mais a vítima erguer as mãos na rua: chamaria a atenção. Mas tanto no crime quanto na guerra o gesto tem o mesmo significado: mostrar ao agressor, ou ao vencedor, que se está desarmado e sem intenção de reagir. É outra atitude que já tem séculos de história, observada tanto no Oriente quando no Ocidente.

Mãos juntas para rezar
Simboliza a contemplação a Deus e pode ter se originado da maneira como os hindus cumprimentam as pessoas – mãos juntas próximas ao peito, cabeça baixa. Outra versão diz que as mãos unidas assim são a forma estilizada de o fiel cobrir o rosto com as mãos, como se não fosse digno de olhar para Deus ao rezar.

Metaleiro
Também é chamado de "cornuto" e representa o demônio. É o símbolo dos que participam de cultos satânicos. Nos shows, os metaleiros usam a mão chifruda para demonstrar fidelidade à mensagem das músicas e dos integrantes das bandas.

Mostrar a língua
O gesto já era um insulto havia muitos séculos, e aparece na Bíblia e em textos romanos. Filhas de Fórcis e Ceto, as górgonas Medusa, Euríale e Esteno eram três mulheres monstruosas que estavam sempre com a língua para fora. Tinham serpentes no lugar de cabelos, e a mais famosa delas, Medusa, era a única mortal.

OK

Para os brasileiros, o polegar e o indicador formando a letra "o" significa um gesto-palavrão, mas para os americanos é um sinal de aprovação, relacionado com a expressão "OK" Existem registros de seu uso no século I, quando o retórico romano Quintílio o descreveu com a mesma função em seu tratado sobre a oratória. Mas também há versões mais modernas sobre sua origem. A primeira diz que o "OK" teria surgido em 1840, durante a campanha do americano Martin Van Buren a seu segundo mandato na Casa Branca. Ele era apoiado pelo Clube Democrático O.K., uma abreviação de Old Kinderhook (Velha Kinderhook), em homenagem à cidade natal do candidato. A outra versão diz que a sigla começou a ser usada durante a Guerra da Secessão, uma disputa entre o Norte e o Sul dos Estados Unidos. A fachada das casas exibia o OK para indicar *zero killed*, ou seja, nenhuma baixa na guerra civil.

Pedir silêncio

Hoje é comum colocar o indicador na frente dos lábios para pedir silêncio. Mas antes o gesto era feito com o dedo na frente do nariz e da testa. A deusa romana Muta, que simbolizava o silêncio, era representada dessa forma. Outro deus, dessa vez o egípcio Harpocrates, filho de Ísis, coloca o dedo nos lábios.

Positivo e Negativo

A explicação mais conhecida para este gesto vem da Roma Antiga, onde c símbolo era usado pelos imperadores para decidir a sorte dos gladiadores: polegar para cima significava perdão e, para baixo, a punição com a morte. Mas, na verdade, houve uma distorção dos termos em latim quando os gestos foram descritos. Para poupar o lutador, ele simplesmente mostrava a mão fechada e, para condená-lo à morte, mostrava o polegar em qualquer direção. A versão errônea ficou popular porque associamos o bem com tudo que está para cima e o mal com o que está para baixo, como o céu e o inferno.

▶ **Por que a palavra "positivo" tem sentido de coisa boa, se na medicina significa algo ruim?**
Na verdade, a palavra "positivo" não denota fatos obrigatoriamente bons, mas coisas certas, que não admitem dúvidas. Em exames laboratoriais, quando alguém depara com um "positivo" pode estar diante da confirmação da presença de determinados anticorpos ou bactérias por vezes relacionados com doenças. O "positivo" dos exames também pode trazer boas notícias, como é o caso de uma gravidez desejada.

Puxar a orelha
O puxão de orelha é um castigo, e nasceu na Grécia Antiga como advertência. Naquela época, em que o conhecimento era transmitido quase exclusivamente por via oral, os professores puxavam a orelha dos alunos, alertando-os para que prestassem atenção e não esquecessem o que haviam escutado, assim como para punir aqueles que não tinham guardado direito os ensinamentos.

Puxar os próprios cabelos
Sinal de desespero. Infligir esse sofrimento a si mesmo era uma maneira de tentar desviar a atenção do que causava uma dor mais profunda. O gesto é mencionado na *Odisseia* e na literatura épica da Índia, que tem mais de 5 mil anos.

V da vitória
Foi inventado pelo publicitário belga Victor de Lavalaye em 1941. Ele buscava um símbolo para a resistência à ocupação nazista e resolveu adotar o V, que representava a palavra "vitória" não só em inglês (*victory*), mas também em francês (*victoire*) e flamengo (*vrijheid*). O gesto foi imortalizado pelo primeiro-ministro inglês Winston Churchill, que passou a usá-lo em aparições públicas.

Ao telefone

O que se diz ao redor do mundo quando se atende o telefone

Brasil	ALÔ!
Estados Unidos e Inglaterra	HELLO!
França	ALÔ!
Argentina	HOLA!
Espanha	DIGA!
Alemanha	HALLO!
	HALLO, WER SPRICHT?: significa "alô, quem fala?"
Hungria	HALLO, KI BESZÉL?: significa "alô, quem fala?"
Turquia	EFENDIM: significa "pois não?"
Japão	ARÔ
Itália	PRONTO!
China	WEI!: significa "alô"
Grécia	PARAKALO: significa "alô", "por favor" ou "pois não".
	NAI: significa "sim"
Polônia	HALO
	SLUCHAM: significa "escuto"
Israel	KÉN: significa "sim" em hebraico

✪ ✪ ✪ ✪ ✪ ✪ ✪ ✪ ✪ ✪ **PORTUGAL** ✪ ✪ ✪ ✪ ✪ ✪ ✪ ✪ ✪ ✪

"Está lá!" ou "está" é a maneira tradicional de dizer alô em Portugal. Há quem diga que essa forma se originou de um tempo em que a telefonia era ruim e então as pessoas perguntavam umas às outras se estavam mesmo lá do outro lado da linha. Estas, por sua vez, respondiam que sim, que estavam lá. "Estou" ou "Estou, sim" são as formas mais atuais do "está lá" e são utilizadas especialmente por pessoas mais jovens.

✪ ✪

Como os animais se comunicam

Quando estão sozinhos, os animais de uma mesma espécie precisam se encontrar para acasalar. Se já vivem em grupo, têm de estar aptos a alertar seus companheiros sobre eventuais perigos ou mesmo sobre sua insatisfação quanto a determinados comportamentos do membro da matilha. Quando os animais se encontram, precisam saber se estão diante de um amigo, inimigo, um predador ou até de uma presa em potencial. A comunicação, portanto, é essencial para a sobrevivência da espécie, e, assim como os humanos, os animais expressam fome, medo, raiva, disponibilidade para reprodução etc. Além da possibilidade da comunicação oral (através de cantos, gritos, ruídos etc.), os animais também "conversam" muito por expressões corporais e faciais, liberação de odores, reações na pelagem.

AVES
Comunicam-se por meio de cantos e pios, que podem expressar atração, ataque, alarme etc. Também enviam mensagens através de sinais visuais, como pelos eriçados para demonstrar agressividade, uma dança para atrair o parceiro ou até a abertura da cauda, no caso do pavão, para demonstrar poder e supremacia.

BALEIAS
Todas as baleias, assim como alguns botos e outros mamíferos marinhos,

comunicam-se por meio da ecolocalização, ou seja, um sistema complexo de ondas sonoras emitidas tanto sobre a superfície da água quanto debaixo dela. Quando um macho corteja uma fêmea, ele emite o conhecido "canto da baleia", podendo entoar até trinta canções distintas.

CACHORROS

Para mostrar o que sentem e desejam, os cães utilizam-se de latidos, rosnados, uivos, choros, movimentos de corpo, troca de olhares etc. No que se refere a latidos, para cada tipo de mensagem há diferenças de volume, tonalidade, duração e frequência de sons, e até uma linguagem corporal específica. O rosnar, por sua vez, na maioria dos casos representa insatisfação e ameaça de ataque. Interessante ainda é o uivo, que permite que os cães se comuniquem a longa distância. Também é importante citar as lambidas, umas de suas expressões máximas de carinho, ao lado de pulos e até do ato de se deitarem de barriga para cima, oferecendo o ventre em total rendição a outro cão ou ao dono.

▶ **Por que os cachorros balançam o rabo?**
Os movimentos do rabo do cachorro são formas de comunicação. Existem várias maneiras de balançar o rabo e cada uma tem um significado. A mensagem desse gesto deve ser interpretada sempre dentro de ceterminado contexto, e a partir daí ela pode indicar dominância, submissão e medo. Ao contrário do que se acredita, o cão pode balançar o rabo até antes de atacar alguém.

CAVALOS

Apesar de terem uma estrutura facial relativamente inflexível, os cavalos são capazes de se comunicar por meio de olhar, posição de sobrancelhas, narinas, orelhas, lábios, cabeça, pescoço e rabo. Com todos esses elementos somados a relinchares e coices, os cavalos expressam curiosidade, surpresa, medo, submissão, irritação, agressividade, satisfação ou o que mais estiverem sentindo. Em uma manada, por exemplo, o líder (que geralmente é uma égua) pode conduzir o grupo para a direção que quiser, indo em frente ou emitindo sinais tão simples quanto uma virada de orelha.

Em geral, a cabeça baixa dos cavalos, aliada a orelhas caídas, narinas apertadas e lábios franzidos, sinaliza agressão.

O pescoço arcado com orelhas pontudas, lábios e rabo relaxados, por sua vez, denotam interesse e energia. Cabe ao bom "ouvinte" interpretar essas e outras tantas falas que os cavalos são capazes de manifestar.

FORMIGAS

Possuem no corpo uma série de glândulas que, dependendo do estímulo, exalam determinados odores. Quando deparam com um doce, por exemplo, elas liberam alguns feromônios (substâncias com odor característico) que alertam as outras do grupo sobre a presença do alimento.

GATOS

Precisos ao se expressar, os gatos ronronam de alegria, emitem gritos furiosos ou miados melancólicos.

Também com expressões faciais, posturas, posições de cauda e até respostas na pelagem, geram diversos sinais para outros gatos, animais em geral ou mesmo para os humanos.

Quando os pelos dos gatos estiverem eriçados, as orelhas voltadas para trás e a boca aberta, é bom tomar cuidado, pois essa linguagem corporal exprime irritação. Esfregar o corpo contra uma pessoa ou animal, ao contrário, é uma demonstração de carinho.

INSETOS

Assim como as formigas, muitos insetos se comunicam liberando feromônios, uma substância que exala odores reconhecidos pelos insetos. Entre os percevejos, por exemplo, a liberação de tais substâncias é a forma de os machos atraírem as fêmeas para o acasalamento. A descoberta de tal sistema de comunicação por parte dos pesquisadores, porém, está dando margem ao desenvolvimento de "falsos feromônios", para que se possa atrair e capturar as fêmeas de insetos que estejam assolando plantações.

MACACOS

São capazes de se comunicar tanto por ruídos quanto por toques e gestos. É comum, por exemplo, grupos de macacos terem gritos específicos para alertar os companheiros sobre a presença de diferentes predadores. Especialmente em matas densas, onde a visão fica comprometida, os gritos são a principal forma de comunicação desses animais.

Fora isso, os macacos são capazes de se comunicar visualmente com gestos e expressões faciais que podem demonstrar medo e interesse. Para manifestar afeto, utilizam com frequência cócegas ou abraços. Entre os chimpanzés, o cafuné é um grande indicador de carinho. Quanto mais querido é determinado membro do grupo, mais cafuné ele recebe dos outros. Para mostrar liderança em relação ao grupo, os chimpanzés agarram grandes troncos e folhagens e começam a pular e a gritar, aliando sons e movimentos.

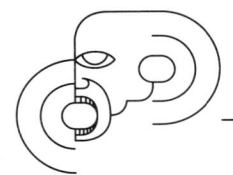

ACREDITE SE QUISER

O filósofo francês René Descartes (1596-1650) afirmava que os macacos tinham a habilidade de falar, mas se mantinham em silêncio para não ser obrigados a trabalhar pelo homem.

PEIXES

Embora o ouvido humano muitas vezes não perceba, os peixes são capazes de emitir vários ruídos para se comunicar. Além disso, algumas espécies emitem sinais através de cores, adquirindo, por exemplo, outras tonalidades no momento do acasalamento. Ainda há peixes que dançam e se exibem para as fêmeas, esticando o corpo; esse mesmo esticamento pode significar, em outras situações, sinal de agressividade.

O baiacu, um caso singular, engole água em situações de perigo, para que seu corpo inche e ele adquira uma aparência maior.

Também há peixes com o hábito de se esfregar em outros do cardume. Para o acasalamento, às vezes é preciso que o macho envolva a fêmea (como em um abraço) para que ela faça a postura de ovos.

Outra forma de comunicação entre os peixes é por descargas elétricas. Em situações de perigo, o cérebro envia determinados sinais elétricos aos músculos, que passam para a água. Outros peixes, então, são capazes de sentir as vibrações desses sinalizadores de perigo.

PINGUINS

Com o conhecimento de causa de quem abriga o maior pinguinário do mundo, pesquisadores do zoológico de Edimburgo, na Escócia, constataram que os pinguins têm vozes diferentes e que se comunicam utilizando uma grande variedade de sons.

▶ **Algum animal entende nossa língua?**

Muitos animais entendem palavras pronunciadas por nós. Testes mostraram que, cientificamente, os mais aptos a isso foram os bonobos (um macaco parecido com o chimpanzé), seguidos dos chimpanzés, gorilas, golfinhos e papagaios. Mas compreender a fala humana não é uma capacidade natural deles. Ela é adquirida pelo convívio e aprendizado com os homens. Os animais podem aprender frases e palavras, mas elas devem ser ensinadas sempre em um contexto muito claro para o animal. Se dissermos a ele "Vou dar comida pra você", o homem precisa dar comida. Uma vez aprendidas, os animais passam a entender as palavras, mesmo quando são ditas por outra pessoa que não o treinador.

✤ Além da linguagem verbal, os animais reconhecem a entonação das frases e a linguagem de sinais.

✤ O gorila Virgulino, do zoológico de São Paulo, passa por um programa de enriquecimento comportamental. Ele já aprendeu o nome das partes do corpo, com as repetições constantes de palavras e sinais. Um caso bem antigo e famoso de animal que entende o homem é o da gorila Koko, que vive nos Estados Unidos. Desde 1971, quando tinha 1 ano de idade, ela participa do programa da Gorilla Foundation e é treinada com a linguagem de sinais. Hoje, trabalha com mais de mil sinais e é capaz de compreender cerca de 2 mil palavras em inglês. Outro gorila, Michael, que também participa do mesmo programa, nasceu em 1973, começou a ser estudado com três anos e, atualmente, tem um vocabulário de mais de seisentos sinais.

🌸 A recíproca também é verdadeira: se o homem estudar a linguagem dos animais, será capaz de entender parte dela.

🌸 É fácil, por exemplo, identificar um golfinho feliz: ele certamente está abrindo a boca e soltando gritinhos agudos.

Guia internacional para comunicação animal

Se o seu passarinho faz "piep-piep" em vez de "piu-piu", ele deve ser alemão. Cada país tem uma maneira de reproduzir na escrita os sons de seus animais. Veja como acontece em outros países:

ANIMAL	Português	Inglês	Russo	Japonês	Francês	Alemão
AVES	Piu-piu	Tweet-tweet	Squick	Qui-qui	Choon-choon	Piep-piep
BODE	Mééé	Meh-meh	Beee	Mee-mee	Ma-ma	Eeh-eeh
CACHORRO	Au-au	Rrruf-ruf	Guf-guf	Won-won	Whou-whou	Vow-vow
CAVALO	riiinch	Neigh-neigh	Eohoho	He-heeh	Hee-hee-hee	Iiih
CORUJA	uh-uh	Whoo	Oooo	Hoo-hoo	Oo-Oo	Wooo-wooo
GALO	Cocoricó	Cocka-doodle-do	Kukuriki	Kokekock-ko	Cocorico	Kikeriki
GATO	Miau	Meow	Meau	Nyeow	Meow	Meow-meow
PATO	Quack	Quack-quack	Quack	Qua-qua	Coin-coin	Quack
PORCO	Óinc	Oink-oink	Qrr-qrrr	Boo	Groan-groan	Crr-cvl
VACA	Múúú	Moo	Mu	Mo-mo	Meu-meu	Muh-muh

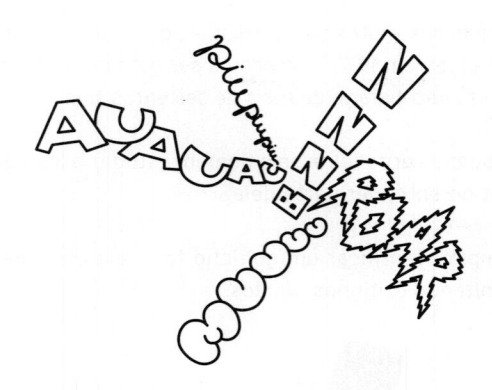

Alguns nomes dos sons feitos pelos animais

Abelha	azoinar, sussurrar, ziziar, zoar, zonzonear, zunir, zumbar, zumbir, zumbrar, zunzir, zunzar, zunzilular, zunzunar
Abutre	grasnar, crocitar, grasnir, gritar
Águia	borbolhar, cachoar, chapinhar, chiar, escachoar, murmurar, rufar, rumorejar, sussurrar, trapejar, crocitar, grasnar, gritar, piar
Andorinha	chilrar, chilrear, gazear, gorjear, grinfar, trinfar, trissar, zinzilular
Anta	assobiar
Araponga	bigornear, golpear, gritar, martelar, retinir, serrar, soar
Arara	chalrar, grasnar, gritar, palrar, taramelar
Ariranha	regougar
Avestruz	grasnar, roncar, rugir
Azulão	cantar, gorjear, trinar
Bacurau	gemer, piar
Baleia	bufar
Beija-flor	gavear, gavinar, trissar (ou triçar), vinvilular
Bem-te-vi	cantar, estridular, assobiar
Besouro	zoar, zumbir, zunir
Bezerro	berrar, mugir
Bisão	berrar
Bode	balar, balir, berrar, bodejar, gaguejar
Boi	mugir, berrar, bufar, arruar
Búfalo	bramar, berrar, mugir
Burro	azurrar, ornear, ornejar, rebusnar, relinchar, zornar, zunar, zurrar
Cabra, cabrito	balar, balir, berregar, barregar, berrar, bezoar
Cachorro	acuar, aulir, balsar, cainhar, cuincar, esganiçar, ganir, ganizar, ladrar, latir, maticar, roncar, ronronar, rosnar, uivar, ulular
Camelo	blaterar
Camundongo	chiar, guinchar
Canário	cantar, dobrar, modular, trilar, trinar

Capivara	assobiar
Carneiro	balar, balir, berrar, berregar
Cavalo	bufar, bufir, nitrir, relinchar, rifar, rinchar
Cegonha	gloterar, grasnar
Chacal	regougar
Cigarra	cantar, chiar, chichiar, ciciar, cigarrear, estridular, estrilar, fretenir, rechiar, rechinar, retinir, zangarrear, zinir, ziziar, zunir
Cisne	arensar
Cobra	assobiar, chocalhar, guizalhar, sibilar, silvar
Codorna	piar, trilar
Coelho	chiar, guinchar
Condor	crocitar
Cordeiro	berregar, balar, balir
Coruja	chirrear, corujar, crocitar, crujar, piar, rir
Crocodilo	bramir, rugir
Cuco	cucular, cuar
Cutia	gargalhar, bufar
Doninha	chiar, guinchar
Dromedário	blaterar
Elefante	barrir, bramir, grunhir, rugir
Ema	grasnar, suspirar
Falcão	crocitar, piar, pipiar
Gafanhoto	chichiar, ziziar
Gaivota	grasnar, pipilar
Galinha-d'angola	fraquejar
Galinha	cacarejar, cacarecar
Galo	cantar, clarinar, cocoriar, cocoricar, cucuricar, cucuritar
Gambá	chiar, guinchar, regougar
Ganso	grasnar, gritar
Garça	gazear
Gato	chorar, miar, resbunar, resmonear, ronronar, roncar
Gavião	crocitar, guinchar
Graúna	cantar, trinar
Grilo	chirriar, crilar, estridular, estrilar, guizalhar, trilar, tritrilar, tritrinar
Hiena	gargalhar, gargalhear, gargalhadear
Hipopótamo	grunhir
Insetos	chiar, chirrear, estridular, sibilar, silvar, zinir, ziziar, zoar, zumbir, zunir, zunitar
Jaburu	gritar
Jacu	grasnar
Javali	arruar, cuinchar, cuinhar, grunhir, roncar, rosnar
Jumento	azurrar, ornear, ornejar, rebusnar, zornar, zurrar
Lagarto	gecar
Leão	rugir, urrar
Lebre	assobiar, guinchar
Lobo	ladrar, uivar, ulular
Lontra	assobiar, chiar, guinchar
Morcego	farfalhar, trissar

Mosca	zoar, zumbir, zunir, ziziar, zonzonear, azoinar, zunzunar
Onça	esturrar, miar, rugir, urrar
Ovelha	balar, balir, berrar, berregar
Paca	assobiar
Pantera	miar, rosnar, rugir
Papagaio	charlar, charlear, falar, grazinar, parlar, palrear, taramelar, tartarear
Pardal	chaiar, chilrear, piar, pipilar

✪ ✪ ✪ ✪ ✪ ✪ ✪ ✪ ✪ ✪ **PASSARINHO** ✪ ✪ ✪ ✪ ✪ ✪ ✪ ✪ ✪ ✪ ✪ ✪

Apitar, assobiar, cantar, chalrar, chichiar, chalrear, chiar, chilrar, chilrear, chirrear, dobrar, estribilhar, galrar, galrear, garrir, garrular, gazear, gazilar, gazilhar, gorjear, granizar, gritar, modular, palrar, papiar, piar, pipiar, pipilar, pipitar, ralhar, redobrar, regorjear, soar, suspirar, taralhar, tinir, tintinar, tintinir, tintlar, tintilar, trilar, trinar, ulular, vozear.

✪ ✪

Pato	grasnar, grassitar
Pavão	pupilar
Peixe	roncar
Pelicano	grasnar, grassitar
Perdigão, perdiz	cacarejar, piar, pipiar
Pernilongo	cantar, zinir, zuir, zumbir, zunzunar
Peru	gluginejar, gorgolejar, grugrulejar, grugrulhar, grulhar
Pica-pau	estridular, restridular
Pintassilgo	cantar, dobrar, modular, trilar
Pinto	piar, pipiar, pipilar
Pombo	arrolar, arrular, arrulhar, gemer, rular, rulhar, suspirar
Porco	grunhir, guinchar, roncar
Rã	coaxar, engrolar, gasnir, grasnar, grasnir, malhar, rouquejar
Raposa	regougar, roncar, uivar
Rato	chiar, guinchar
Rinoceronte	bramir, grunhir
Rouxinol	cantar, gorjear, trilar, trinar
Sabiá	cantar, gorjear, modular, trinar
Sagui	assobiar, guinchar
Sapo	coaxar, gargarejar, grasnar, grasnir, roncar, rouquejar
Seriema	cacarejar, gargalhar
Tico-tico	cantar, gorjear, trinar
Tigre	bramar, bramir, miar, rugir, urrar
Toupeira	chiar

16

Onde a imprensa é livre
e todo homem é capaz de ler,
tudo está salvo.

THOMAS JEFFERSON
(1743-1826), terceiro presidente norte-
-americano

Extra! Extra! Extra!

Imprensa

Tudo começou com Gutenberg, o ourives alemão que em 1438 fundiu tipos móveis de chumbo. Ao ordenar esses tipos, ele formava textos e levava-os à prensa de imprimir. Podiam ser usados indefinidamente. Não era mais preciso escrever os textos um a um. Gutenberg criou assim a imprensa.
Acompanhe alguns dos mais importantes acontecimentos da imprensa escrita brasileira.

1808
* Quando vem para o Brasil, a corte portuguesa traz consigo a casa editorial Imprensa Régia, que posteriormente se transformaria na Imprensa Nacional. Antes de ser impresso, todo material deveria passar pela censura.
* Em Londres, o brasileiro exilado Hipólito José da Costa lança o *Correio Braziliense*, primeiro jornal escrito em língua portuguesa. Trazidos para o Brasil, os exemplares eram vendidos clandestinamente, já que pregavam ideais de independência e a transferência da capital do litoral para o interior. Sem periodicidade certa, o jornal existiu por 15 anos, somando 175 edições publicadas. O título *Correio Braziliense* foi resgatado e relançado em Brasília por Assis Chateaubriand em 1960.
* Três meses depois do lançamento do *Correio Braziliense*, em 10 de setembro, começa a ser publicada no Brasil a *Gazeta do Rio de Janeiro*, primeiro jornal produzido no país. Com censura rigorosa, sobreviveu até 1821.

1811
* Surge em Salvador *A Idade d'Ouro*, o primeiro jornal baiano.

AS
VARIEDADES
ou
ENSAIOS DE LITERATURA.

1812
✳ Em Salvador, é lançada a primeira revista de interesse geral no país, denominada *As Variedades ou Ensaios de Literatura*. Ela tratava de literatura e, na época, seu editor, Manoel Antônio da Silva Serva, definiu-a como "folheto". Pudera! Eram trinta páginas inteiras de texto, sem sequer uma ilustração. As vendas foram baixas e a revista teve apenas duas edições.

1821
✳ É abolida a censura prévia imposta à imprensa desde 1808.

✳ Com o fim da censura, surgem os jornais *Reverbero Constitucional Fluminense*, de caráter político, e *Diário do Rio de Janeiro*, informativo predominantemente sensacionalista.

✳ O jornal *Gazeta do Rio de Janeiro*, criado em 1808, dá lugar ao *Diário do Governo*.

1822
✳ Em Recife, Cipriano Barata publica uma série de periódicos intitulados *Sentinelas da Liberdade*. É preso por divulgar ideias liberais e, na prisão, dribla as autoridades e continua editando suas publicações.

1823
✳ Minas Gerais publica seu primeiro jornal, *O Compilador Mineiro*.

✳ Em Pernambuco, frei Caneca lança o jornal *Typhis Pernambucano*, no qual condena a escravidão, as restrições à imprensa e outras atitudes de dom Pedro I. Depois de atuar como um dos líderes da Confederação do Equador, é preso e condenado à morte na forca (1825).

✳ No Brasil, dom Pedro I publica um decreto criando a primeira Lei de Imprensa, que declara punição a toda e qualquer publicação que critique a Igreja Católica.

1825
✳ É lançado o *Diário de Pernambuco*, o mais antigo jornal em circulação não só do Brasil mas de toda a América Latina.

1827
* São publicados os primeiros jornais de São Paulo e do Rio Grande do Sul, respectivamente o *Farol Paulistano* e o *Diário de Porto Alegre*.
* É lançado no Rio de Janeiro o *Jornal do Comércio*. Um dos mais antigos do país, está em circulação até hoje.
* No Rio de Janeiro, é lançada a primeira publicação feminina do país, *O Espelho Diamantino – Periodico de Politica, Literattura, Bellas Artes, Theatro e Modas Dedicado às Senhoras Brasileiras*. Curiosamente, era feito por um homem, Pierre Plancher.

1829
* O médico e jornalista italiano Líbero Badaró lança, em São Paulo, *O Observador Constitucional*, no qual fazia severas críticas ao governo. Defensor ferrenho da liberdade de imprensa, Líbero Badaró seria assassinado em São Paulo, em novembro do ano seguinte.

1830
* São fundados, em São Paulo, o jornal literário *O Amigo das Letras* e *O Correio Paulistano*, este o segundo jornal diário do país.

1831
* Lançado no Recife o jornal de humor e caricatura *Carcudão*.

1839
* Lançamento da *Revista do Instituto Historico e Geographico Brazileiro*, a mais antiga entre as que ainda hoje circulam no país.

1852
* Na Bahia, é lançado o periódico feminino *Jornal das Senhoras*, editado inicialmente pela argentina Joana Paula Manso de Noronha. Ela assume a direção apenas por alguns meses e, posteriormente, a tarefa fica nas mãos de Violante Atalipa Ximenes de Bivar e Velasco, considerada a primeira jornalista brasileira.

* Lançada a *Marmota Fluminense*, publicação que traz como revisor Machado de Assis. Em suas páginas, no ano de 1855, ele publicaria alguns de seus primeiros poemas.

1860
* Lançada a revista *Semana Illustrada*, que, anos depois, na Guerra do Paraguai, faria a primeira fotorreportagem do país, reportagem com textos curtos acompanhados de imagens.

1862
* Lançado o primeiro *Diário Oficial do Brasil*. A publicação, que trata dos atos normativos e administrativos do governo, existe até hoje.

1873
* No sul de Minas Gerais é lançada a revista *O Sexo Feminino*, defendendo a ideia de que as mulheres não deveriam ser tratadas como servas dos maridos.

1875
* Um grupo de republicanos paulistas funda o jornal *A Província ce São Paulo*, cujos redatores são Francisco Rangel Pestana e Américo Campos. A ousada tiragem inicial, para uma cidade de apenas 25 mil habitantes, foi de 2 mil exemplares. Com a Proclamação da República em 1889, o jornal trocaria de nome e passaria a se chamar *O Estado de S.Paulo*.

1876
* O jornalista e caricaturista italiano Ângelo Agostini lança no Brasil a *Revista Ilustrada*, cujas páginas exibiram por 22 anos uma série de charges com severas críticas políticas e sociais. Uma das maiores causas defendidas pela revista foi a abolição da escravatura, o que justificou uma capa comemorativa por ocasião da Lei Áurea.
* É lançada no Rio de Janeiro a revista *O Besouro*, que, apesar da breve existência (apenas um ano de vida), se tornaria célebre ao expor imagens da seca no Nordeste.

1880
✹ Lançamento da revista *A Estação*. Além de tratar de moda, a publicação se ocupava também de literatura e, em folhetins, publicou o romance *Quincas Borba*, de Machado de Assis.

1884
✹ Lançado em São Paulo o *Diário Popular*, jornal ainda hoje em circulação, mas desde 2001 com o nome de *Diário de São Paulo*.

1891
✹ No Rio de Janeiro, Rodolfo Dantas lança o *Jornal do Brasil*, ainda hoje em circulação.

1892
✹ O jornal informativo do governo recebe o nome de *Diário Oficial*.
✹ A imprensa comemora o surgimento das primeiras bancas de jornal e revista do país.

1895
✹ O caricaturista Ângelo Agostini lança a revista *Don Quixote*. Sem se cansar de brincar com os traços, Agostini redesenharia o logotipo da revista em mais de vinte edições.

1898
É lançada a primeira revista masculina do país. Denominada *O Rio Nu*, ela circularia por 18 anos. Embora seus textos e imagens fossem ousados para a época, a publicação não chegou a mostrar fotos de mulheres inteiramente nuas.

1900
✹ Lançada a *Revista da Semana*, publicação que circularia até 1959 e que exploraria muito bem o uso da fotografia em reportagens.

1902
✳ Em 20 de setembro, é lançada no Rio de Janeiro a revista de sátira política *O Malho*, título inspirado no martelo do ferreiro, e que chegou a vender 30 mil exemplares por semana. Os diretores da publicação, no entanto, fazem muitos inimigos, tanto que a redação é incendiada durante a Revolução de 1930. *O Malho* é relançada em 1935 como revista noticiosa e literária. Deixa de existir em 1954.

1904
✳ Na edição número 1 da revista *Kosmos*, Olavo Bilac publica uma crônica sobre as novas tecnologias: "(...) os homens de hoje são forçados a pensar e a executar, em um minuto, o que seus avós pensavam e executavam em uma hora. A vida moderna é feita de relâmpagos no cérebro, e de rufos de febre no sangue. O livro está morrendo, justamente porque já pouca gente pode consagrar um dia todo, ou ainda uma hora toda, à leitura de cem páginas impressas sobre o mesmo assunto".

1905
✳ No Rio de Janeiro, em 11 de outubro, Luís Bartolomeu de Souza e Silva lança *O Tico-tico*, primeira revista infantil do país. Um de seus principais colaboradores é Luiz Sá, criador dos personagens Reco-Reco, Bolão e Azeitona. Esses quadrinhos semanais se tornariam extremamente populares e circulariam até 1959.

1906
✳ Entra em circulação em São Paulo o jornal *A Gazeta*, que mais de dez anos depois ganharia força sob a supervisão de Cásper Líbero.

1907
✳ Passa a circular a revista *Fon-Fon*, que permaneceria no mercado por 51 anos e que teria como um de seus principais temas feitos extraordinários realizados por pessoas comuns.

1908
* Lançamento da revista popular *Careta*, que teria os desenhos do caricaturista J. Carlos como um de seus principais atrativos.

1912
* Surge o jornal *O Imparcial*, o primeiro a mostrar fotos impressas (até então, o que se publicava eram ilustrações feitas sobre fotos).

1914
* Lançamento de duas revistas femininas: *A Cigarra*, que circularia por 42 anos, e *Revista Feminina*, que teria 22 anos de vida. Apesar de esta última ter tido vida mais curta, chegou a vender 20 mil exemplares mensais (excelente marca para a época), em virtude das campanhas de incentivo às leitoras para conquistarem assinaturas.

1921
* Entra em circulação o jornal *Folha da Noite*, que quase quarenta anos depois viria a se formar (junto com a *Folha da Manhã*) a *Folha de S.Paulo*, carro-chefe do atual Grupo Folha. Em 2001, em matéria comemorativa dos oitenta anos do grupo, a reportagem de Felipe Patury revelou os números registrados até aquele ano: seus exemplares impressos já somavam 2 milhões de toneladas de papel e 26 mil toneladas de tinta, que equivaleriam a um jornal suficiente para envolver a Terra por 11 vezes.

1922
* O escritor Humberto de Campos, membro da Academia Brasileira de Letras, lança a revista erótica *A Maçã*, cujo objetivo era mostrar a malícia com arte e literatura.

Por influência da Semana de Arte Moderna, surgem algumas revistas literárias. A revista *Klaxon* (nome das buzinas dos primeiros automóveis) é lançada em 15 de maio pelos vanguardistas da Semana de Arte Moderna. Mário de Andrade, Guilherme de Almeida, Sérgio Milliet e Oswald de Andrade escrevem os textos e ainda dividem as despesas de impressão. Di Cavalcanti e Brecheret publicam nela suas gravuras. A revista tem apenas nove edições e fecha as portas em dezembro.

1924

* O jornalista e político Assis Chateaubriand lança duas publicações: *O Jornal* e o *Diário da Noite*, dando início aos Diários e Emissoras Associadas. O grupo reuniria anos depois jornais (*Diário da Noite* e *Diário de São Paulo*), revistas (*O Cruzeiro*), estações de rádio (Tupi) e emissoras de televisão (TV Tupi de São Paulo, a primeira do país).

1925

* No dia 29 de julho, Irineu Marinho lança, no Rio de Janeiro, *O Globo*. Vinte e quatro dias depois ele morre e seu filho de 21 anos, o repórter Roberto Marinho, assume a publicação. Sentindo-se ainda inexperiente, Roberto Marinho opta por assumir a direção do jornal apenas seis anos mais tarde. Assim nascem as Organizações Globo, que viriam a se tornar o maior império de comunicação no país.

* É lançada a revista *Shimmy*, uma publicação "galante" (como eram denominadas as revistas masculinas da época), pioneira no Brasil em mostrar fotos de mulheres totalmente nuas.

1928

* Em dezembro, nasce *O Cruzeiro*, a primeira revista semanal de circulação nacional e que, nas mãos de Assis Chateaubriand, se transformaria num dos principais veículos de comunicação do país. *O Cruzeiro* bateu seu recorde de vendas em 1954 com a edição sobre a morte de Getúlio Vargas. Foram 790 mil exemplares vendidos. A última edição circulou em 1974.

* Também nesse ano é lançada a *Revista de Antropofagia*, coordenada por Oswald de Andrade, poeta do movimento modernista.

VOCÊ SABIA QUE...

... em 1939 o presidente Getúlio Vargas fundou o Departamento de Imprensa e Propaganda – órgão responsável por censurar e impedir toda e qualquer crítica e manifestação contra o governo? Durante seus seis anos de existência, o DIP vetou o registro de mais de setecentas publicações, entre jornais e revistas.

1946
✺ Ibrahim Sued (1924-1995), que se tornaria um dos colunistas sociais mais famosos do país, começa a carreira como repórter fotográfico. Ganhou fama ao cobrir a visita ao Brasil do general Dwight Eisenhower, comandante das tropas aliadas na Segunda Guerra Mundial e futuro presidente dos Estados Unidos. Ibrahim Sued fez uma foto em que o político baiano Otávio Mangabeira parecia beijar a mão de Eisenhower, numa época em que os brasileiros criticavam a servidão do Brasil aos americanos. Quando entrou para o colunismo social, Sued começou a eleger as dez mais belas mulheres, as dez mais elegantes e as dez melhores anfitriãs da sociedade carioca, listas que causavam muita polêmica.

1949
✺ No Rio de Janeiro, Carlos Lacerda lança o jornal *Tribuna da Imprensa*.

1950
✺ Victor Civita lança, em São Paulo, a revista *O Pato Donald*, marcando a fundação da Editora Abril em uma sala de 20 metros quadrados.

1951
* Em Porto Alegre (RS), o jornalista Samuel Wainer lança o jornal *Última Hora*.

1952
* No Rio de Janeiro, Adolpho Bloch lança a revista ilustrada *Manchete*. Os exemplares são impressos nos fins de semana e às segundas-feiras, quando a gráfica de Bloch, que rodava títulos infantis para outros editores (como Roberto Marinho) ficava ociosa.
* Nasce, em São Paulo, a revista feminina *Capricho*, da Editora Abril, publicando fotonovelas completas em uma única edição (até então as fotonovelas eram publicadas em capítulos). Quase quarenta anos depois, *Capricho* sofreria uma reestruturação e passaria a ser conhecida como "A revista da gatinha".

1960
* No dia da inauguração de Brasília, 21 de abril, o jornal *Correio Braziliense* volta a circular.

1964
* No Rio Grande do Sul, o jornal *Última Hora* fecha em decorrência do golpe militar. No mesmo ano, o *Zero Hora* é fundado para substituí-lo.

1965
* O presidente Castello Branco decreta o AI-2, vetando a liberdade de imprensa. Três anos depois, o AI-5 imporia a censura prévia obrigatória a todos os meios de comunicação de massa.

1966
* Lançamento da revista *Realidade* pela Editora Abril e do *Jornal da Tarde* pelo Grupo Estado.
* É lançada a *Fairplay*, primeira revista masculina do país à semelhança das atuais. Em seus cinco anos de existência, contou com ensaios foto-

gráficos de Betty Faria e Leila Diniz, além de colaborações de textos de Vinicius de Moraes e Nelson Rodrigues.

1968
✴ Lançada a revista *Veja* e *Leia*, pela Editora Abril, que mais tarde recebeu o nome de *Veja*.

1969
✴ Lançado *O Pasquim*, um dos títulos mais representativos da imprensa alternativa, que nasceu se esquivando da censura, a fim de satirizar e denunciar o regime militar. Em suas páginas, textos e charges de jornalistas célebres como Millôr Fernandes, Jaguar, Ziraldo, Ivan Lessa e Henfil. Em dezembro de 1989 fechou as portas. Mas no dia 19 de fevereiro de 2002 o jornal voltou a circular com o nome *O Pasquim 21*, uma referência ao século XXI.

1972
✴ Na imprensa alternativa, surge o jornal *Opinião*.

1975
✴ Lançada a revista masculina *Homem*, que três anos mais tarde receberia permissão do governo para utilizar o nome *Playboy*. A revista, mensal, passou a ser o título masculino mais vendido no país, já tendo atingido a vendagem de 1,2 milhão de exemplares em uma edição de 1999 que trazia na capa Joana Prado, a "Feiticeira".

1995
✴ Em 12 de maio a *Folha de S.Paulo* alcança a vendagem de 1.613.872 exemplares, o maior número da história da imprensa brasileira.
✴ *O Jornal do Brasil* inaugura o JB Online, o primeiro jornal eletrônico do país.

2003
✴ Morre Roberto Marinho, presidente e fundador das Organizações Globo.

Ano de lançamento de algumas das principais revistas da atualidade

Revista	Ano	Revista	Ano
O Pato Donald	1950	Boa Forma	1988
Capricho	1952	Elle	1988
Manchete	1952	Criativa	1989
Casa & Jardim	1953	Querida	1989
Manequim	1959	Gula	1990
Quatro Rodas	1960	Galileu	1991
Claudia	1961	Marie Claire	1991
Zé Carioca	1961	Os Caminhos da Terra	1992
Contigo	1963	Caras	1993
Veja	1968	Crescer	1993
Ele Ela	1969	Info Exame	1993
Amiga	1970	Sexy	1993
Mônica	1970	Viver Bem	1993
Placar	1970	Carta Capital	1994
Exame	1971	Pesca & Cia.	1994
Planeta	1972	Moto!	1994
Nova	1973	Vip	1994
Carícia	1975	Mergulho	1995
Playboy	1975	Viagem e Turismo	1995
IstoÉ	1976	AnaMaria	1996
Casa Claudia	1977	Raça Brasil	1996
Meio & Mensagem	1978	República	1996
Cães & Cia.	1979	Bons Fluidos	1997
Fluir	1983	Caros Amigos	1997
Ícaro	1983	Bravo!	1997
Saúde!	1983	Cult	1997
Globo Rural	1985	G Magazine	1997
Informática Hoje	1985	Mãos de Ouro	1997
Trip	1986	Marketing Cultural	1997
Imprensa	1987	Época	1998
Corpo a Corpo	1987	Família Aventura	1998
Set	1987	Você S.A.	1998
Speak Up	1987	IstoÉ Gente	1999
Superinteressante	1987	Próxima Viagem	1999
Natureza	1987	National Geographic Brasil	2000

(Para as revistas que mudaram de nome ao longo de sua história, adotamos o último utilizado.)

As datas de lançamento dos principais jornais do país:

Diário de Pernambuco (Recife)	1825
Jornal do Comércio (Rio de Janeiro)	1827
O Estado de S.Paulo	1875*
Diário Fluminense (Niterói)	1878
Diário Popular (São Paulo)	1884**
Diário Popular (Pelotas)	1890
Jornal do Brasil (Rio de Janeiro)	1891
A Tribuna (Santos)	1894
Correio do Povo (Porto Alegre)	1895
Gazeta do Povo (Curitiba)	1919
Jornal do Comercio (Pernambuco)	1919
Gazeta Mercantil	1920
O Globo (Rio de Janeiro)	1925
Estado de Minas (Belo Horizonte)	1928
A Gazeta de Alagoas (Maceió)	1934
O Popular (Goiânia)	1938
O Liberal (Belém)	1946
A Crítica (Manaus)	1949
O Dia (Rio de Janeiro)	1951
Folha de S.Paulo (São Paulo)	1960***
Notícias Populares (São Paulo)	1963
Zero Hora (Porto Alegre)	1964
Jornal da Tarde (São Paulo)	1966
Diário Catarinense (Florianópolis)	1986
Extra (Rio de Janeiro)	1998
Agora (São Paulo)	1999

* No início, chamava-se *A Província de São Paulo*; recebeu o nome atual em 1890.
** Mudou o nome para *Diário de S. Paulo* em 2001.
*** Nasceu como *Folha da Manhã* em 1925.

Atentados & confusões

◆ O jornal *A Tribuna*, monarquista, publicava provocações diárias contra o marechal Deodoro. Em represália, sobrinhos do militar promoveram um atentado contra o jornal, que resultou na morte do revisor João Ferreira Romariz. Toda a imprensa se revoltou. O ministério pediu demissão coletiva, mas depois voltou atrás.

◆ O jornalista Paulo Francis fez pesadas críticas à atriz Tônia Carrero num artigo de jornal. O marido de Tônia, Adolfo Celli, foi tirar satisfações. Houve socos de ambas as partes. Francis diz que o combate terminou empatado. No dia seguinte, apareceu Paulo Autran, também em defesa de Tônia Carrero. Nova pancadaria. Aos amigos, Francis disse que ganhou.

◆ A sede da Associação Brasileira de Imprensa (ABI), no Rio de Janeiro, sofreu um atentado a bomba em 22 de julho de 1968. O fato se repetiu em 19 de agosto de 1976, no mesmo dia em que foi encontrada uma bomba na sede da Ordem dos Advogados do Brasil (OAB) no Rio de Janeiro.

◆ Em 26 de março de 1940, a polícia invadiu a sede do jornal *O Estado de S.Paulo*. Seus diretores eram acusados de participar de uma conspiração contra o Estado Novo. O jornal ficou sob intervenção do governo até 7 de fevereiro de 1945, quando foi "devolvido" a seus proprietários. O jornal também foi vítima de duas bombas, uma em 1965 e outra em 1968.

◆ Em 1970, a redação de *O Pasquim* sofreu dois atentados a bomba. No primeiro, em 12 de março, a bomba continha 5 quilos de explosivos.

◉ Uma bomba explodiu na casa de Roberto Marinho, presidente das Organizações Globo, em 1976. O atentado foi reivindicado pela AAB (Aliança Anticomunista Brasileira).

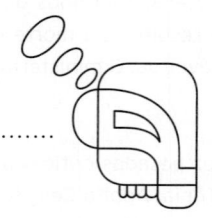

VOCÊ SABIA QUE...

... a Lei de Segurança Nacional foi utilizada contra a imprensa pela primeira vez em 21 de abril de 1935? Uma edição do jornal *A Pátria*, de esquerda, foi apreendida no Rio de Janeiro.

Pois isto não é o fim.
Não é nem sequer o começo
do fim. Mas talvez seja
o fim do começo.

WINSTON CHURCHILL
(1874-1965), estadista britânico

REFERÊNCIAS BIBLIOGRÁFICAS

- ALMEIDA, Napoleão Mendes de. *Gramática metódica da língua ortuguesa*. São Paulo: Saraiva, 1995.
- ALVES FILHO, Ivan. *História dos estados brasileiros*. Rio de Janeiro: Revan, 2000.
- BATH, Sérgio. *Árabe ou arábico?* São Paulo: Imprensa oficial, 2000.
- BOGO, Marcos; BOGO, Luis. *É golo, pá!* São Paulo: Nova Alexandria, 1999.
- BRAIT, Beth. *Língua e Linguagem*. Ática, São Paulo, 2002.
- CASCUDO, Luís da Câmara. *História dos nossos gestos*. Belo Horizonte: Itatia a, 1987.
- ——————————. *Locuções tradicionais no Brasil*. Belo Horizonte/São Paulo: Itatiaia/Edusp, 1986.
- DESBORDES, François. *Concepções sobre a escrita na Roma Antiga*. São Paulo: Ática, 1995.
- FUNK, Charles Earle. *2107 curious word origins, sayings & expressions*. Nova York: Galahad Books, 1993.
- GEHRINGER, Max. *Big Max – Vocabulário corporativo*. São Paulo: Negócio Editora, 2002.
- KOLLERT, Günter. *A origem e o futuro da palavra*. São Paulo: Antroposófica, 1994.
- MAN, John. *A história do alfabeto*. Rio de Janeiro: Ediouro, 2001.
- MARTINS, Eduardo. *Com todas as Letras – O português simplificado*. O Estado de S. Paulo, 1999.
- NICOLA, José de. *Língua, literatura e redação. – V. 1*. São Paulo: Scipione, 1998.
- NOBLAT, Ricardo. *A arte de fazer um jornal diário*. São Paulo: Contexto, 2003.
- PARK, Margareth Brandini. *Histórias e leituras de almanaques no Brasil*. São Paulo: Fapesp / Mercado de Letras, 1996.
- PEREIRA JR, Luiz Costa. *Com a língua de fora*. São Paulo: Angra, 2002.
- PIMENTA, Reinaldo. *A casa da mãe Joana*. Rio de Janeiro: Campus, 2002.
- PRATA, Mário. *Schifaizfavoire – Dicionário de Português*. Rio de Janeiro: Globo, 1993.
- PRETTI, Dino. *Sociolinguística – os níveis da fala*. São Paulo: Edusp, 1994.
- ROCHA, Ruth e ROTH, Otávio. *O livro das línguas*. São Paulo: Melhoramentos, 1992.
- ROUSSEAU, Jean-Jacques. *Ensaio sobre a origem das línguas*. Campinas-SP: Unicamp, 1998.
- SACONNI, Luiz Antonio. *Nossa gramática*. São Paulo: Atual, 1989.
- SILVA, Deonísio da. *A vida íntima das palavras*. São Paulo: Arx, 2002.
- ——————————. *De onde vêm as palavras*. São Paulo: Mandarim, 1997.
- ——————————. *De onde vêm as palavras II*. São Paulo: Mandarim, 1998.

- STÖRIG, Hans Joachim. *A aventura das línguas*. 3ª- edi. São Paulo: Melhoramentos, 1990.
- VALETIN, Mônica Geraldi. *Por que falamos como bebês quando falamos com bebês*. Bauru: Edusc, 2002.
- VELLOSO, Prisc la Arida. *Oh! Dúvida cruel*. Rio de Janeiro: Record, 2000.
- —————————————. *Oh! Dúvida cruel 2*. Rio de Janeiro: Record, 2001.
- WALTER, Henriette. *A aventura das línguas no Ocidente*. São Paulo: Mandarim, 1997.

Enciclopédias

- CRYSTAL, David. *The Cambridge Encyclopedia of Language*. Cambridge, EUA, 1987.
- SANTA MARIA, Wilson. *Enciclopédia curiosa*. São Paulo: W. Santa Maria Editora.
- VIDAL, Valmiro Rodrigues. *Curiosidades (como se aprende, distraindo-se)*. Rio de Janeiro: Conquista, 1962.

Revistas

Almanaque Brasil; *Caras*; *Mundo Estranho*; *Nova Escola*; *Placar*; *Playboy*; *Quatro Rodas*; *Revista dos Curiosos*; *Superinteressante*; *Veja*.

Jornais

Folha de S. Paulo; *Jornal da Tarde*; *Jornal do Brasil*; *O Estado de S. Paulo*; *O Globo*.

Almanaques

Almanaque Abril.
The World Almanac for Kids 2002. World Almanac Books, Nova York.
Time for Kids Almanac 2002. Time Inc., Nova York.

Almanaques infanto-juvenis

- *Manual do Peninha*. São Paulo. Editora Abril.

Dicionários

- ALBERTO, Carlos; BARBOSA, Gustavo. *Dicionário de comunicação*. São Paulo: Ática, 1987.
- ARANHA, Altair J. *Dicionário brasileiro de insultos*. São Paulo: Ateliê Editorial, 2002.

- AZEVEDO, Antônio Carlos do Amaral. *Dicionário de nomes, termos e conceitos históricos*. Rio de Janeiro: Nova Fronteira, 1996.
- BAUMGARTNER, Emmanuèlle; MÉNARD, Phillipe. *Dictionnaire Étymologique et Historique de la Langue Française*. Librairie Générale Française, França, 1996.
- CHEVALIER, Jean; GHEERBRANT, Alain. *Dicionário de símbolos*. Rio de Janeiro, José Olympio Editora. 2001.
- Created in Cooperation with the Editors of Merriam-Webster. *Webster's Dictionary of Word Origins*. Smithmark Publishers. Estados Unidos, 1995.
- CUNHA, Antônio Geraldo da. *Dicionário etimológico da língua portuguesa*. Rio de Janeiro: Nova Fronteira, 1996.
- *Dictionary of English Language and Culture*. Londres: Longman, 1992.
- FERREIRA, Aurélio Buarque de Holanda. *Dicionário Aurélio Eletrônico*, Rio de Janeiro: Nova Fronteira, versão 3.0. 1999.
- GOMENSORO, Maria Lucia. *Pequeno dicionário de gastronomia*. Rio de Janeiro, Objetiva: 1999.
- HOUAISS, Antônio; FRANCO, Francisco Manoel de Mello; VILLAR, Mauro de Salles. *Dicionário eletrônico houaiss da língua portuguesa*, versão 1.0. Rio de Janeiro: Objetiva. 2001.
- JARDIM JR, David. *Dicionário de expressões em latim usadas no Brasil*. Rio de Janeiro: Ediouro.
- KURY, Mário da Gama. *Dicionário de mitologia grega e romana*. Rio de Janeiro: Jorge Zahar, 1994
- MANSER, Martin H. *The Wordsworth Dictionary of Eponyms*. Londres: Wordsworth Editions, 1996.
- MARANHÃO, Haroldo. *Dicionário de futebol*. Rio de Janeiro: Record, 1998.
- MARTIN, René (dir.). Dicionário cultural da mitologia greco-romana. Lisboa: Dom Quixote, 1995.
- PENNA, Leonam. Dicionário popular de futebol – o ABC das arquibancadas. Rio de Janeiro: Nova Fronteira, 1998.

Sites consultados

www.catholic-forum.com/saints/indexsnt.htm
www.culturabrasil.pro.br
www.filologia.org.br
www.fundacaojorgeamado.com.br
www.projetomemoria.art.br
www.releituras.com/itarare_bio.asp
www.radiobras.com.br
www.sualingua.com.br

CRÉDITOS DA ILUSTRAÇÕES

Adriana Alves
páginas 12; 17; 23; 24; 27; 31; 33; 35; 44; 58; 60; 63; 70; 75; 77; 79; 99; 106; 111; 116; 120; 128; 130; 139; 144; 150; 163; 167; 174; 178; 187; 193; 202; 207; 214; 219; 222; 232; 233; 237; 240; 241; 251; 256; 264; 267; 282; 287; 296; 304; 313; 321; 329; 338; 350; 355; 364; 369; 370; 377; 397; 415.

Arthur Carvalho
páginas 15; 18; 26; 39; 40; 41; 46; 55; 62; 69; 70; 82; 96; 105; 109; 118; 124; 128; 137; 146; 149; 151; 154; 157; 169; 172; 177; 182; 190; 196; 209; 210; 217; 226; 239; 248; 257; 262; 273; 275; 281; 293; 301; 307; 315; 322; 326; 336; 337; 345; 351; 358; 363; 367; 376; 380; 392; 398; 414.

Daniel Kondo
páginas 15; 19; 25; 29; 38; 43; 49; 52; 61; 67; 73; 85; 95; 103; 104; 110; 122; 126; 132; 136; 142; 148; 158; 160; 166; 171; 180; 186; 188; 195; 198; 200; 211; 213; 218; 225; 230; 235; 244; 255; 260; 265; 268; 278; 283; 286; 290; 298; 308; 310; 316; 331; 340; 343; 348; 352; 360; 374; 391; 402.

AGRADECIMENTOS

O meu agradecimento especial a todos que tiveram uma paciência de Jó durante a produção do livro.

E por falar em paciência de Jó...
Um grupo liderado por Satanás foi até a presença de Deus fazer a seguinte aposta: um homem devoto como Jó conseguiria ficar sem maldizer o Senhor depois de passar por uma série de sofrimentos? Deus aceita o desafio, e os rebanhos de Jó são destruídos, seus filhos mortos e ele é acometido de dores terríveis. Muito paciente, mesmo com todas as adversidades, Jó se recusa a maldizer o Senhor. Daí veio a expressão paciência de Jó para as pessoas que têm muita, mas muita paciência.

Alexandre Rossi
Celso Unzelte
Miguel Icassatti
Rosana Hermann

ESPECIALISTAS CONSULTADOS

Deonísio da Silva
Ednilson Oliveira, do Instituto Astronômico e Geofísico da USP,
José Carlos Oliveira, Ass. Bras. da Ind. Elétrica e Eletrônica (Abinee),
Margareth Brandini Park, Prof. Alexandre Hasegawa, da área de Latim da USP,
Prof. Eduardo Navarro, da área de Línguas Indígenas da USP,
Prof. Elias Thomé Saliba, Faculdade de História, USP,
Prof. Jayro Motta, Faculdade de Psicologia, UNG,
Prof. Oswaldo Cesquim, da área de Língua Portuguesa da USP,
Prof. Paulo Alexandre Gonçalves,
Prof.ª Margarida Maria Taddoni Petter, da área de Linguística africana da USP.

OBRAS DE MARCELO DUARTE

Coleção O guia dos curiosos
O guia das curiosas (Panda Books)
O guia dos curiosos (Panda Books)
O guia dos curiosos – Brasil (Panda Books)
O guia dos curiosos – Esportes (Panda Books)
O guia dos curiosos – Invenções (Panda Books)
O guia dos curiosos – Jogos Olímpicos (Panda Books)
O guia dos curiosos – Sexo (Panda Books)

Livros de referência
1.075 endereços curiosos de São Paulo (Panda Books)
Almanaque das bandeiras (Panda Books)
A origem de datas e festas (Panda Books)
O guia dos craques (Panda Books)

Infantojuvenil
A arca dos bichos (Cia. das Letrinhas)
A mulher que falava para-choquês (Panda Books)
Jogo sujo (Ática)
Meu outro eu (Ática)
O dia em que me tornei corintiano (Panda Books)
O guia dos curiosinhos – Super-heróis (Panda Books)
O ladrão de sorrisos (Ática)
O livro dos segundos socorros (Panda Books)
Ouviram do Ipiranga (Panda Books)
Tem lagartixa no computador (Ática)
Um livro fechado para reforma (Panda Books)

PARA ENTRAR EM CONTATO COM O AUTOR:

Rua Henrique Schaumann 286, cj 41 – Cerqueira César
Cep 05413-010 – São Paulo – SP
Tel. / Fax: 11 2628 1323
e.mail: mduarte@pandabooks.com.br

Visite o site da Panda Books: www.pandabooks.com.br

Confira novas curiosidades todos os dias no site
www.guiadoscuriosos.com.br